高等院校精品课程系列教材

创业营销
创业项目包装与推介

Entrepreneurial Marketing

谌飞龙 编著

机械工业出版社
China Machine Press

图书在版编目（CIP）数据

创业营销：创业项目包装与推介 / 谌飞龙编著 . —北京：机械工业出版社，2017.3（2021.8 重印）

（高等院校精品课程系列教材）

ISBN 978-7-111-56140-8

I. 创… II. 谌… III. 企业管理 – 市场营销学 – 高等学校 – 教材 IV. F274

中国版本图书馆 CIP 数据核字（2017）第 031639 号

本书突破市场营销的产品营销范式，提出创业营销的项目营销范式，并按此认识来布局全书内容，主要包括创业资源与资源杠杆、招募创业合伙人、创业项目的启动与孵化、创业项目策划与包装、创业项目路演与推介、项目融资洽谈与交割、对接企业内部创业、中国式众筹创业以及附录等。各章节中除正文外，还包含导入案例、创业故事、延伸阅读、课堂语录、名家箴言、案例分析等内容。

本书适合研究生（包括 MBA）、本科阶段的创业营销、创业管理专业学生使用。

出版发行：机械工业出版社（北京市西城区百万庄大街 22 号 邮政编码：100037）			
责任编辑：宋学文		责任校对：殷 虹	
印　　刷：北京建宏印刷有限公司		版　　次：2021 年 8 月第 1 版第 4 次印刷	
开　　本：185mm×260mm　1/16		印　　张：19.25	
书　　号：ISBN 978-7-111-56140-8		定　　价：45.00 元	

凡购本书，如有缺页、倒页、脱页，由本社发行部调换

客服热线：(010) 88379210　88379833　　　　投稿热线：(010) 88379007

购书热线：(010) 68326294　　　　　　　　　　读者信箱：hzjg@hzbook.com

版权所有·侵权必究
封底无防伪标均为盗版
本书法律顾问：北京大成律师事务所　韩光 / 邹晓东

前　言

一

近些年，"大众创业、万众创新"成为大家耳熟能详的热词，这件自下而上的"创举"得到自上而下的空前关注和积极推进。"大众创业、万众创新"何以成为全民共识？答案需要到中国经济的增长方式变革中去找。当前，中国经济正步入中高速增长的新常态，过去那套依赖投资和出口的经济增长方式已不可持续，经济下行与就业压力均加大，经济增长亟待建立新的引擎。回顾历史可以看到，宏观调控遇到这类情况通常会归于一个"放"字，比如简政放权，激发民间活力，其直接结果是不仅激发大众创业，还能缓解新增就业人口的就业压力。事实上，李克强总理已在2015年政府工作报告中将"大众创业、万众创新"表述为未来中国经济"双引擎"之一。

这一轮"创业潮"的出现，其背后还有三个重要的历史契机。第一个契机是中国正在发生一场以移动互联网为代表的技术革命，回顾经济史不难发现，每一次技术革命都会催生出一波创业潮；第二个契机是经过30多年的对外开放和高速增长，中国经济已形成一套相对完备的产业链体系和法律体系，且基础设施良好，国内市场高度统一，这些都为"大众创业"提供了优质的基础条件；第三个契机是国际资本的涌入，各类创投基金正在中国创业圈四处狙击，"拿投资人的钱创业"这种硅谷式的创业模式正在中国普及，其大大降低了创业者的风险。

央视这样形容这个创业时代："在信息爆炸的当下，无数涌动的资本和激情的个体在不停碰撞、交融、升华、分离，在咖啡里，在屏幕后，在网线中，这是所有创业者激发创造的最好时代……"

作为持续关注创业市场的我们，更关注的则是"大众创业，万众创新"的浪潮背后风险投资市场的博弈与变化。

二

在"大众创业，万众创新"的大背景下，"创业营销"应运而生。"创业营销"是一门非常新的课程，还没有形成一个能让众人接受的理论体系，目前图书市场上出版的"创业营销"教材与著作很少，而且少有的几本教材与著作将创业营销理解为初创企业的市场营销。他们论述"创业营销"时，往往在市场营销理论的基础上，加上"创业""创业企业"等字眼，并沿用传统的产品营销框架，开展4P、STP等理论分析。

这不禁让人产生疑问：如果将"创业营销"理解为"初创企业的市场营销"，那么"创业营销"是否有独立成为一门课程的必要？貌似不必多此一举。如果不把"创业营销"理解为"初创企业的市场营销"，那么创业营销到底是要解决什么问题？

带着这些问题，我们在多年的"创业营销"教学实践中，在与创业者的频繁接触中，不断地学习、观察、思考，发现创业者们经常登上路演平台，以及参加创业圈子活动，或进行自我营销，或推介项目，以说服人才（智力资本拥有者）加入创业团队，或者说服投资者（物力资本拥有者）投入资金等。我们认为，这些行为其实是创业者（或称创业企业）在开展创业营销活动，只是它以项目的包装、路演等另类营销方式存在着（这当然有别于创业企业聘请的市场营销人员将产品推向市场的方式）。

鉴于此，本书突破市场营销的产品营销范式，提出创业营销的项目营销范式，认为创业营销最核心的理念是创业资源撬动，创业营销的目的是融资融智融资源，创业营销三部曲是创业项目孵化、创业项目包装、创业项目推介，并以此认识来布局全书内容，主要包括创业资源与资源杠杆、股权设计与招募创业合伙人、创业项目的启动与孵化、创业项目策划与包装、创业项目路演与推介、项目融资协议与交割、对接企业内部创业、中国式众筹创业，以及附录等。各章节除正文外，还包含导入案例、创业故事、延伸阅读、课堂语录、名家箴言、案例分析等内容。

三

"创业营销"是一门实践探索多于理论研究的课程，加之创业行为复杂多变，客观上缺少成熟的专门理论支持。因此，在本书的编写过程中，我们坚持实践导向（强调既来源于实践，又服务于实践），吸取了营销学、创业学、投资学等多门学科的理论精华，且特别注重从创业营销者那里获取思维灵感和知识养分，并努力加以融通。

本书在编写过程中，除了参考著作、教材、论文外，还吸收了创业邦、36氪、钛媒体、爱微帮、亿欧网、猎云网、虎嗅网、i黑马、知乎、艾媒网、腾讯创业等网站以及一些个人公众号上创业案例、创业报道、创业经验、创业感悟、创业指导等内容。有些资料已经在文中或参考文献中列举出来了，有些由于无法查找出处或个人疏忽而没有明示出来，在此一并表示感谢。

本书是"江西省高等学校教学改革研究课题"的研究成果，在此感谢江西省教育厅的资助。

本人依托"创业营销"课程获得了学校"金牌主讲教师"称号和课程建设经费资助，在此感谢笔者工作单位——江西财经大学的支持。

由于个人能力和水平有限，书中不免有不当和疏漏之处，敬请读者批评指正！

谌飞龙
gacflong@163.com

目 录

前 言

第一章 创业营销导论 ………………… 1
 导入案例 看"硅谷黑帮"如何创业成功:
    "免费"模式是最大奥秘 …… 1
 第一节 创业营销的提出背景 ………… 2
 第二节 创业营销理论的发展 ………… 17
 第三节 创业营销理论的基本内容 …… 24
 课后思考 ……………………………… 30
 案例分析 "中国大学生创业第一人"
    邱虹云东山再起 …………… 31

第二章 创业资源与资源杠杆 ………… 33
 导入案例 这群"老"极客意欲撬动
    VR 内容市场 ………………… 33
 第一节 企业资源的类型 ……………… 34
 第二节 创业者与企业家精神 ………… 38
 第三节 创业的关键资源 ……………… 43
 第四节 杠杆资源的获取 ……………… 49
 课后思考 ……………………………… 55
 案例分析 腾讯秘史:多次面临夭折 … 55

第三章 股权设计与招募创业合伙人 … 58
 导入案例 蔡崇信——马云背后的男人 … 58
 第一节 合伙创业与合伙人 …………… 60

 第二节 合伙人的选配方法 …………… 64
 第三节 个人贡献与股权分配 ………… 74
 第四节 合伙协议与股权设计 ………… 80
 课后思考 ……………………………… 90
 案例分析 西少爷拆伙:又一个创业
    公司的股权悲剧 …………… 90

第四章 创业项目的启动与孵化 ……… 93
 导入案例 好厨师 App 诞生记 ……… 93
 第一节 创业前的基本准备 …………… 94
 第二节 创业机会识别 ………………… 100
 第三节 创业项目的启动 ……………… 109
 第四节 创业项目孵化 ………………… 115
 课后思考 ……………………………… 120
 案例分析 曹刚:孵化器热潮背后,
    我如何做"自我孵化" …… 121

第五章 创业项目策划与包装 ………… 123
 导入案例 和总理打羽毛球的机器人
    火了,每台卖 40 万元 ……… 123
 第一节 项目的策划设计 ……………… 124
 第二节 项目包装的内涵、原则与
    要求 …………………………… 133
 第三节 项目包装的形式:商业
    计划书 ………………………… 140

课后思考 …………………………… 147	第一节　企业内部创业制度 ………… 216
案例分析　成立1年多，陈安妮的	第二节　对接内部创业的实施 ………… 227
快看漫画凭什么这么红 …… 147	第三节　有效对接的保障 …………… 237
	课后思考 …………………………… 243
第六章　创业项目路演与推介 ……… 150	案例分析　阿里巴巴竟然收购了中国
导入案例　数字创意项目推介会在常州	互联网的半壁江山 ……… 243
召开VR项目成创业新宠 …… 150	
第一节　创业项目推介与推介会 …… 151	**第九章　中国式众筹创业：筹资**
第二节　项目推介的主要形式：路演 … 154	**　　　　筹智筹资源** ……………… 246
第三节　项目路演的策略与技巧 …… 160	导入案例　"开始众筹"徐建军：让众筹
课后思考 …………………………… 173	成为报复平庸的武器 …… 246
案例分析　创业者与投资人路演现场	第一节　众筹模式的起源与发展 …… 250
面对面 …………………… 173	第二节　众筹创业的操作 …………… 257
	第三节　中国式众筹 ………………… 267
第七章　项目融资协议与交割 ……… 177	课后思考 …………………………… 279
导入案例　北京银行"创业孵化+股权	案例分析　众筹咖啡有"毒"：接连
投资+债权融资"谋突围 … 177	倒闭，到底错在众筹还是
第一节　创业项目融资途径 ………… 179	咖啡馆 …………………… 279
第二节　投资条款清单 ……………… 188	
第三节　领投人寻找与融资流程 …… 200	**附录A　合伙创业协议书** …………… 283
课后思考 …………………………… 209	
案例分析　美菜网是否值得投资 …… 209	**附录B　天使投资协议书** …………… 287
第八章　对接企业内部创业 ………… 214	**附录C　_____尽职调查**
导入案例　"阿里系"创业潮：霸占电商，	**　　　　报告和投资条款清单** ……… 292
打通传统产业任督二脉 …… 214	
	参考文献 …………………………… 299

第一章

创业营销导论

学习目标

- 分析创业营销的社会背景。
- 了解传统营销与创业营销的对比。
- 掌握创业营销理论的基本框架。
- 理解创业营销三部曲的内容。

导入案例

看"硅谷黑帮"如何创业成功:"免费"模式是最大奥秘

在 2014 年硅谷最热门初创公司榜单上,排名榜首的是一家叫 Zenefits 的公司。这家可能很多人之前都没听说过的公司,成立至今不过 18 个月,却成为硅谷增长最快的初创企业。Zenefits 的创始人之一萨克斯来自于江湖所称的"PayPal 黑帮"。在美国硅谷,PayPal 的创始人蒂尔和他的小伙伴儿们在 PayPal 卖给 eBay 之后纷纷创业,均成为赫赫有名的商业领袖,其中有 LinkedIn(领英网)的里德·霍夫曼、特斯拉的埃隆·马斯克、YouTube 的陈士骏,以及本文所谈的 Zenefits 的创始人。Zenefits 是干什么的?它正在颠覆的是一个大多数人都一无所知的乏味产业:小企业人力资源。Zenefits 向中小型企业提供一个软件,免费帮助他们管理员工的医保、社保、薪水发放等问题,并在此之上为企业客户提供免费的健康保险交易经纪服务,相当于一个数字化的保险经纪人。模式的核心就是"免费"。大多人看到这里可能会嗤之以鼻,因为在国内的互联网圈,用免费来开路都已经是最普遍的方式了。那这么一个简单的方法,Zenefits 怎么玩成功了呢?由于美国各地的企业,都必须为他们的员工购买医疗保险,他们通常会使用中间商(经纪人)的服务。通过经纪人办理这些业务,不仅仅是过程烦琐,而且还会给企业带来很多额外的成本支出。Zenefits 为企业提供了一个简单的基于云的界面,为公司去除了大量烦琐的管理业务,无须添加一个新员工来处理日常的工作。一个典型的百名员工的小公司，即意味着能腾出两个全职员工的人力资源，来专注于其他真正重要的工作，如潜在员工的文化背景和招聘工作，而非填写各种报告。Zenefits 的出现，一方面帮助中小企业很好地解决了他们为员工购买保险烦琐的痛点；另一方面，Zenefits 创造性地不向企业收取任何费用，而是通过向该平台出售保险的医疗保险公司收取佣金。免费的服务总是诱人的，这就是 Zenefits 成功的最大奥秘。自 2013 年 5 月成立的 18 个月内，Zenefits 便获得 2 000 多家目标客户，这些客户的 50 000 名员工分布于全美 47 个州。其营业收入也随之膨胀。在第 33 届摩根大通医疗保健大会上，Zenefits 的 CEO 康拉德分享了公司的一些财务状况，使这一增长的数字有了直观的体现。康拉德表示在不到两年的时间里，Zenefits 的业务经常性年收入已超过 2 000 万美元，而去年同期仅为 100 万美元，这意味着公司在过去 12 个月成长了 20 倍。Zenefits 用一个漂亮的免费软件，外加一个简单的商业模式，解决了市场上最大和最普遍的痛点。美国企业保险这块价值 180 亿美元的佣金市场，已经被这条"鲶鱼"打乱。

资料来源：摘自《创业邦》，文/陈思进。

第一节 创业营销的提出背景

一、速度经济与创业生存之道

当前，信息、人才、资金快速流动，创业者面临的竞争环境变得非常复杂。今天的创业环境已没有过去那么简单了。一个企业的成功需要各种资源的整合，作为创业的人，需要想的东西有很多。周围的变化太迅速，唯有建立快速反应能力，抓住那种适合自己的机会，才可能成功。在经济全球化的崭新时空中，"时间"是第一成本，"快速"是取胜之本，只有"速度领先"才能抓住机遇。

（一）速度经济概述

速度经济（speed economy）是指企业因为快速满足顾客的各种需求，从而带来超额利润的经济。"速度经济"一词最早由美国经济学家小阿尔弗雷德·钱德勒（Alfred D. Chandler Jr.）在其名著《看得见的手——美国企业的管理革命》中提出的。他认为现代化的大量生产与现代化的大量分配以及现代化的运输和通信一样，其经济性主要来自速度，而非规模。我们可以把速度经济理解为因迅速满足市场需求而带来超额利润的经济。速度经济是客观存在的。在现代经济生活中不乏因行动迟缓而导致企业投资失败的例子，现代经济已帮助某些掌握"速度经济"的企业迅猛发展，同时也摧毁了那些忽视它的公司。

速度经济这个概念之所以被提出来，有其深刻的内在原因和多元的外在因素。①时间作用。时间如同空间一样，是一个重要的范畴，也是一种宝贵的资源。在现代社会，时间就是财富，速度就是生命。如果哪一个企业重视时间效应，能以最快速度、最少时间、最大限度满足顾客需求，那么顾客就会愿意付出高价，这个企业就能抢占商机而获得时间效益。②顾客需求。顾客需求是不断变化的，而且呈现快速变化之势。顾客追求简便、快捷使用商品，偏好生命周期短、转换快的商品。③企业战略。企业战略是以追求最大经济效益为目标，战略驱动企业不只注重规模经济或技术经济，还必须注重取得如此结果的节奏、进程和时间这些原因。④市场竞争。哪个企业以最快速度满足顾客需要，在市场竞争中抢先商机，那么这个企业就会在市场竞争中赢得顾客，顾客由此形成非正式组织，产生群体效应；否则，就会使顾客不满，最终失去顾客，从而失去市场机会，在市场竞争中处于被动。⑤技术创新。企业在生产经营中利用现代先进科学技术手段，能大大加快产品研制开发的进度，缩短产品制造的进程，提高产品进入市场的速度和顾客满意的程度，从而增加了企业竞争的优势。总之，在速度经济形成的原因中，时间是个机制因素，使速度经济具备条件，成为可能；顾客需求是个引导因素，使企业讲究速度经济；企业战略是个动力因素，使企业追求速度经济；市场竞争是个压力因素，使企业进行速度较量；技术创新是个促进因素，使速度经济成为现实和加快。

（二）支撑创业企业"快速"的主要因素

马云说："创业能否生存下来，很大程度取决于它的试错速度，快公司能赶在弹尽粮绝之前，根据试错实践迅速调整、修改、改进，磨炼出可行的商业模式，找到生财之道，这样创业公司才能成活、才有发展的前提。试错，是创业公司的生死考验，是创始人的一场意志和智慧的较量。"因此，创业企业要生存，保持一定的发展速度是必要条件，而实现和维持适当的速度需要有资金资源、管理沟通等要素支撑。

（1）资金资源。资本规模决定创新创业成长速度，没有所需的资源，创业者将一筹莫展，创业也就无从谈起。在大多数情况下，创业者不一定也不可能拥有所需的全部资源，这就形成资源缺口。如果创业者没有能力弥补相应的资源缺口，要么创业无法起步，要么在创业中受制于人；很多时候，创业者即使可以证明其构想的可行性，也往往没有足够的资金将其实现商品化，从而给创业带来一定的风险。缺少资源会导致成本提升和发展速度缓慢，反被后来者抢占时机。

（2）管理沟通。沟通问题存在于技术专家和管理者（投资者）之间。在创业企业中，存在两种不同类型的人：一是技术专家；二是管理者（投资者）。这两种人接受不同的教育，对创业有不同的信息来源、表达方式和预期。技术专家知道哪些内容在科学上是有趣的，哪些内容在技术层上是可行的，哪些内容根本就是无法实现的。在失败类案例中，技术专家要承担的风险一般表现在声誉上受到影响，以及没有金钱上的回报。管理者（投资者）通常比较了解将新产品引进市场的程序，但当涉及具体项目的技术部分时，他们不得不相信技术专家，可以说管理者（投资者）是在拿别人的钱冒险。如果技术专家和管理者（投资者）不能充分信任对方，或者不能够进行有效的交流，那么这一缺口将会变得更深，带来更大的风险。

（3）执行力。其实一个公司，特别是在早期的时候，战略是有的，但不是最重要的，最重要的是公司的高效执行能力。一个公司的发展速度能看出其执行能力的好坏。在大公司里，一般来说要做个决定，需要收集各种数据，做各种分析判断，综合大家意见，做个判断。创业企业可能没有这个时间，如果任何决策都收集全资料再做的话，可能就错过了时间。所以，决策的速度在小公司是至关重要的。

（4）用户痛点。几乎每一个投资人在问创业者时，都会问一句话"目标用户的痛点是什么？"其实痛点的本质是用户的刚性需求，是未被满足的刚性需求。未被满足的需求，是同行业目前没有人解决的，但是用户依然非常需要解决的问题。这就是所谓的蓝海，然而并不是每个人都能发现蓝海，也不是每一个"蓝海"都是真的蓝海。如果能解决用户痛点，并把满足用户需求的成本压低，甚至提供免费的产品，为客户节省时间，提升用户体验。

（三）创业生存之道——快速试错迭代

"天下武功，唯快不破。"面对雨后春笋般不断萌发出的创业企业，拼市场也意味着拼速度。在瞬息万变的市场中，特别是移动互联网领域，创业公司想要在巨头的夹缝中求生存，仅靠一款出色的产品是不够的，打响速度战，尽快占领市场，尽快拿下用户资源或许才是企业立住脚的第一步。创业也是一个试错过程，需要在尝试中思考、观察、等待机会，并快速试错，小步快跑，边跑边调整姿势来冲刺。

（1）做产品要快。产品或者服务出来要快，一个项目，如果由于种种原因到一年以后才推出来，估计那个机会点也过了。观察市场的时候可以稍微多花点时间，一旦开始，速度最重要。之后小范围地在目标人群里尝试，例如朋友圈子。千万别着急马上推广，过早推广容易带来负面口碑，得花更多的钱才能把客户赢回。

（2）起步后快速迭代。快速迭代是公司发展很重要的一条。产品和服务足够好以后，才能推广。做产品，无论什么行业，包括制造业，互联网行业更不必多说，产品的迭代速度不是以月来算的，是以周甚至日来算的，想要在快速发展当中，不要走得离目标太远，就需要把反馈系统建立起来，当你有错的时候，你是不是能很快地发现你的问题？如果你把反馈系统做得很好的话，你即便犯了一些错误，也能调整过来。

（3）在快跑中调整完善。创业型公司刚开始肯定什么都不完善，没有财务，没有人事，没有管理，没有关怀。在往前跑的时候再慢慢完善，这个可以容忍，并且是正确的。小团队作业扁平化的管理才最适合初创型的互联网公司。

（4）资金方面，如果自己没有，可以融资。创业者的融资能力非常重要，而且没有什么捷径可走，这是创业的必经之路，因为创业需要钱，而且需要很多钱，即使创业初期有钱，比别人更快地启动项目，但后续投入多少是个未知数。因而，要学会找天使投资人，也可以找一些孵化器等，对于好的项目，他们能给一些种子资金和提供场地。启动资金只代表开始的速度，起跑快也有可能跑错了方向，越走越远，反正并不代表结局，因此，要多听投资人建议，有些是有启示作用的，从而吸取精华，改进模式。

当然，速度并不能意味着长远。用户积累和市场扩展是一把双刃剑，发展太慢，很可能被市场淘汰，但急速发展非常容易失控，短时间内公司迅速变大，团队怎么带、节奏如何把控，也是不小的挑战。除了市场扩张速度快，还可以把产品做到极致来赢得机会，实现赶超，比如在苹果公司的固有观念里，如果失去了先发优势，就应当用完美来弥补，以至于iPhone的开发用了7年之久，从而撼动了如日中天的诺基亚、摩托罗拉的霸主地位。

延伸阅读 1-1　　　　创业公司的增长速度应该达到多少

如果对初创公司而言，成功就是以增长率来衡量的话，那么你怎样才能知道自己的创业公司增长速度是否够快呢？

在IVP（institutional venture partners），我们特别研究过这个问题，并找出了2010年以来互联网及软件公司的IPO数据，然后跟踪调查了每一家公司上市前4年的增长率历史。这份清单有70家左右的公司。无一例外，这些公司开始时的增长速度都非常迅速，但后来随着公司规模的发展都降了下来。但有的公司（如HomeAway）开始时的增长速度虽然中规中矩，却能一直维持到IPO及以后，这是比较罕见的。

尽管调查清单中每家公司都各不相同，而且所在的市场也存在区别，但我们还是聚合了这些数据，最后得出不同收入范围的增长率平均值。

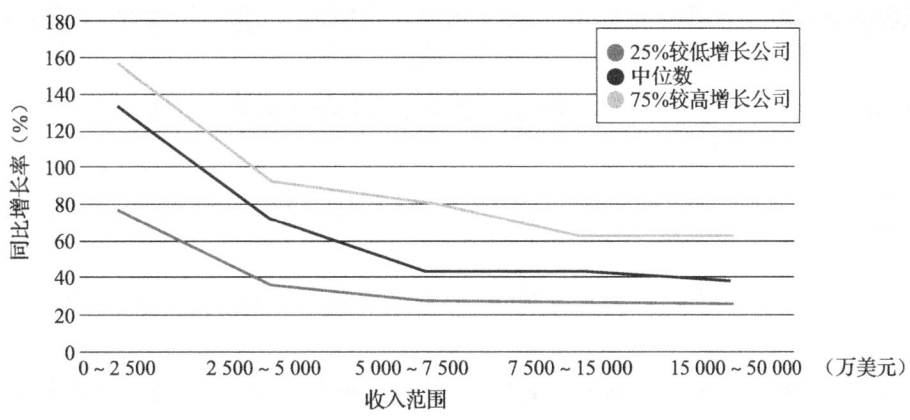

图1-1　创业公司的增长速度

如图1-1所示，如果你希望自己创建的公司能够上市的话，那么在公司规模较小的时候必须保持较高的增长率才行。营收在0～2 500万美元范围的中小企业年均增长率达到了133%。当公司规模扩张，营收增长到1.5亿～5亿美元时，平均年增长率就会回落到38%。

除此之外，IPO最成功的公司（如Tableau、Workday、Splunk、ServiceNow、Marketo、LinkedIn等）在上市前每年的增长率均达到或超过平均值。而那些IPO表现一般的公司上市前增长率都低于表中的平均值。

我们还得出了以下一些经验。

- 将增长率保持在20%以上。只有增长迅速才有可能上市。我们所分析的这70家公司里面有69家IPO年的增长率高于20%，其中有54家公司的增长率甚至高于30%。

- 注重营收质量。收入的质量和增长率的数量对公司的发展而言一样重要。那些在上市过程中备受青睐的公司都有着可预测的收入流、较高的毛利率、较低的客户流失率。这些公司一般都回避服务和其他一次性收入。
- 上市成功之后增长率也很重要。尽管我们关注的是IPO之前的数据，但是对于那些已经上市的公司而言这些指标也非常重要。2011年5月LinkedIn公司首次公开募股上市时的估值为40亿美元。IPO之后，LinkedIn复合年增长率达86%，收入增长至10亿美元，这些都大大超出了之前的预期。因此现在这家公司的估值已达260亿美元。

资料来源：本文摘自美国科技界著名投资人朱尔斯·莫尔茨（Jules Maltz）和帕尔萨·萨尔约西恩（Parsa Saljoughian）在科技网站Techcrunch发表的题为《你应该增长多快？》（*How Fast Should You Be Growing?*）的文章。

二、免费经济与创业模式变化

俗话说："天下没有免费的午餐。"但与之形成鲜明对比的是，我们生活中随处可以看到免费报纸、免费食物、免费软件等各种免费产品。五花八门的免费产品不仅让顾客挑花了眼，也让人担心这些公司是否有足够的资金将免费进行到底。然而，层出不穷的免费模式用传奇的发展速度吸引着众人的眼球，"免费"已成为一种重要而普遍的经济现象。借用克里斯·安德森的话："我们正在进入免费时代。免费不再是商业噱头，而将成为经营的常态。"未来，免费模式会改变世界。

（一）免费经济概述

"免费经济"是指企业向社会大众免费提供产品或服务，并由此赢得庞大的消费群体，再通过配套的增值服务、广告费等方式建立起其他获利途径的经济现象。免费模式的核心是"设计企业隐性的利润空间"，即延长企业的利润链条，通过设计免费的项目，最大限度吸引客户，而后在下一个阶段实现企业的盈利。免费的实质是将免费商品的成本转移到另一个商品（或后续服务）上，或者将免费商品的成本极大地降低，低到趋近于零。

"免费经济学"（freeconomics）概念的提出者——《长尾理论》的作者克里斯·安德森（Chris Anderson）在其著书《免费：商业的未来》（*Free：The Future of a Radical Price*）对免费经济进行了阐述。克里斯·安德森总结了四种免费模式下的赚钱方法。

1. 增值服务收费（freemium）

这种方法指的是，用免费产品或服务作为营销工具，让尽可能多的用户使用产品，然后将其中少数用户转化为付费用户，向他们提供更高级的功能。图片储存网站Flickr就是用这种方法，这是最常见的网站经营模式。

2. 广告模式（advertising）

这种方法指的是，用户可以免费使用网站，但是必须同时接受广告，网站通过广告收入盈利。Google 是这方面的先锋。这种方法可以将流量转化为收入，因此也很常用。

3. 交叉补贴（cross-subsidies）

这种方法指的是，网站本身免费，但是相关的其他商品或服务要收费，通过收费产品补贴免费产品。这有点像打印机公司低价出售打印机，然后通过高价的耗材赚钱。比如科技网站 TechCrunch 介绍了一个婚姻介绍网站，你使用它寻找约会对象是免费的，但是如果你想真正地和对方约会，就必须打网站提供的声讯电话进行安排，而声讯电话是收费的。

4. 劳务交换（labor exchange）

这种方法指的是，用户以提供自己的劳务作为代价，来换取免费服务。比如，上网的时候，往往会遇到人机识别的环节，网站要求用户输入一串图片上的字符，以确定这是真实的使用请求。

（二）免费经济冲击创业模式

在商业世界里提供免费的服务和产品并不是信息技术发展起来后才有的，也不是互联网时代的专利。免费试用从而购买正品；设备免费服务收费；免费报纸期刊以广告为生等这些模式都由来已久了。如今在互联网创业热潮中，免费作为一种营销策略乃至商业模式，已经越来越多地被那些具备洞察力的企业认知和广泛运用，然而免费模式有明显的两面性，一是可以在短期内快速扩展用户；二是必然将在短期内对企业利润产生冲击。

核心产品免费提供可引发用户大规模成长。对消费者来说，"免费"获取核心产品意味着消费的零成本和低风险，因而有着无穷的吸引力，这也能帮助企业在短时间内迅速拥有大量用户，扩大知名度，占领市场。用户和客户不同，客户（client）是购买企业产品的人，而用户（user）是使用企业的产品的人，客户才是给予企业利润的人。由于用户不需要支付费用而获得产品，这意味着企业在短期内不产生收益，必然对企业利润形成冲击，而且用户规模越大对企业的冲击就越大。

"免费模式"现象的出现影响的不只是传统市场营销理论 4P 理论中的价格（price）、产品（product）、渠道（place）、促销（promotion），企业获取客户方式、企业获取利润方式也发生了变化，它带来了一种全新的商业模式。免费经济盛行势必要求创业者审视企业发展的传统做法——通过卖产品获取利润以扩大生产的"滚雪球"发展模式，寻求新的企业发展路径，一是深入思考创业企业在获得利润之前，如何获取足够资金来支撑免费模式运行，在强大资本的帮助下为创业项目的生存与发展赢得时间；二是清晰构建免费模式背后创业企业可持续性的发展方式，既要增强用户黏性，又要明确盈利模式，确保现金流足够强大（见图 1-2）。

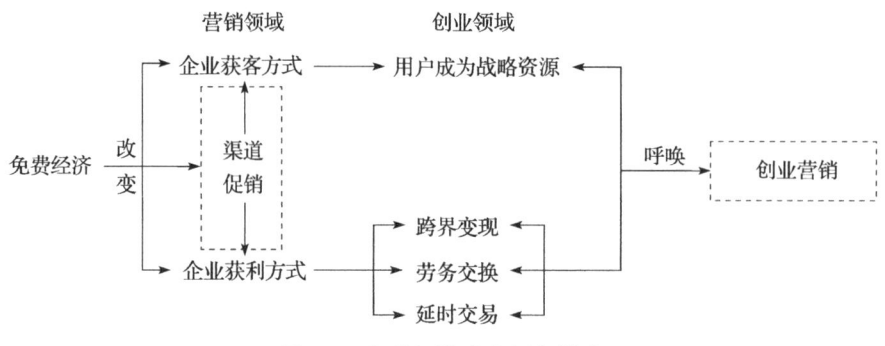

图 1-2 免费经济冲击创业模式

(三)免费模式的经营策略

第一,分析产品特性,满足免费经营的条件。企业实施免费模式必须确保产品或服务满足三个条件,即用户数量足够多、增值空间足够大以及能够有效绑定客户。电信行业就是一个典型的满足免费模式经营条件的行业。首先,用户数量庞大,我国手机用户、QQ 用户等人数众多;其次,增值服务的空间巨大,电信企业可以在用户后续的手机使用中获得较高的通话费和信息费等收入;最后,虽然客户具有选择性,同样的服务,电信企业的竞争者也能提供,但是电信企业可以通过提供免费手机同时与用户签订使用协议或预存话费的方式绑定用户,从而保证免费模式的成功。

延伸阅读 1-2　　　　免费产品经济时代,钱从哪里来

今天不管是在个人消费领域,还是在企业市场,都有越来越多的产品向免费看齐,而且这个趋势还在提速。之所以可以免费,是因为网络效应。

投资人会给那些没有明确盈利模式的公司先投钱,让他们去积累大量的用户基础,这种做法现在在创业公司当中都已经成为被嘲弄的陈词滥调。诸如 Foursquare、Twitter 和 Facebook 这样的大型网络平台在好几年里一直赤字运营,直到他们的用户数达到某个临界点以后,盈利模式才逐渐被打开。

但是,网络效应确实有它的好处。它可以允许服务的提供者将多个产品免费提供给用户,以进一步巩固用户,为竞争者筑起竞争壁垒。谷歌就很擅长做这件事:Google Docs、Gmail、Gcal 和它的很多产品都把人们圈在了 Google 自己的生态圈内,而最后收拾上面的免费模式残局的,是 Google 的搜索广告和它背后的强大收入。个人手工艺品交易网站 Etsy 就允许用户免费创建他们的电子商务网页,而其他网站的该类服务通常都是收费的。那 Etsy 的钱从哪里来?答案当然是,当消费者购买围巾或者胡子外形的 iPhone 外壳时,Etsy 就可以向商家收取交易费。不过,它的软件绝对是免费的。

技术创新还引发了关于"企业市场消费者化"(consumerization of the enterprise)这一概念的讨论。很多的企业软件都逐渐被那些轻量的、易于使用的、基于云端的，比如像Yammer这样的软件所取代。这种趋势的一个核心也是"免费增值"的定价模式。也就是说，很多软件都会提供功能有限的免费版，然后它们的客户仅仅会因为享受更高级的功能，或者数据托管服务而付费。

而随着App开发的竞争进一步加剧，各大公司也在推出越来越好的企业软件版本：这些版本功能越来越多，产品的免费力度也越来越大。

在这种情况下，有好几种盈利模式是可行的。

为了提供免费产品，对公司来说，它们必须借助新的赚钱模式，需要通过个人或企业捐助拿到钱。目前，在产品免费的前提下，创业者中比较常用的赚钱模式有以下几种。

- 广告和赞助：一般做内容和做网络平台的都是通过这个方式赚钱，当然很多其他的产品也是这样。想想Twitter、Pandora、Words With Friends还有你现在浏览的网站。在很多情况下，公司都会向消费者提供付费版本，这些付费版本中没有广告。但是假如用户愿意，他们完全不用付钱就可以享受服务（当然也要忍受广告）。
- 提供主机和存储：对很多SaaS（软件即服务）产品来说，用户都不需要为功能花钱，但是他们需要为带宽、磁盘空间等付钱。以WordPress为例，它的产品是免费的，但是它每月会向那些将自己的博客放在它的服务器上，有自己的自定义域名的博主收取几美元。而那些按照人头来付费的企业产品，比如说Salesforce和MailChimp，则是根据数据存储和服务器使用时间，而并非它们本身的工具来收费的。
- 交易处理：像Etsy和PayPal这样的产品，在交易市场中往往会提供免费工具，一方面是为了增加它们服务的流动性，另一方面是因为它们可以很轻松地通过交易收费。这种模式甚至被用到了实物上：Square就把它的信用卡刷卡器免费提供给用户，以扩大它的用户基数，然后通过经由它的庞大交易额收费。
- 服务：假如人们可以享受到走红地毯般的待遇，他们也还是愿意付钱的。免费的产品通常通过为用户提供付费的"向上销售"服务来拉动消费。举个例子，尽管App本身是免费的，开源的程序开发者通常会通过技术支持向客户收费。
- 交叉销售或者"向上销售"其他产品：一般很多公司都会提供一个功能基础的免费产品，然后诱使潜在用户去购买他们盈利更大的付费产品，也就是所谓的免费增值模式。在产品链条的顶端是那些不能通过其他手段谋利的产品，而链条下面的产品都会变成免费的，以支持上面的付费产品（直到有其他人找到一种方法让付费产品也变成免费的）。
- 为用户提供捷径：这个方法的意思是，为用户免费提供应用，但是假如他们想要作弊或者插队，他们就需要付费。诸如FarmVille（类似开心农场）这样的社交游戏就是这种模式的一个有趣案例：应用内支付变成了用户规避耐心的好方法。事实上，在 2011 年的 Open Mobile 峰会上，FarmVille 的移动总监称他们 90% 的游戏收入来自应用内支付。

当然，这并不意味着那些需要付费的 App 或者游戏在质量、独特性或者品牌上面就输给那些功能免费、通过其他手段赚钱的产品。但是，正是因为免费模式的存在，整个行业的经济面貌都在快速改变。

资料来源：摘自"36 氪"，作者 Shane Snow 是一名科技作者兼 Contently 公司联合创始人，陈小蒙译。

第二，准确定位目标市场。准确定位市场的重要性体现在两个方面——节约成本和塑造品牌，尤其是免费产品的提供需要大量成本作为支撑。此外，企业还可以把免费产品作为一种营销手段，进行"病毒式"传播，有利于在目标受众中塑造品牌形象。以广告型免费模式为例，如果免费产品和服务无法满足目标消费者的需求，就不会有广告商愿意投放广告。

| 创业故事 1-1 | 免费租书为什么还能年赚百万

丁老板在大学城开了一家书店，但是，他不卖书，他免费提供租书。丁老板书店里的书基本上是考研、雅思、托福、考公务员必备的一些参考书，同时还有一些考试必备的教辅材料，也提供一些往年考试的卷子，这些都是免费向大学城的学生租用。免费的，完全免费！

由于完全免费，吸引了大量的大学生向丁老板租书，每个租书的人只需交纳 50 元的押金，就可以拿走 3 本书。

3 本书还回来，50 元押金就退给你。如果续借，押金继续交着。但是丁老板并不是靠押金来赚钱的。

租书，还书，让这群学生不停地要来丁老板的店，同时，每个大学生租书都会有针对性，比如：考研的就会租考研的书，考雅思的就会租考雅思的书，考公务员的也一样。

丁老板通过系统登记学生们曾经租过哪些书，现在租哪些书，从而发现，既然考研的学生向我租了这些书，那么他们是否要上培训班？大部分学生还是要上这种强化班的。但是丁老板没有培训公司，没有老师。于是他想到了借力。

丁老板与培训雅思的合作，与培训公务员的合作，与培训政治的合作，与培训英语的合作……能合作的都合作了，然后，每招一个学生，这些机构就给相应的提成。

这些学生免费在丁老板那里租书，也经常与丁老板交流，信任几乎不成问题，丁老板推荐给他们培训班，成交率就比普通的业务员要高很多。

于是丁老板通过免费租书吸引了大量的学生，学生们之间又会相互传播，互相介绍，来的学生更多。

接着丁老板都知道他们接下来要考什么，是考研，还是考公务员，然后有针对性地给每一个学生推广对应的培训班，帮助相应的机构招生，一年能赚百万元。

资料来源：今日头条。

第三，从价值链中深挖顾客需求。实施免费模式的传统企业要敢于打破常规思维，从满足客户需求的角度出发不断创新增值服务项目。景区旅游业算是一个比较典型的免费模式适用行业：游客数量多，需求价值链长，而且相对独立的地理空间能有效绑定游客。旅游景区如果可以从食、住、行、游、购等方面为游客提供更为丰富的增值服务，充分满足游客在旅游需求链上的各种价值需求，不难想象，这样的景点就不需要依靠上调门票价格来盈利了。

第四，着眼于价值创造。免费模式的最终目标是为顾客提供系列产品或成套服务解决方案，所以企业需要整合产品和服务，打开后续市场。免费的产品或服务可以通过新价值来弥补，只要新价值足够大，前端产品即使全部免费也能盈利。

第五，坚守"免费"承诺。针对部分免费模式，企业必须对其免费的产品和服务坚守承诺，如果只是把免费当噱头，在成功忽悠消费者购买产品后再进行收费，无疑是在赶走消费者。试想，当女性客人冲着"女士之夜"的广告进入一家酒吧后，却被告知只有极小一部分的饮品是免费的，她们以后还会光顾这家酒吧吗？所以，免费之后的收费服务应该是在不伤害顾客信任的基础上，让顾客心甘情愿地为增值服务支付合理的价钱，毕竟企业只有坚守免费承诺，让顾客真正感受到免费的体验价值，他们才会愿意把品牌信息传播给其他人。

三、共享经济与创业障碍破解

传统经济是独享经济，垄断是其核心思想基础。人们认为必须独享创造的垄断，才能保持稳定的增长，也才能铸就坚固的市场壁垒。如今移动社交的出现，让独享经济壁垒迅速瓦解，并使独享经济走向后台，共享经济成功上位。

(一) 共享经济概述

所谓共享经济（sharing economy），是指个人、组织或者企业，通过社会化平台分享闲置实物资源或认知盈余，以低于专业性组织者的边际成本提供服务并获得收入的经济现象，其本质是以租代买，资源的支配权与使用权分离。

共享经济发展有着深刻的时代背景：有限资源的紧缺；消费的碎片化、零散化；新兴技术的发展；消费观念的改变等。共享经济作为一个建立在人与社会资源、物质资料等分享基础上的社会经济生态系统，包括不同人或组织之间对生产资料、产品、分销渠道、处于交易或消费过程中的商品和服务的分享。这个系统有多种形态，一般需要使用信息技术赋予个人、法人、非营利性组织以冗余物品或服务分享、分配和再使用的信息。在分享经济之下，人们的生活更趋向于简洁化，越来越多的人走到众享行列当中，不仅仅是主动应用别人的众享成果，更是将自己手中的闲置资源众享给别人。最具有代表性的分享经济模式是Uber、滴滴和Airbnb，前两者提供出行车辆服务，后者提供旅游租房服务。

共享经济的核心就是解决社会闲置生产力，提升商品的使用价值。共享经济最常用于价格很高同时利用率不是很高的物品上，例如房地产、汽车等。最典型的例子是Airbnb，他们让旅行者可以通过网络发布、查找和预订世界各地的闲置房源，这些房源都是个人暂时不用的房屋，Airbnb 可以出租包括各种公寓、私人房间、城堡、船、庄园甚至岛屿。共享经济模式的平台能够提供实时、精确的算法，将供给和需求进行有效匹配。整个共享经济的大前提，是碎片化时间以及闲置资产。Airbnb 将多余房间、公寓和旅行者的需求进行匹配。Uber、滴滴根据地理位置，将消费者的出行需求和现有的车辆作匹配。Uber 的 PriceSurging 在供不应求的状况下会自动调整价格，而滴滴则通过自动加价、平台奖励等算法来确定服务的优先级。二者都是通过强大的后台数据分析，以及价格杠杆来调节某一时段、某一地区的供需平衡。

共享经济背景下的消费观念变化，消费观从"拥有"到"使用"转化。其实，共享经济是技术，更是一种理念，这种理念在当下正在快速流行。它是互联网信息技术高速发展的产物，它使陌生人之间"点对点"的信息低成本共享已经实现。在共享经济时代，信息的共享可以让资源获得更有效的利用，物品的固定持有成本将大幅下降，让更多的人能够享用这些资源。分享经济也将大幅降低人类对自然的索求，最大化地提升现有资源的利用效率。有理由相信分享的理念将极大地改变我们的衣食住行习惯：房屋、汽车、礼物等多种私有物品未来都会以共享模式存在，租房代替买房，打车代替买车，厨艺可以分享，宠物可以共养，礼物可以二次赠送等将成为新的消费趋势。在这种变化下，颠覆性技术带来的重大影响，新技术将大规模提升生产力，提高资源利用效率，将人从繁重的劳动中解放出来，让人类有更长的寿命、更多的自由时间追求创造性、追求快乐、追求自我实现。

共享经济模式，是否能够真正释放碎片化时间的价值，是否真正能够释放闲置资产价值是关键的关键。当颠覆性技术到来，我们都在憧憬技术带来的便捷，但随之而来的对生活、对社会的巨大影响可能还没有被广泛和深入地认知，其最终考量的依据是能否重新构建商业价值。因此，我们需要也必须看清将要发生的变化，尽早做出战略调整。共享经济这种颠覆性的商业模式，如今已经开始改写全球经济格局。作为一种新经济模式，共享经济主张通过调整社会存量资源来最大限度地利用产品和服务，完全颠覆了以往不断通过新投入刺激经济增长的传统思路。未来共享经济将向金融租赁、物流运输、教育培训、广告创意等领域大范围渗透，并将成为主流商业模式。对于创业者来说，这将是对更多有心人开放的机会。

（二）创业障碍

激情是创业的第一步。在现实生活中很多情况是一个人只是因为想创业，或者是想到或听说了某个点子，甚至只是对现有工作不满，就开始了创业，但创业不是这么简单的事。在你具体实践的过程中也充斥着非常多的难题。

1. 认知障碍

初次创业者很容易出现的问题是不知道什么是重要的，或者是对创业有一些认知上的错误。比如 Facebook 创始人马克·扎克伯格也是这样。Facebook 很受早期用户欢迎，但他也不知道这个事情有多么重要。到硅谷后他还一度说这个 Facebook 项目并不重要，想靠

Facebook 吸引一些用户来，真正想干的事是做一个下载软件。后来是肖恩·帕克告诉马克别去干其他东西，干这个就对了。那么初创者到底有哪些认知上的障碍呢？

过于看重"点子"。很多创业者非常重视他的点子，完全不愿和别人说，把整个创业的成败都压在上面。其实"点子"没你想象中的那么重要，比如互联网创业里最不值钱的就是点子，任何你能想到的点子，一定已经有很多人想过甚至做过了，如果没人想过，99% 的可能是这个点子是有问题的。如果是一个点子，你觉得别人一知道，一开始做，你就不行了的话，那你注定会失败。连带的问题就是，过于追求点子，一味求新求变，追求不同，反而导致了一堆没有可执行性的计划。事实是好想法对于商业成功既不是充分条件也不是必要条件。微软应该算是获得商业成功的典型，但是在它的整个发家史上却找不到一个完全独创的"好想法"。事实上微软正是通过模仿对手的想法并在竞争中打败对手而一步步发展壮大的。谷歌确实有一些独创的，像 PageRank、AdWords、廉价机器集群等，但是这些没有一个是由拉里·佩奇（Larry Page）、谢尔盖·布林（Sergey Brin）想出来的，这并不是说他们不够聪明，实际上他们都很有智慧。但如果人们认为他们只是有一天突然有了一个灵感接着就成功了，那就进入了认知误区。

课堂语录

> 创业是有秘密的，但这个秘密不是在点子本身，而是在点子的执行里，即如何把它做出来。

过于看高产品。创业者大多是充满激情、积极乐观的，对于某个突如其来的想法有着极大的信心，认为这是现有市场没有的产品或者服务，做出来自然而然有人会用，有时候事实确实如此。Google 就是个好例子，但是像 Google 这样的公司只是凤毛麟角，更多的公司生产的产品会因为这样或者那样的原因卖不出去。事实上，创业者和合伙人对自己产品的看法没有任何意义，重要的是客户会怎么看待产品。我们很自然地会假设，如果你和你的伙计们都认为你们的产品很好，那么其他成千上万的人们也会这样认为，事情有的时候是这样，但大多数的时候不是。原因是你如此聪明可以设计出这么好的产品，那么你跟那些产品的使用者是不一样的。相对于你，你的客户们要更为平庸一些，他们的口味也会更为平庸一些。如果你的产品是为了迎合你自己在乎的那些东西的话，你的用户群将会非常小。

"如果不申请专利，别人会偷走你的想法。"事实上没有人会对你的想法有兴趣，除非你的想法被证明是成功的，但那时对于偷学者为时已晚。即使真的有人对你的想法非常认同，他聪明的话也自然会选择跟你合作，如果不是，他做什么都是威胁不到你的。当然，有时候专利还是有点用的：它会让投资人感觉很保险。

"懂得的知识比认识的人重要。"你一直都拒绝否认这一点。从小到大，你都相信聪明比什么都重要。事实是——人际关系比知识要来得重要。这并不是说聪明、有学问没有用。你的学识一定程度上决定了你会被推荐给"谁"。但最终，你认识并信任，更重要的是信任你的人会比你的学识对你的前程有更大的决定性作用。商业活动是异常复杂的。没有任何一个人有可能具有完成一个商业决定所需要的所有知识和经验，所以精明的人们会把他们的权力下放给其他人。而当他们选择下放的对象时，首先想到的就是他们认识并信任的人。

"没有竞争对手再好不过。"如果你所处的行业没有竞争对手，最有可能的理由是，它根本就不能赚钱。这个世界上几乎完全没有可能还存在一个没有任何人发觉的有利可图的市场。

2. 资金障碍

我们常常说现金流往往是一家公司的血液，对于漫漫创业路，资金也是第一道门槛。如果说产品和用户给予了创业者生命，那么资本的力量则是创业者维持生命和成长的营养和食粮。企业的启动和发展必须靠足够的资金来解决，如果一个企业没有资金，或者资金不足，再好的计划、再好的项目，都是空想，再好的投资活动都有可能中途搁浅。企业之所以在运转，完全是因为资金在不停地流动。

当前的企业竞争在很多同等情况下往往是资金实力决定胜负而不是管理能力决定胜负，甚至有时候这种情况会直接演变到看哪一方的资金充足而不是哪一方的管理更好。所以，企业有了充足的资金，干什么都可以游刃有余，很多竞争活动的胜利都必须通过资金来实现，如果资金不足而求其次，就会变主动为被动，丧失大好的获胜机会。资金不足，还会使一些管理者无法根据市场的变化积极应变，无法采用那些实际而又有效的方法来应对现实中面临的各种问题，这种限制管理者发挥才智的现象，不但使企业的发展大打折扣，还会使企业在一种窘迫的环境中垂死挣扎而又无法自拔，只能在商业机遇中挤来挤去。所以，资金缺乏是企业的最大劣势之一。

| 创业故事 1-2 |

在第一次互联网泡沫破灭前夕，刚刚获得哈佛商学院 MBA 的唐海松创建了亿唐公司，其"梦幻团队"由 5 个哈佛 MBA 和两个芝加哥大学 MBA 组成。凭借诱人的创业方案，亿唐从两家著名美国风险投资 DFJ、Sevin Rosen 手中拿到两期共 5 000 万美元左右的融资。

亿唐宣称自己不仅仅是互联网公司，也是一个"生活时尚集团"，致力于通过网络、零售和无线服务创造和引进国际先进水平的生活时尚产品，全力服务所谓"明黄 e 代"的 18～35 岁之间、定义中国经济和文化未来的年轻人。

亿唐网一夜之间横空出世，迅速在各大高校攻城略地，在全国范围快速"烧钱"：除了在北京、广州、深圳三地建立分公司外，亿唐还广招人手，并在各地进行规模浩大的宣传造势活动。2000 年年底，互联网的寒冬突如其来，亿唐钱烧掉了大半，仍然无法盈利。此后的转型也一直没有取得成功，2008 年亿唐公司只剩下空壳，昔日的"梦幻团队"在公司烧光钱后也纷纷选择出走。巨大的融资没有给他们带来帮助，反而在一轮又一轮的烧钱活动里提前结束了他们的创业之旅。

资料来源：钛媒体，文 / 丁辰灵。

事实上，很多成功的企业家不但是经营管理的能手，更是融资的能手。一个管理者或创业者不但要有经营管理能力、决策规划能力，还必须知道如何解决资金问题，因为只有在资金充足的情况下，你的计划才有可能变成现实。如果你没有足够的资金，所有的投入很可能会付之东流，前功尽弃，而充足的资金配备对于经营者来说又是多么重要。比如在当前，如将一个创意开发为成熟的技术并将新产品成功推向市场，需要的资金大大增加了，即使是一个小产品，也需要大量先期投资。融资困难往往是将创业项目扼杀在摇篮的第一个因素，而对于一些成形的项目，融资过多也是他们创业成功的另一大威胁，这也可能成为资金障碍。在现在的创业狂潮下流行着一种"病态"的情况——召集数人开发一款 App，然后开始运用各种手段接触投资人，谋求资本投入。每天被媒体动辄上亿的融资新闻刷屏，我们会陷入歧途，整日奔波于要钱的路上，原本坚持一年的项目因为融资不到或那些所谓投资人的不看好而提前放弃了，创业本身就不是万事俱备的事情，恰恰是在缺乏资源的前提下，如何去整合资源做好项目。

3. 经验障碍

在创业过程中，经验往往是不可缺少的。创业也是一种全面的素质挑战，从一份抽象的创业计划书到成功的市场运作，整个操作过程还需要借助长时间积累的管理经验加以磨合，这不是啃一啃纲常条目的书本理论就能达到的。

对于创业者而言，你是不是真正研究了解了你想做的事？举一个例子，在淘宝开店是最简单的创业之一了。但即使是这个，做之前你有没有分析过淘宝所有门类的销量、利润，货源等情况？对你想做的门类，你有没有精研过前几百个热门的货品和商家？靠前的商家和货品，你有没有分析过他们最近几个月的每一单成交、评论？选品、定价、货源、排名、客服、推广、配送是否研究过？有没有向业内资深人士汲取过经验？有没有实地考察过货源地？有没有分析调研过你的买家群体？如果一个创业者和投资者谈的时候，投资者都比他在他想做的事情上懂得还多，了解得还深的话，一般投资者不但不会投，反而会劝他回去先好好想想，想清楚他到底有没有认真思考和对待他自己的创业。

即使了解自己想做的事，还有个问题：是不是能集合乃至整合做这件事所需的要素，包括经验积累、团队、启动资金、资质牌照、渠道等。所有成功的项目，创业者之前都在相关行业或相关方面有过很扎实的积累，有技术上的、运营上的、知识上的、人脉上的、管理上的等，例如淘米网 CEO 汪海兵在摩尔之前做的是 QQ 宠物，智明星通在社交游戏前做的是 Flash。很多年轻的创业者，之前往往做过小网站、小生意或者独立开发者，对想做的事有相关的技能、运营、团队领导能力等。

根据想做的事情不同，所需的要素也不同，但最基本的是你的经验积累和团队。如果是移动互联网，可以先试试做独立开发者，有了足够的技能上、知识上和人生上的积累后再开始。团队和搭档是另一个最重要的要素。现在的互联网不像 10 年前，竞争非常激烈，变化非常快，要求团队一开始就有相对完整的核心团队。10 年前没有太多的人做互联网，创始人和团队有足够的时间和空间去犯错误和成长。比如腾讯当年犯过很多错误，放到今天可能是致命的。所以当你计划好了创业的时候，下一个事情就是能不能用一切办法找到和自己互补的搭档。如果不能，那就要好好重新考虑一下你的计划。

当然，这里的"经验"不能狭隘地理解为企业工作经验，更多的是社会经验，实际上，很多知名创业者在创业之前并不是在企业工作，如用友集团董事长王文京以前是公务员，贝因美创始人谢宏曾经当过老师等。社会经验是需要创业者自己去积累的，去主动参与实践，关注社会，接触别人，体验生活，才可能学习到更多。

4. 能力障碍

创业能力主要包括经营管理能力、市场开拓能力、商机判断能力以及创新能力，这些被认为是对创业而言最重要的几项能力。《中国青年创业现状报告》（人力资源和社会保障部劳动科学研究所，2016）显示，青年创业者的创业动机主动、自主意识较强，创业环境、政策与服务对创业的支持作用积极，但创业资金、人力资源和创业技术等方面存在普遍性短板，在一定程度上限制了创业的持续性；同时创业能力不足是青年创业面临的主要困难之一。很多青年成功创建了企业，但是对于如何发展壮大，却心有余而力不足，特别是缺乏市场意识和科学管理方法，在企业管理、研发创新、营销推广、融资技能等能力方面存在普遍性的短板。

理解表达能力欠缺也会成为创业障碍。许多创业者无法把自己的创意准确而清晰地表达出来，缺少个性化的信息传递，一些计划甚至是不知所云。在这种看似是语言表达能力欠缺的背后，反映的则是创业者缺乏对创业所需各种资源的准确理解。落选的商业计划还普遍存在以下问题：不知道如何写商业计划书；对目标市场和竞争对手情况缺乏了解，分析时所采用的数据经不起推敲，没有说服力；相当多的计划书价格取向不明确，没有指明项目会给用户和市场创造什么样的价值，或用户为什么会购买他们的产品和服务，以及企业将如何盈利和保证正常运营；一些计划书虽有很好的创业思路，但其可操作性却难经推敲。这些无一不反映创业者在创业方面知识的缺乏。

（三）共享经济破解创业障碍

对于创业来讲，共享经济同样适用（李开复，2015）。随着社会发展，环保更受重视，制造成本逐渐变高，创业浪潮来势汹汹，很多人在改变原有的生活、工作模式，寻找新的机会。共享经济理念是基于消费领域的深刻变化而提出来的，这种变化其实在创业领域也是存在的，如创业资源的紧缺；新兴技术的发展；机会驱动创业；创业观念的改变等等。共享经济有其特点，并不是任何资源都能进入共享经济平台：第一，该资源应当是充沛的，所以才会闲置，并由此产生盈利的可能性；第二，它的流动性是稀缺的，或者说信息是稀缺的，使得供求两端没能很好地对称起来。

在共享经济模式中，闲置的私家车、空房间可以拿来共享，那么人呢？人的时间、智慧、经验、技能乃至人背后的资源，是不是也可以拿来共享呢？如今，创业障碍重重已经是不争的事实，找合伙人、找技术、找设计的话题永远不会落幕。通过共享经济的思路，让人才从原本雇用、全职的制度中解放出来，将自己的智慧、劳动、时间、经验拿来共享，帮助创业者快速、高效地解决问题，会不会比一门心思寻找合伙人和全职员工要现实得多？其实，这一思路可以用"智力众筹"的模式加以概括。智力众筹可以算得上众筹模式中的第五种，是在股权众筹、债权众筹、回报众筹和捐赠众筹之外新兴的一种众筹模式。如果说股权众筹就是"我给你钱，你给我公司股份"的话，那么智力众筹就是"我帮你解决创业难题，你给我公司可回购的股份"。

对于初创团队来讲，可以不用支付高额费用就能请到高级人才帮忙解决问题，也是降低成本的一个方式。建立一个共享、共赢的创业平台才能化解目前"散小乱弱"的现实困境，通过智力众筹的模式，可以让人才以解决创业任务的方式换取可回购的股份，这样一来，通过股份捆绑在一起的双方，目标、利益一致，用合作代替雇用，更有利于创业的发展。和股权众筹相比，智力众筹门槛更低，任何有能力、有时间的人都能参与共享。而且待问题解决、项目成熟、获得融资后，再将股份回购，就轻松多了。

共享经济的一个最大特征就是需求和供应原本都存在，只是需要一个平台方提供信息的对接和高效率的匹配。创业者可以将所遇到的问题以任务的方式发布到平台，平台首先会进行匹配，将任务推送至符合条件的人才方，若人才感兴趣并且双方通过沟通认可彼此，那么这个外部合伙关系从签署平台提供的三方协议之后正式生效。此外，平台还会提供包括交易担保、第三方监管、全程法律支持等多重保障，降低争议，让合作双方没有后顾之忧。智力众筹是对共享经济中人力资源共享的最佳诠释，相信通过智力众筹的模式，能让更多的人参与到创业中，共享时间、技能、经验，让创业就此跨过找人难的这道坎，打破人才瓶颈，彻底激发创业活力。

第二节　创业营销理论的发展

一、创业营销不是初创企业的市场营销

创业是"一个发现和捕获机会，并由此创造出新颖的产品或服务，实现其潜在价值的过程"（丁栋虹，2012），是"不拘泥于当前的资源约束，寻求机会进行价值创造的行为过程"（李家华，张玉利，雷家骕，2015）。市场营销是"在创造、沟通、传播和交换产品中，为顾客、客户、合作伙伴以及整个社会带来价值的一系列活动、过程和体系"（该定义于2013年7月通过美国市场营销协会董事会一致审核）。从字面意义上看，创业营销是营销与创业的交互融合的结果，但创业营销的完整定义是什么？这点存在争议，然而，创业营销肯定不是初创企业的市场营销，原因主要有如下方面。

一是创业营销不仅仅存在于初创企业活动中。创业企业包括新生企业和二次创业企业，越来越多的研究显示，成功的企业都非常注重创业活动，这类企业同样需要在新进入一些领域开拓市场时进行创业营销。可见，创业营销由于融合了创业思维与营销理论和方法，不仅

适用于初创型企业，也适合那些预备在市场投入新产品、新服务的成长型企业，同样适用于需要转型的成熟企业。

二是创业营销还存在于种子期企业中。种子期是公司发展的一个阶段。在这个阶段，公司只有想法却没有具体的产品或服务，创业者只拥有一项技术上的新发明、新设想以及对未来企业的一个蓝图，缺乏初始资金投入。种子期公司还没有真实的企业实体成立，还没有现成的产品，只有商业计划书，这时候它需要通过创业营销吸引创业伙伴，寻找资金，选择合适的经营环境等，以便尽快把创意产业化，创建实体公司。

三是初创企业市场营销无须简称为"创业营销"。有些人把创业营销看作创业管理中的市场营销，从策略层次上对创业营销加以研究，认为创业营销是初创企业的市场营销的简称，事实上，这种做法大可不必，"创业企业市场营销"以及"中小企业市场营销"的叫法并不复杂，而且通俗易懂。实际上，在我国已有《创业市场营销》（李蔚，牛永革，2005）、《中小企业市场营销》（李家龙，2006）、《创业企业市场营销》（任玉霞，刘娜，孟兆磊，2011）、《创业教育系列教程：市场营销实务》（肖开宁，2012）等关于创业初期中小企业的市场营销方面的著作。这些著作的编写框架都是传统市场营销的基本框架，从STP、4P等角度展开论述。

那么，对于初创公司来说，其市场营销主要讲哪些内容呢？一般来说，大体分为以下四个步骤。

分析市场机会。如果没有机会何谈营销？而且要去思考这个机会是否适合你，你能否把握这个机会。

选择目标市场。这个时代很难发现大而全的市场，你只能去寻找小而美的事业。比如把市场定位在风口浪尖的领域，一个别人未发现的蓝海市场，或者一个蓝海市场中还没有被开拓的领域，然后快速落实。

确定营销策略。分析并确定目标市场之后，就要确定营销策略，你的策略是什么，用怎样的渠道触及目标用户群。

营销活动管理。根据营销策略来执行营销活动，比如怎么排期、效果测试、渠道优化等。

在市场营销阶段，最重要的部分是前面的市场分析与营销策略，如果不经历这些阶段直接进入营销活动，那么一定是失败的。你都不清楚自己为什么要做营销，用户是否需要，是否真正触达目标用户。把目标市场、目标人群以及自己的产品定位好，就成功了一半，否则就是无意义的营销，就没有价值。

二、创业营销的研究现状

创业营销是一个新的研究领域，包括创业营销概念本身在内的创业营销的基本理论尚处在形成和探索中，还没有一个统一的定义（见表1-1）。

表 1-1　国外创业营销定义演化

作者（年份）	创业营销的界定
Duus（1997）	是一种通过创业活动，具备服务未来顾客潜在需求的能力，而且呈现出一种由内而外的市场导向性的交互性特点
Morris 等（2000）	通过风险管理、资源撬动以及价值创造，积极识别、评价和利用机会，并进而获取且保留有价值的顾客
Hill 和 Wright（2000）	是一种营销行为，该行为描述了小企业市场导向的研究方向，并且被所有者、管理者的个性特质所影响
Stokes（2000）	被创业者及其管理者所采纳，关注创新且与市场需求一致性的理念的延伸和发展
Bjerk 和 Hultman（2002）	是针对小型企业通过创业活动不断成长的营销
Shaw（2004）	是一种在社会企业环境中逐步出现的，涵盖了机会识别、创业导向、组织文化，以及创业网络等
Miles 和 Darroch（2006）	在创业营销过程中，聚焦于机会创造、机会评价和机会开发
Frederick、Kuratko 和 Hodgetts（2007）	聚焦于销售，并且不断地追求机会，持续地关注顾客
Morrish、Miles 和 Deacon（2010）	营销整体层面和创业整体层面的联结；创业导向和市场导向的结合，并同时更加呈现出机会导向、先动性、风险承担和创新性特点
Kraus、Harms 和 Fink（2010）	具备管理顾客关系，创造和传递顾客价值的功能，具有创新、先动、风险承担，以及不受目前资源条件约束的特点
Hills、Hultman、Kraus 和 Schulte（2010）	着力于机会追寻，利用各种网络关系，促进企业成长和创造顾客价值的导向、理念和行为的过程。

资料来源：焦晓波，郭朝阳.创业型经济背景下的创业营销：研究述评与未来研究展望［J］.商业经济与管理，2014（9）：52-60.

Heirrik Johannsen Duus（1997）提出创业营销要关注未来市场的未来需求和公司未来能力。第一本系统地研究创业过程的市场营销问题的专著是由沃顿商学院的三位专家罗纳德 M. 洛迪什（Leonard M. Lodish）、霍华德·李·摩根（Howard Lee Morgan）和艾米·卡利安普尔（Amy Kallianpur）在 2001 年编写的 *Entrepreneurial Marketing*，该书在国内被译为《创业营销》。该书强调了营销对于新创企业的成功与否往往起着决定性的作用，认为市场定位与市场细分是创业营销的核心，创业者必须时刻注意从营销的角度来考虑创业活动中的每个环节。该书把营销理念融合到创业过程中，提出创业营销观点，并做了论述：创业营销是以市场细分、市场定位为起点，经过定价、产品测试、公关宣传、渠道决策、产品推出、促销、广告等各个环节，形成一个运转过程，并对雇员聘用、融资等有至关重要的作用。《创业营销》对创业营销的本质进行了解释，但是存在着两个不足：第一，只考虑企业创建之后的营销问题，对企业筹建阶段的营销工作未加研究；第二，未对创业营销的过程进行划分，对创业营销过程的划分有助于识别各阶段的关键和存在的问题。

米内特·辛德胡特（Minet Schindehutte）、迈克尔 H. 莫瑞斯（Michael H. Morris）以及莱兰 F. 皮特（Leyland F. Pitt）在 2009 年合作编著了 *Rethinking Marketing：The Entrepreneurial*

Imperative 一书，金晓彤等将其译为《创业营销：创造未来顾客》。该书回顾了建立新视角的基本理论和整体架构，融合了营销、战略和创业等方面的学术成果，试图对营销进行重构，总结出对营销各基本组成部分——营销组合、品牌角色与品牌化、客户关系等问题的再思考，提出通过创新型的风险管理、资源利用和价值创造，主动识别、评价和利用机会，以获取和保留有价值的客户。

创业营销理论在从国外引进的同时，我国创业者也开展了丰富的实践，推动国内在创业营销的研究方面，取得了一些重要成果。

宋学宝（2002）认为，如果创业者的事业心和创新精神是创业企业的发动机，那么创业营销就是转动装置和车轮。他还认为，在当前的市场环境下，成功的创业需要有效的创业营销，而成功的创业营销不仅需要更新的技术，更好的产品和计划，还需要企业家具有首创精神和献身精神，具有营销意识和营销技能。首次提出了成功的创业营销一般需要经历四个阶段——创意营销阶段、商业计划营销阶段、产品潜力营销阶段与企业潜力营销阶段；创业营销存在一些障碍，同时也存在着陷阱：错误的创意、错误的团队、错误的商业计划、技术陷阱、市场陷阱、管理陷阱、财务陷阱和错误的战略等。

李剑力（2006）将"entrepreneurial marketing"译为"创业型营销"。他通过比较创业型营销与传统营销，认为创业营销是为了适应动态市场环境，应对多样化的顾客需求，创造性地利用资源而实施的营销新模式。创业营销整合了市场营销和创业管理两方面的要素，在市场导向的基础上，更加强调机会驱动、理性冒险、持续创新、超前行动、资源整合。因此，它更具灵活性和环境适应性。创业营销的发展逻辑是"由外而内"，其根本驱动因素就是创业精神。它通过创造性地有机整合机会、资源和顾客价值来驱动市场，并创立具有挑战性的组织绩效。机会导向、超前行动、顾客强度、注重创新、理性冒险、资源的杠杆化利用和价值创造等元素相互联系、相互作用，共同构成了创业营销的功能"内核"，赋予营销职能更具"活性"的因子。创业营销过程主要受外部市场环境以及企业战略、结构、文化和资源等关键因素的影响。在实施过程中，应该强调文化、战略和战术的三维度应用。许多实践（如戴尔、eBay、联邦快递等公司的成功商业模式）证明，在目前不确定的环境条件下，企业采用创业营销模式，利用创业思维和方式来从事营销活动，就能够在创业导向与市场导向之间找到最佳结合点，并有效提高营销活动的绩效水平。

刘志超（2011）认为，创业营销是通过一种机会驱动和机会搜索型思考和行动方式，把有关创业行为的想象力、愿景、聪灵、创意等归整到营销概念，并将之运用到全新的营销活动中，从而进行市场研究、市场细分以及营销组合管理等的一种经营管理方式。创业营销整合了营销和创业两方面的要素，是市场导向和创业导向的融合与协同。

焦晓波、郭朝阳（2014）在梳理了国内外的研究成果后，总结出目前有两大主要观点：第一种从数量的视角出发界定创业营销，认为创业营销是小企业或者新创企业的事；第二种是从质量视角出发，认为创业营销是具有创业精神的营销。作为一个新的研究领域，创业营销必将获得更多的关注度和合法性，而且在充满变化、复杂、混乱、矛盾、资源稀缺的不确定环境里，随着企业的不断发展，创业营销必将开拓出一条新的研究之路。

| 延伸阅读 1-3 |　　　大学生创业最缺什么：资金、经验、机会

从表象看，大学生创业失败的主因是"缺资金"，然而事实上，项目存在缺陷、缺乏社会经验、缺少人脉资源等才是"致命伤"。创业不易，对于刚刚走出校门、没有工作经验、没有资金积累的高校毕业生，尤其如此。据调查，尽管国家多次出台政策鼓励创业就业，近年来我国高校毕业生创业率还是一直在1%左右徘徊，低于发达国家，其中创业成功的概率仅约10%。创业，高校毕业生缺些什么？

1. 缺资金：期待小额担保贷款覆盖面更广，有更多投资者与大学生创业者无缝对接

"缺什么？钱，最先感到缺的就是钱。"不少创业大学生对此感受深刻。

创办企业离不开资金支持。注册企业、寻找场地、开拓市场、提供产品和服务，处处需要钱。没有多少积蓄的大学生，去哪儿找钱？

近年，国家出台了小额担保贷款政策支持高校毕业生创业，简化反担保手续，延长担保责任期限。不过，多数创业者表示自己及身边的同学们很少有去申请的。目前针对高校毕业生的小额担保贷款政策，主要起到一种引导、鼓励的作用，肯定不能满足所有创业大学生的资金需求。初次创业缺资金是正常的，一方面要鼓励各类投资者与高校毕业生创业者更加积极、无障碍地对接，另一方面也要认识到，能否拿到资金是对创业者的重要考验，创业者要对资金获取及管理有更深刻的认识。

2. 缺经验：推广创业培训让大学生创业者少走弯路，先就业再创业可以有效积累经验

一直在学校读书，忽然出来当"小老板"，每个创业的大学生都缺少经验。

人力资源和社会保障部就业促进司有关负责人表示，大学生创业引领计划中专门强调，要建立健全青年创业辅导制度，从企业家、职业经理人、天使投资人当中选拔一批青年创业导师。不过，各地的企业家资源不太均衡，类似于"导师带徒"的制度在浙江等企业家数量多的地区更易推开，在中西部及中小城市则有难度。

绝大多数大学生对企业运营缺少了解，创业时肯定会觉得缺经验。现在，各地提供一些培训和指导有其积极意义，但要认识到，真正创业成功的人都不是别人帮出来的。

3. 缺机会：简政放权有利于营造良好的创业氛围，大学生自身也要做好自我评估和市场调研

想创业，苦于找不到机会——许多高校毕业生这么说。

有创业的兴趣和勇气，但不知道创业方向在哪里——这既成为高校毕业生们迈出创业步伐的障碍，也导致一些初次创业者创业失败。

不少学生选择网上创业，开网店门槛低、成本小、操作简单，国家出台的"大学生创业引领计划"专门指出要支持在"电子商务网络平台开办网店的高校毕业生"。然而，开网店也有项目选择的问题。找不到合适的产品，最后也是无疾而终。

资料来源：《人民日报》，文／白天亮、刘亚。

三、创业营销与传统营销的比较

创业营销既是营销和创业的联结,也是营销整体层面和创业整体层面的联结,它充分融合了营销与创业理念,同时也运用创新性的风险管理方式,充分运用资源,不断创造价值维护与客户的关系。创业营销与传统管理营销相比(见表1-2),创业营销在组织层面较少官僚化,在21世纪的动态环境中具有更好的适应性,因此能够成为竞争优势的源泉。创业营销企业能够不断地审视环境,发现和创造机会,评估机会并且成功地开发机会以创造或者复兴企业的竞争优势。传统营销是从生产者和产品的视角,强调将产品提供给更多的顾客的一种交易营销。创业营销则强调市场机会和创业机会,要求主动识别市场机会,并积极地引导消费者参与市场。

表1-2 传统营销与创业营销的对比

	传统营销	创业营销
基本假设	市场控制与交易简单可行	通过价值创造获得持续竞争优势
导向	是一门客观、中性的科学	激情、热忱、持久和创造力发挥了主导作用
背景	相对稳定的确定市场	设想中的、新兴的、经过细分的市场,带有高度不确定性
营销者的角色	营销组合的协调者;品牌的建造者;通过低程度的创新被动适应市场	内外部变化的媒介;新品类的创立者
营销手段	通过调研识别并清楚地说明顾客需求;最小化营销风险	积极主动通过动态创新引致顾客需求
顾客需求	能清晰表达、设想和描述	通过领先用户发现、识别顾客需求
风险视角	把营销活动风险最小化	风险评估,突出减少、利用或分散风险
资源管理	有效利用现有的物质资源和稀缺的智力资源	创造性使用他人资源;以较少的投入获取较多的产出;活动不受当前资源限制
新产品或服务开发	由研发部门联合其他技术部门支持新产品或服务的开发	营销是创新的主体;顾客是积极的共同创造者
客户的角色	是提供知识及反馈的外在资源	是企业营销决策过程的积极参与者,共同议定产品、价格、分销和传播策略

资料来源:Minet Schindehutte 等著,金晓彤译.创业营销:创造未来顾客[M].机械工业出版社,2009.

传统市场营销的理论与方法有两个基本假设:一是市场稳定性假设;二是资源有限性假设。市场稳定性是指企业面临的市场具有相对的稳定性,企业常常需要通过市场细分、目标市场选择与产品定位等方法来确定市场营销战略以抢占现有的市场;而创业营销理念则认为市场是不断变化的,识别与开发新的机会比抢占现有市场更加重要。资源有限性假设是指传统的市场营销理论常常关注如何在既有资源的前提下通过合理的安排使整体营销活动的效率最高;而创业营销则关注通过杠杆作用充分利用可以利用的资源,特别是他人的资源来完成自己的营销目的。

对创业营销而言,它弥补了传统营销的局限之处即不能充分地应对变化的市场环境;它在开展营销活动中,不断创新,实施预知行为;持续推动市场,并不以消费者需求为导向,而是实现对消费者需求的创造。在创业营销中，学会识别市场机会，为消费者量身打造产品，提供需求的服务，运用已有的合作伙伴实现销售范围的扩大，使顾客数量增加，继而找到更多的战略伙伴。企业通常是为满足消费者需求而开展营销活动；而创业营销实现了对消费者需求的创造，掌握了市场的主动性。

创业营销理论是围绕着市场机会，对营销过程实施指导。首要工作是不断寻找市场机会，及时地做出应对措施，拓展新的市场，与目标市场开展沟通交流。在顾客需求的基础上，力争实现目标市场，拓展新的市场，开发新的产品，提供优质服务。

就实质而言，创业营销理论使营销理论与创业方式二者结合起来，融合了创业趋势与市场需求导向，实现了二者的协同。而对传统营销而言，其具有非超前性。它侧重于企业占据的市场份额，而忽视了维护目前的市场份额。这两种营销手段的营销思想有所差异，它们适合的市场环境有所不同，必须根据不同的市场环境选择适宜的营销模式。

课堂语录

创业活动没有统一的标准可循，也没有固定的模式可鉴，关键是要有策略，找到方法，找准定位，敢于突破。

四、创业营销理论发展述评

创业是发现和识别商业机会，组织各种资源，以创造价值的过程。创业活动对于社会发展具有巨大的推动作用，营销是企业发展的引擎。自 20 世纪 80 年代开始，国外就有学者关注创业与营销交互界面的研究，至今已有 30 余年的研究历史。目前的创业营销领域呈现出可喜的发展态势，但与传统营销领域和创业领域的研究成果相比较，显得滞后，存在一些局限性，主要表现在以下两个方面。

第一，"创业中的营销"和"营销中的创业"还没有融合为自成一体的创业营销理论。"创业中的营销"是指营销如何适应新创企业，而"营销中的创业"是指实施营销所采用更多的创业方式。由于从事市场营销研究的学者鲜有人进行创业领域的研究，因此，后者的研究成果较少，与主流的诸如销售管理和消费者行为研究领域相比，"营销中的创业"总是被定位为创新和产品开发，其研究处于相对竞争劣势地位。而且，现在还没有出现普遍愿意接受的创业营销理论体系。

第二，创业营销作为一个独特的思想已经被认可，但创业营销的核心战略仍然未被阐明。如对于新创企业营销演化的解释不完全，因为省略了机会识别这一关键阶段；近期，出现了关注创业者基于效果推理逻辑的营销决策的制定，寻求在不确定环境下对营销更加深刻的理解，然而该项工作既没有识别出创业营销的范围，也没有对大量的创业营销文献进行整合；还有学者试图将创业的议题整合进创业营销，但在创业营销中，对机会、创新产品和绩效之间的关系则较少关注；资源撬动是创业营销领域的一个重要方面，既包括大型企业，也包括小型新创企业，即以较少量的资源做更多的事，但问题是创业营销的资源撬动如何与绩效相连接？对于创业营销与绩效产出间的关联，虽然作为一个关键的研究方向已被提及，但仍较少被关注。

焦晓波、郭朝阳（2014）认为，创业营销未来的研究，应关注如下几个方面。

第一，关注小型和新创企业如何应用营销知识来提高成功的机会。研究中小企业和新创企业的营销是创业营销研究领域中的一种趋势，并且按照应用路径，营销的方式需要以小企业和新创企业的特定需求为导向。并且，未来扩大对不同类型企业实施创业营销的方式的应用研究，显得尤为必要。

第二，关注创业营销对于企业绩效的作用机理和路径研究。如创业营销的机会导向、亲近顾客、风险承担、创新和资源撬动等维度对企业绩效的作用方式、作用路径；创业营销和传统营销在企业生命周期不同阶段对企业绩效的交互作用机理。

第三，关注外部环境对创业营销者的影响作用。相对稳定和成熟的环境、超强竞争且不确定环境，对创业者的作用方式是不同的，因此，探究外部环境对创业者的作用机理是未来的一个研究方向。

第四，积极探究创业营销者的决策模式。创业营销者的决策模式是基于因果推理，还是效果推理，是随心所欲还是刻意而为，这些都需要在中国本土情境下加以研究和验证。

第五，探求创业营销者决策的主导逻辑。创业营销者决策的主导逻辑是市场导向、顾客导向、机会导向、服务导向，还是各种导向的交互作用，以及决策的主导逻辑对新企业绩效的作用机理和路径是今后需要进一步关注的问题。

作为一个新的发展领域，创业营销必将获得更多的关注度和合法性。创业营销领域的研究知识，促使我们不仅仅沿着既有的路径，更好地理解现有的研究成果，而且在未来必将开拓出一条新的研究之路。我们希望面对创业的新的影响，营销学科会变得更加开放。在创业型经济的大潮下，在充满变化、复杂、混乱、矛盾、资源稀缺的不确定环境里，随着企业的不断发展，创业营销理论框架必将清晰显现。

第三节　创业营销理论的基本内容

一、创业营销模式的提出

在创业阶段，企业的主要顾客不是狭义的顾客——购买产品的消费者，而是广义的顾客，包括创业团队、投资者以及政府和其他公共机构。广义的顾客与狭义的顾客存在许多区别，了解这些顾客特征与需求，正确处理与他们的关系是筹创阶段的关键所在，关系着企业能否成功创建，创建的速度、成本以及后续经营。创业阶段的营销特殊性与复杂性就在于企业与顾客之间的关系不是传统意义上的交易关系，而是多种关系的综合，包括创业团队成员关系、与投资者关系、与利益相关者关系。创业阶段要处理这些复杂关系，以交易为主导的传统营销模式显然不太适应，应该寻找并采用营销新模式——创业营销。

一般地，包括消费者、创业团队、投资者以及政府和其他公共机构在内的广义顾客，他们不仅仅关注创业产品本身，而更多关心整个创业项目，而创业项目通常由项目产品、创业团队、商业模式等构成。从这个角度讲，创业营销都是围绕创业项目展开，换言之，创业营销是基于创业项目的营销，而创业营销理论主要阐释以下内容。

（1）创业营销的主要目标——为创业项目融资融智融资源。

（2）创业营销的主要内容——创业项目的孵化包装推介。

（3）创业营销的核心理念——营销思维+杠杆效应。

在 20 世纪 80 年代和 90 年代初，创业者可以通过自己的积蓄来创业，并通过滚动发展让公司壮大，但如今，这种创业方式变得更为困难。在前述的速度经济、免费经济、共享经济等时代背景下，创业企业要能适应速度经济、免费经济，必须要有一定的资金资源作为支撑条件，而创业企业又恰恰缺乏创业资源；同时共享经济的大前提是碎片化时间以及闲置资产基础，这为创业企业获取资源提供了一个新视角。从某个意义上讲，它们为创业营销模式的产生提出了紧迫感和可能性（见图 1-3）。

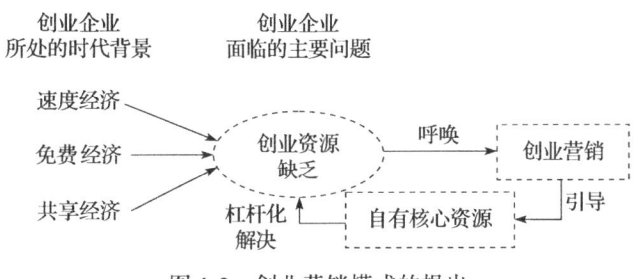

图 1-3　创业营销模式的提出

二、创业营销的定义

创业是"不拘泥于当前的资源约束，寻求机会进行价值创造的行为过程"（李家华，张玉利，雷家骕，2015）。这一概念至少包含三个基本要素，即资源约束、机会捕获和价值创造，随之，它也将赋予创业营销相应特点。因此，创业营销将是为解决创业活动的资源约束问题而出现的，为创业机会的开发利用而出现，并在社会价值的创造增值中实现。

那么，什么是创业营销呢？所谓创业营销是指创业者凭借创业精神、创业团队、商业计划和创新创业成果等要素构成的创业项目，运用营销思维和杠杆效应，获取创业企业生存发展所必需的各种资源的过程。

创业营销的概念主要回答了以下问题。

（1）谁在营销？创业营销的主体是创业者，以及以创业者为中心的创业团队。

（2）向谁营销？创业营销的对象是有意提供企业生存发展资源的投资者、合作伙伴、政府机构等组织和个人。

（3）营销什么？创业营销的标的物是由创业精神、创业团队、商业计划和创新创业成果等要素构成的创业项目。

（4）如何营销？运用营销思维和杠杆效应，开展创业项目的孵化、包装、推介，利用资源杠杆，撬动社会资源。

（5）营销目标？创业营销的目标是获得创业企业生存发展所必需的各种资源，具体地说，创业营销的目标是"融资融智融资源"。

总而言之，创业营销就是创业者围绕创业机会、创业项目，挖掘自有优势，运用营销手段，借力杠杆作用，寻找创业所需的资本资源、智力资源等社会资源的行为过程。

三、创业营销的核心理念

创业营销的核心理念是"营销思维+杠杆效应"。

营销思维是指人们想问题办事情站在营销人员的角度，从营销视角出发，运用营销理论知识分析问题并能提出有效的解决方案的思维模式。"营销思维"的核心是营销敏感性。

营销思维具有层次性。面对这些纷繁复杂的问题，不同层次的营销人员，其营销思维的高度不同，也决定了他们的解决策略和方法是不同层面的，当然其有效性也有高下之分。基层营销人员的营销思维往往停留在打价格战、促销战和终端战；营销经理的营销思维往往围绕着既定的目标市场和消费者进行营销策略的组合，强调策略和战术的整体联动和整合运作，能够总结提炼出一些营销模式，如深度分销、概念营销、体验营销、服务营销、终端营销等，这种营销思维具有一定的战略性；作为具有创业视野的企业家的营销思维是改变游戏规则，谋成一个局：一方面彻底扭转与客户的交易关系，使之成为价值链中的一个环节，并越来越依赖自己；另一方面，通过整个产业链来建立真正的产品价值差异，彻底摆脱单个竞争对手的纠缠。某种意义上，这种格局使一般意义上的营销策略组合成为多余。营销思维的三个层次是构成一个企业营销的完整层次，缺一不可，它引领企业不同发展阶段的营销活动。对于创业营销来说，在企业的生存期，也许一招一式最适合，简单易行，见利见效；当企业发展到一定阶段，处在成长发展期时，则需要构建创业营销战略，依靠结构化的策略组合建立市场强势；当企业达到行业相对领先的地位时，需要有勇气超越，在产业链竞争的层次来构建有利的竞争格局。

杠杆效应最早是物理学的一个概念。它是指利用一根杠杆和一个支点，就能用很小的力量抬起很重的物体。杠杆的作用就是四两拨千斤。创业营销就是发现未被满足的机会，以及利用未被利用的资源创造价值的过程。

创业企业及其创业者是最杰出的资源杠杆者。对成长中创业企业来说，快速发展要比均衡发展更为紧迫，发挥"长板效应"要比填补"短板"更为有效。因为对于成长型企业来说，资金缺乏，时间紧迫，所以最合适的杠杆就是创业者个人的素质和能力，善于利用一切可以利用资源的能力。因此，在杠杆效应的方法中，最强有力的一个方面是使用他人的资源来完成自己创业目的的能力,这也是创业营销的魅力。杠杆发挥作用,必须找到合适的支点。创业营销的支点就是创业者与支持者之间的资源合作方式;创业者的筹码可以是创意、原型产品,也可以是发展中的创业项目等,还可以是创业精神等。创业者或成长型企业通过这些支点撬动企业内外部的资源获得竞争优势。

创业故事 1-3

会"吐槽"、擅长搞笑也是生产力?没错。靠短视频"吐槽"在微博汇聚800多万粉丝人气的网络红人papi酱获得了1 200万元投资,投资方为罗辑思维、真格基金、光源资本和星图资本。3月21日,罗辑思维宣布与papi酱联合拍卖广告,广告主可以在短视频中露脸。这起投资被业内视为首例网红成功"变现"案例。

papi酱在大学就读戏剧专业,不过,她的出名没有依赖演艺公司,而是靠个人微博、微信账号杀出了一条"星光大道",可以说是移动互联网时代"网红"造星的新代表。

她也被戏称为"非典型网红"——虽然挺漂亮,但却是靠自己一个人出镜的系列原创幽默短视频走红。"为什么你送的礼物女友总是不喜欢""为什么女孩儿要逛街"……

"有人看到的是网红你方唱罢我登场的宿命,我们看到的是一个人转型升级的无尽空间。"罗辑思维创始人罗振宇在微信推送上这样解释他为何投资papi酱。但同时也有很多专业投资人对papi酱获千万投资持反对态度,但如论如何对于papi酱今后的发展,这次的投资无疑是锦上添花。

资料来源:中国网事,记者/王晓洁、阳娜。

四、创业营销的主要目标

创业营销旨在解决创业企业的资源约束问题,这里的资源包括企业运营所需的各种资源,如资金资源、智力资源等,因此,创业营销的主要目标,说到底,就是为创业项目融资融智融资源。从创业想法萌芽开始一直到成熟企业的二次创业,这一目标贯穿于创业活动整个过程。

最初,创业者萌发了一种创业冲动或创业构想,但这种冲动或构想还停留在大脑中,创业者必须将其转变为一个清晰的概念或开发出某种产品原型或技术路线,才能与其他人进行沟通交流。当这些工作完成时,他最需要的是寻找志同道合者组成创业团队。这就是我们所说的"融智"过程,因为一个人很难精通创业过程中需要的所有技能,也不一定拥有创业所需的关键资源。优秀的团队是成功创业的关键因素,在创业企业发展的不同阶段,融智活动将不断重复进行。团队成员最好在信念、价值观和目标等方面基本一致,又具有献身共同事业的强烈愿望,而且在资源、技能、经验、个性和思维模式等方面具有互补性。

创业团队形成之后,就要着手撰写详尽的商业计划。通过商业计划吸引投资者尤其是风险投资家的注意并获取天使投资。成功的商业计划除了要有概念上的创新外,重要的是进行现实的、严谨的市场调研和分析。如果商业计划营销获得成功，创业团队获得了天使资金，就可以正式建立创业企业，进行商业化的新产品开发。这一阶段表面上营销的是创业企业的商业计划，实际上也是对新产品和创业团队的全面检验。

| 创业故事 1-4 |

一提到王兴，很多人脑海里面第一个想到的词汇就是连环创业者，因为他是校内网、饭否网、美团网这三个中国大名鼎鼎的网站的联合创始人，除此之外，他还有另外一层身份——大学生创业者，在毕业之后，没有丰富的职业履历就开始创业的人。

他是一名人们口中的天才少年，高中没有参加高考就被保送到中国名牌学府清华大学，毕业后拿到全额奖学金去了美国特拉华大学师从第一位获得 MIT 计算机科学博士学位的大陆学者高光荣，随后归国创业，在前一两次不算成功的创业项目之后，王兴创立了中国版 Facebook 校内网，并很快风靡于大学校园圈之中。

校内网于 2006 年 10 月被千橡以 200 万美元收购。2007 年 5 月 12 日，王兴创办饭否。这也是中国第一个类 Twitter 项目饭否网，但就在饭否发展势头一片良好之际被关闭，让王兴事业受挫。之后连环创客王兴于 2010 年 3 月上线新项目美团网，并在"千团大战"之中脱颖而出，稳居行业前三，并先后获得红杉和阿里的两轮数千万美元的融资，这个连环创客的事业正逐渐走上正轨。2013 年 5 月，美团单月流水已经突破 10 亿元人民币。就连这位天才少年在创业过程中也遇到了无数挑战，由此可见创业营销所面临的挑战之大，也可见其重要性。

资料来源：根据网络资料整理而成。

当商业化的新产品开发出来之后，创业企业就需要大量的投资来进行产品的批量生产和大规模销售。而创业企业一般难以获得银行贷款或供应商的支持，而且也缺乏丰富的商业关系和经验，因此它需要再次从外部投资者那里获得支持。这时可以开展多轮融资，也可以寻求战略投资者，他们不仅可以带来资金，更重要的是还能带来管理经验和商业关系。战略投资者看重的是产品的市场潜力、企业的技术能力以及营销能力。创业企业如果能够吸引战略合作伙伴的加入，就可以利用新资金将新产品大规模推向市场。

在许多情况下，新产品上市并不能迅速盈利，但产品和企业的市场前景已经相当明朗。这时创业企业可以寻求公开上市，以获得快速扩张所急需的资金，同时也使风险投资家得以顺利退出。公开上市可以打通创业企业从资本市场获取资金的渠道，它是创业阶段的结束，也是规范经营阶段的开始。

五、创业营销的主要内容

创业公司如何才能获得真正的成功？应该怎样分配自己的精力？这一切都值得我们去

深思熟虑。一般的创业公司通常把自己的大部分精力投入在以下几个方面：用户、产品、团队以及分销策略。"拥有一批精干的人才队伍，他们能真正懂得用户的需求并且有能力来开发相应的产品满足用户的需求，并将产品送到用户手里"，创业公司如果能做到这些，那么它就极有可能获得成功。然而，多数创业企业因为缺乏资源，在还没走到那一步就可能宣告失败，因此，创业公司在走上正轨之前，还必须花大精力在"营销创业梦想"上，阐述自己是如何有潜力成为一家市值巨额的公司，以获取更多资源支持。这对于创业公司而言非常重要。直白地说，"创业营销"就是"营销创业梦想"。

创业故事 1-5

有一家名叫 FlowNet 的公司，它同时也是一种新的高速局域网通信设备的名字。10Mbit/s 的传输速度是当时的标准，但 FlowNet 提供高达 500Mbit/s 的传输速度。在后来的五年中 FlowNet 一直都是拥有最佳性价比的网络设备。它甚至提供了一个内嵌的可保证画面质量的视频流媒体服务。如果 FlowNet 能够得以流行全世界，今天的视频流媒体将比现在的状况要好得多。但是尽管 FlowNet 在技术层面上可以打败任何竞争者，它却在商业上遭受了巨大的失败，因为它连一块也没有卖出去。原因很简单：它与局域网标准不兼容。所以过于看高市场往往会给你带来相反的结果。

资料来源：博客频道，文/尹成。

在通往创业梦想的道路上，大致经历创业项目孵化、包装、推介等过程，我们将之称为创业营销三部曲：①创业项目孵化，②创业项目包装，③创业项目推介。其中创业项目孵化能够丰富完善创业项目的内容，进一步验证创业项目的可行性，提高创业项目撬动资源的筹码；创业项目包装能够提升创业项目的美感和关注度，提高创业项目撬动资源的筹码；创业项目推介能够扩大创业项目的关注者规模，提高创业项目撬动资源的成交可能性。

创业项目孵化。创业孵化是指一个给创业成功的"蛋"提供一个的条件，让它"孵出"并长大。从孵化主体来看，创业孵化分为"借力孵化"和"自我孵化"；不过当前所讲的创业孵化器多数属于以"平台""基地"形式存在的"借力孵化"，它们为初始创业者提供共享服务空间、经营场地、政策指导、资金申请、技术鉴定、咨询策划、项目顾问、人才培训等多类创业的服务；当然，创业者在获取外部资源之前，可以主动地"自我孵化"，尽快推出产品原型，把创意产业化，创建实体公司。

创业项目包装。项目包装是项目发掘、论证、包装、推介、开发、运营全过程的一揽子计划。而项目实施的成功与否，除其他条件外，首要的一点就是所包装的项目是否具有足够吸引力来引入资本。项目包装的文字形式有多样，如项目推荐书、可行性研究报告、项目策划书和商业计划书，也有些是以创业故事等形式表现；从创业项目的构成来分，创业项目包装包括创业者包装、创业项目的产品包装、创业项目的商业模式包装等内容。

创业项目推介。项目推介是创业项目面向投资者、面向市场、面向社会的一个重要环节，它是指创业企业通过某些平台，采取某些推介方式，向投资者、政府等组织展示创业项目的先进性、可行性，获取投资资金、支持政策等。创业项目推介平台主要包括投融资洽谈会、政府或行业组织的项目推介会、创业项目咨询孵化机构、各类机构组织的创业比赛等。

六、创业营销的操作要求

第一，创业营销的营销者往往是创业者，他们虽然具有创业精神或掌握某种新技术、新产品，但一般并不是营销专才，缺乏商业知识和专门训练，在创业初期也没有专门的营销部门协助，身兼数职，难免会犯一些简单错误或陷入某种误区，如不善于沟通、固执己见、不愿意与人合作、重技术不重视市场等等。因此，创业者需要克服障碍，学会有效地沟通和营销。

第二，创业营销在不同阶段的目标顾客并不确定，随时会发生变化，因此增加了实际操作的难度。要吸引潜在的团队成员、风险资本和战略投资者的注意并不难，因为他们也在寻找潜在的合作机会，但真正建立起良好的合作关系则很难。因为存在信息不对称问题和利益冲突（主要是股权分配）问题，而且合作各方都有大量潜在的其他合作对象，使表面上看起来容易的事实际上困难重重。

第三，创业营销的目的是寻找合作伙伴，获取创新企业所必需的各种资源，其成本是未来公司的股权、控制权或潜在的市场控制权。但评估创业企业的未来价值并不容易，何况环境因素的变化又会随时影响到这种评估。这会大大影响决策效率，从而影响到创业营销的效率。

第四，创业营销的各个阶段，其目标和任务都不一样，因此要在不同时期迅速调整营销策略。即使在同一个阶段，针对不同的目标顾客（如拥有不同资源和合作目的的合作伙伴），营销策略也会大不一样。创业营销策略既需要高度的灵活性，又需要内在的一致性，因此难度很大。

第五，创业营销营销的是产品概念、商业计划或公司的未来，而不是具体的产品，而且企业在创业初期，商业关系不多，还没建立起信用。要将这些既不确定又无信用担保的东西销售给专业的风险投资家，难度是很大的。克服这种障碍的唯一办法，是创业者自己也成为营销专家或雇用专家为你工作。

第六，创业企业的内部资源有限，而且生存能力较差，外部环境的细微变化都可能决定企业的存亡。因此，创业营销者要有很强的整合各种资源的能力，要具有以很少的内部资源调动最大限度的外部资源的能力。

课后思考

1. 分析速度经济、免费经济、共享经济冲击创业模式。

2. 比较创业营销与初创企业的市场营销的异同。

3. 简述创业营销的核心理念。
4. 简述创业营销的主要内容。
5. 简述创业营销的主要目标。

 案例分析

"中国大学生创业第一人"邱虹云东山再起

在遍地都是大学生创业者的今天，你知道谁是"中国大学生创业第一人"吗？

他叫邱虹云。清华大学1997年的入校生。用现在的眼光看，邱虹云从小就是典型的技术大牛、学霸、工科男。上大学前，在父亲所在的威远县化肥厂的实验室里，他有300多件"小发明"问世，其中一部分参赛作品先后获得市级、省级国家级青少年发明创造和科学论文竞赛奖。

1996年以威远理科第一名的优异成绩考取清华大学，就读于清华大学材料科学与工程专业。上大学后，邱虹云更是接二连三推出发明创造。什么挑战杯、科技竞赛，多次荣获特等奖、一等奖。毫不夸张地说，几乎是参加就会拿奖。有人回忆，只要听说邱虹云有新发明了，一些投资人马上就会来看看。凭借这些发明，邱虹云拿奖拿到手软。在人才济济的清华大学里，时任校长的王大中称赞邱虹云为"清华爱迪生"。

如果仅仅是实验室里的发明家，那还不足为奇。关键是，大三时，邱虹云的挑战杯获奖作品"多媒体超大屏幕投影电视"被另外两位清华大学学生王科和徐中看上，三个同学提出要一起成立公司。这个产品有多强呢？或许现在很难理解。

邱虹云是在所住的宿舍里手工安装了一台的。据当时的报道描述：30厘米见方的一个铁盒子放在一个破凳子上，铁盒子里引出一根电线与宿舍的闭路信号座连接，挂历纸背面拼在一起糊成的大屏幕，几乎占满了床对面的半面墙，当播放热映的电视剧《天龙八部》时，动作画面极其震撼。最终这项设计可以在100英寸①的大屏幕上实现电视节目的清晰投影。

1999年，三人成立了第一家大学生创业公司"视美乐"。公司先后获得上海一百和澳柯玛的3 000多万元风险投资，举世哗然。当时，具有极高社会影响力的《中国青年报》整版报道了邱虹云，邱虹云一下子火了，他还上了《新闻联播》。据他说，那时候报道摞起来比一拃②还要长。然而，因为对公司的发展规划不同，2002年，邱虹云和其他两人离开了"视美乐"，曾经备受瞩目的大学生创业的结果却是落寞。随后，社会上一时涌起很多以"视美乐"为例的"大学生创业不靠谱"的舆论。邱虹云第一次感到了迷茫。

他的导师田芊教授告诉他："你很适合做科研，不能因为创业影响了在科研方面的突破。如果能做到厚积薄发，对未来的发展会有更大的帮助。"他回到了清华，继续攻读硕士和博士学位。大牛始终是大牛，他又开始发明创造了。

在清华大学一间堆满了线路板、电线等各种材料的博士生宿舍里，邱虹云手工制作了中国第一台天文制冷CCD相机，并把品牌命名为QHYCCD。

这缘于他从小就是天文爱好者，浩瀚

---

① 1英寸=0.025 4米。——编者注
② 拃：量词，指张开大拇指和中指（或小指）两端的距离。——编者注

又神秘的星空对他有无限的吸引力。正因如此，他也最明白观测天文爱好者的痛点，能拍到清晰星空的观测设备价格昂贵，使用复杂，门槛极高。

经过不断迭代研发，邱虹云的相机不仅可以清晰拍摄到遥远的深空天体，而且性价比极高，从上百万像素到 5 000 万像素，从 1/3 英寸到中画幅，既有适合初学者的千元级入门机型，也有适合于高端天文发烧友乃至天文研究机构的高端型号，还有能大大降低观测入门难度的智能型观测设备。

最初的产品电路板是裸露的，连外壳都没有，但在数码摄影才刚刚兴起的年代，这款相机有着诱人的 330 万像素，超长的曝光时间和超低的热噪声，非常适合拍摄暗弱的天体。

邱虹云把相机和研制过程上传到了国外的天文爱好者论坛上，并配上了相机所拍摄的天文照片。外行看上去甚是简陋，内行一下子看出了门道，一位捷克的爱好者立马提出要购买，支付了 500 美元。

从 2002 年至 2007 年博士毕业前，邱虹云没有公司、没有研发团队，有人要买他的东西就汇款至银行卡上，在宿舍边改进边组装。就这样，他每年销售出约 100 台相机，90% 以上都是国外用户。

这意味着，他凭借一己之力研发、生产、销售，在如此高精尖的天文设备领域，可以和国外的公司抗衡。

直到 2009 年，邱虹云才再次回到清华科技园学研大厦，成立星敏科信息技术有限公司（光速视觉科技有限公司的前身），正式从事高性能制冷 CCD 相机的商业化研发及生产。如今，在德国、澳大利亚、美国、俄罗斯、日本等 22 个国家和地区都有了代理商。慢慢地，QHYCCD 成了世界天文爱好者观测领域内响当当的招牌。国内天文爱好圈子里流传着一个说法——哪个天文爱好者要是没有听说过 QHYCCD，就意味着还没有入门。在美国、欧洲等一些地区有他的粉丝团，每当听说他来了就一定要见一面。

2015 年，邱虹云率领公司团队参加了在夏威夷举办的 IAU 国际天文学联合会大会展览。不少来自国内的天文学专家看到了 IAU 大会历史上首家来自中国的天文观测设备参展商，都难以抑制激动和高兴之情。

这一次，邱虹云东山再起了。

资料来源：《中国青年报》，记者／陈璐。

讨论题

1. 邱虹云和其他两人离开了自己创办的"视美乐"后，社会上涌起的"大学生创业不靠谱"的舆论。你对此类现象怎么看？

2. 分析邱虹云第一次创业不成功的原因。

3. 对"这一次，邱虹云东山再起了"这一判断，你认同吗？为什么？

第二章

创业资源与资源杠杆

学习目标

- 了解支持企业运营的资源类型。
- 掌握企业家精神的内涵及其对创业活动的意义。
- 能够识别创业的关键资源。
- 理解杠杆资源的获取途径及其作用方式。

导入案例

这群"老"极客意欲撬动 VR 内容市场

范威洋本科时创办过电子商务网站,把中国大陆和台湾的商品卖到西方国家,年销售额 50 万美元,盈利约 10 万美元;斯坦福大学管理科学与工程硕士;做过独立的 Facebook 游戏开发者,开发了三款游戏总用户超过 3 000 万;对 VR 有浓厚兴趣,已有 4 年 VR 游戏历史,曾就职于虚拟现实创企 Wevr,这家公司在 2016 年 2 月获得了 HTC、三星等 2 500 万美元的融资。

在各种各样的经历之后,范威洋发现自己的兴趣最后都指向了同一个地方——虚拟现实。没有过多的犹豫,在国外生活 15 年后,范威洋决定回国创业,于 2016 年 3 月份创办了 Multiverse,公司总部位于深圳,面向全球市场,而中国和美国是重点发力目标。

现在团队共有 6 人,这些核心成员可以说是范威洋到处"挖"来的,他们来自 Wevr、Com2uS、CJ E&M、SGN、风林火山、奥飞动漫等知名 VR 及游戏公司,有着丰富的工作经历。而团队在这个月底还将加入一个美国人和一个英国人。

"我们就是一群极客,业余时间最喜欢做的事就是一起打游戏。"

移动 VR 随时可能爆发,需要抢占先发优势。范威洋认为,尽管移动端的 VR 体验还逊色于 PC 端,但随着越来越多的人开始关注 VR,硬件发货量的不断增加,移动 VR 随时都可能爆发。因此Multiverse在开发游戏时，重点专注基于头盔的移动端游戏。

成立4个月，Multiverse发行了2款游戏。第一款注视游戏Galactic Rush用了不到5天的时间完成了一个简单版本，在Google Cardboard上线。第二款游戏Dream Flight倾注了不少心血，花了6周时间开发，最后成功上线Oculus商店，一个多月下来积累了接近6万的下载量，并且达到了4分的评分。目前国内只有3家产品上线Oculus商店，而Dream Flight是唯一一家评分达到4分以上的。

除了自行开发外，Multiverse还打造了VR内容培育和发行平台Metaverse，为中小及独立VR制作者提供全套的制作及发行服务，以及在Metaverse网络中实现内容之间的互推。

"我们自己做过独立游戏开发者，意识到这是一群很有创造力和想象力的人，但他们力量有限，可能做出来一个非常好的产品，但是不擅长推广，导致最终无人问津。"团队正在和国内的渠道商洽谈，已经敲定了和华为、乐视等智能手机研发商的合作，国外则有专人负责沟通，已经和Oculus及谷歌商店达成合作。

Multiverse会根据制作者需求，基于游戏引擎的VR内容，提供通用功能模块、美术辅助、服务器搭建、VR特性辅导、创意辅导等服务。

随着VR硬件和交互形式的改变，必定会有新游戏适配于新的VR产品形态。在这种情况下，团队对于VR内容的理解就十分重要。而当下高质量的内容数量还远远不够。

范威洋不止一次提到想做最好的VR内容平台。"我非常佩服皮克斯和暴雪，这样优秀的公司非常少，我们也希望变成这样的公司。"目前国内也有一些做得不错的VR内容公司，比如TVR、兰亭数字等。但VR内容处在发展初期，最大的风险或许不是来自于竞争，而是来自于市场本身，即消费者会不会买账。"我们觉得很关键的一点是大家不要互相厮杀，而是应该齐心协力把市场托起来。"

资料来源：猎云网，文/Bamboo。

第一节　企业资源的类型

资源基础理论认为，企业是各种资源的集合体。企业资源是一个广义的概念，它不仅仅是指企业所拥有的各种形态的资产，而且包括对企业经营活动的成效有直接或间接影响，对企业的存在和发展能起保障的推动作用的所有事物和关系。按照资源对企业成长的作用，我们可将其分为两大类，对于直接参与企业日常生产、经营活动的资源，我们称之为要素资源；未直接参与企业生产，但其存在可以极大地提高企业运营有效性的资源，则称之为环境资源。

一、要素资源

要素资源包含场地资源、财务资源、人力资源、管理资源、技术资源、信息资源等。

场地资源是指企业办公的物理空间及其内外设施，包括土地、地理区域位置以及场地内部的基础设施建设，便捷的计算机通信系统，良好的物业管理和商务中心，周边方便的交通、资源、燃料、电气、动力和通信等设施。

财务资源是指企业所拥有的资本以及企业在筹集和使用资本的过程中所形成的独有的不易被模仿的财务专用性资产，包括资金、企业独特的财务管理体制、财务分析与决策工具、健全的财务关系网络以及拥有企业独特财务技能的财务人员等。财务资源与资本之间存在着密切的联系，但又不完全等同于资本，财务资源比资本具有更丰富的内涵。从财务资源的种类及其特点中可以看出，资源的同质性越强，越便于流动，但其专用性则越低，对企业核心能力的形成与发展的作用也越低；反之，资源的专用性越高，其流动性越低，但对核心能力的形成却具有更强的作用。在企业不同的发展阶段，对财务资源的专用性具有不同的要求。在企业的初创期，生存的风险很高，因此必须确保财务资源具有较高的流动性，而不能过分强调其专用性；在企业的成长期与成熟期，一方面由于企业已经拥有了比较充足的资本，另一方面，竞争的日趋激烈促使企业采取差异化的发展战略，因此企业必须注意逐渐提高财务资源的专用性，以确保形成自身独有的财务能力。

人力资源是指存在于企业组织系统内部和可利用的外部人员的总和，包括这些人的体力、智力、人际关系、心理特征及其知识经验的总汇。一方面，人力资源表现为一定的物质存在即人员的数量，同时更重要的是表现为这些员工内在的体力、智力、人际关系、知识经验和心理特征等无形物质。所以，人力资源是有形与无形的统一资源。另一方面，人力资源是企业发展过程中的保证，为组织管理提供了重要的依据，控制人工成本的重要手段对于人事决策有导向性功能，在企业的发展过程中起着重要的作用。人力资源是关系企业生存和发展的重要限制性资源，美国钢铁大王卡内基说过："将我所有的工厂、设备、资金和市场全部拿走，但只要公司还在，人员还在，那么在4年之后，我将仍然是钢铁大王。"

管理资源是指企业开展经营活动时，为人、财、物从潜在的生产力转变为现实的生产力所形成的一系列管理制度、管理方法的总和。管理的内容具有二重性，一是指挥职能，也就是对生产力的组织职能，它的基础是自然规律，没有阶级性和社会性；二是监督职能，它的基础是经济制度和生产关系，具有阶级性和社会性。要发挥管理职能必须合理组织生产力，不断提高生产力水平，正确处理生产、流通中人与人的关系，使生产关系适应生产力发展的状况。因此，只有管理资源运用得当，一般资源才能得到经济合理的使用。开发管理资源，就可以在一般资源不变的情况下，取得更大的经济效益，从而使管理转化为社会财富。

技术资源。对于一个组织来说，技术包括两个方面，一是与解决实际问题有关的知识；二是为解决这些实际问题而使用的设备、工具等知识。两者的总和就构成了这个组织的特殊资源，即技术资源。技术资源广义上也属于社会人文资源，其在经济发展中愈益起着重大作用。技术是自然科学知识在生产过程中的应用，是直接的生产力，是改造客观世界的方法、手段。技术对社会经济发展的作用最直接的表现就是生产工具的改进，不同时代生产力的标尺是不同的生产工具，主要是由科学技术来决定的。

信息资源是指企业生产及管理过程中所涉及的一切文件、资料、图表和数据等信息的总称。控制论的创始人维纳认为：信息就是信息，不是物质也不是能量。也就是说，信息与物质、能量是有区别的。同时，信息与物质、能量之间也存在着密切的关系。物质、能量、信息是构成现实世界的三大要素。在现代化生产中，信息是作为生产要素之一参加生产的。它涉及企业生产和经营活动过程中所产生、获取、处理、存储、传输和使用的一切信息资源，贯穿于企业管理的全过程。信息同能源、材料并列为当今世界三大资源。信息资源广泛存在于经济、社会各个领域和部门，是各种事物形态、内在规律和其他事物联系等各种条件、关系的反映。信息资源与企业的人力、财力、物力和自然资源一样同为企业的重要资源，且为企业发展的战略资源。同时，它又不同于其他资源（如材料、能源资源），是可再生的、无限的、可共享的，是人类活动的最高级财富。

| 创业故事 2-1 | 工程师到石油大亨的完美蜕变

图德拉是一个工程师，他很想在石油界大展宏图、大显身手，但苦于没有钱。怎么办？有一天，他从一个朋友那里得到一条信息，阿根廷想采购2 000万元的丁烷气体，图德拉突发奇想，决定去碰碰运气。当他来到阿根廷之后，才发现自己碰到了强劲的对手——英国石油公司和壳牌石油公司。是打退堂鼓，还是迎难而上？他决定用自己的智慧，跟两家公司叫板。图德拉精心调查，苦思良策。

他在报纸上发现一则消息：阿根廷牛肉过剩，积压严重，亏损大增，他们正不惜代价卖掉这些牛肉。这条消息引起了他的注意，这不是天赐良机吗？为什么不利用一下？于是，他找到阿根廷政府说：如果你买我2 000万元的丁烷，我就买你2 000万元的牛肉，也就是说，你不花一分钱，只要给我你积压的牛肉，就可以得到2 000万元的丁烷。这正是阿根廷梦寐以求的，于是当场签了协议。

合同签好后，图德拉拿着牛肉的供货单，跑到西班牙，因为那里的造船厂没有订单，濒临倒闭。图德拉对西班牙政府说：如果你买我2 000万元的牛肉，我就在你们的造船厂，订一艘2 000万元的超级油轮。西班牙政府的难题轻而易举地解决了，非常高兴，马上通过他们驻阿根廷的大使，叫他们把图德拉的牛肉发往西班牙。

牛肉有买主，那么油轮又卖给谁呢？图德拉离开西班牙后，返回美国，直接跑到费城的石油公司。图德拉对他们说，如果你们买我在西班牙建造的2 000万元的超级油轮，我就买你们2 000万元的"丁烷气体"。太阳石油公司见有利可图，就同意了。就这样，图德拉一分不花，空手打进了石油界，从此大发其财。

图德拉从一个工程师成为石油界的大亨，从最初的一个想法到后面成为现实，充分利用和整合身边资源，利用朋友所知道的和偶然从报纸上看到的这两条信息，对两方所需要的东西进行置换，图拉德在中间充当的是中间信息商的角色，把西班牙、阿根廷和石油公司所需进行整合，形成原始的资本积累。

资料来源：根据网络资料整理而成。

二、环境资源

环境资源包含政策资源、文化资源、产业资源、社会资源等。

政策资源是指国家与地方政府发布的支持、促进企业发展的法律法规、政府政策、管理规定的总和，既包括产业扶持政策、税收优惠政策，又包括法律规章与司法解释等；既包括宏观政策，又包括微观政策。比如最高人民法院明确提出对非公有制经济主体坚持"法无禁止即可为"的原则，对行政权力要坚持"法无授权不可为"的原则，这就是宏观政策资源。而一些地方政府允许个人从事科技创业活动，允许技术入股，支持海外与国内的高科技合作，为留学生回国创业解决户口、子女入学等后顾之忧，简化政府的办事手续等，这是微观政策资源。

文化资源是指企业内部员工之间、企业之间相互学习和交流的文化氛围，相互合作和支持的文化氛围，以及相互追赶和超越文化氛围等；文化资源是人们从事生活和生产所必需的前提准备。企业文化资源是企业长期积淀形成的自有资源，通常是由企业的理念文化、企业的制度文化、企业的行为文化、企业的物质文化等四个层次构成的，而社会文化资源含义很广，覆盖着更为宽泛的群体。文化资源从对人们的贡献力量来看，有广义和狭义之分：广义上的文化资源泛指人们从事一切与文化活动有关的生产和生活内容的总称，它以精神状态为主要存在形式；狭义上的文化资源是指对人们能够产生直接和间接经济利益的精神文化内容。文化资源的丰富程度和质量高低会直接对企业生产经营产生影响。

产业资源是指产业运作所拥有的各种资源要素，包括有形资源和无形资源。一般来说，产业资源从范围来看，包括产业内所有企业的资源。产业资源成为产业核心资源往往也应具有稀有性和独特性等特点。稀有性资源可能成为产业的独特资源，但独特性资源不一定是稀有的。在全球市场竞争中，除了一些特定的产业类别凭借原料或气候、地理条件等稀有性特征，从而使拥有该项资源的产业在市场竞争中占据垄断地位，其他大部分单项产业资源都有可能被复制、模仿或替代。随着科学技术的迅猛发展和经济的市场化、全球化程度的提高，市场竞争变得激烈而残酷，产业是否具有竞争优势更多地取决于能否拥有独特性资源，人才、知识、组织、技术、文化、社会等决定产品开发能力、销售能力和管理能力的无形资源，逐渐成为推动产业发展的核心力量。

社会资源通常被理解为社会关系资源。从企业角度，一般是指企业与政府、社区、金融机构、顾客等组织或个人之间良好的关系而获得了可以利用的存在于企业外部的资源，这其中特别应该受到重视的是客户关系资源。企业与客户经过长期良好的合作而建立起顾客忠诚，这样客户就成为企业经营中获取强大竞争优势的一项重要资源。从个人角度，一般是指个人在一种组织结构中，利用自己特殊位置而获取利益的能力。通常是指个人的亲戚、朋友、同学、老乡等关系，一个人能从这些关系中获取的利益越高，那么他的社会资源就越高。

企业经营管理即对企业所拥有或应当拥有的资源进行组织、协调、控制、改进，以使其正常发挥其效用的过程。无论是要素资源还是环境资源，无论它们是否直接参与企业的生产，它们的存在都会对企业绩效产生积极的影响。一般来讲，要素资源可以直接促进企业的成长；而环境资源可以影响要素资源作用的发挥，并间接促进企业的成长。

第二节　创业者与企业家精神

任志强（2015）指出，不是所有人都适合创业，创业者要有企业家精神。创业是具有企业家精神的创业者发现和捕获商机并创造价值的过程。创业者凭借独到的眼光识别和开发创业机会，通过对创业组织进行有效的领导和管理，整合组织内外部资源，利用和实现机会价值，最终达到创造价值、组织盈利的目的。企业家精神是推动企业家实施创业行为、承担创业风险的主要支撑力量，然而，每一个成功创业的案例都是不可复制的，只有创新才能成就一番伟业。唯有将自主创新与企业家精神进行结合，才能保证企业永葆生机。

一、企业家精神的内涵

企业家是从事资源的组织、管理并承担经营风险的人。"企业家精神"则是企业家特殊技能（包括精神和技巧）的集合，或者说，"企业家精神"指企业家组织建立和经营管理企业的综合才能的表述方式，它是一种重要而特殊的无形生产要素。世界著名的管理咨询公司埃森哲，曾在26个国家和地区与几十万名企业家交谈。其中79%的企业领导认为，企业家精神对于企业的成功非常重要。埃森哲的研究报告也指出，在全球高级主管心目中，企业家精神是组织健康长寿的基因和要穴。那么，到底什么是真正的企业家精神呢？

创新是企业家精神的灵魂。熊彼特关于企业家是从事"创造性破坏"（creative destruction）的创新者观点，凸显了企业家精神的实质和特征。彼得·德鲁克继承并发扬了熊彼特的观点，他提出企业家精神中最主要的是创新，认为"企业管理的核心内容，是企业家在经济上的冒险行为，企业就是企业家工作的组织"。一个企业最大的隐患，就是创新精神的消亡。一个企业，要么增值，要么就是在人力资源上报废，创新必须成为企业家的本能，但创新不是"天才的闪烁"，而是企业家艰苦工作的结果。创新是企业家活动的典型特征，从产品创新到技术创新、市场创新、组织形式创新等。创新精神的实质是"做不同的事，而不是将已经做过的事做得更好一些"。所以，具有创新精神的企业家更像一名充满激情的艺术家。

冒险是企业家精神的天性。企业家精神与"风险"（risk）或"不确定性"（uncertainty）联系在一起。没有甘冒风险和承担风险的魄力，就不可能成为企业家。企业创新风险是二进制的，要么成功，要么失败，只能对冲不能交易，企业家没有别的第三条道路。例如，比尔·盖茨靠什么法宝建立了他的微软帝国？他为何在竞争激烈的现代经济中独占鳌头而历久不衰？在比尔·盖茨看来，成功的首要因素就是冒险。在任何事业中，把所有的冒险都消除掉的话，自然也就把所有成功的机会都消除掉了。他自己的一生当中，最持续一贯的特性就是强烈的冒险天性。他甚至认为，如果一个机会没有伴随着风险，这种机会通常就不值得花心力去尝试。他坚定不移地认为，有冒险才有机会，正是有风险才使得事业更加充满跌宕起伏的趣味。然而冒险并不意味着忽视、轻视风险，而应该平衡好风险。

合作是企业家精神的精华。正如阿尔伯特·赫希曼所言：企业家在重大决策中实行集体行为而非个人行为。尽管伟大的企业家表面上常常是一个人的表演（one-man show），但真正的企业家其实是擅长合作的，而且这种合作精神需要扩展到企业的每个员工。企业家既不可能也没有必要成为一个超人（superman），但企业家应努力成为蜘蛛人（spiderman），要有非常强的"结网"的能力和意识。西门子是一个例证，这家公司秉承员工为"企业内部的企业家"的理念，开发员工的潜质。在这个过程中，经理人充当教练角色，让员工进行合作，并为其合理的目标定位实施引导，同时给予足够的施展空间，并及时予以鼓励。西门子公司因此获得令人羡慕的产品创新纪录和成长纪录。

敬业是企业家精神的动力。马克斯·韦伯在《新教伦理与资本主义精神》中写道："这种需要人们不停地工作的事业，成为他们生活中不可或缺的组成部分。事实上，这是唯一可能的动机。但与此同时，从个人幸福的观点来看，它表述了这类生活是如此的不合理：在生活中，一个人为了他的事业才生存，而不是为了他的生存才经营事业。"货币只是成功的标志之一，对事业的忠诚和责任，才是企业家的"顶峰体验"和不竭动力。

学习是企业家精神的关键。荀子文章中曾说"学不可以已"。彼得·圣吉在其名著《第五项修炼》说道："真正的学习，涉及人之所以为人此一意义的核心"。学习与智商相辅相成，以系统思考的角度来看，从企业家到整个企业必须是持续学习、全员学习、团队学习和终生学习。日本企业的学习精神尤为可贵，他们向爱德华·戴明学习质量和品牌管理；向约瑟夫M.朱兰学习组织生产；向彼得·德鲁克学习市场营销及管理。同样，美国企业也在虚心学习，企业流程再造和扁平化组织，正是学习日本的团队精神结出的硕果。

执着是企业家精神的本色。前英特尔总裁格鲁夫有句名言："只有偏执狂才能生存"。这意味着在遵循摩尔定律的信息时代，只有坚持不懈持续不断地创新，以夸父追日般的执着，"咬定青山不放松"，才可能稳操胜券。

诚信是企业家精神的基石。诚信是企业家的立身之本，企业家在修炼领导艺术的所有原则中，诚信是绝对不能妥协的原则。市场经济是法制经济，更是信用经济、诚信经济。没有诚信的商业社会，将充满极大的道德风险，显著抬高交易成本，造成社会资源的巨大浪费。其实，凡勃伦在其名著《企业论》中早就指出：有远见的企业家非常重视包括诚信在内的商誉。诺贝尔经济学奖得主弗里德曼更是明确指出："企业家只有一个责任，就是在符合游戏规则下，运用生产资源从事利润的活动。亦即须从事公开和自由的竞争，不能有欺瞒和诈欺。"

二、企业家精神的存在意义

企业家精神作为企业家的一种特殊素质，既是宝贵的精神财富，也是最根本的创业资源。在对企业家经过30多年的研究后，张维迎（2015）得出"我们人类的整个发展全是企业家精神造成的"的结论，这一认识极大地说明了企业家精神的弥足珍贵。

> **延伸阅读 2-1** 王文京：创新创业需要企业家精神和工匠精神
>
> "企业家是创业家。"用友集团董事长王文京表示，"我所理解的'企业家精神'，至少应具有创业精神、创新精神、冒险精神以及社会责任4个方面的内涵。"
>
> 王文京深入阐述道，所谓创业精神，就是在创业道路上具有不畏困难的开拓进取精神。所谓创新精神是指在创业阶段就专注于创新，并在不断发展的过程中与时俱进。所谓冒险精神，是指在面对重大机遇和挑战时，要敢于冒险，在大风大浪中闯出一片新的天地。所谓社会责任，从小的方面来看，是为员工的个人发展搭建平台；从大的方面来看，要为所在产业领域发展做出一定的贡献，并成为地方经济社会前进的动力和助力。
>
> 工匠精神最不可或缺。"在创新创业的时代，除激发产业报国的企业家精神外，更要在全社会激发专注产品品质的精神，即'工匠精神'。"要鼓励企业开展个性化定制、柔性化生产，培育精益求精的工匠精神，增品种、提品质、创品牌。
>
> 王文京认为，"工匠精神，值得品味。工匠，是坚持不懈者、精雕细琢者。从更为深刻的内涵层面来看，'工匠精神'是工匠坚如磐石、心无旁骛对产品品质的坚守。"
>
> "企业只有专注于自身领域，以精益求精、精雕细刻的'工匠精神'将产品做精做细，不断提升技术、质量、服务水平，让用户满意，才能培育出企业的核心竞争力。"王文京表示，广大的创新创业者要把握住当前难得的发展机遇，踏踏实实搞研发创新，才能真真切切地提升"中国制造"的含金量。
>
> 资料来源：《中国高新技术产业导报》，文/张伟。

企业的成长依赖企业家精神，具备企业家精神的企业也更容易脱颖而出。放眼世界，无论是传统产业的洛克菲勒、福特、巴菲特、索罗斯等，还是现代产业的比尔·盖茨、乔布斯……企业家精神都是他们成为顶级国际企业家的核心支柱。对于中国企业家来说，无论是传统领域的张瑞敏、王石、张近东等，还是互联网翘楚的马云、马化腾、李彦宏……都是凭借企业家精神创造了自己的神话。其实企业家的真正财富绝不是表面的金钱化的货币积累，而是由其信念、道德、品质、态度、方法及其实践整合成的内在企业家精神，正是凭借自己的企业家精神，很多企业家尽管出身贫寒，可能受正规教育也不多，创业资本多数有限，但善于识别机会、敢于实践、大胆挑战、百折不回、不断提升，才成就了日后的事业，创造了财富，也赢得了财富。

不了解企业家精神是企业家的真正财富，或者说社会的真正财富，就会犯大错误，对个人是这样，对社会也是这样。由于对企业家真正财富认知的错位，很多人普遍忽视了企业家金钱财富背后的宝藏——企业家精神。这导致在行为上，在社会的意义上，人们对企业家缺乏尊敬心理；在个人的意义上，人们对企业家缺乏学习的心态；在结果上，社会民众缺少企业家精神所孕育的创业行动。在这个意义上讲，历史和现实诸多制度变革的错位，内在的都与认知企业家精神的理念缺失有关。

创业故事 2-2　英雄互娱 CEO 应书岭：我如何撬动徐小平和王思聪

在中国互联网发展历程中，很少有公司能像英雄互娱一样快速成长。从 2015 年 6 月借壳塞尔瑟斯登陆新三板，到王思聪旗下普思资本入股，英雄互娱估值已近百亿元。

这家公司的投资人团队颇为强大，包括红杉资本全球执行合伙人沈南鹏、华兴资本创始人包凡、真格基金创始人徐小平进入英雄互娱董事会和监事会。

就在最近，英雄互娱还发布公告：宣布王思聪、冉曦增补为英雄互娱监事。其中，王思聪是万达集团的股东，增补名单中的冉曦是《全民枪战》制作人、畅游云端创始人。

英雄互娱也搭建了不俗的管理层团队，CEO 应书岭为中手游前 COO，CFO 黄胜利为华兴资本前董事总经理，CIO 吴旦曾任真格基金副总裁，曾投资过《全民枪战》《我叫 MT 外传》等热门游戏。

促成这一切的核心则是 1981 年出生的应书岭。应书岭可谓少年得志，从投行转战游戏，被贴上"发行平台第一人""移动电竞之父"的标签。

应书岭曾追求高空跳伞、潜水、帆船等极限运动，也曾因中国手游高层地震被互联网圈关注，又因创办的新公司英雄互娱号称估值超 200 亿元备受争议。

黄胜利日前接受腾讯科技连线时表示，应书岭能撬动这么多资源，除英雄互娱运营的数据好外，更重要原因是，作为中国手游领域排名第一的中手游的曾任总裁，这样创业资历不常见。

"应书岭虽然年轻，不像行业大佬，但他管理过 1 个月数亿流水的生意，在行业里面真正像拥有他这样资历的人再次创业的不多。"

针对资本市场追捧，应书岭则对腾讯科技表示，中国的互联网创业环境虽然浮躁，但无法回避的事实是，排名前十的手游公司还是很有实力，加之是排名靠前公司的总裁出来创业，被追捧也不足为怪。

董事会齐聚中国 VC 行业大佬

2015 年 7 月 28 日，英雄互娱召开一次董事会，包括红杉资本创始合伙人沈南鹏，华兴资本创始人与 CEO 包凡，真格基金创始人徐小平、王强等纷纷出席。

会议过后，应书岭还与徐小平私下交谈，一个最懂游戏，一个最懂资本，二人很快达成一个共识，即无论做游戏还是做基金，人的合力最重要，在这一点上，游戏与基金没有区别。

那段时间，沈南鹏、包凡、徐小平、王强亮相英雄互娱董事会的图片在微信朋友圈传播甚广。

2014 年 6 月前，应书岭任中手游总裁，到 2014 年 6 月中手游高层人事调整后，应书岭被任命为 COO，专职负责与第三方游戏开发商游戏代理发行业务。

某种程度上，应书岭在中手游遭遇了"挫败"，但他隐忍了长达 1 年时间，直到 2015 年 5 月中手游宣布私有化前后，应书岭才重新拉起一支属于自己的团队，在手游谈及当初沈南鹏、包凡、徐小平投资英雄互娱的细节时，应书岭说，一出来就拿到了60份投资人Offer。"我已经做成了一家10亿美元的公司，出来就是要做100亿美元的公司。"

黄胜利曾鼓励应书岭："雷军离开金山时比你大9岁。"更让应书岭意外的是，跟红杉具体谈投资时，沈南鹏没有还价，而是直接参与对英雄互娱的投资。

在获得沈南鹏、包凡、徐小平等人支持后，英雄互娱动作也很快，在2015年6月中旬就借塞尔瑟斯登陆了新三板，此时英雄互娱才正式宣布成立。

谈及英雄互娱为何如此快速度登陆新三板时，应书岭对腾讯科技表示，手游是资本密集型产品，英雄互娱须搭上资本快车，自己经历过中手游上市，这也加速英雄互娱登陆新三板进程。

搭建英雄互娱管理层

应书岭之外，严格意义上，英雄互娱两位管理层黄胜利、吴旦都是资本出身。

其中，黄胜利为华兴资本前董事总经理，有丰富创业和管理经验，曾帮助滴滴、京东、陌陌、昆仑万维等公司募集超过8亿美元的私募融资，并主导第七大道、银汉科技等资产重组。

而CIO吴旦曾任真格基金副总裁，曾代表真格基金投资过《影之刃》《超级英雄》《全民枪战》《我叫MT外传》等游戏。更大范围上说，黄胜利、吴旦都曾是应书岭最主要的对手。

其原因是，黄胜利一直在帮助中手游的主要对手昆仑万维、触控融资，而真格基金是游戏领域投资最成功的天使基金，连续抢成功了7款游戏产品，直接影响了中手游的IP运营计划。

应书岭则表示，自己与黄胜利、吴旦惺惺相惜，大家是竞争对手的同时，最终还成为朋友。

曾经，应书岭看上《全民枪战》，找《全民枪战》的投资人吴旦希望合作，应书岭还吃了吴旦的闭门羹。但后来，真格基金投资的《超级英雄》和《全民枪战》都交给中国手游代理。

应书岭创业之初考虑到资本运作需要，急需出色的CFO，吴旦将黄胜利介绍给应书岭。再后来，眼看黄胜利加盟，此时吴旦心中也开始动摇，在思索整整一夜后也加盟了英雄互娱。

吴旦还拉着应书岭拜访徐小平。据媒体报道，应书岭向徐小平表示，"我希望你能够投资我们，但我更希望吴旦能够加入。"

最终吴旦出任英雄互娱CIO，徐小平任监事会主席，真格基金成英雄互娱战略级合作伙伴。徐小平透露，原希望把整个人民币基金都投进去，最后只给了四分之一，因为抢的人太多。

当然，作为一个充满投资人的豪华团队，英雄互娱也备受争议，争议中心自然是外界传闻的英雄互娱高达200亿元的估值。英雄互娱如此多的投资人，也会被认为公司包装过度。

应书岭则表示，公司没有200亿元的估值，而是100亿元，英雄互娱风光的背后也有很多艰苦工作。"别人觉得我们是玩资本运作，但那么多玩资本运作的，我们难道不是最扎实的吗？"

实际上，尽管应书岭从中手游离职，英雄互娱与中手游依然有很大关联。除创立英雄互娱外，应书岭目前还担任中手游旗下子公司北京卓越晨星首席执行官一职。

2015年5月20日，在宣布收到私有化邀约后，中手游对其子公司进行战略重组，并将旗下《全民枪战》及《天天炫舞》两款手机游戏的发行运营业务转移至由应书岭控制的北京卓越晨星。

同期，中手游约定，北京卓越晨星若无法达成既定目标利润：2015年4500万元、2016年8000万元及2017年1.07亿元，天津卓越须向成都卓星无偿归还最高可达25%北京卓越晨星股权。

应书岭未太多提及与中手游的这一段合作，仅表示英雄互娱从中手游手中买断了一些游戏。

资料来源：腾讯科技，文/雷建平。

第三节 创业的关键资源

企业所拥有的要素资源、环境资源等各类资源是企业生存和发展所必备的条件，没有资源或没有完备的资源就不能或不可能正常进行企业经营运作，不可能有目的地产出，也就不会有满意的产品或服务。根据资源基础论和资源依赖论，企业对所需资源的获得直接影响到一个新企业最终的命运，创业资源其实是创新企业在创造价值的过程中需要的特定的资产，是企业创立和成长过程中所需要的各种生产要素和支撑条件。然而，一般情况下创业者并不会被当前控制或支配的资源所限制，成功的创业者善于利用关键资源的杠杆效应，利用他人或者别的企业的资源来完成自己创业的目的：用一种资源补足另一种资源，产生更高的复合价值；或者利用一种资源撬动和获得其他资源。其实，大公司也不只是一味地积累资源，他们更擅长于资源互换，进行资源结构更新和调整，积累关键性资源，这是创业者需要学习的经验。

一、识别创业的关键资源

所谓创业的关键资源，是指给予创业者力量从而敢于迈出创业第一步的资源，是帮助创业者成功撬动他人资源的资源。这种资源既可能是物质性的，也可以是非物质性的。

对创业者来说，容易产生杠杆效应的关键资源，主要包括人力资本和社会资本等非物质资源（王晓文、张玉利、李凯，2009）。创业者的人力资本由一般人力资本与特殊人力资本构成，一般人力资本包括受教育背景、以往的工作经验及个性品质特征等。特殊人力资本包括产业人力资本（与特定产业相关的知识、技能和经验）与创业人力资本（如先前的创业经验或创业背景）。调查显示，特殊人力资本会直接作用于资源获取，有产业相关经验和先前创业经验的创业者能够更快地整合资源，更快地实施市场交易行为。而一般人力资本使创业者具有知识、技能、资格认证、名誉等资源，也提供了同窗、校友、老师以及其他连带的社会资本。

相比之下，社会资本有别于物质资本、人力资本，是社会成员从各种不同的社会结构中获得的利益,是一种根植于社会关系网络的优势。在个体分析层面,社会资本是嵌入、来自于并浮现在个体关系网络之中的真实或潜在资源的总和,它有助于个体开展目的性行动,并为个体带来行为优势。外部联系人之间社会交往频繁的创业者所获取的相关商业信息更加丰裕,从而有助于提升创业者对特定商业活动的深入认识和理解,使创业者更容易识别出常规商业活动中难以被其他人发现的顾客需求,进而更容易获得财务和物质资源——这正是其杠杆作用所在。

名家箴言

　　创业是你人生资源总和的爆发。

　　　　　　　　　　　　　　　——徐小平(真格基金创始人、新东方联合创始人)

　　孙利英、洪晟(2012)通过对上海和浙江地区共 80 家创业成功企业的创业者进行问卷调查和其中 6 家典型企业创业者的访谈,在比较核心技术资源、客户资源、人才资源、企业制度、资金、机会或运气、经济环境、家庭支持、政府扶持、企业文化等因素后发现:①核心技术资源、客户资源、人才资源是创业成功的关键因素,分别以 89.86%、78.81% 和 72.46% 的比例被调查者认同,而其他因素中最高的为 27.54%(资金);②绝大多数创业者在创业初始都不是三种关键资源俱全,有的只是拥有核心技术,却缺乏充足的客户资源;有的只有客户群体,但没有核心技术,人才资源也极其有限等。

　　上述分析表明,在要素资源中,创业者所掌握的人力资源、管理资源、技术资源、信息资源等,如果运用得当,可以成为创业的关键资源。场地资源对于一个企业的发展非常重要,是企业创建和赖以生存的根本保障,任何企业的诞生和延续都要以场地资源为基础,对于新创企业的起步阶段尤为重要,但通常不是关键资源,通常可以通过租借或交易的方式获取它们。财务资源对于任何一个初创企业来说都是非常重要的,不管是生产销售还是产品研发,都需要大量资金,另外因为市场和销售的不确定性,生产经营中产生的资金数量较少。因此,如何有效吸收资金资源是每个创业者都极为关注的问题,资金资源短缺也是很多创业者遇到的普遍问题,及时筹集到所需要的资金资源是创业者创业迈出的非常重要的一步。通常情况下,财务资源不是关键资源,因为很多创业者是在资金缺乏状态一步一步走向成功的,但当创业者准备的资金数额足够大时,它可能会成为关键资源,因为这时,创业者可以运用资金调动创业所需的其他资源,比如万达集团董事长王健林拿出 5 亿元,让儿子王思聪成立了一家 PE 基金普思投资,任由其自己投资练手,该公司先后投资了云游控股、乐逗游戏、英雄互娱等电竞游戏公司且取得成功。

　　在环境资源中,政策资源、产业资源由于缺少独特性,很难成为关键资源。文化资源通常具有关键资源的特征,可以为企业带来竞争优势,而且可以维持相对较长时间,竞争对手难以通过交易、模仿等快速方式获得。社会资源这一点往往是很多创业者容易忽视的,不把人脉关系当关键资源,当然,如果过于高估人脉的力量,疏于产品和服务的打造,也没有建立其组织的竞争能力，也很难成为关键资源。

创业故事2-3　　　爱好，也可以成为创业的资本

一组以异地恋为主题的摄影作品《距》，短短几天时间在人人网上已达到分享15万次的传播效应，在网络世界迅速扩散其影响力。

这是一组13张照片，以大学校园为背景，男女主角通过教室自习、车站等车、操场打球等各场景演绎了异地恋的坚持、误会、甜蜜、等待等各种情景，再配上各种小清新的文字，引发了很多人的青春共鸣。

"这组照片能被这么多人喜欢和分享，确实很出乎我的意料。"照片的拍摄者是陈昊，他说拍这组照片是因为自己一直喜欢摄影，"我父亲是个船员，年轻时与母亲聚少离多，所以我想到用虚幻影像的概念来拍一组异地恋照片，它圆了我的一个心愿。"

一下子，《距》让陈昊的"生意"应接不暇，全国各地都有人来找他拍照片。"最夸张的是有一个哈尔滨的朋友看到网上的照片后，联系我想拍个人写真。还有北京的一对情侣已订好了'五一'假期的机票，准备飞到杭州来找我拍摄。各种商业拍摄也陆陆续续接了不少。"

陈昊从小学开始就喜欢摄影，上大学后组织了学校的摄影社团，有一帮同样爱好摄影的朋友。他不仅自学了大量摄影知识，翻看了很多杂志，还邀请摄影名师进校园讲座，这都让他的摄影技术日趋提高。

陈昊透露，《距》中的模特是他的大学同学，从构思到拍摄只花了两天时间。之所以能在网络上迅速传播，很大程度上是抓住了异地恋这个很多人感兴趣的话题，然后用了虚幻镜像这种比较新鲜的拍摄手法。

"在大学里我学的是工商管理，也许很多人都觉得这和摄影风马牛不相及，但我从'市场调研与分析'这门课程上学到了调研分析的方法，才会对目前杭州和海宁的各类摄影机构进行全面调研，从而决定开摄影工作室。"陈昊坦言，因为学习了"客户关系管理""管理学"等课程，所以在接待客户和具体工作规划安排过程中少走了很多弯路。

摄影可以是一种爱好，也可以成为创业的资本。在谈到未来的发展时，陈昊已经找到了一条创业道路，现阶段的所有行为都在为以后的创业做准备。比如，他发现海宁的产业皮革是最需要用图片来展示的一个产业，而目前从事这方面工作的人还不多，陈昊想结合消费者的需求进行皮革产品的商业拍摄。

《距》的成功只是偶然，陈昊接下去要努力的，是创业的成功。

资料来源：摘自《浙江日报》，原文为《创业，从不经意间起步》，通讯员／黄晓燕、许艳；记者／王婷。

二、探索潜在的关键资源

创业者获取创业资源的最终目的是组织这些资源追逐并实现创业机会，提高创业绩效和获得创业的成功。市场机会开发和企业创建需要人力资源、物质资源、财务资源、社会资源等各种资源，仅开发现有资源很难满足创业的资源需求。因此，创业者还需要探索新的、潜

在的资源。

利用关键资源，创业者获得财务、物质和组织资源，从而建立组织，在此过程中吸引到对创业感兴趣的支持者，例如风险投资者、创业加盟者，他们也是资源，利用他们的个人和社会资源进一步获得财务、物质和组织资源。关键资源与一般性资源有交集但也有不同之处，一般性资源更强调资源间的交换，例如用钱可以买到设备、原料，雇到员工，这时财务资源转化为物质资源或人力资源；而关键资源更强调资源的杠杆作用，例如创业者通过展示学历证明、行业经验或技术专长得到风险投资，此时创业者利用人力资源的杠杆作用整合到财务资源。探索潜在资源强调创造性地、有选择地吸引新的资源，既要考虑资源与创业机会的匹配，也要考虑创业者资源特点和创业环境的影响。因此，如何将杠杆资源作用发挥到最佳将是资源探索战略的关键。

三、持续做大关键资源

一是吸引与保留关键人才资源。初创企业对核心技术资源和客户资源的获得，都依赖对人才资源的保有和激励得以实现，因此人才资源是技术、客户等资源的支持因素。如何吸引、保留和激励核心人才，通过人才资源管理，将技术资源、客户资源发挥到最大价值是创业管理中需要解决的重要问题。根据不同的人才类别采用以股权激励和业绩激励为核心的人才资源保有和激励策略，其中对掌握核心技术的人才的激励方式首选股权激励的形式，其次是项目收益分红的激励形式；对有稳定客户资源和销售经验的人才的激励策略首选业绩提成或奖金的形式，其次是股权激励的形式。

二是整合和运用核心技术和客户资源。对于拥有核心技术、缺乏客户资源的创业者，其目标产品为新产品时，从技术人员中培养营销队伍，建立自己的客户资源；对于拥有核心技术、缺乏客户资源的创业者，其目标产品为老产品时，从其他公司引进富有经验的营销队伍，扩大客户资源；对于拥有客户资源、缺乏核心技术的创业者，其目标市场为新产品时，和其他公司进行战略合作，获得技术资源；对于拥有客户资源、缺乏核心技术的创业者，其目标市场为老产品时，吸引掌握核心技术的人才加入创业团队，建立自己的技术资源。

三是实践企业家精神。创业者身上的企业家精神越厚实，其人力资本就会越丰厚。创业者要敢于冒险，不怕失败，不断进取；敢于创新，在商业模式、技术工艺、管理制度、营销手段上不断突破，以丰富企业家精神在创业者行为上的形式和内涵。

延伸阅读 2-2　　　　没资源的大学生创业怎样胜出

大学生创业关键看什么

在温州大学创业人才培养学院副院长施永川看来，"创"可以分解成两边，"仓"代表着资源、人脉、场地、技术、团队，另一边立刀则代表着风险。"创"很好地阐释了创业需要资源，更需要有克服各种艰难险阻的决心。

这正是号称"世界创业学之父"的蒂蒙斯提出的，创业模型的三要素即商机、资源、团队。对于初出茅庐的大学生来说，哪一个占优势？

显而易见，大学生创业在资源方面并不占优势。有些人极端的观点是："鼓励大学生创业就是把大学生往火坑里推，因为100个大学生当中可能有1个学生创业，100个创业的学生当中可能有1个人成功，这个成功的概率可能是万分之一。"施永川称，现实上可能会稍许乐观一点，可这也说明大学生涉世未深，创业没有资源，没有人脉，没有钱，就连向银行贷款都需要抵押物。

解决资源的问题，温州大学像很多高校一样，尽力为大学生创造良好的条件。例如，温州大学举办了创业精英班，学生只要进入这个班，就可以向银行无息贷款10万元，不需要抵押物。

也有人认为大学生创业最关键的是团队，和"睡在上铺的兄弟"一起创业，彼此知根知底。但是这面临着团队结构过于单一的问题，当公司发展后还需要雇用职业经理人等，处理各种商业问题，大学生创业"聚得快，散得也快"。

施永川认为："大学生创业最关键的是创意。"这是创业的基础。在"互联网+"的时代，传统集市+互联网变成了淘宝，传统的百货商场+互联网变成京东，传统的红娘+互联网变成世纪佳缘等相亲网站，传统的银行、交通、媒体等也都发生了很大的变化。

在温州大学，就有一个学生通过"互联网+"解决校园快递"最后一公里"问题的真实案例。校园内的快递很多时候并不送到寝室或教室内，一个大学生团队发现了商机，在公号上推出服务"十元钱帮你拿一个学期快递"，一个月积累了两万粉丝。人气旺但面临着高昂的人力成本，可伴随快递同时还销售水之类的产品，购买率很高，还让同路线的学生有偿帮忙送快递。这个项目最终得到了风投机构的投资。

上海应用技术大学创业教育中心常务副主任魏拴成认为，创业过程中最重要的是识别和发现机会，从而创造商业价值。"好的机会"是有需求的，让有购买能力的人有购买的欲望，这就是商业价值。大学生可以利用自己的专业知识创新，在市场上找到机会。

北大纵横股东副总裁、纵横资本投资公司股东合伙人熊浩也曾是大学生创业者中的一员。大学时，他不仅在学校里摆地摊，还在团委老师的带领下，到别人不愿去的矿山里去销售一些生活用品。

"创业和就业并不矛盾。"熊浩认为，无论毕业时做什么职业选择，心里埋下"创业的种子"非常重要，即便你在工作中也会换位思考老板的选择，创业成为老板也能体会雇员的辛苦。

在创业选拔人才时，东北大学创新创业学院副院长贾建锋认为，最关键的是"价值体系"，即一个人对世界、工作、人际关系的看法。尤其是初创企业，任务紧、压力大，常常会加班。如果员工不能很好地理解加班，贾建锋不建议录用，因为员工内心觉得和这家公司的文化不匹配，积累久了会爆发，会影响整个团队。

贾建锋建议，创业团队在招人时多找"即产即用型"的，来了就可以干活，因为创业的初期没有很多的时间、资源和精力培养人才。

创业怎么找到投资

真正创业后，创业者面临的一个常见问题是"如何找到投资"。目前大部分创业者是缺乏资金和资源的普通人，创业中需要资本的介入以获得资金和资源发展公司；也有些公司自我造血能力比较强，不需要外部的融资，不经历资本市场的洗礼也可能会非常成功。

具有丰富投资经验的水木资本合伙人王弘业介绍，一般创业公司的融资会经历种子/天使轮融资、Pre-A 轮/A 轮、B 轮、C 轮、IPO 的过程。

接受过水木资本投资的创业者 Josh 正是如此，他在美国攻读博士期间看到了自己研究方向的商业价值决定回国创业，快速组建团队并且开始研发产品。在研发产品中他开始寻找投资人，首先通过家人和朋友的介绍找到一位早期天使投资人，拿到几百万元的投资后加快研发，并和大型公司签署合作协议。为加速公司的发展，他继续寻找投资，接触大型投资机构，参加项目路演等。

王弘业用 Josh 的经历介绍了怎样寻找投资人"最有效"。寻找投资人的方式分为三种：自己去找投资人、等投资人找上门、投资人帮忙找投资人。

他认为，创业者在投递 BP（商业计划书）的时候如果给知名机构很容易石沉大海，如果给一些新创的投资机构可能机会较大；如果直接找投资人得到私人邮箱或联系方式的难度很大，不如在创投活动或创业咖啡厅中找到投资人；如果是熟人引荐，可以请靠谱的朋友推荐，可以增添信用背书，例如校友推荐，也可以找知名的 FA（financial adviser，财务顾问）推荐，例如小饭桌，但不正规的 FA 有很大的风险。

另一种方式是参加路演活动。王弘业说，路演活动主要是线下的沙龙活动，有多位投资人参加，创业者需要准备好 BP，在短时间内向投资人阐述清楚商业模式和投资亮点。王弘业说："传统的 BP 可能是一个几十页长的 Word 详细描述自己的商业模式，现在的投资机构所谓的 BP 就是一个 PPT 形式的，然后可以非常简洁明了地了解到商业模式。"创业者也可以选择入驻孵化平台，例如氪空间、3W 孵化器，或寻求媒体、平台报道，获得关注度。

在找到投资后，王弘业认为，要着重打造自我品牌，维护投资者关系。创业者的第一要务是找到一个非常靠谱的团队，如果是技术核心的创业公司，最重要的其实还是打造自己的技术团队，并且一定要注意技术团队的稳定性。假如，一个创业公司 CTO 突然因为身体不太好而退出创业，对公司是根本性的打击。

"天使轮的投资人基本看两点，一是创业者本身靠谱不靠谱，另外就是商业模式可不可行（或者是技术有没有商业价值），这两者决定了天使投资人是否愿意推进这个项目。"王弘业说，因为天使投资不同于后面的投资看数据和财务，完全是根据创业者给钱。此外，如果创业者有丰富的资源也是容易被看好的，但并不会作为非常核心的指标。在维护投资者关系上，资本方进驻后肯定希望项目成长，通过 IPO 退出赚取不错的收益，创业者也同样希望通过上市获取金钱和成功，是双赢的过程。

要有护城河　记得时刻有风险

天弘基金股权投资部总经理杨永民告

诉了创业者几个必备的条件：一是团队要有足够强的竞争力，不要有短板，要有足够强的应变能力；二是创业过程中别总以为自己的东西是独一无二的，要具有强大的研究能力，认真研究竞品（有竞争力的产品）。

"创业一定要保证速度，一定要使整个团队保持一种亢奋的状态。"杨永民说，如果你的员工没事儿上淘宝、听音乐，那说明你没有让他处于一个相对满负荷的状态，这个时候他肯定会想别的。在竞争激烈的市场上，跑得更快就有成功的可能。

另一点尤为关键的是创业者的"护城河"，杨永民认为这是公司的核心竞争力，例如技术团队的技术、商业模式的设计，创业者要时刻思考自己能在市场上领先多长时间，公司核心是什么，有没有将核心做强。

王弘业着重提到了创业的风险，创业者有可能会遇到的风险包括投资风险、融资风险和财务风险。项目本身可能会遇到商业模式不成立，团队出现问题等，融资中可能遇到不靠谱的投资人或 FA，或被竞争对手抄袭，尤其在参加路演时，可以采取的方式是签署保密协议。

"也有一些投资人骗子会欺骗创业者。"王弘业提到了一个真实的案例，一个创业者在资本寒冬时遇到一家投资机构，投资人异常热情和大方，这引起了创业者的怀疑，后调查发现这个公司根本不存在。所以，投资公司会对创业者做调查，创业者也要对投资机构反向调查。

在创业团队人才管理方面，贾建锋认为要根据现在表现和未来潜力将员工分类，要根据不同情况区别对待，认真思考为什么有些员工没有发挥出潜力。

资料来源：《中国青年报》，文／陈璐。

第四节 杠杆资源的获取

创业活动中有一种不能被忽视的特殊技能——杠杆作用，目的是充分利用创业者可控能力之外的资源。资源杠杆能帮助创业者在挖掘内部资源，培育关键资源的基础上获得杠杆资源，从而综合利用内外部资源来实现创业梦想。

一、杠杆资源的内涵

所谓杠杆资源（leveraging resources），是指一个个体或企业通过资源杠杆作用来追求机会而获取的外部资源。创业型企业经常面临资源短缺的困境，需要更有效利用他们拥有或控制的资源，或通过获取外部资源来为企业发展服务，这种撬动的外部资源就是杠杆资源。但杠杆资源不等同于外部资源，它比外部资源具有更宽泛的内涵。除了具有外部资源的内涵外，杠杆资源还具有杠杆作用，即这些资源是通过杠杆作用获得的，或要获得这些资源需要利用杠杆作用。

大多数创业型企业面临资源短缺的挑战，特别是受财务资源和组织资源的约束。由于创业型企业拥有有限资源，缺少财物的稳定性，所以相比大企业而言，具有较高的失败率。另外，创业型企业的管理缺乏竞争力，创业者缺少他们要进入领域的经验，缺少财物控制能力和决策制定能力，也是导致创业型企业失败的主要原因。以技术资源为例，由于技术涉及越来越多的学科领域，且更新速度非常快，对单体企业而言，缺少技术创新所需的越来越宽泛的资源，技术的持续创新变得越来越困难。

因此，创业型企业要想摆脱资源约束的困境，就要想办法获取杠杆资源，包括外部财务资源、组织资源、技术资源和管理资源等。比如，创业者若缺乏新进入领域的相关经验，往往会雇用具有丰富经验的人士共同创业或聘请其为顾问；很多创业者没有受过经济管理相关专业的培训，在企业扩张过程中，往往需要充实一些管理实践的力量，包括库存管理、财务控制程序、人力资源配置等。

杠杆资源不仅仅包括外部资源，它还具有杠杆作用。杠杆资源的可获得性与创业周期具有密切联系。很多创业者在开始创业时并没有合作网络，杠杆资源的获取与创业型企业寿命具有一定关系，创业型企业在初创阶段面临着资源约束的瓶颈，其解决途径往往是通过企业内部，而不是借助于企业外部资源来解决。其实，企业内部解决就是"内部循环"，即通过创业者家族和朋友组成的"内部循环"作为获得外部资源的主体。可见，即使处于初创期的创业型企业也同样面临杠杆资源的获取问题，只不过是通过创业者或创业团队社会强关系网络来获取，这也符合创业型企业初创期合法性比较低，通过企业自身吸引力提高杠杆资源可获得性比较难的特点，而以亲情、友谊为纽带的社会强关系网络受企业自身影响不大，主要影响来源于创业者或其团队。从更宏观的角度，企业社会网络分为正式网络和非正式网络，创业型企业初创阶段社会网络对资源积累具有关键作用。在创业的早期阶段，企业在获取资源时必须要首先决定最先获取哪个资源，还要结合不同水平的自身资源，以增加资源获取优势，而且人力资源、社会资源能够撬动财务与物质资源。

| 延伸阅读 2-3 | "空"价值战略四要素 |

"空"价值在企业的战略设计和执行中体现出四个特点，我们将其称之为"空"价值战略四要素。企业只有驾驭了这四个要素，才能真正做到以虚击实，无中生有。

要素1：以用户需求为主导

只有以用户为导向来制定战略，资源才能变"空"。"无之以为用"中的"用"，在这里可理解为产品对用户的功用。没有了"用"，"无"或"空"就没有了意义。

"用"和"无"正好对应战略管理学的两大体系：资源基础观与用户基础观。资源基础观与用户基础观的核心差别在于：前者认为资源是异质的，用户需求是同质的；而后者认为用户需求是异质的，但资源是同质的。只有把用户的追求当作企业的追求，企业才能通过共享经济的模式跳出所拥有资源的局限性，从而取得更大的"空"价值。

要素2：打造"空"格局

格局决定成败。这里的"空"格局，是指与"空"价值战略相匹配的组织架构和能实现"空"价值的大格局。

近年来兴起的概念，如平台或者生态圈，也都是在强调一个企业战略格局的重要性。我们所说的企业格局可以更准确地描绘为类似于分子结构的结点架构，只有在多层面上立体地把握关键结点布局，企业才能更好地制定架构与格局。

如北京洛可可设计集团的发展过程，就体现了企业格局的重要性。洛可可2004年成立的时候，只有一名设计师。2015年年底，已经发展成有近800位设计师的国际创新设计集团。与传统企业的事业部结构不同，洛可可采用"6+1"的细胞模式组织设计师，采用细胞链和细胞群模式打造组织架构，以满足用户多样化的需求。在发展到一定规模后，虽然企业资源更加独特和有价值，但洛可可创始人贾伟发现无论公司发展有多快，总是赶不上用户需求的变化；而如果继续用传统的扩大企业规模和把更多资源内部化的方式，洛可可可能很快会患上大企业病。为此，洛可可采用更为开放的企业架构，着手打造创客孵化平台（可可豆）和创客聚集平台（洛客），以企业强大而独特的设计能力和大量用户需求为支点，撬动广大的设计师资源（design），以满足中国制造转型升级（business）和消费者个性化需求（customer）的巨大市场，打造全新的创新设计格局（CBD）模式。

和洛可可一样，许多企业正在抛弃传统的以获取资源为核心的企业战略，转而通过优化企业核心能力，调整企业结构，开放企业边界，打造更大的和全新的战略格局。

一个企业能够合理地制定其战略格局，才能用有限的资源撬动多方利益来整合更大的资源，也才可能在共享经济时代获得成功。

要素3：基于机会成本制定战略

机会成本概念在商业领域出现得并不是很多，其中的一个主要原因是，机会成本是一个"虚"成本，不像固定成本和变动成本那样可以清晰地衡量。

然而，在共享经济时代，产品或服务提供者和用户的决策更多是基于对机会成本的考虑。例如，Airbnb的大多数住宿提供方的运营成本并不一定见得要比传统连锁酒店的运营成本低，但Airbnb住宿提供方的机会成本远远低于连锁酒店。这是因为，Airbnb住宿提供方如果改变主意，选择不再利用家里的空房间接待房客，他们几乎没有任何经济损失。也就是说，机会成本接近于零。然而，传统宾馆由于需要支付员工工资和基本运营费用，所以出现空闲房间的机会成本很高。

要素4：学会放弃

基于机会成本决策的主要意义，是企业为了更好地创造用户价值而进行选择。这个选择过程意味着一定要学会放弃，只有舍才有得。

2014年6月12日，特斯拉公司首席执行官埃隆·马斯克发布了一篇名为《我们的专利现在属于你们了》（*All Our Patents Are Belong To You*）的博文，开启了对其电动汽车专利开源的时代。虽然这一举措十分有争议，但在随后的一周内，该公司的股票上涨了10%以上，从206美元上涨到229美元。特斯拉通过放弃自己专利的形式，来鼓励其他充电设备制造商与之合作，从而更快地推进技术发展，实现共赢。这就是一种舍即是得的体现。

正如武侠小说中周伯通的空明拳和张三丰的太极剑法等武学最高境界，需要习练者先把自己以前所形成的理念范式抛弃掉，才能应对万般变化的环境。在当前动态多变的竞争环境中，商业战略的最高境界也是需要追求"空"价值，以用户为导向，构建更大的格局，并通过降低机会成本，进行战略选择，进而创造新的用户需求和价值，真正做到"无"中生有。

资料来源：摘自李卅立、路江涌发表在《清华管理评论》2016年5期的文章《"空价值"：共享经济时代的用户战略观》。

二、杠杆资源的获得途径

企业要获得杠杆资源，需要借助于内部效率（自有资源）来拓宽外部的网络（杠杆资源），这些网络既包括有形的网络，也包括社会关系网络。企业间的网络有助于企业家和企业从外部获得企业成长所需资源，而且还能保持组织的灵活性。获得杠杆资源的途径通常包括创业团队、家族、企业联盟和关系网络等。

杠杆资源获取方式多种多样。技术、资金、人才是创业型企业创建和发展所需的三种直接初始资源。如果企业自身具有充足的财务资本，就可通过同其他企业联合以及通过社会网络获取所需资源。其中财务资源的获取方式有：①依靠社会网络及声誉筹集资金；②抵押；③银行贷款或企业贷款；④争取政府的资金支持；⑤所有权融资。人力资源、技术资源的获取方式有：①吸引人力资源；②利用财务资源购买技术资源。

租借资源是企业资源积累和利用杠杆资源的另一个途径。租借不仅包括从合作伙伴那里获得技能和知识，还包括把这些技能和知识内部化，即企业吸收能力杠杆资源利用效率和效果问题，也考察了资源杠杆的利用效率和效果。很多研究表明，获取新技能、知识并将其内部化往往比收购一家企业还要有效，要完成一种购并行为，购并者必须既具有需要的关键技能，并且要面临文化整合方面的挑战，因为并购比联盟在整合文化方面花的成本要高得多。

获得互补性资源也有助于提高杠杆资源利用效率和效果。通过把不同类型的资源以不同的方式进行整合，就产生了杠杆资源，不同的杠杆资源会创造不同的价值。企业在获取杠杆资源的过程中面临着很多能力的挑战，比如技术整合、功能整合、新产品的形象塑造、多重功能的整合设计，以及研发、生产、销售等诸多环节。专业化的程度越高，组织的正式程度越高，企业的功能优势就越难转化成产品的优势。因此，各个不同部门之间有效的整合，对于提高杠杆资源的利用效率和效果，提升创业型企业的组织竞争力，具有非常重要的意义。

课堂语录

一个人的事业能做多大，要看他的"资源之手"能伸多长。

杠杆资源获取途径受企业战略的影响。一些企业根据他们的战略构建社会网络，以获取不同的杠杆资源,战略不同网络关系的重点就不同。比如以追求专利和创新为基础的企业,其社会网络主要集中在顾客、市场信息、分销渠道、口碑宣传和产品开发观念等,这种网络既有垂直关系也有水平关系,追求急剧创新的企业更关注合作的维护,特别是与投资者和供应商的合作网络,而以产品提供为基础的企业则注重维护与顾客的关系。有些创业者具有"短视行为",认为创业型企业规模小、成长期限短,没有必要进行战略管理,而且自身很忙碌,也没有时间进行战略管理,认为只有大企业才需要战略管理,这也是一种观念上的约束,需要借助于外部力量克服这种"短视行为",因为没有清晰的战略,一个企业就不具备在市场上产生和保持竞争优势的基础。

创业型企业由于发现创业机会才利用资源杠杆从外部获得必需资源,这虽然能够通过合作迅速获得外部支持,但同样面临合作伙伴迅速解约的风险。因为创业整体具有比较低的沉淀成本、比较低的固定成本和比较低的资本要求的特点,合作伙伴又想避免由于资源的初级形态带来的风险,这样合作伙伴很容易迅速解约并自己开发创业项目。

三、资源杠杆的作用方式

所谓资源杠杆,是指创业者或企业利用自有资源,以及双方接受的资源合作方式,撬动并使用企业外部资源,形成核心竞争力,保持持久竞争优势的战略运营模式;其作用示意如图 2-1 所示。

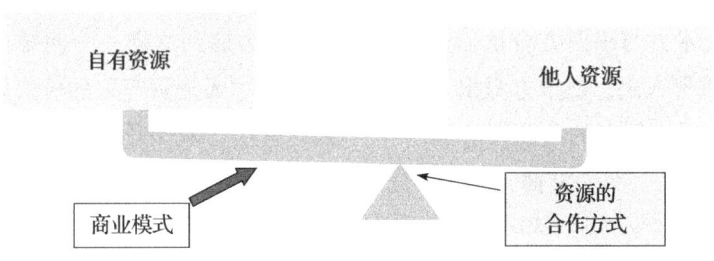

图 2-1 资源杠杆示意

赵道致和张靓(2006)提出了资源杠杆模型,认为资源杠杆的动力来源于企业的自有资源,资源杠杆的阻力来源于集成外部资源的成本和风险,企业利用杠杆来获取外部资源,杠杆的支点是企业网络管理能力,决定了资源杠杆的动力臂和阻力臂的长度。王崇阳(2013)认为商业模式既是撬起资源的支点,也是杠杆;实现商业模式创新是找到整合资源的枢纽。对这两个观点,我们有些认同,有些不认同。在吸收其中的部分观点后,我们对资源杠杆的作用方式给予了新解释。

资源杠杆的动力来源于创业者或企业的具有关键作用的自有资源,包括社会资源、人力资源等,有形资源、无形资源和将资源转化为核心竞争力的组织能力等。资源杠杆的阻力来源于集成外部资源的成本和风险。资源杠杆的动力作用点和阻力作用点,都是通过创业者或企业的社会网络发生作用的。资源杠杆的支点是指内外资源合作方式，双方资源力量的大小决定了资源杠杆的动力臂和阻力臂的长度，即支点的位置；商业模式可以视作资源杠杆的动力臂，它也是撬动他人资源的力量，是一种泛化的自有关键资源，与社会资源、人力资源等一起组成自有关键资源的集合。

四、示例：技术入股的合作方式

资源合作方式不同，自有资源撬动他人资源的数量就不同，资源持有者在新创企业中的地位也不同。以技术成果作为非货币形式出资为例，在实践中，技术成果出资入股的作价方式主要有三种：评估作价、协商作价以及两种作价方式相结合。技术评估作价是指专业的评估机构对出资人的技术成果的价值进行确定的作价方式，即将技术价值进行量化的过程。协商作价方式是出资人不经评估，自行商定入股技术的作价金额的一种方法，这种作价方式是出资各方在诚信的基础上，通过协商来确定出资技术的价值。

由于技术成果的出资入股不同于货币、实物的出资，技术成果不是一个客观存在的实物，要发现其绝对真实价值相当困难，而且对其过高过低的评价均会损害出资方的利益，引起各种纠纷。例如投资方投资 1 000 万元，技术方以"无形资产"入股占 60% 的股份。经营一年之后大家决定清盘不干了，这时公司还剩下 100 万元，是不是技术方应该分得 60 万元呢？如果是的话，这对投资人是否公平？如果技术入股的只是一家现有公司里的"项目"，那么情况就更复杂了。

一方面，技术方与出资方合伙创业以技术入股就会遇到这样一个问题：如果资金全部（或大部分）由投资人出，技术方只出"无形资产"，在"无形资产"的价值尚未实现，而且新创办的公司有亏损倒闭的可能性的情况下，"无形资产"从一开始就占实实在在的股份对现金投资方不公平的。另一方面，绝大部分以技术背景创业的创业者都把自己的技术看得很值钱，没有预见到创业的艰辛和产品商业化的困难，可行性报告的结论都是投资很快就能获得高额利润，而且以为能够很快盈利所以也不需要第二期投资。这样一开始就要求以"无形资产"占有很高的股份比例。这必然不容易获得"投资人"的认同，以"业绩"说话才能令出资方和出技术方达成共识。为了解决这个难题，这里有几种以智力或无形资产入股的合作方式，操作上可以较灵活。

（一）设定目标法

根据目标确定赠与股份比例，先定一个三年计划，设定第一年的目标为 A，第二年的目标为 B，第三年的目标为 C。

（1）第一年达到 A，赠与 a% 股份；达到 A×150%，赠与 a+% 股份。

（2）第二年达到 B，再赠与 b% 股份；达到 B×150%，再赠与 b+% 股份。

（3）第三年达到 C，再赠与 c% 股份；达到 C×150%，再赠与 c+% 股份。

(二) 名义共同出资法

（1）预先设定一个股份比例，假设是共同出资成立一个事业部（分公司），出钱方名义出资 A，出智力方名义出资 B，则股份比例为 A∶B。

（2）双方商定利润分红的百分比，出智力方的分红优先偿付出钱方的垫资；如果合作企业不能盈利，无法偿付出钱方的垫资，大家决定清盘，则所有剩余资产优先偿付出钱方的投资款。

(三) 作价入股法

如果甲方原来就有一个企业，邀乙方合作提供技术产品共同发展，甲方以原有企业资产入股，合作后的收入按商定比例分配作价入股。

举例来说，原企业资产价值 100 万元，甲乙双方商定新增加值按 3∶1 分配，三年后结算确定最后股份比例；若三年后企业资产价值达到 500 万元，其中新增加的 400 万元按 3∶1 分配，相当于甲方出资 400 万元（=100+300），乙方出资 100 万元，这时确定甲方占 80% 的股份，乙方占 20% 的股份。

课后思考

1. 简述企业资源的类型。
2. 如何理解企业家精神是创业者的重要特质？
3. 什么是杠杆资源？杠杆资源的获得途径有哪些？
4. 简述资源杠杆的作用方式。
5. 有人说创业是白手起家、无中生有，对此该怎么看？

案例分析

腾讯秘史：多次面临夭折

做中国的 ICQ，腾讯误打误撞上路

1996 的夏天，以色列的三个年轻人在一次聚会上决定携手开发一款软件，通过充分利用互联网快速即时的特点去实现人与人直接的在线交流，ICQ 便应运而生。一年后，马化腾接触到了 ICQ 并成为它的用户，感受到其魅力的同时也看到其局限性——英文界面，操作上不够亲民。这也使得当时 ICQ 在国内始终不是特别普及，往往仅限于"网虫"级的高手里。

马化腾和腾讯的伙伴们最初的想法是做一个中文的 ICQ 软件，然后找机会卖给有实力的企业，他们当时完全没有想过公司最终会靠这个在当时还不是多起眼的小软件成为中国互联网的巨头。可他们最终没能如愿与愿意出资的公司达成一致，腾讯只好自己做起了最初权当副业的 OICQ。由于设计软件之时，就已经有明确的做一个改进版中文 ICQ 的思路，OICQ 从第一个测试版本起就凭借合理的界面设计、简单的操作在众多竞争对手中脱颖而出。

不足岁就面临夭折的 OICQ

至 1999 年 11 月，OICQ 在上线短短 9 个月的时间内用户就已破百万，远远地且永远地甩开了所有的同期竞争者。伴随不断增加的庞大用户群，OICQ需要更多的服务器去支撑，但就在这时，公司账面上只余下大概1万元了。怎么办？马化腾和伙伴们一面将薪水咬牙减半，另一面增加个人的资金投入。可这些还只是杯水车薪，尚不足岁的OICQ仍然有夭折的危险。众人便只好四处奔走，找人投资入股。

可那些人根本不理解腾讯技术和无形资产的价值，他们要么冲着OICQ的用户数给出了一个很勉强的价格，要么直接表示不考虑投资。而贷款的路，由于腾讯当时没有什么固定资产可以抵押，也是走不通。腾讯团队通过"当年的高交会"认识了当时国内首屈一指的VC公司IDG总经理王树。尽管还没有清晰的商业模式，团队成员曾李青还是拿着数易其稿的商业计划书，拉着还躺在病床的马化腾一同与王树会面。这次会面最终让IDG冒险决定投资腾讯，其缘由无非两点：第一，有AOL斥资2.87亿美元收购ICQ，无疑起了一个示范作用；第二，虽然还没有找到靠谱的商业模式，但OICQ已经拥有较大并不断增加的用户群。

锦上添花的是，马化腾他们后来还托人牵线找到了李泽楷的盈科，虽然对方一度犹豫，但看着IDG最终拍板之后，盈科最后也就同意投资。最终，IDG和盈科携手投资220万美元，各占20%股份，腾讯的救命钱算是搞定了。

阴差阳错避过互联网泡沫破灭危机

可事情没那么简单，由于投资方均非中国内地公司，资金需要从境外划过来，诸如起草文件、报批报审等手续流程会耗费不少时间。可已经弹尽粮绝的腾讯没法再等了。多亏王树再度出手相助，通过个人关系找到朋友出资先期垫付450万元，这才帮助腾讯渡过了难关。至今，马化腾仍旧十分感激王树昔日的倾力相助，他曾表示："如果没有那笔钱，可能早就没有腾讯了。"

2000年年初，在腾讯团队等人翘首期待下投资协议最终签订。而这样波澜不惊的过程，却阴差阳错地使腾讯得以安然渡过后面那场席卷全球的互联网泡沫危机。因为紧跟着腾讯签订投资协议不久，从当年3月份开始，一直高高上扬的纳斯达克指数在毫无预兆的情形下突然下跌不止，几乎所有知名的互联网公司都遭遇重挫，此前赴美上市的几家中国公司股价也跌到谷底。一时间，行业进入如寒冬般的萧条，人们谈互联网色变。

马化腾和他的伙伴们对此恐怕至今都还会后怕，若不是赶在泡沫破灭时刻之前敲定协议拿到资金，同样"可能早就没有腾讯了"。

以QQ的名义重生

正当腾讯凭借先前拿到的投资可以喘口气的时候，新的麻烦出现了——ICQ的母公司AOL气势汹汹地找上门来。其实，此前AOL就已经打着名分之争的旗号多次发函过来要求腾讯放弃OICQ的名称及相关域名。AOL此举很明显是要瓜分当时已经被腾讯占据了90%的中国IM市场。由于美国法院有案例参照的原则，而AOL此前赢过与SMSICQ的同类案诉讼，这起官司很快便以美国那边宣判腾讯败诉告终。好在腾讯此前已经做好了准备，不久QQ2000也全新登场了，同时腾讯也用tecent.com替代了oicq.com的域名。关于为什么是选定QQ作为新名称，据说是因为当时网友将包括OICQ和ICQ在内的诸多IM软件都统称为QQ，而腾讯便就此大胆地"据为己有"了。

为了进一步避免版权风险，在全新的QQ里面，腾讯用自己设计的企鹅系列卡通形象全面取代了之前那些来源于迪士尼公司的卡通形象，企鹅也得以从此更加深入人心并最终成为腾讯的吉祥物、代名词。此前腾讯一直都是在免费使用那些知名的卡通形象，并没有得到所有者的授权，一旦对方诉讼腾讯并要求赔偿巨款，刚刚避开一劫的腾讯将遭受重创。

邂逅MIH，腾讯"二婚"赢得真爱

临近2000年年末，新的危机又在等待马化腾和伙伴们。由于互联网业持续的萧条，此前投资的IDG和盈科逐渐有了要撤股套现的想法。可同时，腾讯却需要新的资金添置服务器支持公司的继续发展。但投资方已经认为腾讯的商业模式不会被市场主流青睐，也没有更多的增长空间了，继续投资就等于烧钱。

为此双方进行了多轮面谈，两家股东最终同意以贷款的形式给予腾讯200万美元，同时开始积极寻找愿意接盘的公司。可2000年行将过去，QQ的注册用户很快就要突破惊人的1亿，可是此时全中国竟然没有一家公司一个人愿意去收购腾讯的股份。

正在这一筹莫展之际，MIH来了。马化腾这还是头一次听说这家来自南非的公司，在后来的会谈中他还接触到了能说流利汉语的MIH副总裁网大为。双方几经商讨，MIH最后同意以现金支付的方式从IDG和盈科手中拿到共计32.8%的股份，同时保留公司控制权给马化腾。腾讯维持这样的股权结构至今，而网大为也以执行副总裁的身份任职腾讯负责国际业务。随着二轮融资的成功，腾讯熬过了凤凰涅槃前最终的难关，之后迎接他们的便是一片坦途。

纵览腾讯在幼年期的这段成长历史，也许有人要感叹一切偶然皆是必然的产物，在看似饱受命运眷顾的背后，马化腾和伙伴们务实、专注的气质，以及那股不放弃的创业热忱才是铸就腾讯帝国根基的主因。而那些时运因素，那些传闻和八卦则为这段历程倍添了传奇色彩。

资料来源：钛媒体，文/圈内事。

讨论题

1. 马化腾创业初期为什么能同时撬动IDG和盈科的资金？

2. 如何看待"（2000年）QQ的注册用户很快就要突破惊人的1亿，可是此时全中国竟然没有一家公司一个人愿意去收购腾讯的股份"？

3. 纵览腾讯的成长史，"有人要感叹一切偶然皆是必然的产物"，请指出，哪些是必然因素？

第三章

股权设计与招募创业合伙人

学习目标

- 了解合伙创业的形式与特点。
- 掌握合伙人的选配方法。
- 理解创始人贡献纳入股权分配的意义与基本做法。
- 熟悉创业合伙协议的基本条款。

导入案例

蔡崇信——马云背后的男人

2015年《福布斯》华人富豪榜中，蔡崇信以59亿美元（376亿元人民币）身价名列第38位。让人们津津乐道的是，蔡崇信当年竟放弃70万美元年薪（按当时汇率，折合人民币580万元），带着怀孕的妻子投奔马云，拿月薪500元，他为什么这么做，又是如何成就现在的身价的呢？

1999年，蔡崇信赶赴杭州拜访马云，当时阿里巴巴还是一家鲜为人知的创业公司，其创始人马云同样名气不大。此时的蔡崇信一直在香港地区工作，是瑞典投资公司 Investor AB 的高管。

然而，就是这一次见面改变了蔡崇信整个人生轨迹，他竟然提出放弃一切（包括年薪70万美元），跟着马云一起干，月薪500元也没关系，他的家人以及怀孕的妻子都强烈反对，他为什么要这么做呢？

1999年5月，他和马云第一次见面。去之前，他的朋友给他描述马云"这个人有点疯狂"，当他去了之后，发现马云甚至还没有成立自己的公司。任何公司实体都不存在，只有一个上线刚刚几个月的网站——阿里巴巴。

他与马云见面的时候，就被马云的人格魅力深深吸引了。马云非常平易近人，还极有魅力，他一直都在谈论伟大的愿景。他们没有谈商业模式、盈利或者其他业务上的东西。马云说："我们拥有这些数以百万计的工厂资源。我如何帮助这些内地工厂接触到西方世界呢？"

当时他觉得马云的创意——将这些公司推上线——够得上伟大，却不是什么惊天动地的想法。他很欣赏马云的个性，然而，真正打动他的地方，不仅仅是马云本人，而是马云与一群追随者患难与共的事实。

蔡崇信说："我想，这家伙有能力将一群人聚集在一起，是个有影响力的领导者。马云真的有能力做成一番事业。我是不是也该加入这个充满冒险精神的团队呢？"他告诉了马云这个想法，马云说，我只付得起 500 元的月薪。他说好，没问题。

打定主意后，蔡崇信决定辞掉工作，跟马云一起干。然而，当时他的妻子正处于怀孕阶段，一听说这个想法，就觉得自己的老公疯了，这么好的待遇不想干，却去一个不知道未来的小公司。就连蔡崇信的老爸——蔡中曾（中国台湾知名律师）也连连摇头。不过，蔡崇信却坚定地辞职了，把家人气得够呛。

1999 年年初，蔡崇信来到杭州再次找到马云。6 月，马云对他说，"崇信，请帮我组建公司吧。"他答应了。他问马云哪些人将成为股东，马云给了他一个名单，几乎小屋里所有人都是股东，马云将很大一部分公司股权让给了创业团队，这让他很惊讶。因为，其他企业家会说："我想尽可能多持有股份，掌控公司。"马云开放的胸怀，让蔡崇信觉得自己跟对了人。

在杭州湿热的夏夜里，蔡崇信拿着一块小白板，挥汗如雨地向员工们讲述何为"股份""股东权益"，接着又帮"十八罗汉"拟出 18 份完全符合国际惯例的股份合同，从这一刻开始，阿里巴巴这家"公司"，才有了最粗略的雏形。

接下来，就是大家都知道的蔡崇信操盘的 3 次重要增资了。

2000 年，蔡马二人前往日本软银在东京的办公室与孙正义谈判。蔡崇信深谙谈判出价之道，一坐上谈判桌，马云即发挥独有的个人魅力，大谈阿里巴巴美丽前景，而蔡崇信虽然不多话，却在关键时刻，对孙正义前两次的出价勇敢说"不"。最终，孙正义点头答应拿出 2 000 万美元，阿里巴巴凭借这次投资躲过了互联网的最寒冷的冬天。

2004 年和 2005 年，蔡崇信再度替马云筹资 8 200 万美元，并合并雅虎中国。这两次重要的翻身，不仅让阿里巴巴有充足的资源建构淘宝网，也让阿里巴巴坐稳今天中国第一大电子商务网站的宝座。

2014 年，蔡崇信带领阿里巴巴在美国上市，他参与了 IPO 过程的各个环节，包括公司结构的设计以及承销商的选择。他不断打电话与摩根大通、高盛和摩根士丹利进行沟通。阿里巴巴创造了史上最大的 IPO，蔡崇信持有的 2.9% 股份价值 45 亿美元。

2015 年，蔡崇信以 59 亿美元名列《福布斯》全球富豪榜第 248 位，掌声与鲜花背后，很多人佩服他的眼光和能力，然而，却很少有人知道，面对当时家人、妻子的不理解，他曾经多么倔强的坚持。

资料来源：投资界网站。

第一节　合伙创业与合伙人

在大众创业、万众创新的时代，"合伙人制"将成为一大趋势，公司与人的关系已经从单纯的资本雇用关系转向共创、共享、共担的合伙联盟关系，合伙人的时代已经到来。大型成熟公司将高潜力员工发展成为合伙人以保持企业的活力，如万科合伙人计划；而创业公司更是需要寻找到卓越的合伙人以实现公司的生存和突破。因此，吸引创业合伙人参与到创业计划中来贡献智慧（人力资本），乃至资金就成为重要任务。

一、合伙人的基本内涵

合伙人通常是指以其资产进行合伙投资，参与合伙经营，依协议享受权利，承担义务，并对企业债务承担无限（或有限）责任的自然人或法人，是合伙企业的主体。合伙人应具有民事权利能力和行为能力。

（一）合伙人的基本特征

（1）与人合作经营一家企业、一门生意或参与同一活动的人，一起工作的人；

（2）与别人共同从事于任何活动的人。以盈利为目的共同经营某项事业而合伙的两人或多人中的一个；

（3）被认为类似于与他人具有共同的权利与义务的这种伙伴的人（如在同一企业中）；

（4）由合伙组织结合在一起的；

（5）一个与另一位合作或协助他执行任务或为他服务的人；

（6）同伙，作为共享者而与另一人联合的人。

（二）合伙人的出资形式

《中华人民共和国合伙企业法》（以下简称《合伙企业法》）第十六条规定："合伙人可以用货币、实物、知识产权、土地使用权或者其他财产权利出资，也可以用劳务出资。合伙人以实物、知识产权、土地使用权或者其他财产权利出资，需要评估作价的，可以由全体合伙人协商确定，也可以由全体合伙人委托法定评估机构评估。合伙人以劳务出资的，其评估办法由全体合伙人协商确定，并在合伙协议中载明。"《中华人民共和国民法通则》第三十条规定："个人合伙是指两个以上公民按照协议，各自提供资金、实物、技术等，合伙经营、共同劳动。"《最高人民法院关于贯彻执行〈中华人民共和国民法通则〉若干问题的意见（试行）》第46条规定："公民按照协议提供资金或者实物，并约定参与合伙盈余分配，但不参与合伙经营、劳动的，或者提供技术性劳务而不提供资金、实物，但约定参与盈余分配的，视为合伙人。"

根据上述规定，在个人合伙中，合伙人可以拿资金、实物、技术、技术性劳务等，作为合伙的投资。应该说，凡是符合法律和政策的要求的标的，都可作为个人合伙时的投资。

二、合伙创业的形式与特点

合伙创业是指两个以上的创业者通过订立合伙协议，共同出资、合伙经营、共享收益、共担风险，并对合伙企业债务承担无限连带责任的创业模式，其创建的企业被称为合伙企业。

合伙创业，相对独立创业而言，是适应相对更大的创业规模和更大的风险承受能力而产生的创业模式，也是应独立创业再发展、再提高的客观要求而产生并存在的创业形态，通常投资规模要大于独立创业，但小于创办有限责任公司的要求。

(一) 合伙创业的形式

1. 根据合伙人出资的形式和承担的责任可分为普通合伙和有限合伙

普通合伙是合伙创业的基本形式。它是指由若干个普通合伙人根据合伙章程组成企业进行合伙创业。在这类企业中，全体合伙人可以向合伙企业投入同等或不等份额的资本作为其股份，合伙人按其出资比例和对合伙企业的贡献大小分享经营利益。除协议另有规定外，每个普通合伙人都有权参与企业的经营管理活动，全体合伙人对企业的亏损和债务负连带无限责任。这是普通合伙的最大特点，也是最大风险。当合伙企业的资产不足以清偿到期债务时，其不足部分由各合伙人按比例用其在企业出资以外的财产承担清偿责任。但合伙个人财产不足清偿其个人所负债务的，该合伙人只能以其从合伙企业中分取的收益用于清偿。

有限合伙是合伙创业的一种特殊形式，它是指由若干名有限合伙人（limited partner，LP）和若干名普通合伙人（general partner，GP）共同组成企业进行的创业活动。通常，有限合伙人（LP）会在经过一连串手续以后，把自己的钱交由普通合伙人（GP）去运作，而GP们则会将LP的钱拿去投资项目，从中获取利润，双方再对这个利润进行分成。这是现实生活中经典的"你（LP）出钱，我（GP）出力"的情况。

法律对两种合伙人的出资要求不同：普通合伙人出资时，不需要把其财产直接交给合伙企业支配；而有限合伙人必须以现金或实物投入企业作为其入伙的资金。

两种合伙人的法律地位也不同：普通合伙人负责合伙企业的经营管理，并可以代表合伙企业执行经营业务；而有限合伙人既不参与合伙企业的业务管理，也不对合伙企业的债权人承担个人责任。

两种合伙人的收益分配方式也不同：普通合伙人的收益是根据企业的盈余状况确定的，因而是不固定的；而有限合伙人的收益则可在章程中事先确定，在企业盈利的前提下，其收益率是相对固定的。

两种合伙人的责任范围也不同：普通合伙人对企业的债务负无限责任，并对其他普通合伙人承担连带责任；而有限合伙人仅对企业的债务承担有限责任，即仅以其出资的数额为限而不需要动用出资之外的财产。

2. 根据合伙人身份的特点可分为个人合伙和法人合伙

个人合伙是指两个以上的自然人共同投资兴办并联合经营的企业。个人合伙企业是我国私营企业的一种主要的企业组织形式,它可以采取普通合伙与有限合伙这两种具体形式。

法人合伙是指两个以上的企业法人或事业法人共同出资兴办并联合经营的合伙企业。这种合伙企业是在个人合伙企业的基础上,适应横向经济联合的客观要求而出现的合伙企业发展形式。我国法人合伙企业直接导源于横向经济联合,这种合作创业形式由于其行为主体的集团化,因而同时具有集团创业的性质。

名家箴言

创业第一件事是找合伙人,这比找商业方向更重要。

——徐小平(真格基金创始人、新东方联合创始人)

(二)合伙创业的特点

1. 合伙人地位的平等性

合伙创业是合伙人基于创办企业发展经济的考虑共同出资出力进行的创业活动。合伙人之间是纯粹的物质利益关系,而非伦理式的行政关系。双方的合作是在相互交流思想与看法,彼此就创建企业、开发产品及经营方式等方面达成共识后,按照自愿的原则共同出资实现合伙的。各方具体的出资方式乃至出资数额会有所不同,但其在法律地位、人格地位上则是一律平等的。

2. 合伙利益的相互性

促成合伙创业实现的动机是双方均有利可图,可以通过合伙弥补各自缺陷、壮大实力,圆创业致富之梦。利益总是相互的,合伙创业的过程本身就是一个互利"双赢"的合作理念的合理结合,而这种合作成功与否,就在于利益分配上能否始终坚持互利互惠的原则,若有一方企图单独受益,其合伙就难以为继。

3. 合伙人责任、权利与义务的确定性

合伙创业改变了独立创业的单一化和家族创业的伦理化,以理性的眼光明确了主要创业人员的责任、权利和义务,把合伙人之间的关系确定为物质利益关系。为了便于实施、监督各方履行义务而保障彼此利益的实现,各方都共同签订有书面合伙协议,明确规定了各自出资的方式和数额、各自承担的责任与义务、利润分配和亏损分担方法。这一具有法律效力的协议将合伙人的责、权、利明确化、规范化,使每一个合伙人都清楚地知道自己在合伙企业中的地位、应履行的义务和所承担的责任。

延伸阅读 3-1　　投资 Uber 的种子基金公司的"十大发现"

First Round Capital 曾成功投资 Uber 等项目，它们在对投资过的种子轮项目进行十年回顾时，找出了"十大发现"。

（1）拥有女性创始人的团队表现优于全男性创始团队。拥有女性创始人的创业团队比全部为男性创始人的创业团队优秀63%。

（2）创业成功眷顾年轻人。平均年龄低于25岁的创始团队，他们创业成功的概率比其他年龄层的创业团队高30%以上。

（3）创始人的学历至关重要。创始人所在学校对公司的表现有一定影响。如果创始人团队中有一个人从名校毕业，这个团队的表现要更好，这类创业团队比其他团队优秀220%。

（4）前雇员光环效应真实存在。如果创业团队中至少有一人来自亚马逊、苹果、Facebook、谷歌、微软或 Twitter，那么这个团队比其他团队的表现好160%。尽管名校毕业可能无法给创业团队带来任何估值上的提高，但是名企离职却可以。创始团队中如果至少有一人来自知名企业，那么他们团队的估值会比同行高50%。同理，创始团队的人脉和创始团队的技能也将会产生近乎一致的影响。

（5）投资人青睐连续创业者。虽然数据分析发现连续创业者的表现并没有比初次创业者好多少，但是市场对连续创业者青睐有加，他们的首轮估值要比其他团队高50%。

（6）单人创始人创业远不如多创始人合伙创业。创业团队如果有超过2个创始人，这个团队的表现会比单一创始人的团队优秀163%！而且单一创始人的创业团队的估值也比多创始人团队低25%。First Round 投资的创业团队，平均都是双合伙人创业，这也是分析之后认为最合适的合伙人模式。

（7）技术合伙人对开发企业市场至关重要，但不适合消费级市场。如果目标消费者是企业客户的话，存在技术合伙人的创业团队在企业市场的表现比没有技术合伙人的创业团队优秀230%，但是面向消费者市场的创业团队如果有至少一个技术合伙人的话，团队的整体表现会比其他团队低31%。

（8）离开创业聚集区，也能成功。曾经认为无论在哪里创业，位置能产生重大影响，但是不是这样。First Round 投资过的团队，如果不在纽约或者旧金山办公，他们的成绩和其他在纽约、旧金山的团队几乎一样，甚至25%的团队不在上述城市办公，他们的表现比剩下的75%的团队甚至优秀1.3%。而且还得考虑到投资人考虑过纽约、旧金山的公司应该有更高的估值这一因素。

（9）下一头独角兽，可能来自任何地方。独角兽级创业公司可以从任何地方诞生。很长时间以来VC都认为，通过推荐可以找到很优秀的创业项目，但是统计分析发现，通过其他途径比如 Twitter、DemoDay等找到的创业项目比推荐的项目优秀58.4%。创始人直接来找 First Round 拿种子轮投资的，工作表现会高23%。

（10）创业者正在向创业集聚区域转移。原本分散在全美国的创业团队，现在正在向一个地方聚集——旧金山的市场街以南地区。

资料来源：改编自品途商业评论。

第二节 合伙人的选配方法

然而，很多创业公司发展瓶颈就是合伙人团队的瓶颈。那么从创业营销的角度。如何破解这一难题，以下创始人寻找到优秀合伙人的四步法⊖会给很多企业带来帮助（见图3-1）。

图3-1 创始人寻找优秀合伙人的四步法

一、找什么样的合伙人——人物画像

古代官府为了抓捕罪犯，通常会让画师模拟罪犯的画像以发布"海捕文书"，画像的目的是在古代人识字率不高的情况下尽可能说明罪犯特征。古代比较封闭，政府实行了保甲制或连坐制，人们很容易识别有头部特征的外来人，因此画像找人是最有效的方式。

（一）拟定"人才标准"

创始人如果有了宏伟想法，紧接着考虑的就是寻找志同道合的合伙人。找合伙人的第一步就是要思考你想找到什么样的合伙人，什么样的合伙人才能一起把你宏伟的想法变成现实，借鉴画像找人的方法可以在茫茫人海中寻找到优秀的合伙人，这里的画像即是"人才标准"。杰夫·贝佐斯（Jeff Bezos）曾说道："制定人才聘用高标准，现在是、将来也是公司成功最关键的要素。"世界领先的高管寻访公司亿康先达总结出合伙人及高管选才标准的"1+4"潜力模型（见图3-2），其中各潜力因素的内涵如表3-1所示。

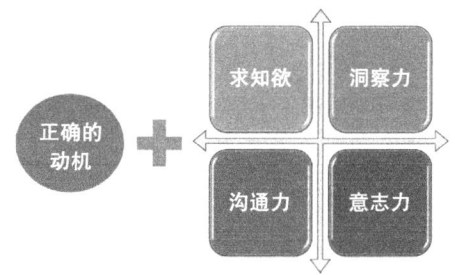

图3-2 亿康先达"1+4"潜力模型

表3-1 "1+4"潜力因素内涵

潜力因素	定义
正确的动机	以强烈责任感和极高投入感去追寻一个大公无私的目标
求知欲	渴望获得新体验、新知识以及别人反馈，以开放心态学习和改进
洞察力	收集并准确理解新信息的能力
沟通力	善于运用感情和逻辑进行沟通，能够说服他人并与他人建立联系
意志力	面临挑战或在逆境中受挫时，依旧能为目标不懈努力

潜力因素比经验、智商等更能预测一个人的未来发展空间。基于过去经验和现在能力的面试理论假设前提是过去的经验和现在的能力是预测未来成功的关键影响因素，这就像是要

⊖ 刘玖锋. 创始人如何找到合伙人［EB/OL］. http://www.wisevirtue.com/research.htm, 2015-12.

评估一个运动员在即将到来的比赛中的成绩,是通过它过去的训练表现、以往比赛成绩等来预测。但现在我们面临的环境是多变的、复杂的、难以预测的,因此除了考察以往的因素,评估其未来的潜力更具有价值。而且对于创业企业来说,除非创始人具备耀眼的职业经历、资本或社会影响力,否则很难找到经验和能力俱佳的合伙人,创始人从潜力角度去评估,更易发现具备合伙人潜质的人才。当然共同的价值观和教育背景也是重要的评估要素。

(二)把握选人的基本原则

创始人在选配合伙人时,要把握一个基本原则——"理念和价值观上要相似,能力和经验上要互补"。理念和价值观上的相近,可以保证你们在重大原则问题上的判断是比较一致的,不至于出现根本性的冲突。这些重大的原则问题包括企业的战略方向、利益分配机制、做事的基本底线等等。在这些问题上出现不同意见,通常很难取得共识。因为个性和价值观的形成,通常都不是一朝一夕的事情,也就是我们常说的"江山易改,本性难移"。如果在创业的艰难环境下,双方还要来磨合这个层面的东西,那实在是太痛苦了。能力和经验上的互补可以让你们在具体事情的推进中事半功倍,并建立起对于对方在专业领域的依靠和信任。人不可能是全能的,如果一切未知的领域都需要一个人来摸索,费时费力不说,风险还很大,比如小米团队是按业务模式来搭的。

二、去哪里找合伙人——赢在人脉

组建合伙人团队是企业创始人最关键的事情。硅谷天使投资界的思想家、PayPal创始人彼得·蒂尔(Peter Thiel)在他的《从0到1》一书中表示,寻找合伙人最好是在彼此熟悉的好友中找。大部分潜在的合伙人处于在职的状态,不会随意离职,也不便出入于各种大型活动轻易表达自己的离职意向,创始人不可能大规模地采用公开人才筛选的方式去找到合伙人,创始人面对茫茫人海最困惑的就是去哪里找合伙人,我们从知名企业创始人寻找合伙人的实例中也许能找到答案——"五同关系网":同学、同事、同志、同行、同乡。因此,创始人可以把你寻找创业合伙人的需求尽可能多地告诉周围的人,经常和他们交流进展,他们会记得你的事情,遇到合适的人会帮你介绍(见图3-3)。

腾讯合伙人团队:五虎将。腾讯的5位创始人在创业前最主要的关系是同学和同事。其中马化腾、张志东、许晨晔和陈一丹是从中学到大学的校友,前三位是深圳大学计算机系的同学,而曾李青则是马化腾姐姐的同事,也是许晨晔的同事。马化腾认为:"这样的关系心态上会好很多,可以相互吵架不记仇,相对在外面萍水相逢的,遇到争执的话很容

图3-3 成功源于良好的人际平台

易出问题。"腾讯的这种基于同学和朋友关系的合伙人团队，分工明确、各有所长、相互信任、价值观一致，形成理性的标杆创始合伙人团队。

| 创业故事 3-1 | 腾讯创始人们的故事

腾讯有5个创始股东：马化腾、张志东、曾李青、许晨晔、陈一丹。不过，最开始是马化腾、张志东、曾李青3个全职，到年底，许晨晔和陈一丹才加进来。他们5个人凑了50万元，其中马化腾占了47.5%的股份，张志东占20%的股份，曾李青占了12.5%的股份，其他两个人各占10%。经过几次稀释，最后他们上市所持的股份比例只有当初的1/3左右。

润讯工程师马化腾

丁磊的成功给了很多人榜样的力量，比如马化腾。流行得最广的一个版本是，正是因为看到丁磊靠着免费电子邮箱攻城拔寨，走向成功，与丁磊在CFido上有过交情，同有电信背景的马化腾心中泛起阵阵涟漪，因此决定创办腾讯。

关于腾讯为什么在1998年创办，还流传着另外一个版本。至少在马化腾毕业后工作的第一个公司润讯内部流传着这样的传闻：当时马化腾关于类QQ软件的提议，没有引起润讯高层的任何兴趣，因为他们看不到这个小东西上面有任何前景。据润讯一个中层干部透露："在当时的讨论中，有人说，'这东西究竟是收钱还是不收钱？如果不收钱，我做它来干什么？'"当时很多人并没有看到，客户资料比现金收入更加重要。特别是有忠诚度的客户，商家往往是有钱也买不到。之后，马化腾的身影便在润讯消失了，创办了腾讯。不过，这段传闻仅仅停留在传闻阶段，马化腾并非一个意气用事的人，马化腾自己也未必能看好QQ的未来，不然，之后也不会出现几度出售的故事。但有一点是可以确认的，那就是在润讯期间，马化腾并没有显示出之后什么特别之处。

1993年从深圳大学毕业后，马化腾进入润讯，当时的工资是1 100元。如果你了解传呼行业，你一定知道润讯。20世纪90年代初，对传呼业来说是一个特殊的时代，从事这一行的企业一般都有相关的背景。由于相对垄断，中国最早的一批传呼企业过的简直就是天堂般的日子。而作为其中的龙头老大润讯传呼又是当时特殊中的特殊。润讯最盛的时候，一年有20亿元的收入，毛利超过30%。润迅公司当时是全深圳福利最好的单位，每天都为自己的2万名员工提供真正的"免费的午餐"。马化腾虽然在润讯中只是一个很普通的工程师，但其在润讯期间，正是润讯神话的最光辉的年份，因此，润讯无疑提升了马化腾的视野，以及给马化腾在管理上的必要的启蒙。

马化腾虽然家庭富裕，但其创业资本更多来自自己的积累，之所以50万元创业，是因为，这是当时开公司的最低门槛。

马化腾把自己的公司起名为腾讯，意味深长，一方面，自己的名字有个"腾"字，公司和自己多有相关；另一方面，"腾"也有腾飞发达的意思。至于后缀为"讯"，更多是因为老东家润讯对马化腾的影响。

技术天才张志东

马化腾创办腾讯，最开始是两个人，除

自己外，另一个是他在深圳大学的同学张志东，两个人同在计算机系。

张志东本科毕业后去了华南理工大学读计算机硕士学位，毕业后回到深圳，加入当时深圳著名的黎明电脑公司。黎明电脑因为给深沪两市提供证券交易软件而红极一时，至今依然健在，并拿到过茅道临所代表的华登风险的投资，黎明电脑的创办者邓一明也是深圳IT业的大人物之一，后来帮助腾讯公司找钱并成为腾讯12名个人股东之一的天使投资人刘晓松当年也在黎明电脑工作过。

张志东是个计算机天才，在深圳大学，张志东和马化腾都属于计算机技术拔尖的一拨，但张志东是其中最拔尖的；即便放大到深圳整个计算机发烧友的圈子里，张志东都是其中的翘楚。

张志东是个工作狂人，基本没什么业余爱好，唯一的兴趣是下象棋，工作空隙会抽空上网杀上一盘。张志东在黎明电脑的时候工作就很努力，经常加班到很晚，到第二天早上两三点也是常有的事情。黎明电脑的一位张志东当年的同事曾经讲述过他们对张志东恶作剧的段子，当时加班晚了只要走手续第二天上班是可以请假晚到的，这几个兄弟当看到张志东加班很晚后，第二天早上天一亮就给张志东打电话，和他聊天，把张志东聊得睡不着了之后，告诉张志东他们都请过假了，今天不去了，并鼓动张志东也不要去上班了，这种情况下，张志东依旧准时出现在公司上班。

张志东个子不高，比马化腾和曾李青要矮上一个头，圆脸，说话总带微笑，但讨论技术问题时会有些偏执，有时也会激动得脸红脖子粗。熟悉张志东的人都把张志东叫冬瓜，取张志东的东字的谐音，也与其身材有一定的暗合。但随着腾讯的长大，张志东也逐渐位高权重，旁人逐渐把称呼改成瓜哥或喊他的英文名Tony，以示尊敬。

张志东也很值得尊敬，一是其技术上的炉火纯青，即便是他的政敌或是对手，都对这点佩服得五体投地。QQ的架构设计源于1998年，十年过去了，用户数从之前设计的百万级到现在的数以亿计，整个架构还在适用，真的难能可贵，甚至说不可思议。张志东值得尊敬的另一个原因是其对物质上的追求极低，在腾讯创始人们纷纷在海外买别墅，开游艇，高管集体团购宝马的态势下，张志东一直开着20多万元的中档车。

市场奇才曾李青

马化腾和张志东创办公司一个月后，腾讯的第三个创始人曾李青加入。

曾李青是深圳互联网的开拓人物之一。曾李青是深圳乃至全国第一个宽带小区的推动者，这个项目说白了也就是个系统集成项目，一方面去买设备，然后加价卖给地产商，这个项目差点夭折，原因是电信设备提供方要的钱和地产商能承担的价格一样，都是120万元，但曾李青很想把这个项目做成，最后还真做成了。为了这个项目能通过，曾李青把财务、行政和采购等相关部门的人都叫在一起，曾李青当时给大家算了一个账，说，"我们跟设备提供商签订设备购买的协议，约定在实施工程的一年中，根据工程的进度和当时的设备时价来付款"，他提醒大家，"这个工程要做一年，一年的时间内统筹得好这120万元的设备最多80万元就能拿下；而我们抓紧和地产商签协议，让他们先付款，我们先收入120万元再说，所以这个项目稳赚"。那时是20世纪90年代中期，曾李青以类似做期货的方式做系统集成的手法让人不得不佩服。

后来已经成为腾讯COO的曾李青有一次请他的老同事张春晖去腾讯公司讨论一个项目，会中突然网络不通，电话打过去也不见人来，虽然一桌子全是自己的手下和请来的客户，曾李青却一个人猫下腰，钻到桌子底下，把线路调通，目睹此景的张春晖想起了当年曾李青和他一起在深圳电信机房帮人调试设备的场景，张春晖感慨，曾李青很实在，是个能做大事的人。

曾李青是腾讯除马化腾、张志东之外第三大个人股东，媒体上关于马化腾最早创业的5个合作伙伴或是中学同学，或是大学同学的说法属于以讹传讹；曾李青和马化腾既不是中学同学，也不是大学同学，他们有交集是因为马化腾的姐姐马建南是曾李青在深圳数据局的同事，而且也有多年的交情。

根据多名腾讯员工的描述，曾李青是腾讯5个创始人中最好玩、最开放、最具激情和感召力的一个，与温和的马化腾、爱好技术的张志东相比，是另一个类型。

不过，1998年秋天，激情满怀的曾李青很郁闷。深圳电信与深圳本地的两家大企业赛格集团、特区发展集团联合投资的龙脉公司走到了尽头，作为龙脉市场部经理的曾李青遭遇了人生的最低谷，他思前想后，决定去找当时的深圳电信局局长许文艳，他想请许文艳局长帮他出主意，是回局里好，还是就此离开电信局下海，曾李青的困惑是回局里发展前途不大，离开又有些不舍得。许文艳帮曾李青拿定主意，以曾李青大开大合的性格，回局里多少不合适，还是以向单位交钱的方式停薪留职下海吧，许文艳还向曾李青推荐去找马化腾。

曾李青在此之前也认识马化腾。他们有一个共同的桥梁——当时深圳电脑协会的会长丁阿姨。丁阿姨和许文艳关系很好，经常让深圳电信出人出场地出钱出资源支持他们搞活动，每到这种情况，许文艳就把曾李青派去。丁阿姨的丈夫和马化腾的父亲是同事，同为盐田港的高管，丁阿姨的女儿也是马化腾、张志东从中学到大学的同学，其中马化腾与丁阿姨的女儿属于从小一起长大的朋友；丁阿姨的儿子贡海星从深圳大学一毕业后也加入腾讯，是腾讯的创业元老，12个个人股东之一；因此，马化腾和张志东也经常被丁阿姨拉来"抓壮丁"。所以，三个人很熟悉。

曾李青记得他们三个人第一次就公司成立的事情见面是他在深圳电信的那间小办公室里，他们简单地分了下工，马化腾负责战略和产品，张志东负责技术，曾李青负责市场。

2000年从湖南某大学计算机系毕业进入腾讯的李华是腾讯对外招聘的第一个外地大学生，内部编号18号。他第一次来腾讯见到马化腾的时候，大吃一惊，在他看来，他要进的这家公司的老板更像是他的一位学长，他当时甚至认为，腾讯的另一位创始人曾李青是老板，当然，这只是李华的第一印象而已，真正的情况是马化腾、张志东和曾李青都是老板，马化腾是最大的老板。

从外表上看，曾李青的确比马化腾更有老板相，两个人个子上相差无几，但曾李青要比马化腾富态很多，在穿着上也明显更商务一些，在语言表达和人际沟通方面也要强上许多。因此，每次两个人结伴出去谈商务合作，曾李青总是会被人误认为是大老板，而外表清秀、给人大学男生印象的马化腾总是会被认为是公司的运营助理或秘书的角色。

华南互联网的资深人士，时任广东电信旗下21CN事业部高级经理的丁志锋曾和作者回忆起腾讯最困难的时候求见21CN的情景：当时腾讯希望21CN收购QQ，丁志锋还记得报价是300万元人民币（而不是以讹传讹的100万元），代表腾讯来谈的正是马化腾和曾李青，不过，当两个人走进会议室的时候，21CN的所有人都把曾李青认成马化腾，这很显然是因为曾李青的派头更足。即便是讨论过程中，曾李青也比马化腾更具备攻击性，更像拿主意的人。

首席信息官许晨晔和曾李青是深圳电信数据分局的同事，他和马化腾同为深圳大学计算机系的同学。许晨晔是一个非常随和又有自己观点，但不轻易表达的一个人，是有名的"好好先生"。他最大的爱好是与人聊天，兴趣则多种多样。

首席行政官陈一丹原名陈惠龙，是马化腾在深圳中学的同学，陈惠龙也是在深圳大学读的大学，专业是化学系。陈惠龙后来改名陈一舟，因与另一位互联网名人，创办ChinaRen、现千橡公司CEO陈一舟重名，因此，又改了一次名字，叫陈一丹。陈一丹有律师执照，非常严谨，同时又是一个非常张扬的人，他能在不同的时候激起大家激情的状态。

李海翔是张志东在黎明的同事，他也是华南理工毕业的，不过不是研究生，而是本科。比起工作狂人、不苟言笑的张志东，李海翔有趣得多。李海翔是被张志东在1999年6月1日从黎明电脑拉到腾讯来的，李海翔自2005年12月起担任运营支持系统执行副总裁，负责规划、建设和管理相关运营支持平台。

吴宵光是1996年南京大学天文动力专业毕业后分配到深圳地震局工作，吴宵光与马化腾同是CFido的站友，他们两人有两个共同的爱好，一个是天文，另一个是计算机，因此，很快就很熟悉。吴宵光也是腾讯一创办就加入公司的元老级人物，2005年11月起担任互联网业务系统执行副总裁，全面负责互联网各项增值业务。

CFido深圳的夜猫也在1998年腾讯一创办就进入腾讯，夜猫大名封林毅，不过这个名字基本没人叫了，大家一般叫他夜猫或YQ。夜猫年纪比吴宵光还要小，但脑子却最好使，技术也超强，在CFido时代，在证券公司工作的夜猫开有"夜猫客栈"的站台。夜猫和小光都跟着张志东一起设计开发了OICQ的软件开发，在第一版OICQ的开发说明书里的联系人留的就是夜猫的名字。夜猫很早就离开了腾讯，他曾经想做一个整合所有IM（即时通信）的产品出来，听起来不错。

选择一个团队而不是一个人单枪匹马地创业，在1998年已经成为一种共识，但像马化腾这样，选择性格完全不同，各自有自己特长的人组成一个创业团队是很少见的，而且更重要的是，马化腾很好地设计了创业团队的责权利，这在一开始就决定了马化腾并非池中之物，终有一天要鲤鱼跃龙门。

马化腾也考虑过他和张志东、曾李青三个人均分股份的方法，曾李青曾经参与的网域就是这样的均分股份的方式一起创业。这家公司旗下的中国游戏中心赫赫有名，与联众公司并称，有北联众，南中游之称。后来这家公司也卖给了腾讯，这是后话。

资料来源：摘自《沸腾十五年——中国互联网1995—2009》，中信出版社，文/林军。

百度创始合伙人团队：七剑客。百度最早创业的 7 大创始人分别为：李彦宏、徐勇、刘建国、雷鸣、郭眈、崔姗姗、王啸，被业内称"百度七剑客"（见表 3-2）。

表 3-2 百度创始合伙人与李彦宏关系

合伙人	与李彦宏关系	合作背景
徐勇	校友	徐勇是李彦宏刚刚从美国东部闯荡到硅谷的时候认识的。1999 年 11 月的某一天，徐勇邀请李彦宏到斯坦福大学参加其组织拍摄的《走进硅谷》首映式，李彦宏便约好第二天与徐勇谈回国创业的大事
刘建国	校友	1998 年夏天，李彦宏到清华参加一个讲座，发现了天网，获得了刘建国的 E-mail。李彦宏就给他发了一个 E-mail，邀请他做交流，不巧的是，两人错过了第一次见面。1999 年，当李彦宏决定回国做搜索引擎时，又给刘建国发了封 E-mail，问他是否感兴趣。刘建国在调查了李彦宏的学习和工作经历后决心跟他一块做
郭眈	公开招聘	1998 年，于北京交通大学获硕士学位。2000 年 1 月，加入百度七人创始团队
雷鸣	校友	雷鸣曾经是中国国家"973"重点科研项目天网搜索引擎的核心项目团队成员，索引和检索组组长。1999 年年底，通过与李彦宏和徐勇的沟通，雷鸣认为中国搜索引擎大有可为，他放弃了美国七所大学的全额奖学金，成为百度创始七剑客之一
崔姗姗	公开招聘	为了招聘第一批工程师，百度在清华和北大的 BBS 上发了一条招聘信息。崔姗姗当时还在中科院读研究生，看到这个帖子后，被其中的言语所吸引，并通过面试成为公司的七位创业人员中的一位
王啸	公开招聘	2000 年年初，还在北京邮电大学读研究生三年级的王啸，一次偶然的机会，在一个高校的 BBS 论坛上看到一家名叫百度的创业公司正在招人，要求"会 Linux 下的 C 语言编程人员"，这恰好是王啸的对口专业，公司性质也完全符合他对自己的职业规划，便立即投了简历

因李彦宏美国留学和工作的背景，百度的合伙人构成和阿里、腾讯的构成有很大的不同，有校友关系的是 3 位，而且不是直接的校友关系，是通过妻子和行业专业交流认识的，有 3 位是通过公开招聘渠道加入的。李彦宏没有国内积累的人脉，因此没有较亲密的同学、朋友资源，作为在外企工作的顶尖技术专家，通过公开招聘寻找合伙人便是可行的选择方式，但有校友关系的合伙人仍然占比达到 50%。

新东方合伙人团队：三驾马车。新东方昔日"三驾马车"中，俞敏洪和王强 1980 年一同考进北京大学西语系英语专业。两人风格完全不同，王强多才多艺，后来成为新组建的北大艺术团团长，是"绝对的风云人物"；而俞敏洪出身农村，对城市生活充满陌生感。因为都喜欢读书，两个人交往密切。1983 年，徐小平来到北京大学团委担任艺术团的指导老师，3 人随后产生交集。这样的校友关系在即使徐小平和王强离开新东方后，3 个合伙人仍然保持着同志般的友谊。

携程合伙人团队：携程四君子。携程创业四君子中，除 CEO 梁建章是复旦毕业的，沈南鹏、范敏、季琦均是上海交大校友。早在 1982 年中学生计算机竞赛上，沈南鹏和梁建章这两个数学"神童"同时获奖，从此产生交集。1999 年春节后的一天，梁建章与季琦、沈南鹏等上海交通大学校友聚会，几个年轻人就互联网话题热烈地讨论了一夜。最后的结论是：一起做一个向大众提供旅游服务的电子商务网站。因此交大校友关系是携程合伙人团队的连接纽带。

电影《中国合伙人》中有句广为传播的台词："千万别和最好的朋友合伙开公司。"基于大量企业的合伙人团队构成实证研究，我们发现基于创始人的同学、同事、同志（好友）、同行、同乡等亲密关系的圈子才是合伙人人选的关键来源。不是所有的同学、同事、同志、同行都可以做合伙人，但是从"五同圈子"中选到合适合伙人的方式是创始人寻找合伙人的最靠谱、最高效的方式。如果基于亲密关系的圈子都不能合伙创业，那么公开寻找的陌生人更难组成能共渡难关的合伙人团队，并且在创业前期，寻找到优秀的陌生人的成本也是非常高的。

名家箴言

不会找合伙人，不配做创业者。

——周鸿祎（奇虎360公司董事长）

除"五同关系网"外，①资深靠谱的猎头也是可选的渠道之一。猎头每天都在外面见人，实时了解很多候选人的动态，当中就有不少是在看创业机会的，是有益的补充。②多听取投资人的建议。投资人都会有丰富的业界资源，每天都会见各种"创业爱好者"，在这当中会发现不少合作的机会，而且投资人在进行创业团队组合时，是非常理性的，他们更多地只会从是否能够帮助企业增值的角度来考虑团队的搭配。③多参加有质量的业界聚会，从中也会发现一些不错的合作伙伴。

当然，合伙人选择和团队的组建需要根据企业发展的不同时期采用不同的人才策略。2014年阿里巴巴美国上市时，其合伙人团队增加到了30人，而其中十八罗汉留在合伙人名单的只有7人，其他23人均是企业发展过程中从社会招聘中引进的优秀人才。百度上市后除李彦宏外其他创始合伙人也基本陆续离开百度，腾讯的创始合伙人也陆续通过不同形式退出腾讯。

从较多的企业人才策略的变化，可以总结出企业从初创企业到成熟企业的吸引人才的策略，从基于强关系为主的人才引进，到引进基于弱关系的社会人才招聘，再到采用基于契约的职业化经理人关系的变化规律，具体如图3-4所示。

三、如何评估合伙人——按画找人：清单式的评估法

当创始人要寻找合伙人的时候，不妨列出基于亲密关系的"五同圈子"的人的名单，按画像找人，依据合伙人标准进行一一对照，以寻找合适的合伙人。

雷军曾表示，当年在选择创办小米时，从来没有硬件创业的经验，因此要搞定硬件工程师其实非常困难，而雷军当初的做法就是："用Excel表列了很长的名单，一个个找合伙人。"当你找到有可能是合伙人的人选时，到底如何评估是否是创始人需要的合伙人，这一难题困惑了很多人。

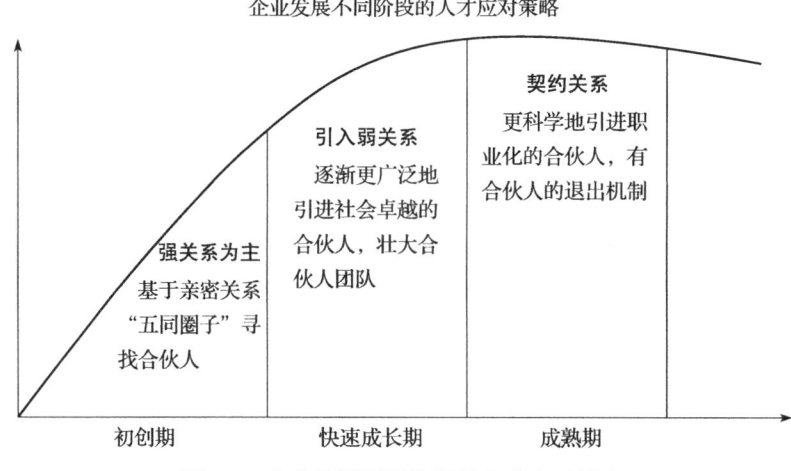

图3-4　企业发展不同阶段的人才应对策略

2002年获得诺贝尔经济学奖的著名心理学家卡尼曼，在其21岁时曾作为以色列国防军的一名中尉接受了一项艰巨的任务：在全军建立面试系统。卡尼曼想出了与战斗相关的6种特质，包括责任心、社交能力甚至还有男子气概等。针对每个要素，他就每个候选人的生活提出问题，这些问题深入考察他们之前做过的工作、是否守时、和朋友互动的频率、对体育的爱好和参与度，还有其他一些方面。面试官要按指导提出问题，倾听回答，然后对每个特质按1～5分进行评分，这种把6种测评分数加起来的简单办法最终证明能很好地预测士兵们的表现，效果远远超过以前的评估模式。之后的40年，军队一直在使用卡尼曼的方法，基本没有变化。上述卡尼曼的面试评估方法就是基于画像特征——人才标准的评估法。

把你想找的合伙人标准列成菜单式的项目，通过提问考察实际表现，并进行评分，评估清单上的合伙人，最终选择出优秀的合伙人。不过，价值观、个人特质等冰山下面的素质能力很难像知识一样直观地观察或评估到。在评估的时候要听其言更要观其行，关键是评估行为表现（见图3-5）。也许创始人会在没有太足的底气和自信的情况下去评估合伙人，在有一些疑惑，比如动机、背景的真实性等还没搞清楚的情况下去决策，但往往合伙人加入创业团队后，这些困惑会变成合伙的阻碍，也增加了团队风险。

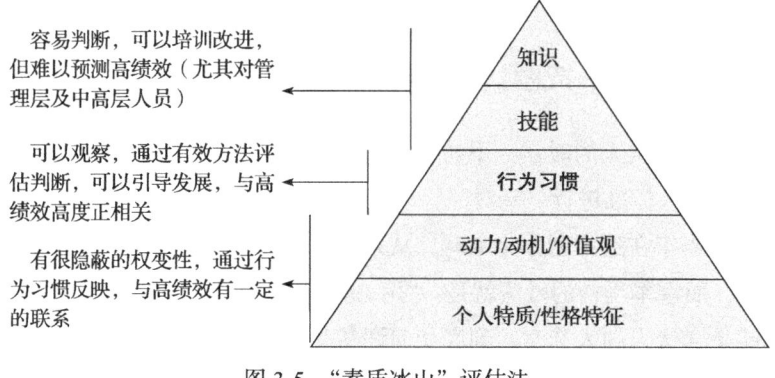

图3-5　"素质冰山"评估法

在难以采取理性、采用科学工具评估的时候，善于用感性的判断也许有利于帮助进行人才决策，创始人可以多问自己几个问题：①这个人是你理想的人选吗？如果不是有多大的差距？②我想让这个人当我的老板吗？③我能从这个人身上学到更多的东西吗？④如果这个人为竞争对手工作，那会怎样？⑤这个人能给我们企业带来更大的价值吗？问过以上的问题后，也许创始人对人才的决策会更决断和精准。

四、如何吸引到合伙人

即使你现在找到你想寻找的合伙人，但往往没有那么容易说服他加入你的合伙人团队。那么，创始人如何才能吸引到合伙人呢？

(一) 用人格魅力吸引合伙人

IDG资本创始合伙人熊晓鸽指出，"所谓个人魅力，就是能把一些很强的人，甚至是比他更厉害的人吸引到他的周围，他就会成功。"这个魅力是一种能让人心甘情愿跟随打拼的力量。领导者的魅力，并不是单单靠资金、技术、专利来决定的，而是团队成员在多年同窗或者共事过程中发自内心的认可。有的人有着大量的资金可以拿来创业，然而却没有人愿意跟随他，准确地说应该是没有真正有能力的人愿意跟着他一起创业，因为这种有钱的人只会"任性"，干不了实事，或者干得了实事吃不了苦。相反，有的人身无分文，只带着一个看起来毫无"钱"途的项目和满腔的热血就去创业，然而这样的人，其身边从不缺乏能人异士，尤其是一些不要钱只愿意跟着他干的热血青年。这样的例子古今中外都有，古代的刘备，现代的马云。当然，团队成员的领导人不是一味谁出好的点子谁就当头的，而是谁可以胜任的才能领导成员，这个胜任自然和领导人魅力有着不可分离的关系。

(二) 用事业愿景或者是梦想吸引合伙人

创业就是要用创业者宏大的愿景，来凝聚你的团队，没有愿景，就找不到合伙人。马云用要创办世界上最伟大的互联网公司这一梦想吸引了甘愿每月只拿500元的精英人才，让天下没有难做的生意这一使命激励更多的合伙人去奋斗，如果只能用钱才能吸引到的合伙人，那至少一定不是创业阶段需要的合伙人。

(三) 合伙人要有共创、共享、共担精神

创业阶段吸引合伙人的重要法宝就是股权激励。初创企业由于现金压力、盈利能力等原因不太能提供高额的薪资水平，以股权为代表的未来收益保障就成为吸引和绑定优秀合伙人的重要手段，同时，创始人也可以用股权来使合伙人有更强的企业认同感、归属感，传达共创、共享、共担的精神。

| 延伸阅读 3-2 |　　　　创业项目如何吸引技术合伙人

你是否真的是找技术合伙人

技术合伙人相当于 CTO 的角色，业务理解、架构设计、编码实现、团队建设、人员招聘，甚至需要做商业开发、客户交流等，这个角色绝对不只是实现者或者翻译的角色。如果你只是想找一个人快点把东西做出来，这个人只需要按照你给的需求做实现的话，那么，你不需要一个合伙人，你需要的是一个开发和一个设计，最好只谈钱。如果你对产品有信心的话，采用外包做原型其实是个更好的方式，千万别随便选人。等试验一段时间后，你再去寻找好的技术合伙人，效果会更好。

你应该怎样找技术合伙人

如果有人来找我做技术合伙人的话，我会看什么。我们都说创始团队最好是互补的，所以我希望能碰到一个能弥补我弱项的人做合伙人。比如融资能力，能有钱推动项目的前进，自我资金也可以；运营能力，能说会写，深入了解领域用户；商业开发和客户开发能力；公司业务能力，如会计法律等。这些能力你具备的越多，我越可能跟你一起干，只要大家认可产品，都愿意非常严肃地对待这个事情，甩开膀子干就可以了。所以，我希望能看到的是你向我介绍展示自己的这些能力，而不是把想法说得天花乱坠。记住，你其实并不是在"找"技术合伙人，而是在"吸引"技术合伙人。

同时，技术人员长期跟计算机和代码打交道，思维方式是很逻辑和理性的，感性的介绍反而会遭受质疑，什么"我认为"，"我觉得"，"应该会"。其实，不需要谈过多的产品未来，不需要画大饼，只需要做到一点就够了——吸引力，用来证明你非常严肃地对待这件事情，你知道怎么做这件事情。比如，你能在产品没有出来的时候，就能把产品的概念和卖点宣传出去，收集到大批的潜在目标用户留下联系方式，足够证明你是知道自己在做什么事情的人，这个比说一个小时一天都强。我不会问"产品将来能赚多少"，我更喜欢说"请向我展示数据"。

你可以不懂技术，但是最好有所了解

仔细想想，我最喜欢合作的两类非技术人员是：①懂黑客文化的；②能做设计的。懂黑客文化的是指那些愿意花时间去学点技术，并且知道怎么跟技术人员交流的人。他并不具备技术研发的能力，但是他在思考商业上的需求时会有一些技术思想做指导，沟通起来就更顺畅，也更容易获得技术人员的好感和尊重。能做设计的是另外一种，比如构建一个推广主页，宣传产品，这种人很清楚他要做的产品，也清楚怎么去推广产品，既是能力的体验，也能让技术人员更理解 idea。而且，现在有越来越多的建站工具，比如 Strikingly，并不需要你去了解前端的 HTML/CSS，而是纯设计，想清楚产品。

资料来源：摘自创业邦，文/叶玎玎。

第三节　个人贡献与股权分配

创始人合伙创业，有的提供资金，有的提供场地，有的提供技术能力，有的提供销售渠道，有的提供融资资源。各个创始人提供不同的贡献，各个贡献性质不同，似乎完全无法等价对比。如果没有明确的标准，很难说研发就比销售更重要，也很难说拉来投资的工作就比提供办公场地的贡献更重要。所以创始人之间如何分配股权，往往成为一个难题，往往不得不用"拍脑袋"的方法划分比例。这经常会导致埋下不满的情绪，并在创业最艰难的时候爆发。

有没有一种方法，可以在同一维度上，量化创始人的各种贡献呢？如果能按一个统一的计算单位，量化各个创始人的不同贡献，创始人分股权或许会稍稍科学客观一些，至少能让大家更信服、让团队更团结（杜国栋，2016）。

一、将创始人的贡献估值

迈克·莫耶（Mike Moyer）在《切蛋糕：创业公司如何确立动态股权分配机制》（*Slicing Pie：Fund Your Company Without Funds*）一书中首先提出，将创始人在创业项目中的贡献，按照市场价值估值，然后算出所有创始人贡献的总估值，折算各个创始人贡献估值占总估值的比例，就是各创始人应该持有的股权比例。

创始人对公司的投入，公司本应该给予合理的回报，如果公司没有给予足够的回报，那么该给、但没有给的部分，就是创始人留在公司里的价值，就是创始人对公司的"投入"或"投资"。比如，创始人按照市场行情，工资应该是每个月2万元，创业时只领了5 000元的基本生活费，那么还剩1.5万元是他应得但公司没有付的，这部分就相对于他对公司净投入，是他对公司的"投资"。他在公司中应该占有的股权，就可以参照他的这种"投资"占大家总"投资"的比例来计算。这种计算方式可以称之为估值法，即按照创始人投入的"市场价值"来评估股权比例。

二、各种投入要素的估值

按照估值法，要在创始人之间分配股权，应当先折算创始人对创业企业各种投入的价值，加起来计算出总投入的价值，然后再折算每个人的投入价值占总价值的比例。比如，我投入的研发工作，估值为20万元；我投入了资金，估值为10万元；所有人的投入总估值100万元，我的贡献比例就是30%，所以我的股权比例是30%。因此，这种股权分配方法，最主要的一个环节，就是估算各种投入的价值。

1. 工作时间

工作时间上的投入，是创始人对公司最主要、最重要的贡献。创始人时间投入的价值如何计算呢？最合理的方式，是按照人才市场上通常的工资标准来折算。比如，以他这样的学历和职业背景，在类似的工作岗位上，通常其他公司会开出多少的工资，这个工资，就是他的时间价格。

一方面，如果创业企业一开始就给他发了这样的工资，那么他对创业企业没有任何投入，只是个被雇用的劳动者。这样的人，就不是创始人，也不是在创业，只是在打工而已。

另一方面，如果创业企业给他的股权，不值他在其他企业的工资标准，他很可能就不会选择来创业，而更可能选择在其他公司工作。他选择创业，一定是他认为获得的股权、潜在的价值大于他为别的公司工作的工资。

具体而言，创始人在创业企业干的工作，如果市场行情是月收入 2 万元，他一分钱工资也不拿，那么就帮创业企业省了 2 万元的工资成本，或者说创业企业赚到了价值 2 万元的人力投入。这个 2 万元就是他对企业的人力贡献的价值。相应的，如果他领了 5 000 元的月薪，那他的贡献就只剩下 1.5 万元。简单地说，以创业企业"本应该发给他但是没有发给他"的工资，来作为他的投入。如果他是兼职创业，就按照兼职人员的市场工资标准，折算他的投入。如果他通常按月工作，还可以把月工资折算为日工资、小时工资，按实际工作的天数、小时数来折算他的投入。

2. 投入现金和实物

通常，现金的价值，就是现金的金额。现金对于"初创阶段"的创业企业来说，具有非常重要的作用。公司发展壮大、前景明朗之后，有很多投资人愿意向公司投资，因为资金有更多的可选择融资来源，所以资金的重要性其实是降低了。但是在"初创阶段"，企业前景不定，并没有太多人愿意向公司投资，此时向公司投入现金的作用就会意义非凡。现金，一般就按其实际金额估算价值。

创始人向企业提供实物资产，通常可以视为现金投资。因为实物实际上现金购买来的，是现金的另外一种形态。但这样的实物资产，必须至少满足下面条件之一：①创业企业主营业务所必需的核心资产。比如，创业项目是互联网项目，为项目而租用的网站服务器。但是，如果为了中午在办公室热饭方便，而从家里搬来一个微波炉，这个微波炉就不是必需的核心资产。原因在于，初创阶段，任何资产都是以"创业非常需要"为原则。②专门为创业企业的经营而特意取得的。比如，专门为创业企业经营而购买的电脑、办公桌、办公用品等。如果是顺手从家里旧货堆里扒拉来的旧电脑、多余的文具，就不属于专门为创业企业而购买的。

那么，实物资产的价格如何计算呢？尽管专业评估师通常有成熟的计算方式了，但是为了简便考虑，创业者可以自己来简单折算一下。比如：通常，如果实物资产是全新的，或者在实物资产买来时间很短、几乎没有怎么折旧，可以按购买价来计算；如果实物资产已经折旧很厉害了，可以按当前可以卖出的价格来计算，比如参考一下 58 同城旧货处理的价格。

3. 办公场地

创始人可能会向创业企业提供办公地点、仓库、店铺，以及其他一些创业企业经营所必需的场地。如果创业企业非常急需这些场地，创始人不提供的话，创业企业就不得不自己去租。那么在这种情况下，创始人向创业企业提供的场地，实际上也就是向企业提供了相当于租金的资金。所以，创业企业应该给、但没有给的租金，就是创始人对创业企业的投资。

当然并非所有的场地，都可以折算为对公司的价值，有的场地不能用来估值：①超出需要的场地，对公司没有价值。比如，公司只有 5 个人，只需要 30 平方米的办公室，创始人提供了 500 平方米。那多出的 470 平方米，对公司就没有任何价值。②本来就不能为创始人盈利的场地，创始人提供给了公司。如果这个场地，创始人本来就没有拿它用于经营活动、不能为创始人带来现金收益，那么这个场地也不能折算价值。因为创始人把它提供给创业企业，并没有导致创始人利益受损。

4. 创意

仅仅只是一个创业点子，一个初步的想法，那么这个创业点子本身基本上不值钱。但是，如果在创业项目启动前，创始人已经对这个创业点子进行了完整的思考，进行了一系列的试错，形成了成熟的商业计划，或者已经开始了初步的尝试，开发出了初步的技术方案乃至原始产品。这样成熟的创业规划，才能视为对公司有价值的贡献。

从创业点子到成熟的创业规划，在创业开始之前，创始人已经为此独自默默地投入了大量的先期工作。通常市场上，为这些先期工作将会付出多少工资，这个工资就是他对创业企业的投资。

5. 专用技术 / 知识产权

创始人向创业企业提供的专用技术 / 知识产权的市场价值，就是创始人对公司的投入。如果创始人不愿意把知识产权转入创业企业，只希望授权创业企业使用，那么知识产权许可使用费也是创始人对公司贡献的价值。可以按照企业"应该支付、但未支付"的许可使用费，计算知识产权许可使用的价值。

还有的时候，创始人会把他开发或运营差不多的产品，转入创业企业，作为他的贡献，比如已经开发出来的网站、App、SNS 账号等。这个产品通常的转让价，可以作为创始人这一贡献的估值。很多站长平台、站长 QQ 群，都有买卖网站和账号的交易，从那里可以了解基本的市场价格。

6. 人脉资源（销售、融资等）

有时候公司需要一些特定的人脉资源，有的创始人能提供这样的门路。比如，企业需要借用人脉资源帮助公司变现产生收入，或者建立重要的合作伙伴关系，或者帮助公司融资。

如果是可以帮公司带来销售收入，公司可以按市场行情支付销售提成，如果没有支付，则可以按照"应支付但未支付"的销售提成金额，折算创始人的这种人脉资源对公司的价值。相应地，如果创始人的人脉资源是可以帮公司融资，那么公司应该按照财务顾问的市场行情支付佣金，也可以按照企业"应支付、但未支付"的佣金金额，折算该人脉资源对公司贡献的价值。当然，创业企业也可以自己衡量，是愿意直接付钱、省下股权，还是愿意折算股权、省下现金。

7. 其他资源

如果创始人或创始人的其他朋友，能够为公司提供很重要的短期资源，公司可以付钱给他们，也可以先欠着。但是如果创业企业付不起钱、这些人也要求股权，那么就可以按这些资源的市场价值，折算对创业企业的贡献值。

当然，这些资源不应该是闲置的，对资源提供方来说也是有用的，由于提供给创业企业，导致他自己不能用了。比如本来可以自己拉货的货车，平时也在拉货，因为提供给创业企业使用，自己就不能拿来拉货了，这样的资源才可能换股权。如果本来就是自己的闲置车辆，平时本来也没有怎么用，那么提供给创业企业偶尔用用，为此要股权就不太合理了。

总之，创始人提供的任何资源，只要是创业企业非常需要，但公司付不起钱，或者不能全额付钱的，应该付、但没有付的部分，就是这些贡献的价值，就是对公司的投资。

三、股权比例的计算

1. 股权比例计算公式

确定好各种投入要素如何估值之后，就可以简便易行地计算每个合伙人的股权。把某一个创始人所贡献的各种要素的估值加起来，再除以全体创始人所贡献各种要素估值总和，就可以算出某个创始人贡献的百分比，这个数值就是创始人应该占有的股权比例。简单地说，公式就是：

某个创始人的投入估值 ÷ 全体创始人的投入估值 = 某个创始人的股权比例

2. 投入要素的估值浮动

有时候，各种投入要素，在创业初期的迫切性、稀缺性是不一样的，最迫切、最稀缺的要素，可以按商量的比例，适当放大其估值。

比如，对绝大多数创业者来说，初期可能最需要的是钱。如果需要出力、出时间，大不了自己辛苦点，工作时间长一点，也多少能把需要的工作量做出来；但是对于钱来说，是怎么也没办法无中生有出来的。所以，对绝大多数初创企业，初期可能钱是最重要的要素。因此，在对钱的价值进行估值时候，不一定只按钱的实际金额估值，而可以将其估值放大一些，比如按金额的二倍估值。

3. 股权比例的计算时机

创始人向公司投入的各种要素，诸如资金、设施，可能会在确定创业项目时一次性投入公司。但是最重要的投入要素——时间，是各个创始人在创业过程中，通过自己的实际工作，逐渐投入到创业企业中的。因此，创始人对公司的投入及其股权比例，很可能将会处于动态变动之中。这一问题如何解决呢？

（1）预估法

最简单的做法，是在创业项目启动时，就事先预估各个创始人未来的时间投入及其价值，并据此预估和确定各自的股权比例。比如，某个创业项目中：①甲乙丙三人创业，甲方出力并负责带领创业企业，乙出力并主要负责事务性工作，丙出钱；②第一年甲乙丙都不领工资；③如果人才市场雇用甲这样资历的人才、从事甲在创业企业里的工作，应该付给甲的年薪是42万元；④同理，乙方在人才市场的此职务年薪应该是18万元；⑤甲乙都拿不出钱来，丙可以提供 20 万元。

由于创业项目很缺钱，大家同意丙的资金按 2 倍估值，即估值 40 万元。综上，甲的投入估值 42 万元，乙的投入估值 18 万元，丙的投入估值 40 万元，加起来乙丙三方的投入合计估值为 100 万元，所以甲乙丙三方的股权比例分别为 42%、18%、40%。

（2）定期评估法

还有一种方式，是定期汇总各个创始人的贡献，计算各个创始人截至某个时间点的投入及其估值，然后计算各自投入的估值占总估值的比例，从而确定股权比例。这样做的话，股权比例将会是动态的。比如：①甲乙丙三人创业，甲方出力并负责带领创业企业，乙出力并主要负责事务性工作，丙出钱；②甲乙丙暂定都不领工资；③如果人才市场雇用甲这样资历的人才、从事甲在创业企业里的职务，应该付给甲的年薪是 42 万元，也就是说月薪 3.5 万元；④同理，乙方在人才市场的此职务年薪应该是 18 万元，即月薪 1.5 万元；⑤甲乙都拿不出钱来，丙承诺可以提供 20 万元，由于创业项目很缺钱，丙的资金，估值按 2 倍计算。

第一个月月底，分别计算甲乙丙三方的投入：甲工作了整个月，工资应该是 3.5 万元，创业企业没有付给他这个工资，所以甲的投入就是 3.5 万元；乙也工作了整个月，工资应该是 1.5 万元，同样创业企业没有付给他这个工资，所以乙的投入就是 1.5 万元；创业项目要买云服务器、域名和付给广告联盟费用，丙方实际花了 2 万元，按 2 倍估值就是 4 万元。

到第一个月月底，甲的投入是 3.5 万元，乙的投入是 1.5 万元，丙的投入是 4 万元，加起来乙丙三方的投入合计估值为 9 万元；甲乙丙三方各自的投入除以 9 万元，就是分别的股权。所以，此时甲乙丙三方的股权比例分别为 38.9%、16.7%、44.4%。

同样，每个月月底的时候，都可以累计计算各自的投入及其比例。当然，根据创业企业的需要，可以自行安排计算的周期，如每周计算一次，或者一个季度计算一次。这样，随着各自投入的变化，股权比例也会随着变化。

不过，随着各方投入估值的逐渐累加，到了最后，每个月的投入很可能不会给股权比例带来更大的变化了。比如，在第一个月的时候，各方投入估值总计才 9 万元，甲方当月投入 3.5 万元，可以为他带来 38.9% 的股份；如果到了第 11 个月的月底，各方投入估值已经累计达到了 99 万元，即使其他人第 12 个月都不投入任何贡献，只有甲投入了 3.5 万元，那这样也只能让他在第 12 个月月底时，增加 3.4% 的股份，计算公式为 3.5 万元÷（99 万元 + 3.5 万元）=3.4%。

所以，越往后，各个创始人继续投入，对股权比例影响就越小，也就是说，到了一定时候，股权比例就相对稳定了，在这个时候，基本上就不用再定期评估和计算股权比例了，可以直接确定一个相对准确的股权比例。

需要注意的是，如果初创企业准融资了，那么就需要提前把股权比例明确下来。否则的话，让投资人看到创始人之间不太确定、不断动态变化的股权结构，会让投资人认为团队不稳定，不愿意投资。

第四节　合伙协议与股权设计

合伙协议，是合伙人之间的游戏规则。其价值，不仅仅是对合伙人之间彼此权利义务的保护和规范，也是吸引创业者的重要因素，更是对创业项目的保护。因此，创业团队一定要从团队组建的第一天起就拟定合伙协议，让所有合伙人要"在规则下跳舞"。

一、创业合伙协议的基本条款

在企业组织形式上，合伙制与公司制的最大区别在于，公司股东是以认缴出资为限，就公司债务承担有限责任，而合伙企业的合伙人要承担无限连带责任；合伙企业在引入投资者后，通常也会转变成公司制，因此，创业团队的组织形式多为公司，合伙事业就是公司事业，股东就称为合伙人，股东协议就称为合伙协议。

合伙协议，具体到不同创业团队的合伙人结构、不同行业和不同项目，条款不尽相同，但通常会有一些是通用的合伙协议条款[⊖]。

1. 合作背景

合伙背景很容易被忽略，但这恰恰是最基础的部分。阐述合作背景，是对合伙人之间据以合作的资源整合分析，是合伙人之间各自的角色定位和对项目的贡献的梳理过程。

2. 创业项目概述

创业项目是合伙事业的载体，开工之前，总得把要做什么事情，做成什么样搞明白，包括项目类型、经营范围、领域、定位、运营模式、项目推进计划、发展愿景等。

3. 出资

出资方式。法律规定的出资方式包括资金，土地、厂房等不动产，汽车等各种动产，专利、商标和著作权知识产权权益。创业实践中，有些人是以技术、特定劳务或特定资源出资。

出资期限。出资期限包括资金到位，动产和不动产权利转移，在创业团队中，常见的转移是知识产权权益转移。出资方式及到位期限，得明确约定，确保合伙人的合作资源同步到位，保证创业项目的顺利推进。

4. 股权比例

一般而言，出资比例就代表了股权比例。但实际上，很多创业团队不是这样安排，因为出资很多情况下仅是考虑资金因素，没有考虑到合伙人对项目的综合贡献因素和价值；且在做股权结构时，都必须要考虑到股权激励池、未来融资及引进新合伙人的股权代持。所以，在股权比例条款中，不能做常规约定，对于有代持情况的，应予以特别明确。

⊖ 参考了"微信公众号：Z 律"上郑明龙律师的文章《创业团队的合伙协议怎么签？》。

5. 分工

分工方面，应该不难，在合伙人之间决定共同创业的那一刻，应该都对彼此分工有明确的认识和界定，但还是要通过书面的方式固定下来，CEO、CTO、COO 分别是谁，要确定下来。明确分工的重要性还在于这直接关系到合伙人在项目的职责，完美的合伙人团队结构是背靠背，各自独当一面，你做你的事，我干我的活，通过书面的方式确定下来，也是决策权限的依据。

6. 盈亏承担

这是很重要的条款，其意义不言而喻。合伙创业不能只拿情怀说事。所以呢，盈亏还是得说清楚，包括盈利怎么分享，亏损怎么承担，其中的原则、规则和流程，应"先小人后君子"。

7. 薪资

创始合伙人一般都是没有发薪资的，如果要薪资的话，可以借鉴谷歌等模式，创始人发象征性工资，每月 1 美元。这个条款看似可有可无，但当如果创业项目 IPO 的时候，这是一件很有意义的事情。当然，对于需要拿薪资的合伙人，还是要做具体约定。

8. 财务

创业团队的财务一般都很不规范，没有专职或兼职会计人员，此时，虽然没有专业人员配备，但还是要规范资金保管、支出、记账和监督。

9. 决策和表决

合伙人依法享有法定的股东权利，这点毋庸置疑。但创业的不确定性决定了其决策和表决权必须不同，必须引入分歧表决规则。创业团队需要核心，这个核心是 CEO，是创始人，是项目发起人，所以，在创业项目及团队重大事项表决方面，应当赋予 CEO 极其重要甚至一票通过和否决权，但同时，要做"核心"，也必须有担当，就其决策行为承担责任；对于专业方面的问题，比如产品功能及定位，应当首先由 CTO 负责，如果其他合伙人不同意，而 CTO 坚持的，这时，如 CEO 支持 CTO 意见的，则由 CTO 继续执行，但 CEO 和 CTO 承担连带责任。

10. 股权成熟

创业过程中，创业项目启动了，但有些合伙人可能会因为各种原因退出。但如果其已离开，但仍然持有公司股权，特别是如果公司完成融资或获得快速发展的，其无异于坐享其成，这对于其他还在坚守付出的合伙人是非常不公平的。那么，这种情况下，应当有因应措施，那就是股权成熟制度。

11. 股权稀释

创业项目在融资时，肯定要稀释股份，一般而言，合伙人的股权都是按股权比例平等稀释，但也有不作平等稀释的情况，也有股份代持的特殊情况。因此，对于股权稀释，应根据不同情况，作具体安排。

12. 创业项目保护

创业项目是合伙人的心血，是合伙人的心肝宝贝。但一般的合伙人协议，容易忽略对创业项目的保护问题。创业团队在创业过程中，很容易因为各种分歧，而导致合伙人分崩离析，部分合伙人退出，带走创业积累的技术、知识、经验和模式，另起炉灶。为防止这种情况出现，一般要求创业团队在合伙协议中，必须有加入保密、竞业限制、同业禁止、全身心投入和商业模式保护条款。商业模式保护条款比较少见，在美国，商业模式是受法律保护的，但目前中国的知识产权保护里面，并没有包括商业模式。但法律未列入保护范围，不意味着不可约定。所以，可以加入商业模式保护条款，即对创业项目的商业模式进行明确约定，谁要是另起炉灶或泄密，就得承担违约或赔偿责任。

13. 股权转让、退伙和吸收入伙

为保证创业项目的稳定性，一般禁止合伙人对外转让股份。创业过程中，部分合伙人因各种原因退出，及因项目需要引进新的合伙人，都是很正常，但合伙人的退出及入伙必须要讲好规则，否则，对项目的影响是非常大，甚至是致命的。这里，就必须对退伙的准许事由、退伙流程，吸收入伙条件、表决和流程，都必须进行详尽的约定。

14. 清算

清算条款也很重要，创业项目固然想要成功，但也得考虑可能存在的失败的情况，对创业失败后合伙事业、财产的清算流程和规则进行约定，特别是对于创业过程中取得的知识产权成果的清算，尤为重要。

二、创业团队股权分配问题

（一）短期合作者分配股份问题

1. 早期普通员工分配股权问题

早期员工的特点是流动性大，因此他们所看重的并不是股权，而是涨工资。过早地给员工分发股权一来耗费股权不说，激励作用还很弱，甚至还可能会起到负面激励的作用。员工可能认为，公司是拿股权欺骗他们，当成拖欠工资的借口。二来，由于员工流动性太大，拿到股权的员工如果想要离开公司，将经过十分烦琐的股权交接问题，在股权管理上造成很高的成本。三来，第一批员工侥幸留下几位，之后公司仍然需要新人，这时是否要继续分发股权又成问题，若不发，恐怕很难对新人有激励作用，若发了，老人内心又有不服。

但如果完全不发股权，时间一长，对于那些想要长期留在公司发展，并且对于创业项目又具有举足轻重作用的员工，这样很容易挫伤这些员工的积极性，最后造成骨干员工的流失，对初创团队造成巨大的创伤。

所以，在创业团队最初设立股权分配制度时，便预留下一部分股权放入期权池，为持续

招募人才开放通道；对于一般的早期员工不必急于发放股权，在公司发展到中后期的时候，为了激励员工而发放股权可能效果会更好，很可能 5% 的股权就能够解决 500 人的激励问题；但是对于经历过初步磨合，那些拥有创业心态和创业能力，决定共同创业的骨干员工，则可以尽早安排股权，使之变成合伙人，避免核心人员流失的问题。

2. 兼职人员分配股权问题

所谓兼职人员，就是指创业团队在早期会拉拢一些有名气或者有实力的企业"大咖"来加快项目的进程，同时也能够给创业团队带来声誉上的支持。但这样的企业人员并不是创业团队的一分子，无法长期参与初创团队的工作。

不少创业团队会在此时，为了能够邀请到这些"牛人"为自己的项目出力，会许以大量的股权，但毕竟是兼职人员，能够为团队付出的力量有限，当其参与度和贡献度严重不及当初所给予的股权时，创始人团队心理失衡是肯定的结果，同时股权结构上也会失衡，对创业团队未来的发展产生阻碍。

对于这种情况，有两种解决办法，一种是直接采取外包的方法，根据产品的开发程度来确定应该付出的资金，产品开发结束则交付资金，下次合作开始再另作交易；另一种则是按照公司外部顾问的标准，根据顾问期限、顾问频率、顾问结果等来发放少量股权，这个股权则同样来自团队早期划分的期权池，而不是将之当成合伙人进行大量的股权配备。

3. 短期资源承诺者分配股权问题

对于创业者而言，重要的不仅仅是资金，还有各种行业资源。当然对于对接企业内部创业人员而言，这个问题肯定是会被缩小的，作为行业中的大企业，能够提供给创业团队的资源肯定不在少数。但一旦遇到需要所属企业无法提供资源，而外界又有承诺能够给予帮助的时候，一些创业者在这时会慷慨解囊，许诺给予过多股权，期望将其变成团队的合伙人。而在这之后外界的资源又迟迟无法到位，创业团队自然面临损失。

对于这种只是在短期承诺资源支持的情况，第一，对于资源的实际价值的评估缺乏标准；第二，这些资源到位的时间有待确定；第三，资源能够发挥作用的时间有限；第四，在是否给予股权问题上，价值低的资源没必要换以大量股权，价值高的资源对方必然会提出对应的要求，适时再做打算。

因此，对于此类资源承诺者，只是短期投入，并没有长期参与创业打算的合作者，通常先考虑项目上的合作，利益分成，一事一结算，而不是通过股权长期深度绑定。或者同样通过微股权合作，与资源方建立链接关系，目的也不是将之拉入创业团队，经过长期合作共事之后，对方的确有创业打算，也符合创业团队的需要，再谈股权分配问题邀请入伙也不迟。

（二）创业合伙人分配股份问题

1. 确定合伙人问题

在过去，很多创始人都是一个人包打天下。但现在，已经进入了合伙创业的时代，例如新东方的三驾马车、腾讯五虎、阿里巴巴十八罗汉。创始人单打独斗心力难支，合伙人并肩兵团作战共进共退才能胜出。这样的趋势对于对接内部创业的团队而言也不例外。

要找合伙人，首先弄清楚什么是合伙人。通过前面那些选项的排除之后，基本上能够确定合伙人应该是同时具有创业心态又具有创业能力，合伙人之间的想法趋同又能力互补，同时又都能够长期全职投入，所谓长期虽然不说能够跟着公司从头干到尾，至少也是前期三五年能够全身心投入。具备这样条件的合作者才能加入创业核心团队，成为合伙人，或者说联合创始人。

对于初次创业的创始人而言，人脉较少，最好的情况是能够邀请已经经过一段时间的合作，彼此之间是多年的同事、好友或者同学，知根知底，在确定了共同目标之后决定长期合作，便可将之拉入创业团队。

但如果是经过熟人介绍，或者是在创业平台上结交的合伙人，在初期接触时发现对方有创业激情，也很有想法、观点和建议，便决定与之确定合伙人关系，分出大量股权，然而结果很可能是他们的激情来得快去得也快，没过一两个月他们便垂头丧气自我挫败，以至于直接逃跑。这样一来不利于团队管理体系的架构，对团队里其他人员造成负面的作用，二来对于股权问题又有"剪不断理还乱"的麻烦，得不偿失。

因此，对于这类合伙人，经过短则一两个月，长则以年计算时间的磨合，彼此真正能够经历风浪，共同进退，再确定合伙人的关系。此外，客观上对团队业务的安排也需要考虑，创业项目的核心点是否有合伙人在负责，每个核心节点人员分工是否有重复，也都是需要考虑的问题。

2. 团队领导问题

确定了创始团队之后，很多情况下，彼此处于公平起见，大家又都是熟人，拉不下脸说谁来指挥谁，就决定平分股权，但是实际上这为公司后来的重大决策埋下了隐患，每个合伙人都想坚持自己的想法，维护自己的利益，到最后吵得不可开交，直接将稍有起色的公司一分为几份，或者直接散伙。后来的投资人对这种股权架构的团队也同样会望而却步。当初平分股权以维护团队和谐反倒成了让企业的利益不安稳和不平衡的主要因素。

观察现在国内企业合伙人股权结构比例，有两种模式。一种是"核心创始人＋联合创始人"模式，一种是"创始人相对平等"模式。前者意味着团队中会有一位核心创始人的股权比例，远远高出其他人，占到 70% 以上；后者则是各个创始人之间的股权比例相差不大，但是仍然有一位创始人的股权比例高于其他人。国外谷歌、苹果、微软、Facebook 等公司也一样不例外，都有清晰明确的团队领导人，并且公司也都通过 AB 股计划、事业合伙人制等确保领导人对公司的控制力。如此，在团队进行决策时，可以民主协商，广泛提出各自的建议，当意见出现分歧的时候，也会有一个一锤定音的角色存在，来协调各方之间的利益平衡，避免公司内部的股权之战，提高企业的决策效率。此外，这样也能够避免企业落入外界投资者的恶意控股行为之中，避免让公司最终沦为各方势力交易随意转换的砝码，对企业的安定起到保护作用。同时也可以避免在之后的一轮又一轮融资的过程中，核心人物的股权被稀释，丧失对公司的主控权。

3. 分配依据问题

长久以来，大多数创业团队都是以最初出资资金的比例来决定合伙人之间的股权比例的，这是因为即使想根据创业团队的贡献来分配公司利益，在创业初期也很难评估创始人各自的贡献。但这样很容易产生出了一大笔钱但是基本上不参与团队运营的成员占了大部分股权，那些拥有创业能力和为团队经营付出最多的人占股却很少的状况。其结果将是团队发展到后来，对企业完全不了解的人能够决定企业未来的走向，这对创始人还有员工都是很不负责任的行为。

因此，掏大钱也只能占小股是团队创始人需要清楚明白的一点。将合伙人股份分成资金股和人力股两个部分，资金股整体占比小，人力股整体占比大，一般而言，团队初始资金不超过100万元的，建议资金股合计占比不超过20%。以此来体现人力在团队发展中的重要性，同时也能够起到对团队的激励作用。但人力股也需要在机制上做好防御措施，避免合伙人中途离队的情况，将人力股与创业团队四年全职的服务期限挂钩，分期确定股权。并且对于人力股也需要确定一套股权的划分依据，例如以往的工作履历、对创业项目的参与度和贡献度、承担的风险等。

4. 配偶股权问题

对于普通的合伙人可以通过退出协议来防止团队遭到巨大的变动，但对于配偶股权合伙人，也就是创业合伙人背后最大的隐形创业合伙人的退出，则意味着企业实际控制人的变更。以土豆创始人王薇为例，就因为其配偶股权的纠纷，影响了土豆的最佳上市时机。当时"土豆条款"直接简单粗暴地要求创业者配偶直接放弃企业股权和企业内所有的主张权利，这直接导致配偶股权合伙人都离开了，股权都还没有分完的局面。

对于此类问题，最好是在创业团队组建之初，如果出现了配偶合伙人，也就是除去创始人之外最大的股权拥有人，其股份与创始人不相上下，对于这类创始人，一方面需要肯定其在创业期间的贡献，但同时也需要保障在其退出期间以及退出之后企业能够正常进行经营决策，不再受其影响。因此，应该在退出机制中特别强调其退出之后移交企业管理权力的详细信息，并给予其相应的经济补偿。

5. 分配协议问题

所谓口说无凭，在合伙人商谈股权比例的时候，通常采取的方式都是面对面或者电话交流，很多创业团队虽然也想要一份协议，但是谈判过程中怕麻烦就直接口头说定了。但随着时间推得越长，各方自己所占的股份比例在平常的工作中也很难提到，就很容易在需要的时候忘记，导致股权纠纷。因此，即便没有正式的合伙协议，也务必需要在谈判过程中留下一份书面记录，并且由第三方妥善保存。

| 创业故事 3-2 |　　创业之初的 10 家上市公司如何分股权？

创业者在拉起队伍创业之初，面临的第一个问题，往往就是创始人之间如何分配股权。通常而言，创业企业从初创之后，到上市之前，创始人之间的股权比例相对比较稳定。

即使随着一轮轮的融资和稀释，创始人团队股权也通常只是整体被稀释，不会影响创始人团队内部之间的股权比例。所以，通过从企业上市时披露的各个创始人之间股份数，可以大致推测企业初创时，各个创始人之间的股权比例。此外，有的招股书中也会记载最初发行原始股时的情况，可以从各个创始人当时获得的原始股数，大致推算其在公司创立时的股权比例。

1. 猎豹

猎豹是金山软件和可牛影像公司合并而成，可牛则是傅盛与徐鸣共同创办。因此，盘点猎豹创始人之间的股权结构，可以暂且只盘点傅盛与徐鸣的股权比例。猎豹在上市时，傅盛作为 CEO 持股 163 749 513，徐鸣作为 CTO 持股 54 995 487，傅盛与徐鸣的持股比为 74.86%∶25.14%。

2. 京东

1998 年 6 月，刘强东创办京东公司，代理销售光磁产品。2004 年，京东转向初涉足电子商务，并发展为现在的京东商城。刘强东在京东上市时持有股份数为 463 345 349，除了刘强东之外，招股书中看不到其他可能具有创始人身份的股东。这也跟坊间传闻一致，刘强东是京东唯一的创始人。

3. 途牛

途牛旅游网由于敦德和严海峰创立于 2006 年 10 月。途牛上市时，于敦德持有股份数为 12 017 253，严海峰持有股份数为 8 543 747，于敦德与严海峰持股比例为 58.45%∶41.55%。

4. 迅雷

迅雷于 2002 年年底由邹胜龙和程浩创办于美国硅谷。邹胜龙担任 CEO，程浩已于 2012 年离职，离职前担任 CFO。迅雷上市时，邹胜龙持有股份数为 32 814 606，程浩持有股份数为 13 133 952，邹胜龙与程浩持股比例为 71.42%∶28.58%。

5. 乐逗游戏

乐逗游戏创始人为陈湘宇、高炼惇和关嵩。创业前，陈湘宇和关嵩均在星展信息科技公司任职，因业务往来，认识了在香港从事游戏产业工作的高炼惇，并于 2009 年开始共同创业。乐逗游戏上市时，CEO 陈湘宇持有股份数为 36 182 470，执行总裁高炼惇持有股份数为 3 654 430，CTO 关嵩持有股份数为 3 654 430，陈湘宇、高炼惇、关嵩的持股比例为 83.2%∶8.4%∶8.4%。

6. 一嗨租车

一嗨租车由章瑞平创立于 2006 年 1 月，并担任 CEO。章瑞平在一嗨租车上市时持有股份数为 8 824 220。除了章瑞平之外，招股书中看不到其他可能具有创始人身份的股东，章瑞平是一嗨租车唯一的创始人。

7. 汽车之家

汽车之家是李想在 2005 年推出的第二个网站。汽车之家的投资人薛蛮子与蔡文胜，把李想和秦致撮合到了一起，此后秦致以总裁的身份空降汽车之家。汽车之家上市时，李想持有的股份数为5 066 483，秦致持有的股份数为3 088 929，李想和秦致的持股比例为62.12%：37.88%。

8. 兰亭集势

兰亭集势2007年由郭去疾、文心、张良和刘俊创办。2006年年底时，刘俊开发了兰亭集势的雏形网站，进行了小规模的测试。2007年3月18日，兰亭集势正式上线运营，当时由文心和张良运营公司。2008年年底，辞去谷歌中国首席战略官的郭去疾正式担任兰亭集势董事长兼CEO，当时四个创始人中，郭去疾负责战略、融资等，总裁文心负责营销，刘俊负责运营，张良负责采购。到上市时，郭去疾持有的股份数为10 555 555，文心持有的股份数为7 038 889，张良持有的股份数为7 038 889，刘俊持有的股份数为5 222 221，郭去疾、文心、张良、刘俊的持股比例为35.36%：23.58%：23.58%：17.48%。

9. 唯品会

唯品会创始人沈亚、洪晓波，在2008年创立唯品会之前，这两个人有着十年以上的生意合作经历，是两位传统生意出身的温州商人。唯品会上市时，沈亚持有的股份数为17 622 358，洪晓波持有的股份数为13 563 810，沈亚与洪晓波的持股比例为56.51%：43.49%。

10. 淘米网

淘米网创建于2007年10月，由汪海兵、程云鹏、魏震联合创立。淘米网上市时，CEO汪海兵持有的股份数为94 800 000，CTO魏震持有的股份数为82 650 000，COO程云鹏持有的股份数为79 550 000，汪海兵、程云鹏、魏震的持股比例为36.89%：32.16%：30.95%。

资料来源：钛媒体，文/杜国栋。

不过创业团队应该留下一份正式的合伙人股权分配协议。但由于在工商局推荐使用的标准公司章程模板里没有专门的一项留给创业团队的股权分配，因此，创业团队需要自己另外就团队的股权进入和退出机制签署一份合伙人股权分配协议。在撰写过程中，股东协议尽量不要与公司章程相冲突，并且注明，如果股东协议与公司章程冲突的时候，按照股东协议进行处理。

在协议中还可以规定拥有股权的合伙人在创业过程中如果出现了违背敬业或诚信原则，做出损害创业企业利益的行为，比如泄密或者携带知识产权另立门户等，企业将对这种行为所采取的惩罚措施，以保护创业企业其他合伙人的利益。

三、明确合伙人股权的进入和退出机制

刚成立的创业团队该如何设计公司的股权结构，尤其是创业合伙人的股权结构，一直都是一个最为困扰创业者的问题。合伙人在项目刚刚起步一两年不到就因为与团队不和、不胜任、健康原因或家庭变故等原因主动或被动离职，而合伙人要求不退回股份的情况是会存在的。团队其他成员虽然利益受损，但由于公司法没有规定、公司章程也没有规定、而合伙人之间又没有签署过其他协议，甚至合伙人之间从始至终都没有讨论过离职退股的问题，离职的合伙人是有充分的理由不退回所拥有的股份的，利益双方因而会因为这些股权而争论不

休，相互折磨，闹至不欢而散。

因此，创业团队在团队组建最初就要设置好退出机制。对于退出的合伙人，一种方式是可以全部或部分收回股权；另一种方式，承认合伙人的贡献，按照一定溢价或折价收回股份。如果选择后者，则需要考虑一个是退出价格基数，也就是退出合伙人拥有的股权价格，另一个就是溢价或折价回购股权的比例。对于价格基数的确定，其他合伙人可以直接按照公司净资产或净利润进行一定的溢价，也可以按照公司最近一轮融资估值进行一定的折价回购。不同的公司可以根据具体情况进行确定，总之预先制定出一套防御机制，可以免去后来的争端。

(一) 合伙人股权分配

许多创业公司容易出现的一个问题是在创业早期大家一起埋头一起拼，不会考虑各自占多少股份和怎么获取这些股权，因为这个时候公司的股权就是一张空头支票。等到公司的前景越来越清晰、公司里可以看到的价值越来越大时，创始成员会越来越关心自己能够获取到的股份比例，而如果在这个时候再去讨论股权怎么分，很容易导致分配方式不能满足所有人的预期，导致团队出现问题，影响公司的发展。因此，从股权激励和吸引合伙人的角度看，股权分配规则应尽早落地。

创业公司的早期股权分配设计主要牵扯两个本质问题：一个是如何利用一个合理的股权结构保证创始人对公司的控制力，另一个是通过股权分配帮助公司获取更多资源，包括找到有实力的合伙人和投资人。

1. 股权分配机制

一般情况下，参与公司持股的人主要包括公司合伙人（创始人和联合创始人）、员工与外部顾问、投资方，分别对应公司合伙人股权的制度设计、公司员工股权激励与股权融资。在创业早期进行股权结构设计的时候，要保证这样的股权结构设计能够方便后期融资、后期人才引进和激励。

当有投资机构准备进入后，投资方一般会要求创始人团队在投资进入之前在公司的股权比例中预留出一部分股份作为期权池，为后进入公司的员工和公司的股权激励方案预留，以免后期稀释投资人的股份。这部分作为股权池预留的股份一般由创始人代持。

而在投资进来之前，原始的创业股东在分配股权时，也可以先根据一定阶段内公司的融资计划，先预留出一部分股份放入股权池用于后续融资，另外预留一部分股份放入股权池用于持续吸引人才和进行员工激励。原始创业股东按照商定的比例分配剩下的股份，股权池的股份由创始人代持。

同时，还要注意对冲股权与其贡献不符风险。公司股权一次性发给合伙人，但合伙人的贡献却是分期到位的，确实很容易造成股权配备与贡献不匹配。为了对冲这类风险，可以考虑：①合伙人之间经过磨合期，是对双方负责；②在创业初期，预留较大期权池，给后期股权调整预留空间；③股权分期成熟与回购的机制，本身也可以对冲这种不确定性风险。

早期不能给普通员工发放股权。如果给早期普通员工发放股权，一方面，公司股权激励成本很高。另一方面，激励效果很有限。在公司早期，给单个员工发 5% 的股权，对员工很可能都起不到激励效果，甚至认为公司是在画大饼，起到负面激励。但是，如果公司在中后期（比如 B 轮融资后）给员工发放激励股权，很可能 5% 股权解决 500 人的激励问题，且激励效果特好。

2. 合伙人股权代持

一些创业公司在早期进行工商注册时会采取合伙人股权代持的方式，即由部分股东代持其他股东的股份进行工商注册，来减少初创期因核心团队离职而造成的频繁股权变更，等到团队稳定后再给。

3. 股权绑定，分期兑现

创业公司股权真实的价值是所有合伙人与公司长期绑定，通过长期服务公司去赚取股权，就是说，股权按照创始团队成员在公司工作的年数，逐步兑现。道理很简单，创业公司是大家做出来的，当你到一个时间点停止为公司服务时，不应该继续享受其他合伙人接下来创造的价值。

（二）合伙人股权退出机制

创业公司的发展过程中总是会遇到核心人员的波动，特别是已经持有公司股权的合伙人退出团队，如何处理合伙人手里的股份，才能避免因合伙人股权问题影响公司正常经营？

1. 约定退出机制，管理好合伙人预期

提前设定好股权退出机制，约定好在什么阶段合伙人退出公司后，要退回的股权和退回形式。创业公司的股权价值是所有合伙人持续长期地服务于公司赚取的，当合伙人退出公司后，其所持的股权应该按照一定的形式退出。一方面对于继续在公司里做事的其他合伙人更公平，另一方面也便于公司的持续稳定发展。

2. 股东中途退出，股权溢价回购

退出的合伙人的股权回购方式只能通过提前约定的退出，退出时公司可以按照当时公司的估值对合伙人手里的股权进行回购，回购的价格可以按照当时公司估值的价格适当溢价。可以考虑按照合伙人掏钱买股权的购买价格的一定溢价回购，或退出合伙人按照其持股比例可参与分配公司净资产或净利润的一定溢价，也可以按照公司最近一轮融资估值的一定折扣价回购。至于选取哪个退出价格基数，不同商业模式的公司会存在差异。比如，京东上市时虽然估值约 300 亿美元，但公司资产负债表并不太好。很多互联网新经济企业都有类似情形。因此，一方面，如果按照合伙人退出时可参与分配公司净利润的一定溢价回购，合伙人很可能努力干了数年，退出时却会被净身出户；但另一方面，如果按照公司最近一轮融资估值的价格回购，公司又会面临很大的现金流压力。因此，对于具体回购价格的确定，需要分析公司具体的商业模式，既让退出合伙人可以分享企业成长收益，又不让公司有过大现金流

压力,还预留一定调整空间和灵活性。

3. 设定高额违约金条款

为了防止合伙人退出公司但却不同意公司回购股权,可以在股东协议中设定高额的违约金条款。

 课后思考

1. 简述合伙创业的形式。
2. 简述股权分配的基本原则。
3. 拿什么吸引创业合伙人?
4. 如何理解寻找创业合伙人——赢在人脉?
5. 简述选择创业合伙人的基本原则。
6. 什么样的创业团队能够吸引创业投资?
7. 简述创业合伙协议的基本条款。
8. 创业公司分配股权时,如何计算每个人的贡献?

 案例分析

西少爷拆伙:又一个创业公司的股权悲剧

2014年11月15日晚七点半,西少爷创始人之一的袁泽陆匆匆赶到位于五道口的蛋解创业沙龙活动,这比之前约定时间晚了近半个小时。活动主办方曾担忧,袁泽陆是否能如期出席。

两天前,西少爷另一创始人宋鑫在知乎上发布一篇名为《西少爷赖账,众筹的钱怎么还》,指责CEO孟兵将其"逼"走,并拖欠早期众筹股东的钱迟迟不还。在静默一天之后,14日晚间,"西少爷"官方以另外两位创始人罗高景、袁泽陆的身份发布公开信回应宋鑫指责,称其全文污蔑。主要当事人孟兵则以"新品研发"为由,表示不再对该事做进一步的解释说明。

从4月8日开业,到6月中旬宋鑫离开,在短短两个月里,这家由四名合伙人创办的明星创业公司缘何分东离西?

伏笔:毫无了解的合伙人

这家公司从第一天就存在隐患。

孟兵、宋鑫、罗高景三人在2012年年底的西安交通大学北京校友会上认识(彼时袁泽陆尚未加入)。已在投资机构工作三年的宋鑫,有了想要出来创业的想法,于是通过校友会的关系认识了有技术能力的孟兵等人。三人一拍即合,第二年4月,成立了名为"奇点兄弟"的科技公司。由于孟兵承担了主要的产品研发工作,因此孟兵、宋鑫、罗高景的股权分别为40%、30%、30%。

"矛盾不是突然爆发的,在做第一个项目时就有积累。"在接受凤凰科技采访时,袁泽陆如此说道。

对于第一个项目,孟兵鲜少对媒体提起,但从几篇报道中可以看到其中的影子,"我(孟兵)从2013年4月份开始创业,做了奇点兄弟IT公司,后来攒了一些钱,想要换一个项目做"。但在宋鑫的表述中,这个项目"十分失败"以至于"提起来都感到丢人"。"当时做的就是一个网页,连网站都算不上。"

回忆三人第一个项目,罗高景在公开信中是这样写的,"还记得去年和宋鑫一起去天津出差的时候,一起住在30元一间的昏暗旅馆里,灭蟑螂,写方案。现在想起来真是五味陈杂,我们曾经是如此信任的朋友。"

共苦经历并没有阻止矛盾的产生。5月，孟兵、宋鑫之间便开始争吵，在罗高景看来，宋鑫没有工作成果是争吵的直接原因。"2013年5月，我、孟兵和宋鑫创业做科技公司时，我和孟兵几乎每天都熬夜通宵写代码、赶方案，但宋鑫却经常熬夜看小说、打游戏，基本上是我们俩养着他一个人。于是决定让宋鑫去尝试跑业务、做BD，结果一单都没成。"

这一说法遭到了宋鑫的否认。他在接受凤凰科技专访时称，自己学土木工程出身，因此不会IT，但对销售工作已经尽力。"通常是我们三个人一起出去跑业务，都是我负责敲开每一家公司的门，之后再由孟兵跟经理谈业务。"

业务的持续低迷，导致了孟兵、宋鑫的矛盾升级。没有订单的七八月份，两人在位于石景山的出租屋里发生了一次又一次的争吵。宋鑫认为产品本身存在问题因此才会卖不出去，而孟兵则将责任归结为销售不力。

彼时，孟兵、宋鑫两人已经表现出了对彼此的不满。

在10月，由于业绩实在不佳，孟兵、宋鑫、罗高景三人不再坚持之前的项目，开始转做肉夹馍，袁泽陆也在这时候加入，形成"西少爷"四个创始人的状态。

随着"西少爷"的走红，孟兵、宋鑫之间的不满在一片红火之下被暂时地"和谐"掉了。

这个团队并不是稳定架构。孟兵和宋鑫都属于个性强势的人，区别在于，孟兵会表露出来，所以会在爆发争吵时，指责宋鑫"产品有什么问题，都怪你销售做得不好"；宋鑫看上去并没有那么强攻击性，但在骨子里，却是个非常固执己见的人。袁泽陆大多充当了调节者的角色。

升级：股权分配

4月7日晚上，在西少爷肉夹馍开业前夕，四人花了1 388元买了一瓶飞天茅台，当时他们想如果有一天肉夹馍一天能卖出1 000个，就把这个酒给喝了。而在8日开业当天中午，西少爷就卖出了1 200个肉夹馍。

火爆的销售业绩加上"互联网思维"的外衣，孟兵以创业明星的姿态登上各类媒体讲述创业故事。开业不到一周，便有投资机构找来，并给出了4 000万元的估值。

四个人认为这时候需要引入投资来扩大业务，但就在引入投资、协商股权架构的过程中，孟兵、宋鑫之间的矛盾被彻底激发。

在5月初，西少爷四人开始与投资人商讨有关投资的细节。据袁泽陆介绍，当时孟兵提到为了公司之后在海外的发展，希望组建VIE结构，他的投票权是其他创始人的三倍。由于孟兵的口气比较随意，袁泽陆、宋鑫、罗高景都没有太在意。但不久，在孟兵转发给他们拟好的正式合同里，增加了组建VIE结构、增加孟兵投票权这两项，"当时我们都感到很意外"。

宋鑫的说法略有差异。宋鑫表示，在与投资人共同协商时孟兵并没有提出三倍投票权，他直至看到那封邮件才知道孟兵给自己增加了投票权。"早上高景躺在床上翻手机，看到那封邮件，就拍我的床把邮件给我看。当时我们俩都特别震惊。"

宋鑫担忧的是，孟兵的投票权超过了50%，那么自己是处于一个被动的地位，可能会因为他的决定而被出局。而袁泽陆也感到不满，感觉自己的权力被削减。

按照孟兵的解释，当时之所以会提出三倍投票权，是因为在公司决策过程中需要有一人能够保证话语权，以便于公司的管理和决策。但宋鑫称，当时孟兵给他的说法是，自己没有安全感，暗示担心被夺权。

为何会没有另外三个合伙人的明确同意，在合同中增加该条款？孟兵没向凤凰科技直接回应，而是称"以袁泽陆的回答为准"。袁泽陆是这样说的，"可能当时投资人向他提了这样一个建议，依照我对孟兵的了解，他跟我们这么提了一下，我们以为他随口一说就没有表达出反对，而他可能以为我们默认了。"

随后在5月中旬，袁泽陆、罗高景做了让步，表示2.5倍投票权可以接受。袁泽陆希望双方都下一个台阶，所以提出了2.5倍。

孟兵妥协了，说没问题。但宋鑫没有同意。

宋鑫给出的方案是，如果是投资人的意思要增加孟兵的投票权，并保证自己30%的股权不变那么他就同意。但在袁泽陆、罗高景看来去见投资人不是一个好的处理方法，这意味着将内部矛盾公开化。

此时，袁泽陆对宋鑫的不满也已产生，"孟兵在很多时候会做出让步的，但宋鑫不顾大局只顾自己有些自私，那个阶段公司事情进展很慢。"

爆发：难以回购的股权

整个5月，引入投资的事情一直僵持着。这个情况下，在5月底6月初，宋鑫回西安学习豆花的制作。这成为他后面出局的导火索。

"原本计划三五天就能回来的宋鑫，却花了整整11天时间在西安，关键是最终也没能搞定小豆花配方。"在西少爷的官方声明中如此写道。

过长时间的学习再度引起了另外三人的不满，使得他们决定要将宋鑫除名。袁泽陆称"学豆花这个事只是一个导火索，关键是我们的经营理念出现了分歧，宋鑫阻碍了公司的进程，在那种情况下，不能够再继续合作下去了。"

此时的宋鑫并没有意识到这点，"从西安回来之后，大家还和平时一样交往。"宋鑫回忆当时的情景，感觉异常的地方只有公司买了三台电脑但没有给他买，当时说从西安回来后再给他配。

但不久，宋鑫被要求离开西少爷。宋鑫如此描述当时的情景，"他们三个一大早就出去了，在下午的时候给我发了条微信，说

股东决议我必须离开，当时我都懵了。到晚上又收到一条短信，说房子是属于公司的，我必须搬出去。"

整个股东的通知，都是由微信完成，之所以没有面对面进行沟通和决议，袁泽陆给出的理由是因为担心孟兵和宋鑫两个人当面打起来。

按照宋鑫的说法，之后给另外三个人打电话并找了大家之前经常去的地方，但均未联系上。"搬走之后，一天晚上我走到西少爷门口，本来想去缅怀的。没有想到能碰到高景，他在那里数钱。隔了一块玻璃，我敲了一下，他看到我了，然后我对他苦笑了一下。他应该挺意外的，没有想到能够再见到我。我本来以为他忙完之后会找我谈一下，但没想到他绕过我走了。"

之后，四个人在西少爷五道口店附近的咖啡馆坐下来谈了几次，但都不欢而散。

孟兵、袁泽陆、罗高景三人给出的方案是，27万元加2%的股份，买回宋鑫手中30%的股份。"这27万元是宋鑫之前在公司工资的4倍，4倍的投资回报应该也可以"。

但宋鑫要1 000万元，理由是当时西少爷的估值有4 000万元，他可以分得四分之一。"这根本是不可能的。"袁泽陆如此说道。

由于一直没有谈拢，目前宋鑫仍然有"奇点兄弟"近30%的股权，在7月份，宋鑫另起炉灶重新开了名为"新西少"的肉夹馍店。

资料来源：《凤凰科技》，文／吴倩男。

讨论题

1. "西少爷肉夹馍"开业即火速走红的基础是什么？

2. 西少爷团队在合伙团队组建和股权结构上存在哪些缺陷？

3. 如何看待"孟兵、袁泽陆、罗高景三人提出27万元加2%的股份，买回宋鑫手中30%的股份"，而"宋鑫要1 000万元"这一在股权退出方案上的分歧？

第四章

创业项目的启动与孵化

学习目标

- 理解创业项目的启动与孵化的价值性和重要性。
- 了解创业前需要做好哪些准备。
- 掌握识别创业机会的方式、方法。
- 了解创业企业的机会的来源,掌握创业机会的捕获途径。
- 熟悉创业项目启动的类型与路径。
- 掌握创业项目的实施步骤。
- 了解企业孵化器的类型以及入驻企业孵化器的条件。

导入案例

好厨师 App 诞生记

在保洁服务平台 e 家洁工作的徐志岩,经常能够听到客服对客户说一句话:"对不起,我们的阿姨做不了饭。"这位 1992 年出生的创业者说:"10 个订单中有 8 个都是要求做饭的,如果不做太可惜了,这是一个巨大的浪费。"好厨师 App 就这样诞生,提供厨师上门服务。2015 年 5 月中旬,好厨师刚刚进行了一次线上线下的联合推广,没想到大量的订单让这家创业公司的系统有点承受不住。

虽然好厨师的线下店面将餐馆的房子拆掉,改造成仓库和厨师的聚集地,将厨师从后厨中解放出来,但好厨师采用全职厨师的重模式(公司给每位全职厨师的薪酬是底薪 5 000 元,再加每单抽成 50%,每月平均薪酬在 8 000 元左右,兼职厨师则只有 50% 的抽成),让它不能脱离提供者发生,与一般的"互联网模式"相比是一种更重的模式。而且服务的质量差异很大,与保洁相比,有更高的技术要求的厨师提供的服务更难做到标准化。

然而徐志岩认为,采用兼职厨师的模式虽然可以节约成本,但公司很难掌握服务质量。

相比之下，全职厨师更理解公司的文化，对公司有更深的认同感，也更容易管理。比如公司曾经发生过一次旗下厨师忘记订单的情况，徐志岩立马对其进行了罚款，并要求该名厨师与地面推广团队一起上街发传单——如此惩戒之后，这样的情况再没有发生过。

裴敬坡是好厨师北京劲松店的店长。他每天十点半从家里出发去买菜，对菜市场已颇为熟悉的他基本在 20 分钟内就可以买完需要的所有食材。11 时，他会到下单的顾客家里做饭。进屋之前他从好厨师专门配备的箱子中拿出厨师帽、领结和围裙穿戴好，箱子中还放着生粉等调料。这些都是标准化的服务流程，每一位厨师入职之前都会经过培训。在做好清蒸鲈鱼、小炒肉、清炒芦笋、香椿鸡蛋和山药排骨汤之后，经过特别摆盘的菜肴就被端到顾客的餐桌上，服务费 79 元的四菜一汤用了一个半小时。能够得到顾客当面的称赞并转发朋友圈让他颇为自豪，这是在以前的工作中无法获得的体验。

好厨师 App 于 2014 年 6 月上线，2014 年 10 月份拿到中路资本 500 万元人民币天使轮融资，2015 年 2 月份光速安振完成对好厨师 A 轮 500 万美元的投资，2015 年 8 月好厨师对外宣布已完成 1 亿元人民币 B 轮融资，由同创伟业领投，光速安振跟投。

资料来源：根据公开资料整理而成。

第一节 创业前的基本准备

创业的成功案例一直像磁铁一样吸引着大众，于是越来越多的人开始走上了创业之路。但创业路是一条漫长的道路，中间会遇到各种各样的困难与问题。有的人成功了，获得了鲜花与掌声，但往往还有很大一部分人就以失败告终了。人人都可以创业，但不是每个人都能成功。创业的你必须打有准备的仗，创业前到底需要做好哪些准备工作才能保证事半功倍的效果呢？

课堂语录

创业，贵在迈出第一步，要想干就干，但不能蛮干。创业前，必须做些基本准备。

一、创业者的心理准备

（一）正视挫折的积极心态

创业之路不可能一帆风顺，面对挫折要保持一个积极的心态。心态是命运的控制塔，心态决定我们人生的成败。每个人生存的外在环境是无法改变的，也不是我们自己能够选择的，而我们的内在环境，也就是个人的心态、自己的感情、自己的精神世界，是可以由我们自己去改变的，这个环境是受我们控制的，只有自己的心态好，才能无论在快乐的时候还是悲伤的时候都坦然面对，不急不躁。特别是遇到困难时，勇敢面对，不沉沦，执着地向前努力，顽强地挺过去就是成功。一般来说，对挫折不敏感，追求成就感的人更适合创业。一个对失败钝感的人，会把失败给他带来的痛苦降到最低，因为他关注的只有他想要的成功所带来的成就感。

（二）自我充电的工作品格

有了完整的创业点子，下一步便是尽量让自己多接触各种信息与资源管道，诸如专业协会及团体等组织机构。这些团体、组织不仅可以帮助你评估自己的创业机会与潜力，还可以尽早让创业计划到位。其他有效的资源，诸如创业者的自传、创业丛书、商业杂志等，或是专业的商业组织等，也都可以提供许多好材料给创业者去脑力激荡。创业者也可主动出击，把公司信息告知当地的商业组织、团体等来增加公司曝光率。即使有可能遭受到地区性竞争者的妒忌，你还是可以试着与其他地区的同业者交换创业心得、征询适时的忠告。有很多成功的创业者都有这种相同的经验，差别只是解决方法不同而已。

二、经营载体的准备

（一）选出适合自己的创业项目

成功的道理是相似的，失败的原因各有不同。在很多成功创业的故事里面，有着许许多多的小秘诀，而这些秘诀并非都来自创业成功个案的经验，很多也是从失败的例子中去反省、领悟而来的。综合这些经验谈，创业者首先必须做的便是决定要从事哪一种行业，哪一类项目。在你下决定之前，最好先为自己做个小小的测验，了解自己在哪方面较有创意、潜力；哪方面的事业较能吸引自己，并鞭策自己等。一旦做好选择，接下来的许多事项便需要创业者一步步地去执行，才能逐渐地迈向成功。

| 延伸阅读 4-1 |

创业项目启动 24 步自查内容，如表 4-1、图 4-1 所示。

表 4-1 创业项目启动 24 步自查表

第 0 步	起步	创业的起点有三个：技术、想法或激情。如果你只有激情，但是没有特定的想法或技能，那么你应该从你的知识、技能、关系、个人财务和工作经验来进行考虑
第 1 步	市场细分	通过头脑风暴来细分市场。你的目标不仅应该包括企业市场，还应该有特定的用户、他们的地理信息以及其他特点。应该进入一个新的市场，而不是考虑着将产品卖给所有人
第 2 步	选择拟进入市场	根据之前的标准选择一个市场，在这个市场里，你要考虑是否可以打败竞争对手，然后可以开拓未来的市场。小市场通常会比较好，这一点很重要，因为你选择了这个市场意味着要忽视其他市场（目前）

（续）

第3步	确定最终用户	谁是最终最有可能的购买者？缩小到一个更小的范围，搞清楚他们是谁。如果创业者或者是员工属于这样的用户，这就很理想了
第4步	估算市场规模	这个市场规模是你可能赢得的市场份额。需要通过自下向上和自上向下的方法来验证
第5步	刻画用户形象	找到一个具体的人，描述他的信息，整个团队都要参与进来。目的是帮助未来的客户解决问题，以及确定如何将产品卖给他们
第6步	全面产品周期	不仅要描述你的顾客如何使用你的产品，还应该包括你的顾客是如何发现他们需要你的产品
第7步	高规格说明	创建一个产品的可视化模型：网站的原型或框架，或者是设备图。但也不要太具体，这里主要是解决团队之间关于产品的分歧和误解。然后创建一个小册子来聚焦功能，更重要的是它们是如何使客户受益的
第8步	量化价值定位	搞一个图表来说明现状，以及量化你的顾客将如何从你的产品中受益。使用真实的数据
第9步	找到10位前期顾客	确定未来可能购买你产品的10个用户，然后验证整个产品的生命周期
第10步	定义你的核心价值	解释下你的核心价值，这个价值是你的竞争对手所不能很好地复制的。这将成为你努力的焦点，而且不应该轻易改变。这个价值可以是你建立的用户网络、出色的客户服务、低成本或者是用户体验。通常这个价值不是你的知识产权、创新速度、先发优势或者是有独家合作的供应商
第11步	描述你的竞争地位	做一个竞争对比图。将你和你的竞争对手放在图表中进行比较
第12步	确定顾客的决策单元	确定所有影响购买决策的人。从最终用户到初期的购买者
第13步	绘制顾客付费的流程	创建一个循序渐进的时间表，包括客户如何确定是否需要你的产品。确定销售周期是多久，以及客户可能遇到的任何困难
第14步	估算后续市场规模	在目标市场选择上，列出五六个可以进入的市场。包括向同样的用户销售不同的产品或是向相邻的市场销售同一个产品。计算下这个市场规模
第15步	设计商业模式	商业模式是指如何从客户获取价值，可以看一下已存在的商业模式
第16步	确定定价策略	不是要基于你的成本进行定价，而是要基于你所提供的价值。可以根据预算和竞争对手的价格来考虑。记住，你可以为不同的用户提供不同的价格。确保给最初的测试用户和有影响力的人一定的折扣
第17步	估算顾客终身价值	根据收入来源、毛利率、产品的整个生命周期、重复购买率，以及资金成本来计算顾客终身价值（LTV）
第18步	绘制销售流程图	找出一个适合的销售过程。不同时期会有不同的销售策略
第19步	估算顾客获取成本	获取客户的成本很难计算，而且长期被低估。成本过高足以杀死一个企业
第20步	确定重要假设条件	通过头脑风暴验证还没有测试的假定
第21步	测试假设条件	设计一个便宜、快速和简单的测试，反驳或验证你的关键假设
第22步	定义最小可行商业产品	从这个最小可行商业产品（MVBP），客户可以获取价值，进行支付，可以反馈。这是你应该测试的最重要的假设
第23步	验证顾客会付费产品	将你的最小可行商业产品展示给客户，确定他们会购买、参与并推荐给他们的朋友
第24步	开发产品方案	花些时间考虑要为你的产品市场的最小可行商业产品添加什么功能，以及你要进入的下一个市场是什么

资料来源：Bill Aulet. Disciplined Entrepreneurship: 24 Steps to a Successful Startup [M]. Wiley, 2013.

图 4-1 创业项目启动 24 步

资料来源：Bill Aulet. Disciplined Entrepreneurship: 24 Steps to a Successful Startup [M]. Wiley, 2013.

（二）慎选品牌或公司名称

最佳的品牌或公司名称是能够充分反映你的产品或服务与众不同的特色及独特性的。基本上，品牌或公司名称与产品之间的关系是成正比的；亦即是要能在消费者或顾客群的心目中产生一种紧密的联想力。具有创意的品牌或公司名称不仅有助于建立品牌的形象，同时也能打动顾客使其产生购买欲。选择的品牌或公司名称时应该具有前瞻性与远见；所选择的品牌或公司名称要能很有弹性地将自己推荐给消费者。特别需要注意的是：先做注册公司名称调查，确定你所选择的名称仍然未被登记或未在公司商标法的保护中，同时不要取一个过于冗长的名称，那样消费者不容易记住。

（三）确定公司的合法组织架构

在开始计划营运前，创业者必须确定何种法定组织架构适合你的创业大计。简而言之，首先你必须决定是要自己创业，还是合伙创业。如果选择合伙创业，公司的起始资本额要如何分配？合伙创业的模式可以是有限股份公司制或是以一集团公司名称方式创业。这中间并没有一套可依循的准则，来分析各种可能状况以区分孰优孰劣，因此，你必须先了解各种公司组织形态的利弊及运作方式。尽管各种公司运营架构有些细微的差异性，但是需要注意的是，假如公司运营出状况，公司内部将由谁负起最后法律上的财务责任？比如，以独资或合伙人形式创业，《公司法》要求个人自行负担公司的债务归属问题。也就是说，一旦公司因牵连上财物官司而败诉，则个人名下所属财产及不动产等都会受到法院的扣押、拍卖以偿还债务。当然，无论一开始选择哪一种经营模式，都不代表公司的经营体制已经定型不变，未来可以依据公司的发展做适时的变更，选择适合模式配合创业计划方式。

（四）选对地址，事半功倍

选址对于办公司开店铺到底有多重要？普遍的看法是：不论创立任何企业，地点的选择都是决定成败的一大要素。尤其是以门市为主的零售、餐饮等服务业，店面的选择，更往往是成败的关键，店铺未开张，就先决定了成功与否的命运。可以说，好的选址等于成功了一半。尽管在选择经营场地时，各行业的考虑重点不尽相同，但是有两项因素是绝对不可忽略的，即租金给付的能力和租约的条件。租金往往是经营者的一大负担。经营场地租金是最固定的营运成本之一，即使休息不营业，都照样得支出。有些货品流通迅速、体积小而又不占空间的行业，如精品店、高级时装店、餐厅等，负担得起高房租，可以设于高租金区；而家具店、旧货店等，因为需要较大的空间，最好设置在低租金区。租约有固定价格及百分比两种，前者租金固定不变，后者租金较低，但业主分享总收入的百分比，类似以店面来投资做股东。租期可以订为不同时限，但对于初次创业者来说，最划算的方式是订一年或两年租期，以预备是否有更好的选择。

三、运营资金准备

（一）编列具体的预算报告

创业阶段产生的一些费用将是一次性成本，还有一些费用将是持续性成本。为了最好地估算出自己的创业成本，需要列个清单——而且是越详细越好，从有形的商品（如原料、设备和固定设施等）到专业的服务（如广告和法律事务等），还有办公场地租金、保险或者员工薪资、原材料成本、营销费用、管理和营运成本等，然后开始计算为这些商品和服务所需要支付的费用。

草拟一份精确的年度预算表并不容易，即使是一位最有预算概念的大师来编列预算表，还是多少会有低估预算，或遗漏些小细节，这些小细节常常是发生在预算表中的杂支及超支项目；另外，有时公司发展太快也会出现这些小麻烦。总之在开始编列预算时必须注意的是公司草创第一年的年度预算应该包括公司首次营运费用及持续营运的每个月开支。不管公司状况如何，一份理想的预算报告最好在编列预算时，稍微调高所需预算比例，直到公司有获利能力或新资本投入可以负担运营成本。在编列具体的预算评估表时，能按照专家建议，把最好和最坏的财务评估案例折中试算，然后把预算设定于两者之间；也可以去一趟会计师事务所，这将会让你对公司的开销、营收及流动资本运作计划更了解。

延伸阅读 4-2　　创业启动资金如何测算

创业伊始，创业者需要一笔启动资金——但到底需要多少钱呢？无论启动资本总额多少，创业者都需要计算出具体的数字。为此，所面临的挑战是找到可信可靠的信息。创业者可以从许多渠道获取到具体的数额和宝贵的建议。

（1）同行。经营和你类似业务的企业家，是计算创业初期运营成本的最佳信息来源。你未来的竞争对手可能不想帮助你，但是只要不在同一区域，他们都是非常乐意帮忙的。

（2）供应商。供应商也是一个研究创业成本不错的信息来源。要向供应商询问设备租赁、大量购买的折扣额、信用条件、启动的库存量以及可能降低前期成本的其他选择。供应商通常都非常乐意帮助，因为他们也想从寻找生意机会。然而，不要过分相信初次接触的供应商，要多了解一些厂商。

（3）行业商会。根据不同的行业，商会可以提供启动费用明细和财务报表的样本、行业内相关的企业家和供应商名单、市场调研的数据和其他有用的信息。供应商的行业商会也是好的信息来源。

（4）退休企业高管。有经验的退休经理人所掌握的信息是对创业非常有价值的资源，可以指导创业者完成公司启动的整个过程。

（5）创业指南。创业者可以从一些独立的出版社和商会获得创业启动指南。这些指南，尤其是信誉卓著的行业指南是研究创业启动资金的有利资源。要确保指南没有过时，也要记得不同地区的费用会相差很大。在阅读的过程中，注意那些能帮助降低启动成本的小提示。

（6）连锁加盟机构。如果你想购买特许经营权，特许经营权拥有者会给你启动费用的相关数据。然而，不要把这些数据当作绝对值，因为费用会因为地区的不同有所变化。

（7）专题文章。报纸和杂志的文章很少会为一个特定地区的特定业务逐项列出创业所需的费用。然而，创业相关的文章可以让你大致估算所需的启动成本，并帮助你列出需要调查的费用清单。经常使用可靠的信息来源，不要忘记查阅相关的行业杂志，可以了解供应商信息、行业所需成本和最新行业动态。

（8）创业顾问。一个合格的创业顾问可以提供关于启动资金的相关建议，甚至为你做很多调查，也可以帮你将自己的调查变成有用的财务预测和具体方案。

单一的途径并不能帮助创业者了解具体创业成本的所有信息。但是通过不断努力研究估算启动资金，你能最终找到需要的具体数字。创业者只有完成了创业启动成本估算，并且根据这个数字制作出相应的商业计划，这样才能说你为创业准备好了一切。

资料来源：改自创业邦，文/Marcie Geffner。

(二) 募集充足启动资金

创业者在筹措创业资金时，必须是以能支付公司创业第一年内所有的营运开销为目标。一般而言，创业者的最简单、最方便的募集资金方式便是从每月的薪资袋中节省下来。如果这个方式并不是个好办法，向外募款也是最普遍的资金来源。创业者募集创业资金的来源主要有亲戚、朋友、银行、房屋抵押等，甚至是信用卡借贷也能派上用场。但是，创业者必须知道如何善用各种渠道去募集充足的资金，不可使用单一渠道取得资金，以免资金吃紧时找不到救援。

第二节 创业机会识别

创业对不同个体意味着不同的机会。创业机会是客观存在于环境中还是来自于特定的创业者迸出的思想火花呢？目前仍争论不休。因此，创业机会识别要考虑到创业者及其环境要素，比如，现实中有很多重要机会来自于创业者本身，还有来自于创业团队其他成员、企业中的中高层管理者，或企业的一些利益相关者，包括研发合作伙伴、供应商和顾客等，这些组织要素也有助于机会的识别。创业机会也可能来自于创业者的思想，但仍需要组织环境的支持，只有创业者和环境有机地结合才能有助于机会的识别。

一、创业机会识别界定

机会识别是创业过程的一个关键阶段。识别和选取正确的创业机会是成功创业者最重要的能力。那么什么是机会呢？有几种不同观点：①机会是商业化的创意；②机会就像生产的功能，这种功能等同于产品选择、原材料来源、生产方法、组织方法和对市场的选择；③机会是存在于产品和服务中的具有吸引性、持久性和及时性的品质，能为顾客或最终用户创造或增加价值；等等。

正如创业机会的界定多种多样一样，创业机会的识别同样有多种理解：①感知到机会并通过新创组织来实现的；②开发一种机会并将其转化为产品和服务；③对开发有前景新业务可能性的感知；④创建新企业可能性以及创业者通过他们的行动取得成功的可能性；⑤对必须要做的事情的发现，这是创业的一个基本功能；⑥对新创企业或具有潜在利润的现有业务大幅度改善可能性的感知；⑦创业机会来源于信息不对称和先验知识的不均衡。

上述关于创业机会的定义都拥有一个共同点：新业务创意的发现和围绕创意进行的关于市场和技术方面进行的信息搜集。而机会识别，可谓创业的一个基本功能，它是个渐进的过程，或转化过程，识别机会就是长期以来多个阶段的过程，而不仅仅是一次性完成的。

二、创业企业的机会及其来源

(一) 创业企业的机会

创业企业发现好的机会往往面临来自"在位企业"(established firms)的挑战,因为在位企业也想从机会开发中获益。因此,创业企业在机会识别及开发过程中,不仅要考虑资源的获取,还要面临来自在位企业的竞争。尽管在位企业的创建者和管理者也想从机会中获益,但创业者还是能够识别和开发机会的,主要原因是某些机会有利于在位企业特别是大企业,而其他机会有利于创业企业。

创业企业更善于利用能力破坏型变革,这是其拥有的一项主要优势。创业机会的一个主要来源是技术变革,技术变革使人们可以引入新产品或新服务、开拓新市场、使用新的原材料、开发新的组织方式或引入新的生产过程。技术变革可能是能力强化型的,也可能是能力破坏型的。能力强化型技术变革是指这种变革使人们能将正在做的事情做得更好;能力破坏型技术变革是指这种变革使人们将他们正在做的事情做得更差。大部分技术变革是能力强化型的,比如,由于学习曲线的存在,持续开发某项技术的公司更善于做那些利用该技术进一步发展的事情。然而,网络技术的发展就对传统商业运营模式提出了挑战,很多在位企业未必下得了决心进行能力破坏型变革。以携程旅游网为例,网上宾馆、机票的预订,甚至全包价旅游的网络化运营,都对传统旅行社业务,甚至跨国饭店集团的预订业务提出了严峻的挑战。由于携程创业团队善于进行能力破坏型创新,利用网络技术进行旅游发展模式的变革,旅游电子商务这一新的创业机会就为他们所识别并成功开发利用,现在携程旅游网已成为家喻户晓的旅游网上交易的第一品牌。

创业企业在新产品和新服务开发过程中更注重机会的价值性,没有在位企业那么顾及顾客的流失。企业要销售它的产品并不断满足顾客需求是非常最重要的,但是,完全让顾客满意对企业也有不利之处。当企业开发新产品或新服务时,他们通常会征求顾客的意见。而顾客往往会拒绝新产品,原因是多方面的,若新产品对他们没有用,他们肯定会拒绝;还有一种可能性,顾客由于跟企业信息不对称,又缺少相关产品的专业知识,不能预见新产品的变化,也易拒绝新产品;或者新产品的推出增加了顾客的交易成本,需要多花钱或多费力,也易被拒绝。由于在位企业引入人们不想要的产品时,会冒失去现有顾客的危险,因此他们通常避免引入这些新产品。创业企业通常比在位企业更善于开发新产品或新服务,因为创业企业还没形成稳定的顾客群,在引入新产品和新服务时,较少冒失去现有顾客的风险。

创业机会识别和开发主要依赖于人力资本时,创业企业就更容易成功。人力资本是投资在人身上的价值,与实物资本(机器和设备)不同。如果新企业的商业创意存在于人力资本而不是实物资本中,那么他们就会做得更好,因为人比较容易离开现有组织去追求创业机会,而实物资本的可移动性要低得多。比如,一些企业的业务更多依赖于员工的能力,特别是开发客户的能力,当业务人员离职了,同时把其培育的几乎所有客户都一起带走了。若拥有大量客户资源的员工跳槽的话,很容易把一家经营不错的企业给"跳垮"。这种现象就自然而然催生了一大批新企业的诞生,而这些创业者往往就是那些曾经在较大规模企业掌握大量客户资源的员工。这些创业者对新产品和新服务非常有洞察力,开发和识别新机会的能力比较强,创立的新企业也容易成功。当然,对于在位企业而言,面临的一个重要挑战就是,如何把员工的客户资源转变为企业的客户资源,那么员工即使跳槽了也不会轻易把在位企业给"跳垮"。

当然,有利于创业企业和有利于在位企业的机会类型之间,还有许多差异没有被仔细研究并发现。由于创业企业与在位企业的不同,创业企业更善于追求某些机会,而在位企业则更善于追求另一些机会(见表4-2)。

表4-2 机会特点对企业类型的有利程度[一]

创业机会特点	有利于谁	理　由	实　例
非常依赖于信誉	在位企业	人们更愿意从他们了解和信任的企业那里购买产品或服务	旅行社企业
具有很强的学习曲线效应	在位企业	现存企业能够沿着学习曲线移动,更善于生产和销售产品	汽车制造商
需要大量资本	在位企业	现存企业可以使用已有现金流来生产新产品和服务	飞机制造商
要求规模经济	在位企业	当规模经济存在时,随生产数量的增加,生产成本下降	钢厂
市场营销和分销需要互补性资产	在位企业	满足顾客需求的能力经常要求获得零售分销渠道	跑鞋生产商
依赖于产品的逐步改进	在位企业	在位企业能够更容易和更便宜地对产品进行逐步改进	家电制造商
利用能力破坏型创新	创业企业	在位企业的经验、资产和流程受到威胁	旅游电子商务提供商
在位企业主流客户不关注的需求	创业企业	在位企业不愿意引入不能满足其主流顾客需求的产品和服务	计算机软驱制造商
建立在独立创新的基础上	创业企业	创业企业能够开发独立创新的产品和服务	药品生产商
存在于人力资本中在位企业	创业企业	拥有知识的人能够生产出满足顾客需求的产品和服务	管理咨询师

(二)创业机会的来源

机会是建立在商业创意基础上的。市场、技术知识、特定问题和社会因素等都经常是创业机会的主要来源;识别的机会中有一半是通过其社会网络来实现的,另一半是由企业家来识别的;通过社会网络识别的机会与创业者自己识别的机会还有明显的差异,创业者自己识别的机会比通过社会网络识别的机会使用了更多的先验知识。

创业机会是一种情景,在该情景中,技术、经济、政治、社会和人口条件变化产生了

[一] 徐凤增.创业机会识别与杠杆资源利用研究[D].山东大学,2008.

创造新事物的潜力。创业机会可以通过新产品或服务创造、新市场的开拓、新组织方式的开发、新材料的使用或者新生产过程的引入加以利用。然而，这些机会来自哪里呢？它们为什么能使人们产生新的商业创意呢？研究发现，技术革命、政策环境的变化、社会和人口变化、新产品和新服务都容易带来新的机会。

技术革命。技术革命是创业机会的重要来源，这些机会使人们创建新企业成为可能。技术革命之所以是创业机会的来源，是因为它们使人们能够以新的更有效的方式做事。

政策环境的变化。国家或区域政策环境的变化能够开发商业创意，从而用新的方式使用资源，这些方法或者更有效率，或者将财富从一个人重新分配到另一个人。比如产业结构调整政策的出台可能会成为一些企业开发创业机会的催化剂。

社会和人口变化。社会和人口变化也是创业机会的重要来源。人们偏好的变化使警觉的创业者能够提供人们需要的产品和服务。由于创业者通过销售顾客需要的产品和服务来赚钱，因而需求的变化就产生了生产新事物的机会。

新产品和新服务也会带来创业机会。机会会引导创业企业开发出新产品和新服务，反过来，新产品和新服务又能带来更多创业机会。比如电子商务这种新产品和服务的出现，带来了旅行社行业商业模式的演化，携程旅游网就是这种演化的成功范例。

尽管创业机会有很多来源，但创业企业往往希望这种机会为企业带来竞争优势，其产品和服务具有不可模仿性或异质性。比如，进入新市场是一种非常危险的机会开发形式，因为创业企业根本不可能保护这种开发形式以免于竞争。

与开发新产品相比，开发新生产方法通常是更好的机会开发形式，因为新的生产方法可以被秘密保护起来，但新产品被竞争对手购买后，竞争对手往往致力于分析产品成分及相关设计，进一步复制该产品。而新的生产过程却不像新的产品那样容易为竞争对手模仿，因为创业者不必向其他人展示所使用的生产过程。新服务的开发也面临着同样的问题。新的服务形式很容易被竞争对手模仿。

三、创业机会的捕获

机会产生于复杂的变化中，有些机会产生于一种变革，但很多机会是诸多因素联合作用下的产物。创业者感知机会的过程，就是把相反的和看似无关的变化或事件连接起来，并形成一个将他们联系起来的感知模式。然而，创业者觉察到机会之前，机会只是一种可能事物。信号觉察理论和焦点调节理论能帮助我们理解创业者识别机会的过程。信号觉察理论与一个非常基本的问题相关："我们如何确定外界是否真正存在值得注意的东西？"即创业者如何确定机会是否真实存在的问题。在这种情况下存在四种可能性（见图4-2）：①刺激存在而且觉察者认为它存在（即捕获）；②刺激存在但觉察者没有认识到（即错过）；③刺激不存在但觉察者错误地认为它存在（即错觉）；④刺激不存在而且觉察者也正确地认为它不存在（即正确拒绝）。

	判断确实存在机会	
	是	否
判断机会是否存在 — 是	捕获 机会存在，并且被识别出来	错觉 机会不存在，被认为存在
判断机会是否存在 — 否	错过 机会存在，没有被识别出来	正确拒绝 机会不存在，也判断不存在

图 4-2　机会判断矩阵

创业者有强烈动机识别、捕获出现存的机会，但他们也同时希望避免错觉，觉察到根本不存在的机会，如果追求这样的机会，会浪费他们的时间、努力和资源。更进一步讲，他们同样渴望避免错过——没有注意到实际存在的机会。因此，从某种意义上说，信号觉察理论为理解机会识别如何发生提供了非常有用的框架。但创业者在决定机会是否存在时，是什么因素决定了他们去捕获机会、避免错觉和避免错过呢？焦点调节理论有望回答这个问题。焦点调节理论指出，创业者在调整自身行为以实现目标的结果时，往往采取两种截然相反的观点：以改进为中心的观点，主要目标是取得正面结果；或以预防为中心的观点，主要目标是避免负面结果。很多研究表明，不同创业者对这两种观点有不同的偏好。

当焦点调节理论同信号觉察理论联系在一起时，就产生了对机会识别过程饶有兴趣的见解。采用以改进为中心的观点（强调成就）的创业者更关注获得捕获机会（识别真正存在的机会）而避免错过（没有识别出已存在的机会）；采用以预防为中心的观点的创业者主要关注避免错觉（追求实际不存在的机会），并关注正确拒绝（当机会不存在时能正确地识别）。事实上，几乎所有成功识别有价值机会的创业者，都采用这两种观点的混合策略：他们渴望识别真正的机会（捕获），但同时也想避免错觉。这表明他们有很好的认知系统和结构，不仅能识别机会，而且能评价机会（评价机会的潜在经济价值）。相比较而言，那些没能够成功地识别有价值机会的创业者可能采取了单纯以改进为中心的观点：他们关注获得捕获（识别出真正的机会），而不太关注错觉的危害。

信号觉察理论和焦点调节理论共同解释了为什么某些创业者比其他人更善于识别可行机会的问题。本质上说，创业者很想最大程度地捕获机会，然而，他们也同样很想避免错觉，避免浪费时间、努力和资源去追求实际不存在的机会。

此外，创业者的知识走廊、社会资本对创业机会识别会产生影响。①知识走廊有助于创业者识别创业机会。知识走廊反映了个体的特殊经历，包括职业、工作、社会关系和日常生活。由于这些经历反映了个体拥有信息的宽度和深度，这些知识走廊会成为创业者的竞争优势，因为这都是些异质性知识，很难被其他人模仿，即使被模仿，代价也是非常高的。这些知识走廊至少能部分解释为什么有些机会是被一些人感知而不是其他人。知识走廊理论能够帮助创业者和职业经理人发现由于他们各自的经历不同，识别出的机会差异很大。②创业者社会网络在企业开始创业时起非常关键作用。在机会识别方面，利用社会资本与不利用社会资本差距很大。利用社会网络的创业者比不利用社会网络的创业者能识别出更多创业机会，而且利用社会网络资源的创业者往往视野比较开阔,这种由于信息知识丰富带来的视野开阔拓宽了创业者的思维模式,容易创造性地产生一些智慧火花。因此,社会网络是一座架起创业者外部资源和机会识别的桥梁。创业者社会网络规模与机会识别的数量是紧密正相关的,随着潜在创业者社会网络规模的扩大,他们从外部获得知识就越丰富,识别出的创业机会就越多。

|创业故事 4-1|　　　　梅国良:创新创业　敢想敢干

江西华兴信息产业有限公司的董事长梅国良先生2000年按捺不住创业的激情,用赚来的2 000元资金开办了一个"华兴电脑维修部",生意就这样子一步步地起来了。2004年真叫"初生牛犊不怕虎",他怀揣仅有的8 000元资金带着几名员工闯进了南昌,成立了"南昌华兴电脑软件开发中心",真正开启了他人生的艰难探索之路。

2005年,单位因经营不善而面临倒闭,他承受了负债的压力,简直是喘不过气来,以至囊中羞涩,年底只好借别人300元钱回家过年。经过一段痛苦的煎熬和思索,"男儿有泪不轻弹",2006年他放下了那一时的痛苦,又钻进了南昌的广告业,从开发出第一代江西IT通讯录中挖掘到了他的第一桶金。也就是在LED刚刚兴起不久的时候,他把握住了机遇,在南昌成立了"江西华兴信息产业有限公司",建立起了自己的一套技术品牌体系,渐渐走出了自己事业的困境。

2008年起,江西华兴公司又从工厂化管理一跃转型为现代化企业管理模式。特别是2009年,江西华兴公司便成为行业唯一敢于独立研发LED的联播网企业,努力在LED电子显示屏方面成为国家级高新企业。"这也是为今天的成功打下了坚实的基础。"梅国良深情地说道。其实这个基础,说到底就是创业精神的思想准备。谁也不会一帆风顺,有了这些"经历"才是个很好的基础。因为他勇于担当和付出,把人生的挫折和困难当成生命中成长的养料,把企业失败当成事业中发展的教材,这才有了事业发展的转机。

城市公共交通是为社会公众提供基本出行服务的社会公益性事业和重大的民生工程。2013年,梅国良大胆创新了新的公交信息发布商业模式,一举颠覆了全国城市智能公交电子站牌行业的发展。梅国良自豪地说:"我们就是用'免费建站,共赢未来'的理念和BOT模式,赢得了各地城市公交管理部门的青睐。"2014年,江西华兴公司一举签下了40多个设区市公交电子站牌的合作项目,成为该企业的丰收年。

公交电子站台系统,是在公交调度系统的基础上,在公交站台上通过语音、文字和指示灯来给等车的乘客提供导乘信息的一整套解决方案,该系统可以给乘客提供车辆在线路上的位置,发布乘车信息和到达对应站点的时间信息,给市民带来实时便捷的信息体验。该系统由车载GPS终端、调度服务器平台、站台接收主机LED导乘灯条和控制系统等几部分组成。聪明的梅国良就是看到了如此广大的市场商机,在这个系统的基础上,他们独立研发LED的无线智能公交电子站牌联播网平台,创新了发展模式,赢得了自己的一片发展天地。

在技术创新领域，华兴电子站牌的全国联播功能（2014年冬季推出的手机公交App），当时令人耳目一新，还有超长待机供电技术，GPRS准确定位技术，耐高温、低温技术及防盗功能等都是华兴公司的独家技术。江西华兴公司不断地技术创新，让公司拥有了12项软件著作权、30余项技术专利，并顺利通过了双软件企业的认定，进入了国家高新技术企业的行列。

资料来源：江西网络广播电视台，文/刘淇。

四、创业项目的选择

创业机会被识别、捕获后，紧接着要选择一个具有可操作性、易于切入、有发展前景，并且适合自己的创业项目。

（1）自己熟悉的。创业者所选择的项目一般应是在产品、市场都熟悉的领域，比如农林院校学生可以把学校所学的农业、林业技术推广到自己的家乡；假如你喜欢电脑，对病毒有研究，那你就高举"反毒王"的旗帜，上门服务杀毒、防毒。

（2）拥有资源的。如果你有亲属在国外，让他们搜集新颖实用的产品，你可以作为代理将其引入国内。

（3）优势明显的。比如你拥有某方面的特长，或某种专业知识对某部分群体有用，那就从事此项服务或培训。如果你对互联网造诣很深，那就做个网站，选定某个行业，搜集、发布有用信息，可以为该行业的中小企业销货，为他们发布信息。

（4）兴趣浓厚的。如果能把兴趣同创业目标结合，那将是非常幸运的，那是快乐创业、快乐人生。如果你有艺术思维的兴趣，可以搞个专业工作室，从事家庭装潢设计，与装潢公司或工程队合作，为客户量身定做。

（5）突出缺陷的。许多人们习惯了的产品和服务是有缺陷的，只要你能够发现它，改进它，就是一件新产品。这样，你不仅借助了它长期功能与质量的积累，还借助了它长期培育的消费群体。

（6）可以借力的。借助是利用人类文明的成果和社会资源，来达到低成本顺利起步的目的。比如创业必需的硬件可以租赁，借巢孵蛋，直接进入产品开发过程的终端程序，直接面对消费者来检验你的产品。再比如委托，把产品的生产交给别人，自己只是提供标准，进行检验，不参与产品制造相关的管理，减少投资风险和投资成本。

（7）跟定大势的。看准未来的趋势，就可以事半功倍。小米公司创始人雷军曾说过一句著名的话：站在风口上，猪都能飞起来。紧跟大势中的成功者，学习其成功的范例、经验、模式。因为在某个行业创新，进行差异或有特色的创造是不容易的。要学会利用他人的经验、创意、思路、品牌。品牌代表行业领先者长期的探索、艰苦打磨的历程，包含声誉、美誉、公众的认同。跟进后，直接拿来的是成功，学到的是成熟的经验，直到具体的操作方法。

（8）发现缝隙的。有许多产品有很长的历史，漫长的年月留给老百姓不可磨灭的印象，形成了稳定的消费群体。但生产者对它的问题司空见惯，不去用心琢磨。有的没有进行标准化生产，有的在工艺上并不讲究，有的不搞品牌推广，有的包装老套，有的在质量上存在欠缺，有的在某些功能上明显不足。在接受这个产品的同时，改进它，强化、优化、细化某些功能。这就是从成熟产品的薄弱处入手，对其优势的借助。

（9）方便加盟的。加盟是与现有资源联合。大名鼎鼎的跨国公司、金光闪闪的名牌企业……创业者假如具备某些优势，便可以寻求与自己相关的资源，实现彼此的优势互补。用契约来结盟，比方你有保健品的新技术和相应的商业概念，可以考虑与现有的知名企业结盟。利用其资源，达到减少投资、降低风险之效果。

（10）能够虚拟的。怎样销售还没有做出来的"自己的产品"？可以通过"虚拟销售"做到。找到一个与你的创业目标贴近的商品来销售。比如你掌握了某种药品的关键技术，先进入药品的销售领域，找到与你的药效相近的药品做销售代理，从中弄通药品销售的通道，考察药品销售的秘籍，掌握药品销售的规律，建立自己的人际关系和销售的网络。在这样的过程之中或之后，再把自己的产品拿出来，渗透进去。

| 创业故事 4-2 | 伟大的想法一开始听起来很傻 |

Airbnb 是 Air Bed and Breakfast（"Air-b-n-b"）的缩写，中文名：空中食宿。空中食宿是一家联系旅游人士和家有空房出租的房主的服务型网站，它可以为用户提供各式各样的住宿信息。2011 年，Airbnb 服务难以置信地增长了 800%。2015 年 2 月 28 日，美国短租网站 Airbnb 正在进行新一轮融资，而估值将达到 200 亿美元。

1. 一场说走就走的旅行

Airbnb 的创始人布莱恩·切斯基（Brian Chesky）跟很多技术宅男创业不同，因为他是去罗德岛设计学院学习工业设计。在罗德艺术学院的经历对他的影响很大，之前他一直被教导就是如何向前看，做一些常规的事情，越界做事会被请去教导主任办公室喝茶。但在这个学校，他们会告诉你因为你是设计师，你可以改变事情，可以做一些你想要的任何改变。

毕业后，布莱恩·切斯基的好朋友乔·吉比亚（Joe Gebbia）苦口婆心劝他放下工作去旧金山创业。世界这么大，他们想去看看，也不知道做什么，但就是想去做点什么。当时他只有 1 000 美元的银行存款，但旧金山市租房要 1 200 美元，没钱付房租就已经破产。同时，当时有个国际设计大会，周边的酒店早就被抢光了，他们想这些设计师来开会总要找地方住，他们也没钱，如果他们创造一个"床＋早餐"，就专门为设计大会的设计师们提供。但问题是他们压根没有固定的床，只有 3 个充气床，这就命名为"空气床＋早餐"。他们的第一个网站就是 airbedandbreakfast.com。最后他们就用这个方式租给了 3 个人，并且认为是用很酷很有趣的方法去赚钱。当这 3 个人和他们住的时候，布莱恩·切斯基意识到友情以前要很多年才能产生，现在因为住在你家就可以几天做到。

很多想法来自于你解决你自己的问题，

不是改变人生的那种，但可能最后变成改变人生。他们后来又上线了两次，一次没人注意，然后在 SXSW 大会上了第三次。第三次没有支付系统，必须睡在气垫床上。当时他们遇到一个在伦敦的顾客有这样的需求，但他不是为了参会，为什么必须要为会议提供呢？还有人需要订一个真实的床，为什么一定要是空气床呢？最终他们就把这两个约束条件取消了。

此外，他们改变的想法是支付——希望顾客能够直接预订和通过他们付款给房东。尝试自己做支付这个想法很疯狂，这需要让大家直接向他人支付并建立人与人之间的信用系统。eBay 和 Etsy 之前就有做，但他们都是通过 PayPal 来付费的。这太脑残了但必须做。就在 2008 年夏天，他们完成了 Airbnb 的第一个版本，让你去订其他人的家，在 3 次点击内（从乔布斯创造的 iPod 设计一首歌的操作只要三次点击中获取的灵感）。在这次产品发布之后，他们被引荐给了 15 个天使投资人。

2. 从 100 人热爱开始

然而，被引荐并不能说明什么问题。结果是 7 个投资人从来没答复，4 个说不符合他们的主题，1 个说不喜欢这个市场，留下 3 个。但这 3 个也因为他们没有准备 PPT，路演中网站也出故障了，等了一个多小时以后，投资人拒绝了他们。

没有了投资，就该自己考虑钱的问题，该怎样去同时获取房东和房客是一个鸡和蛋的问题。他们希望通过一些大事件来吸引注意力，比如美国民主党全国委员会（Democratic National Committee，DNC），在 2008 年有 8 万人要来，而在丹佛总共有才 27 000 个房间。接着他们联系媒体，得到的答案都是"绝对不可能，人们不愿意睡在别人的床上"，当地的报纸也把他们忽略，于是他们开始找当地的小博客，终于拿到了 80 个预订。然而这并没有什么作用，DNC 之后就没有什么生意了，刚刚一年，负债累累，每个投资人都说不，上线 3 次，略有报道，却很迷茫。

有人建议他们去上 Y Combinator（硅谷第一创业公司孵化器），一开始他们是拒绝的，"我们都已经上线了啊。""你们都快死了，YC 也是救命稻草好吗？"接着他们就遇到了保罗·格雷厄姆（Paul Graham）。

保罗·格雷厄姆给他们路线很多指导。最重要的建议就是有 100 人爱你们好过 100 万人喜欢你们。硅谷问题是当你做 App 你总是期望 App 病毒式增长去达到百万级用户。这是最不好的想法，最好是一开始让 100 人爱上它。没有办法让 100 万人在 Airbnb 上，但你们可以做到 100 人热爱你们。这是准备去做非扩张的事情。让 100 人爱上你也是很难的——让人去喜欢你很容易。于是，在 YC 上，他们从山景城到纽约，一个一个去拜访房主，住在每个房主家并写上第一个评论，那时候没有 iPhone，照片不能传到电脑上，于是他们就自己动手拍照。创始人还是摄影师？但房主觉得他们很用心。

3. 也许在演示日（Demo Day）没有投资人

在 2009 年，红杉资本发布一个"好日子不多"（*Cash Is King*）的演说，警告经济危机对风险投资行业的影响。保罗·格雷厄姆警告说，也许在 Demo Day 就没有投资人了，你们要延迟或者对盈利有计划，这样就不需要融资了。但最后他们还是有幸拿到了红杉资本 60 万美元的融资。

4.创业公司式宣传：口头传播

作为创业公司，合作伙伴可能会因为太多的条文而谈判失败。Airbnb 使用谷歌广告但宣传主要靠口头传播和 PR（PageRank：谷歌用来衡量一个网站好坏的重要标准之一，借此来调整网页排名的顺序）。他们会去新的城市，花时间教育新房主，定期组织聚会去催生市场。在旧金山见创始人是很正常的，但在小城市人们会觉得很新奇，房主会非常兴奋地见他们并且告诉他们的朋友。跟踪数据表明，面对面见他们的房主活跃度会更高。总之，就是搭建一个社区。

Airbnb 每一天都在成长，每天都会面对新的挑战，这只是它起步时的故事。

资料来源：根据网络资料整理而成。

第三节　创业项目的启动

创业项目启动的主要目的在于通过项目的实施情况来检视创业项目的可行性，增强项目的价值感，从而为其在未来的创业活动争取更多的资金、智力等资源。创业者在开始创办企业的时候，不要想着获得一个多么大的市场，可以从一件简单明确的事启动，在一个比较小的市场站稳脚跟，获得市场地位，后者是比较容易做到的。比如 Facebook 最初从制作选课表开始，他们只将哈佛大学的学生作为他们的用户，但是这个服务在哈佛大学非常受欢迎，所以后来发展得非常快，迅速占领了很大的市场。

一、创业项目启动的类型

曹政（2015）把创业项目启动分为单点启动、单边启动、双边启动、多边启动等四种情况，难度和成本依次递增，而一旦启动成功，其竞争门槛则从低到高。

（一）单点启动

项目特征——个体用户使用你的产品和服务，不受其他人或服务商的影响。简单地说就是，一个人，一个客户，也能用起来。常见的工具类产品，比如美图秀秀、壁纸产品等，用户只要自己觉得好用就可以了，不需要很多人在线，也不需要有一大堆服务商选择。常见的企业服务产品，比如财务软件、销售管理软件，客户使用之后对自己的业务有帮助就可以。这样的产品，启动推广不用担心起初用户不多和用户流失，可以慢慢打磨产品，针对每一个用户、客户的反馈去调整优化，直到产品打磨成熟，然后逐步推广做大。对于草根创业者或资金不是很丰富的创业者，从事这个领域的创业，市场可以慢慢做，可以一点点发展，一步步走。对于企业服务而言，甚至可以一单一单地做。

(二) 单边启动

这类项目特征是依赖于一定人群同时使用，才可以启动，一旦无法满足人群同时使用的指标，现有用户会迅速流失。简单地说就是有一群用户该项目才能启动起来，比如社交类产品、即时通信、社交网络、联机游戏。

这样的产品，你必须批量发起用户，短时期达到一个用户频率门槛，才可以让项目进行下去，比如一个交友网站，你必须让这个地区有足够多的男性和女性，这个网站才会有持续发展的可能性，那么第一批用户，必须是有规模地批量导入，而不是一个个发展，否则就是发展一个，流失一个。有些缺乏资金的普通创业者做一些系统机器人来维持活跃度，让用户以为有很多人在线，其实就是程序抓取的数据而已，以及一些自动应答或自动回复。有些联机游戏的对手，也是机器人。

(三) 双边启动

该类项目特征是需要供需双方都有足够的参与频率，才能同时启动，任何一方达不到足够的参与度，均无法形成有效稳定的发展，参与用户均会流失。这种项目主要有：电商平台，比如淘宝等；O2O，如百度外卖、美团、饿了么等；租车平台，如滴滴打车、Uber等。

你需要有足够的用户，也需要有足够的商家，如果商家够多而用户没有，商家一定流失，用户够多而商家不足，用户也会流失。自营电商和自己采购货源的属于单边启动，比如京东、唯品会，都是单边启动。双边启动所需启动资金更大，所需启动难度更高，而一旦建立起来，其竞争门槛更高，因为对手想要颠覆的成本也更高。

(四) 多边启动

这类项目特征是除了供需双方，还需要第三方甚至第四方的参与频率，才能同时启动。任何一方达不到足够的参与度，均无法形成有效稳定的发展，参与用户均会流失。淘宝目前看上去有一点这样的感觉，但是其实是双边启动后第三边才开始逐渐热起来，并形成很强大的竞争门槛。这里的第三边指物流服务商等，但实际上淘宝启动的时候这块并不强，都是商家自己解决，也没考虑得很多，所以淘宝启动的时候，也不属于三边启动。不过，多边启动的创业项目成功的例子基本还没有。

创业者，做项目设计和规划的时候，单点启动的最容易冷启动，所需成本最低；单边启动的需要一定的号召力、影响力，就需要思考你有没有足够的资金和影响力支持；双边启动的，特别特别难，启动成本高。一个产品，假设一个简单的产品，单点启动做得非常成功，如果想提高门槛，减少竞争对手的威胁，就要从单点转向单边，构筑用户规模壁垒，那么对手产品再好但用户规模不够也会处在劣势；如果可能的话，就构筑双边，搭建三边壁垒、四边壁垒，比如淘宝的物流体系强大后，其他企业想做电商平台就有难度，然后再植入进去金融体系，那对手就只能望其项背。

二、创业项目的启动路径

彼得·蒂尔在《从0到1》一书中指出，从历史潮流来看，未来肯定是在不断进步的。进步可以呈两种形式：第一，垂直进步，也称深入进步，意思是要探索新的道路——从0到1的进步，创造新的事物。第二，水平进步，也称广泛进步，意思是照搬已取得成就的经验——直接从1跨越到n，在已有的可运作事物的运作规律上进行不断地重复和叠加。一般来说，水平进步很容易想象，因为我们知道了它是什么样；垂直进步较难想象，人们需要尝试从未做过的事。

| 延伸阅读 4-3 | 钱颖一：从 0 到 1 是创新，从 1 到 N 也是创新

什么是0？什么是1？什么是n？是小n，还是大N？N有多大？是技术创新本身，还是创新带来的市场价值、社会价值？这里每一个问题都值得有"不同的思维"或"逆向思维"。

阿里巴巴的淘宝和天猫之前有eBay、亚马逊，支付宝之前有PayPal；腾讯的QQ之前有ICQ，微信之前有Kakao Talk、WhatsApp；百度之前有雅虎、谷歌；滴滴快的专车之前有Uber。所有这些都不是通常意义上的"从0到1"，但是它们都非常成功，创造的价值甚至超过了它们之前的"从0到1"。为什么？

有两个基本原因：第一是N的力量；第二是从1到N中的创新，因此它们都是"有创新的从1到N"。首先，小n和大N是不一样的，尽管在哲学上和在数学上没有区别。在中国，N>13亿。这里蕴藏了中国的N的力量。特别是在互联网时代，市场和社会效益是与N的平方（N^2）成正比，不是与N成正比。N的平方的力量比N的一次方的力量大得多了。谁看到了中国的N的力量，谁就不会轻视从1到N的作用。

第二是从1到N有两种可能，一种是简单的模仿，一种是学习中创新，并非像我们通常解读的那样，只是简单的模仿。两者的区别是什么？乔布斯曾引用毕加索的一句话：好的艺术家模仿，伟大的艺术家"偷窃"（good artists copy, great artists steal）。意思是伟大的艺术家都受到前人的影响，都要"偷窃"前人的思想，但不是简单的抄袭或模仿别人。学习伟大的艺术家的"偷窃"，并把它用到从1到N，这就不是简单的模仿，而是学习中的创新。

从1到N的创新既有技术创新，更有结合本土文化的创新。腾讯微信做大到今天，绝非简单地模仿Kakao Talk，它就有学习中的许多创新，比如微信红包中的"发红包"和"抢红包"的游戏就是一个这样的创新。通过红包使得用户绑定银行卡，发展微信支付，实现几天之内微信支付用户的急剧增长，就是基于创新，一种把中国文化传统、中国人心理，与游戏相结合的创新。

不要忽视从1到N，不要简单模仿而要在学习中创新。我们的创业者要抓住市场的巨大的N，并在1的基础上创新，释放N的力量，这是我们难得的机会。

资料来源：摘自人民网。

按此思路，创业项目的启动大致经过两条路径：①从 0 到 1；②从 1 到 N。0 是想法，1 是行动。"从 0 到 1"就是把想法变为行动，"从 1 到 N"的过程则是巩固行动成果，实现无限可能的过程。"从 0 到 1"具有原创性特征，重在从无到有、无中生有，经历的是质变和蝶变的过程。从"1 到 N"具有复制性特征，重在从少到多，从小到大，经历的是量变和裂变的过程。

从 0 到 1 即依靠科技创新，是一个从无到有的过程。中国在过去 30 多年的发展中迅速壮大，靠的就是不断地学习先进，靠"拿来主义"，因此也出现了"山寨""Copy to China"等标志性词汇。未来的世界肯定会更加趋同，由于知识产权的保护，科技创新越来越难以复制，中国赶超式发展必然遭遇瓶颈。如果不能从"1 到 n"实现"从 0 到 1"的转变，未来发展将走向迟缓甚至衰退。企业也一样，靠复制将使企业难以立足。

三、创业项目的实施

创业项目的启动实施阶段至少需要回答两个问题：一是如何将技术、创意变成产品，并获得用户喜欢？二是如何把产品从企业转交到用户手上，并从中获利？这两个问题，一个关于产品开发，一个是关于商业模式。

（一）开发刺激用户需求的产品

用户有需求，产品才能卖出去。好的产品能够提醒用户自己没有意识到的需求，能够创造新的需求。创业公司如何寻找突破口去确认用户需求呢？

1. 明确待验证的假设

即使是再完美的方法也不能保证你获取用户的真实需求，即使你是某个领域某个方面的专家，也不要过分相信自己的假设，因为"人无完人"，在变幻莫测的创新环境中，创业者的经验都是未经证实的。只有尽早接触客户，才能尽量减少不确定性带来的损失。

2. 制作原型

按照创业者的想法用最小的成本、最快的时间制作出一个粗糙的产品原型或仿真原型。这个原型甚至哪怕只是一个没有功能的空壳（软件用户界面，或者纸板搭出来的硬件原型），让创业团队自己用用看，并从非常苛刻的客户的角度，看看是否会接受（不是界面本身，而是所表达的功能），并用快速迭代来改进设计。比如 Kickstarter 上的一个基于安卓系统的很有名气的游戏平台 OUYA，他们的游戏手柄，就是先用木头做的快速原型，在内部试用。目的是什么？在初期用尽可能小的代价，发现产品的不足，错误和不足发现得越晚，改正的代价就越昂贵。

3. 找出非典型用户

找出具有创新意识愿意参与产品改进的几个非典型客户，做出一个只有简单的核心功能的原型请他们试用。能找到这种客户并不容易，可以有各种方式，比如许诺第一批产品出来以后免费赠送给他们。但首先这些客户一定是非典型的极端客户。比如 OUYA 创始人就会请一些游戏高手来试玩。这些客户是极其宝贵的，他们不仅会指出很多你没有考虑到的地方，帮你拓展思路，甚至会帮你打翻原有的设计！在这过程中你要注意观察这些极端客户的行为，不仅听他们说，还要琢磨他们为什么这么做。在这一步创业公司可以发现很多新的需求，甚至产品的独到卖点，因为很多客户需求是客户自己都没有意识到的。

4. 寻找更大范围的用户进行试用，根据反馈改进产品

根据上面的需求分析，再反馈回来，做新的改进，并进一步完善产品。也就是说重复第一步和第二步。直到非常确信这就是客户想要的东西，而且产品也可以做公众测试了。这时候基本功能就稳定了，但是还有很多缺陷，不过没有关系，因为你下一步要做的是寻找更多客户验证需求，而不是排除缺陷（debug）。

这时可以寻找更广泛的友好测试用户群体，通过观察和倾听，了解更多的需求。这时候大部分需求都是比较细微的，比如"那个颜色的遥控器我不喜欢"等，若有重大的需求改变，就需要要做出取舍，因为这时候做改进已经非常昂贵了。提问的时候多问开放性的问题（why, what, where, which, how 等）。

5. 把产品做稳定，安排市场推广

整个流程的思路就是先针对一群极端用户，通过看得见摸得着的原型，渐进式地深挖需求，找到产品卖点和新的市场需求，在这个过程中尽量把重大改进往里放；而不是针对大众市场，做一个大家都能想到的产品。这对中国的创业公司更有挑战，因为中国消费者不喜欢表达自己的思想，所以更需要通过观察和开放性的问题来理解客户需求。

（二）设计创业项目的商业模式

所谓商业模式，是指为实现客户价值最大化，把能使企业运行的内外各要素整合起来，形成一个完整的高效率的具有独特核心竞争力的运行系统，并通过最优实现形式满足客户需求、实现客户价值，同时使系统达成持续盈利目标的整体解决方案。商业模式既是企业的赚钱方式，也是企业应对竞争对手的利器。

1. 界定和把握利润源——顾客

企业利润是由购买企业商品或服务的顾客群创造的。企业利润源及其需求界定，决定了企业为谁创造价值，企业顾客群分为主要顾客群、辅助顾客群和潜在顾客群。好的目标顾客群，一是要有清晰的界定；二是要有足够的规模；三是企业要对顾客群的需求和偏好有比较深的了解。设计商业模式的时候，需要分析顾客需求，目的就是要为产品寻找能够比较容易呈现价值的顾客群。一般来说，企业盈利的难度并非在技术与产品端，而主要还是在顾客端。有时纵然是把握好企业顾客的一点点需求，也可能产生巨大的顾客价值。如果商业模式无法找到相对明确的顾客需求，那么这个创业项目将会遭遇无法创造利润的潜在风险。

2. 完善企业利润点——产品

利润点是指企业可以获取利润的、目标顾客购买的产品或服务，利润点决定了企业为顾客创造的价值是什么，以及企业的主要收入及其结构，好的利润点是顾客价值最大化与企业价值最大化的结合点，它要求，一要针对目标顾客清晰的需求偏好；二要为目标顾客创造价值；三要为企业创造价值。有些企业的产品和服务或者缺乏对顾客的针对性，或者根本不创造利润，就不是好的利润点。微软的商业模式是国际公认最为成功的商业模式之一，回顾微软不断完善企业利润点的历史，就会发现微软并不是一开始就能够设计出具有竞争力的产品的。看一看微软开发图形操作系统就会发现，根据顾客的需求对产品持续改进是微软商业模式的竞争力之所在。

3. 打造利润杠杆——规划企业内部运作价值链

打造强有力的利润杠杆，构筑内部运作价值链是商业模式设计与完善的重要内容，它决定了产品或服务是否为企业带来价值和带来多少价值，企业利润杠杆主要包括以下几种：组织与机制杠杆、技术与装备杠杆、生产运作杠杆、资本运作杠杆、供应与物流杠杆、信息杠杆、人力资源杠杆等。这些内部运作活动可以清楚界定企业的内部运作成本及其结构以及计划实现的利润目标。

将没有竞争优势的企业内部价值链外包，是打造利润杠杆的一条有效途径。同样的产品，由于利润杠杆不同，或者说由于企业内部运作价值链的差异，导致了产品的成本迥异。设计良好的利润杠杆可以使商业模式极具竞争力，美国西南航空公司创下了连续几十年盈利的业界奇迹，就在于始终坚持"低成本运营和低票价竞争"的策略，在竞争对手不注意的内部价值链上下功夫，找到了属于自己的财富增长点。

4. 疏通拓宽利润渠，构筑商业模式外部运作价值链

利润渠，即企业向顾客供应产品和传递产品信息的渠道，是商业模式得以正常运作必不可少的外部价值链。产品或服务的价值传递是企业把产品和服务传递给目标客户的分销和传播活动，目的是便于目标客户方便地购买和了解公司的产品或服务。

5. 建立有效保护利润的利润屏障

利润屏障是指企业为防止竞争者掠夺本企业的目标客户，保护利润不流失而采取的战略控制手段，利润杠杆是撬动"奶酪"为我所有，利润屏障是保护"奶酪"不为他人所动，比较有效的利润屏障主要有建立行业标准、控制价值链、领导地位、独特的企业文化、良好的客户关系、品牌、版权、专利等。

商业模式也是一种企业创造利润的思维方式，虽然有许多不同的创造利润方式，但每个企业最终只会从中选择一种方式，而企业的主导思维架构将是决定商业模式的主要因素。许多技术创新面对的是一种不确定性极高的未来环境，而市场信息也无法全盘取得，因此没有一个商业模式能确保未来利润一定会被实现，也没有所谓最佳的商业模式。商业模式的内涵

需要因应环境变动,在执行时保持高度的弹性。

第四节 创业项目孵化

孵化是指动物在卵内完成胚胎发育后破壳而出的现象。在管理学上,孵化有孕育新企业之意。通常情况下,接受孵化的企业更容易"破壳而出",更易获得成功。从某种意义上讲,创业项目孵化是创业项目启动的一部分,其主要目的也是通过对技术、创意等培育孵化来检视创业项目的可行性,增强项目的价值感,从而为其在未来的创业活动争取更多的资金、智力等资源。

一、企业孵化器概述

世界上第一个科技企业孵化器(business incubator)是美国的约瑟夫·曼库索(Joseph Mancuso)于1959年在美国纽约的贝特维亚(Batavia)创建的"贝特维亚工业中心",它是全球企业孵化器事业的开端。曼库索因出租厂房给一家养鸡公司,浮想联翩,便把扶持创业的机构形象地称为"孵化器"。1987年,我国第一家企业孵化器——武汉东湖创业者中心宣告成立,企业孵化器事业从此在中国开始发展起来。在广义上,加速器、创业咖啡、众创空间、科技园、创意园、创业社区、创客空间等机构,均可以根据实际情况被纳入孵化器的范畴。

企业孵化器是指一个集中的空间,能够在企业创办初期举步维艰时,提供资金、管理等多种便利,旨在对高新技术成果、科技型企业和创业企业进行培育孵化,直到这些企业能够不用或很少借用其他帮助将他们的产品或服务成功地打入市场。企业孵化器一般应具备四个基本特征:一是有孵化场地,二是有公共设施,三是能提供孵化服务,四是面向特定的服务对象——新创办的中小企业。

中国企业孵化器提供的服务分为四类:①一般性服务,包括场地、商务设施等;②管理咨询服务,包括一般性商务代理服务和制定战略、管理制度、人力资源管理制度,市场分析,专业知识培训等;③投融资服务,包括协助获得政府资金、申请担保贷款、直接向企业进行投资、与风险投资结合等;④专业技术服务,包括企业注册、成果转化、创意落地、企业计划、财务规划、资本结构设计、项目路演等服务。其中投资服务是孵化器核心服务功能之一。对初创企业来说,接受孵化器的服务,可以帮助初创企业少走弯路,加速发展,提高了创业的成功率。

在我国,中国孵化器主要包括以下几种模式。

(1)企业平台型。企业主导型孵化器是指基于企业现有先进技术资源,通过技术扶持,以企业庞大的产业资源为创业者提供高效便捷的创新创业服务;主导者通常为大型企业,利用其雄厚的资金实力以及资源调配能力,目标是未来能为孵化器主导者带来新模式,为上游企业带来新技术。目前,国内通信行业三大运营商、百度、腾讯等科技型企业都已着手建立旗下孵化器,如中国电信创新孵化基地。

| 延伸阅读 4-4 | 创业孵化器的先锋——Y Combinator

Y Combinator 由保罗·格雷厄姆成立于 2005 年，是美国著名的创业孵化器，Y Combinator 扶持初创企业并为其提供创业指南。《福布斯》曾将 Y Combinator 评选为最有价值的孵化器，其地位领先于其他著名企业。

Y Combinator 只关注于最早期的创业团队，在创业团队的起步阶段介入并提供相应的帮助。Y Combinator 分别在冬季和夏季一年有两期举行 Funding Application 的活动，接受创业团队提交的项目资料。项目如果评审通过的话，Y Combinator 会提供一种"$5 000+$5 000n"模式的投资，其中 n 指的是愿意参与此项目投资的 Y Combinator 合伙人的人数。比如，如果有两个合伙人愿意投资，那么最终的投资额度是 $15 000；如果有 3 个的话就是 $20 000。作为回报，Y Combinator 将占有创业团队 2% 到 10% 的股份，通常是 6%。

在它成立的几年间共帮助推出了上百家的科技公司，其中毕业的代表企业有如社会新闻网站 Reddit，在创办 16 个月后就被世界媒体巨头康泰纳仕集团（Condé Nast）以 2 亿美元的价格收购；云存储服务 Dropbox，公司估值达 40 亿美元；旅行房屋租赁社区 Airbnb 等，因而有人称 Y Combinator 是"百万富翁制造工厂"。随着硅谷老牌投资者罗恩康韦和尤里米尔纳的加入，现在每个加入 Y Combinator 的公司都能收到一笔 15 万美元的可转换债券的投资。

每个入驻 Y Combinator 的创业者都会获得在硅谷之外无法接触到的资源，不过，Y Combinator 最广为人乐道的是它独有的创业项目选拔方式和培训机制。这些开创性的举措也大多成为后来者的模板：为创业者安排短期而高强度的编程训练，给每个团队固定的小额种子基金并要求一定股权占比，定期邀请专业人士进行讲座和具体问题指导，举办可使创业团队彼此了解的"原型日"，以及最后面向投资人的"展示日"。其中，Y Combinator 的投资是一个关键环节。

资料来源：根据网络资料整理而成。

（2）"天使"+"孵化"型。"天使"+"孵化"型孵化器主要是效仿美国等发达国家孵化器的成功模式——由民间资本或教育类机构，例如各大创投机构或高校主导；同时对项目的筛选倾向于具有创新科技或创新服务模式的企业，入孵后对看好的企业进行天使投资，并在毕业后的后续融资中退出实现股权溢价。如创新工场、启迪之星孵化器、洪泰创新空间、联想之星还有深圳创新谷，主要通过投资来实现孵化器的盈利。

（3）开发空间型。办公空间类孵化器的孵化模式，是在此前孵化器初期的基础上进行了全面的包装和完善，更注重服务质量和品牌效应，致力于打造创业生态圈。该模式的孵化器为创业者提供基础的办公空间，并以工位计算收取低廉的租金，同时提供共享办公设备及空间，如车库咖啡、3W 咖啡、科技寺等。

（4）媒体创新型。媒体类创新型孵化器是指依托自身庞大的媒介平台，凭借其对创业环境以及科技型企业的长期跟踪报道，从而积累的经验为创业者提供多种扶持帮助的孵化器。其有效地帮助创业孵化项目极大提升了项目知名度，同时提供各方面的资源对接。媒体类创新型孵化器大多行业经验丰富，无盈利压力，同时自身经营多年的媒体平台可为孵化器提供持续型的经济支持，如创业邦旗下孵化器 BangCamp 和 36 氪旗下孵化器氪空间等。

（5）新型地产型。新型地产类孵化器诞生的时间不长，模式较为单一，目前主要靠出租办公位，并且提供共享办公设备、网络以及出租办公空间为盈利模式；主导机构一般都为大型地产商，产业地产过剩，寻求转型，如 SOHO 3Q、优客工场等。

（6）垂直产业型。产业技术平台模式孵化器只针对某一产业进行定向孵化，提供行业先进产业技术以及孵化基金，帮助特定领域创业者将技术落地，产业化发展；该类孵化器一般在产业垂直方面有着庞大的人脉以及行业资源，为特定行业创业者提供除资金和技术以外的多项增值服务；位于北京中关村和上海市北高新技术服务业园区等多个云计算产业孵化器，广东文投创工场则专注于互联网和文化产业的项目孵化；theNode 则凭借对于文化科技行业资源的整合能力，帮助创业者成长。

（7）综合模式。孵化器发展至今，其形态已经不仅限于单一模式。在结合实际发展需求的情况下，孵化器往往会融合多样的服务形式以及开发更多细分业务路线，以更好地促进孵化器的发展。如位于中关村的创业公社，其以"孵化+投行+投资"的运营模式，打造的集共享式办公空间、创业互助社区、小微金融、创业公寓为一体的全新模式众创空间；为移动互联、互联网金融、智能硬件等新兴领域的创业企业，提供办公空间、创业公寓、基础运营、资源对接、咨询培训、天使投资、融资筹划等服务。

二、甄选拟入驻企业孵化器

中国企业孵化器数量由 2005 年 500 多家增至 2015 的 2 000 多家，孵化器如雨后春笋般出现的背后是初创团队的高比率增长，然而孵化器市场发展步入瓶颈期，两极分化现象凸显，部分孵化器面临倒闭危机，所以初创团队在入驻之前，需要了解孵化器的运营状况，以对孵化器进行甄选后入驻。

（1）是否有优秀的创业导师？导师是在创业者迷茫时给予帮助的第一推手。但目前市面上的创业孵化营、孵化器和众创空间等，一类完全没有导师，另一类则挂了大量大牌导师的名字，但实际上自己运营着大企业的导师很难有精力关注底层的创业者。因此，需要去了解那些之前经过这个孵化器的创业者们，他们和创业导师之间的关系到底如何？创业导师有无起到作用？

（2）是否有独特的资源网络？资源可以是物也可以是人。在信息时代，资源还往往是知识。但很多时候，创业者欠缺在信息上。他们不知道去哪里找手握资源的人，即使对方有意愿提供。因此，好的孵化器必须是一个信息集散地，无论是通过微信群、官方发布等形式，还是私人网络、入驻企业之间互相的信息交流。优秀的孵化器应该有自己独特的资源。例如，京东做智能硬件孵化器，有京东众筹这一面向海量客户的渠道优势；i黑马有多年积累的企业家关系网优势；创新工场有李开复个人号召力的优势；36氪有媒体曝光优势；北大、清华孵化器，有庞大的校友关系网、人才和品牌优势。

创业故事 4-3　一家上海孵化器的自我孵化：从卖工位到做投资

随着科创大潮压来，运营孵化器也似乎成为一个"不错的"产业，但事实上，除了部分孵化器可以依托政府政策与税收减免的福荫，剩下的却大多运营维艰，各有苦楚，要知道仅仅依靠廉价的工位出租与价值有限的附加值服务，难以维持商业闭环的长期盈利。因此，越来越多的孵化器借着"离创业项目近"的优势，开始涉猎早期天使投资，形成孵化器（半公共事业）与天使投资（市场化运作）的组合。2015年9月，创业邦记者采访了聚兴工厂和逐鹿资本这对典型的组合拳。

起点：聚兴工厂孵化器

聚兴工厂成立于2011年，是一个专门孵化泛TMT领域的初创企业为主的孵化平台，提供从工位（1 500元/月）到创业服务等一系列的，具体到商业、技术、法务、产品、市场和人力等的服务。聚兴工厂合伙人兼COO蒋滨递出了第一张名片，"与其他孵化器以服务换取微股份的做法不一样，我们在孵化器领域内的服务仅仅是实行佣金制。"在聚兴工厂看来，换取股份是投资基金做的事情，"作为初创公司，他们一定是希望任何投资都是可以计入估值的，因此我们不会将服务和投资进行混淆。"

简单直白一点，仅仅运营孵化器，聚兴工厂的账面是亏本的，由于孵化器大多数是半公共事业属性，想要直接盈利困难重重，于是蒋滨递出了他的第二张名片给创业邦记者，逐鹿资本投资总监。

转身：逐鹿资本天使基金

2015年3月，逐鹿资本创始人刘子健和其他三个合伙人合盘开始进行一些早期项目投资。基于前些年运营孵化器的经历，逐鹿资本认为将孵化器与早期天使基金结合，一方面是为投后管理提供各种优势，"真的从物理空间上拉近创业者和投资人的距离"；另一方面，对于孵化器"几无产出"的困境，天使投资提供最好的变现归路，"基本上，天使投资给我们带来的回报是比较可观的，可以完全盘活孵化器这边的日常运营。"

据逐鹿资本合伙人卓威舜表示，"如今孵化器过渡到早期投资已经不是商业秘诀，而是面临行业竞争之下，不得不做出的选择。"即使成立天使基金，也不能完全保障盈收，最大的问题在于"好的项目，越来越难找，现在投资机构也在不断增加，如何在项目早期挖掘到好项目成为每个投资经理最头疼的事情。"一方面，所有的投资人都在以数量换质量，依靠庞大体量的工作，如看BP、见创业者、做尽职调查等投前手段来筛选项目，还要培养斗智斗勇的魂魄，撇去创业者口若悬河中的泡沫；另一方面，提升投资机构也亟须提升品牌影响力，特别是投资人本身，"尽管一直在讲创新意识，但整个投资行业还依然保持比较传统的形态，点对点成为每个投资人的日常工作形态。"

一场有"预谋"的酒会

最近，逐鹿资本发起了一场上海地区（目测）最大规模的投资人酒会，邀请了机构合伙人、总监级别的投资人共计百余人。而现场的食物与酒水均由美食创业团队提供，如小龙虾餐饮品牌"虾搞虾弄"，"我们也是为这些创业团队提供了露脸的机会，"卓威舜表示。

"上海是个在创业与投资氛围上比较清冷的城市，南方人的内敛与含蓄与北方人的热情和豪爽有着比较明显的差异。"逐鹿资本希望通过定期的投资人活动，将投资机构进行整合，据了解，出席投资人酒会的投资人有的投早期项目，有的投成长期，有的则从事 PE 或 IPO。在现场，有的投资人开玩笑，自己是来找"接盘侠"的。"传统上，社会机构总是专注于投资人与创业者的对接，而我们的酒会则是提供不同机构之间的沟通机会，大家交流一下手上有什么好的项目可以进入到下一轮，"卓威舜向创业邦表示。

在现场，布置了八个讨论室，分别贴上不同的标签，如机器人、To B、医疗、电商等，投资人可以选择进入不同主题的讨论室进行交谈。卓威舜表示，"随着创业者的热情起来，现在也有越来越多新兴的投资机构，这一端的资源长期属于整合，未来我们希望把类似的投资人交流活动做成一个品牌活动，进一步推动投资圈的生态社区建造，特别是在上海这块地域。"

资料来源：创业邦，文/Amber。

（3）是否有资金支持？是否自带资金其实并不一定意味着优劣。在中国，自带资金的孵化器数量有限。风投和孵化器之间还是相对"术业有专攻"的，但未来，随着投后管理深化以及投前筛选系统化，两者的合作空间也越来越大。

（4）上一轮的孵化器项目结果如何？这个问题非常重要，因为这关系到公司的发展和你的股权，所以你得确保这些都是值得的。

（5）在该孵化器里，哪些公司没有走到最后的展示日？如果经理告诉你确实有这样的公司，你需要找到这些人，问问他们到底发生了什么，这其中有什么问题。

（6）之前有项目在孵化器里得到投资吗？如果他们不愿意给出例子，那么这是个危险的信号。这些信息都应该是公开的，虽然有时候是有例外的，但这样的信息能够帮你确认这个孵化器是不是真的能帮到你。

如果一旦发现了让你很不满意的回答，不要停留在那里，因为你的最终目的是让你的新创公司加速，这是最关键的。

三、打动孵化器管理层

创业者可根据自己的项目属性，有针对性地找到孵化器及其负责人，提交入驻申请。一般情况下，孵化器机构会安排创业项目路演，并经过层层筛选来决定能否进驻。创业团队在与孵化负责人接触以及项目路演过程中，要努力回答好以下几个问题。

（1）公司做什么？列出每一个创始人的基本资料，告诉孵化器公司的经理与专家，你们是怎样一个团队，公司的主营业务是什么，这些业务有怎样的市场前景。

（2）每个创始人有什么样的优秀能力？尽量把团队成员的学习、工作经历的"亮点"展现出来，比如小王从 10 岁开始编程，16 岁开始创业，在大学里创立在线教育网站并盈利；大李是一个严谨的程序员，曾经参加过世界黑客大会；老陈是一个精明的投资者，这是他投资的第 98 个项目，之前的 97 个都赚钱了。

（3）项目的创新点是什么？分析目前消费者在该领域需求的满意情况，列出你的项目优势，它有什么特点，解决了哪些竞争对手没有解决的问题。

（4）项目如何赚钱？这是商业模式方面的问题。比如，"我们前期会做一些用户体验，聚合粉丝，然后用大数据来出售产品。目前，我们已经谈了一些合作商家，只要项目投用，短期就会盈利。"

（5）竞争对手、潜在对手有哪些？最怕谁？比如，"我们不怕任何对手，我们已经申请了相关专利，这对于竞争对手而言存在技术壁垒，所以我们项目的核心环节很难被复制。"

四、积极开展项目孵化

企业入驻后，就如何处理与孵化器的关系，从中获取更大的价值，彭靖、刘醒、徐辉、糜丰（2015）提出了以下建议。

（1）弄清要从孵化器那儿得到什么。也许你是一个科技公司，对写字楼资源需求不大，但需要工程师的资源。孵化器也许能为你提供和大公司进行合作的机会，而大公司的科技人员在将来很有可能成为你的合作对象。

（2）建立多方关系。如果你能清楚知道要和什么人建立关系，并且有清晰的目标，相信孵化器能带来意想不到的效果。所以，大胆利用他们的知识和人脉，向他们询问你需要的信息。与创业企业孵化器主管建立深厚的友谊。和过来人的交流对公司成长有巨大帮助，企业家也能从中得到更多的意见和建议。如果今后公司运营遇到问题，也能寻求他们的帮助。

（3）利用资源，但别分心。充分利用孵化器的资源，如免费咖啡馆，工作直接在咖啡馆进行；通过网络联系导师，征询来自导师的建议；获得来自赞助商的免费法律帮助；拥有研讨会和生产车间的进入权限。

（4）利用导师资源。在孵化时一定要好好利用导师的人际关系网络，他们也一定会竭尽所能帮助你取得生意的成功。

（5）找到金融顾问。孵化器的金融顾问能为创业项目健全财务系统，建立工资表和完善的财务部。在大方向的资金政策上他们也能给予指导，让你知道现金流效率和资金风险，避免触碰法律的底线。

（6）尽心尽力做好工作。孵化器并不是对每个企业都是平等的，因为它无法顾及所有企业，但他们会挑选其中有潜力的对其着重培养。所以，必须尽 120% 的精力做好工作，让孵化器看到你的努力和价值，它们将给你非同寻常的照顾。

课后思考

1. 简述创业项目启动 24 步骤。
2. 创业是项非常辛苦的事情，对此，你是否有足够的心理准备？
3. 创业机会的来源有哪些？

4. 如果你现在去创业的话，你可能会从事什么样的创业项目？为什么？
5. 如果你去创业的话，创业路径有"从0到1"与"从1到N"，请问你更倾向于采用哪一路径？为什么？
6. 创业项目的实施要做哪些工作？它对创业融资融智有什么意义？
7. 什么是企业孵化器？它对创业活动有哪些帮助？
8. 创业者如何才能进驻企业孵化器？

案例分析

曹刚：孵化器热潮背后，我如何做"自我孵化"

孵化器对创业者到底意味着什么？场地？资本？扶持？还是上要补贴，下收房租？曹刚，一个天使投资人、连续创业者、跨界达人，给出了一个完全不同的答案（见图4-3）。和大多数孵化器不同，他和他的团队直接瞄准"青年艺术家"，一个在传统意义上跟创业无关的群体，运用金融杠杆和互联网的工具，用跨界的操盘手法开始了孵化和自我孵化之旅。

图4-3 六巧板孵化器

借力孵化器主动出击

"比起那些身经百战、创业数次的精英，实际上更多初入创业大军的创业者都是'小白'，没资金，没人脉，太需要创业辅导。"发出这样的感叹，源于曹刚自身的创业经历。

"在做创投和基金的过程中，找到好项目是最首要的工作，"曹刚说，"由于初期竞争优势不是很明显，优秀项目比较难猎寻，因此想再往前走一步，自己做孵化器，化被动为主动，在帮助创业者解决实际问题的过程中，完成项目猎寻、孵化投资、投后管理和项目推出的闭环。"

做对人的孵化

与很多孵化器不同，曹刚和他的团队，坚持孵化器的主要功能是：帮助创业者成长。

为了更有针对性，曹刚把孵化器定位在文创领域，专注原创艺术品的交易和投资，以及与之相关的上下游产业链的开发。与之相伴的，六巧板文艺派创客街也在艺术氛围浓郁的藏龙岛湖北美院正式落户。

以前说到艺术品，都是企业家、艺术品玩家、收藏家或者爱好者这批购买能力高的人在玩，还是属于小众人群，对同样有家装、软装需求的普通消费者来说，是可望而不可即的。市场有潜力，但是尚待开发和培育。这几年，随着国家对文化事业的引导和推广，消费者艺术鉴赏能力的提高以及生活水平的提升，大家对于原创艺术的需求越来越大。

然而，艺术品的交易比普通产品更为复杂，传统画廊是跟艺术家签约，扮演经纪人角色，或是让作品通过拍卖进行流通，出名的艺术家可以通过各种渠道卖作品。但对初出茅庐的青年艺术家来说，这条路要走很久，社会上对未成名的青年艺术家关注不够。

目前我们需要解决青年艺术家如何培养成和被认可，原创艺术品如何运作和快速交易，艺术与金融产品如何嫁接，艺术与公益事业如何相连这四大问题。

回到最初的疑问——孵化器究竟能给创业者带来什么？六巧板又能给那些围绕原创艺术上下游产业链的创业者提供哪些支持？

曹刚给出了他的答案：提供物业空间是

基础，辅导其成长是过程。帮助青年艺术家逐渐放下身段，让其走入大众视野提高曝光度和影响力，同时打通销售渠道、建立线上线下的交易平台和公益众筹平台，让原创艺术品走入生活，触手可及。

同步孵化、投资围绕艺术品交易相关的上下游产业链，打造艺术品交易市场，形成聚合效应和良好口碑——以自我孵化的形式去带动、引领、投资更多的与该产业链相关的原创艺术创业团队，与其一起成长，一起成功。

"我们的服务对象是青年艺术家，帮他们解决最核心的痛点——艺术品的流通。比起线上泡沫式的流量，我们更看重实实在在的交易量，这是任何商业成功的根本"，曹刚说。

创业需要资本更需要资源

为了盘活原创艺术品交易的圈子，孵化青年艺术家，实现艺术品的流通，曹刚和他的团队做了多方努力。

首先，突破青年艺术家的心理防线，让其愿意把作品拿出来销售。"他们往往以为作品放着能增值，但任何艺术品的价值都体现在大众对其的接受程度"，曹刚的做法是让一部分人先参与起来。

在美院旁边，他拿下两栋楼，一栋用来做整个产业链，另一栋则创建线下体验空间、孵化器和路演厅。以美院师生为核心成立了板砖共进社，打造学生实习基地，在这里，可以做创意涂鸦设计、创意市场、甚至个人小型画展，给青年艺术充分展示的机会。

与大学的社团一样，板砖共进社也配备班干部、组织部、外联部……都有明确分工。他说，"我要对每个会员进行考量，哪些是跟着混的，哪些是真正想创业的，有了清晰的判断，方便日后在具体孵化中提供针对性服务。"

对于人才养成，曹刚认为，"艺术家要走下去跟大众交流，在互动中彼此找到认同，这样不仅可以直接产生交易，也能促进整个行业良性发展"。因此，团队在线上交易平台专门设置了艺术家对自身作品的解读内容，后期也会有很多艺术家面对面与大众交流的活动。

接触这些创业者之后你会发现，对于初创团队，不仅需要资金，更需要的还是资源。这也是不久前六巧板联合资本在阳光100凤凰社villa创业咖啡挂牌的原因，双方达成战略合作，为孵化器谋求更多资源。

曹刚认为："孵化器不仅是单纯的物理资源配置，更需要构建'产业孵化和股权投资相结合，产业创新与产业创业相衔接'的产业生态集群。"而凤凰社villa作为光谷创客社交平台，长期引进各种创业资源，形成创业家的朋友圈，这与六巧板孵化器理念不谋而合。

挖掘艺术家更大的潜质

在曹刚看来，这项事业的重中之重是制定新的游戏规则。

下一步，曹刚和他的团队正在计划完善线下布局，打通艺术品进入千家万户的渠道："与机构合作，把原创作品放在那些看得见的公众场合。比如酒店，原来要买艺术品，现在直接租，甚至免费试用。酒店客人看见画直接扫码消费后，产生的交易酒店也可以分成。"

资料来源：微信公众号"武汉凤凰社"。

讨论题

1. 孵化器"自我孵化"如要成功，需要有哪些保障性措施？

2. 对六巧板孵化器的战略思路进行提炼并评述。

3. 如何理解"在曹刚看来，这项事业的重中之重是制定新的游戏规则"？

第五章

创业项目策划与包装

学习目标

- 理解创业项目包装在创业营销活动中的地位和作用。
- 了解创业项目策划设计的基本内容。
- 掌握项目包装的内涵、原则与要求。
- 了解创业者包装的形式与内容。
- 熟悉项目包装的形式：商业计划书。

导入案例

和总理打羽毛球的机器人火了，每台卖 40 万元

黑黄相间的"外衣"、滑轨式挥拍支架与机械运动底盘、"背上"两个羽毛球拍，外观略显"呆萌"的羽毛球机器人，是目前最火的"网红"。究其缘由，因为李克强总理曾挥拍和它切磋球技，两个来回打成平手。2016 年 4 月 25 日下午，李克强考察成都菁蓉创客小镇，在与创业者的交流中，李克强应邀与创业团队设计的羽毛球机器人"切磋"球技。

电子科技大学研二女生黄山向总理介绍了这款羽毛球机器人。"总理一共发了两个球，机器人都接住了，不过第二球机器人没打过网。"黄山记忆犹新，当她告诉总理，目前这款羽毛球机器人的订单已排到年底，预计年销售额 5 000 万元后，"总理连说了几个好。"

4 月 26 日，记者专访了其研发团队领头人——电子科大骆德渊教授。骆德渊教授所在的创业公司，两间大办公室一间被隔成办公区、会议室和实验区，另一间则被改成了室内球场。一张行军床摆在角落，上面有一床叠放整齐的棉被。没聊几句，骆德渊便兴冲冲地带着记者去看和总理过招的羽毛球机器人。

"昨天和总理打球的就是它。"指着地上正在灵活转动的羽毛球机器人，骆德渊说，除了和人进行单打，如果把两台这样的机器人放在一起，还能双打。

骆德渊随即让一位小伙上场演示。小伙发球，机器人随即前后左右快速移动，准确接球，挥拍回击，十几个回合下来，小伙子一个趔趄，没接到球认输。"他输了倒也不亏。"骆德渊笑道，这款由电子科大学生创业公司研发的羽毛球机器人名叫 Robomintoner，曾在 2015 年斩获"年度 Robocon 亚太大学生机器人大赛国内冠军"，是不折不扣的金牌得主。2015 年世界机器人大会，它也曾参展，"当时国外媒体都惊呼神奇，围着它拍了好几天。"在和总理"切磋"之前，Robomintoner 还曾和羽毛球世界冠军董炯等过招。

如何将普通市民眼中"高大上"的技术转变为"接地气"的经济力？这是不少科技型创业公司始终绕不过去的难题。单打羽毛球机器人每台售价 40 万元，其高价定位，到底会在市场上激起多大涟漪？对此，骆德渊给出了一组数据：从 2015 年年底投入市场以来，羽毛球机器人供不应求，订单已排到 2016 年年底，定金到账 200 余万元。这些订单来自体育场馆、民营企业、教育行业等。2016 年销售收入预计在 5 000 万元左右。

"我们创业的底气，是电子科大机器人竞赛团队 14 年的积淀。"2002 年，为参加"亚太大学生机器人大赛"，电子科大组建了首支机器人竞赛团队，骆德渊是指导老师。这一打磨，就是十多年。"现在正在创业的最好时代"，有国家鼓励创业、学校支持创业的大背景，还有各行各业都在努力实施产业转型升级、实施智能化制造变革的大趋势，"这对机器人产业来说是一个绝佳机会。"现在，电子科大学生创业公司已开始新产品的研发，而另一边，因为羽毛球机器人的市场需求量大，公司已着手扩大产能，建设工厂。

资料来源：《华西都市报》，记者/刘秋凤、杜江茜。

第一节　项目的策划设计

一、项目策划的三个板块

在项目包装的所有技巧中，最具有技术含量的是项目策划。如图 5-1 所示，创业项目可以分解为三个相对独立的板块：第一是技术模式，其核心指标是性价比；第二是经营模式，其核心要素是盈利点；第三是合作模式，其核心要素是共赢点。

在这三个模式中，首先要确定的是技术模式，因为技术模式的变化往往会引起经营模式和合作模式的变化。例如，互联网技术的诞生就使很多传统项目的经营模式发生了根本性的变革，过去商场开在街上，现在可以开在网上；新能源诞生会引起经营模式的变革，如果直接利用太阳能技术，被突破以后，社会干脆订购太阳能电池，高压线以及变电站这些传统的设施将会成为历史古董。不过，技术模式也有可能反过来受到经营模式的制约，目前很多尖端的技术已经被突破，但是由于成本高昂一直无法实际应用，经营模式的价值导向使得性价比而不是先进性成为技术模式的核心指标。

三个模式中，经营模式处于核心地位。经营模式的宗旨是盈利，无论技术模式还是合作模式都需要围绕这个宗旨形成。一个项目可以没有技术模式（没有技术含量的传统项目）也可以没有合作模式（独家经营），但是不可能没有经营模式。经营模式是一个项目得以立项的必要条件。即使在同一个技术平台上，不同的经营模式所带来的结果也往往大相径庭，例如，同样在互联网上开一个网站，经营模式五花八门，有的网站靠广告费赚钱，有的网站靠会员费赚钱，有的网站靠网上交易佣金赚钱，有的网站靠出租网上商铺赚钱，这就要看设计什么样的经营模式能够为你带来更大的效益，同时要最大限度地屏蔽风险。

图 5-1　项目策划的三个板块

三个模式中，合作模式的策划是最困难的，也是技术含量最高的。如果技术模式和经营模式涉及的是权益如何产生，那么合作模式涉及的则是权益如何分配。权益分配的方案不但取决于项目公司本身的决策，同时也取决于合作方的决策，它是合作双方（或多方）博弈的结果，是一个互动的过程。一个项目即使有非常好的技术模式和经营模式，可是如果合作模式没有设计好也会功亏一篑。

二、技术模式的策划设计

技术模式首先涉及的是技术方案的选择。选择技术方案有三个基本的标准：适用性、稳定性、经济性。综合考虑这三项标准就是三元方程求解，求出的结果是最佳的性价比。

首先要考虑的问题是适用性。这是技术选择的底线，任何技术方案首先必须满足基本的功能，然后才能在此基础上考虑拓展功能。例如一个涉及图像处理的项目要选择打印设备，首先要考虑处理的大多数图像，是一般彩图还是照片，是风景照片还是人物照片，然后根据要求确定适用标准。如果是一般彩图，比较低档的打印设备就可以满足了；如果是风景照片，就必须使用比较高级的打印设备；如果是人物照片，则需要尖端的打印设备。

其次要考虑的问题是稳定性。作为工业化产品或项目，技术的稳定性永远优先于它的尖端性。在上例中，如果选择的设备可以打印出最高 9 600 万像素的照片，但是每一次打印出来的照片色彩都不一样，那么我们宁愿退而求其次，选择能够打印 4 800 万像素，但是色彩保持稳定的设备。不稳定的尖端技术，只有学术意义而没有应用价值，没有应用价值的技术就不具备可行性。项目的可行性＝适用性＋稳定性。

最后要考虑的问题是经济性。经济性有两个评估指标：一是投资成本，二是运行成本。而现实中这两个指标往往是矛盾的，投资成本高，往往运营成本就低；而运营成本低的，投资成本很可能就高。比如美国品牌的彩色打印设备购买价格很高，但是彩色墨盒比较便宜，投资成本高而运行成本低；而日本品牌的彩色打印设备，购买价格很便宜但是彩色墨盒不但消耗快而且价格贵，投资成本低而运行成本高。因此需要考虑该设备的使用频率，按最低的综合成本来决定取舍。

选择技术模型，除了上述三个基本的指标之外，还需要考虑三个动态指标：前瞻性、兼容性、扩展性等。技术的前瞻性是基于对技术发展方向的判断。技术是不断发展和进步的，我们今天选择的先进技术，今后将被更先进的技术所淘汰，因此在选择技术产品的时候一定要考虑这项技术今后的发展方向和路径。一旦跟错了技术路线，今后就会被排除在主流技术之外，后果将是灾难性的，例如计算机视窗软件曾经有微软 Windows 和苹果的 Macintosh 双雄鼎立，当年每一个应用软件的开发商都必须做出清醒的判断，今后计算机软件的发展潮流是跟随微软系列还是苹果系列。后来竞争的结果表明当年咄咄逼人的苹果系列后来逐渐走向没落，而那些基于苹果平台的软件开发商则因为站错了队而失去了主流市场。可是当今微软还没有来得及宣布胜利，苹果系列又重新崛起了，使人们陷入了当年的纠结。

如果前瞻性的判断可以确定，下一个应该考虑的问题就是扩展性。根据技术发展方向预留技术升级换代的接口，一旦主体技术产品过时，可以通过局部改进来弥补原技术的功能缺陷，延长其生命周期，节约频繁换代的成本。例如，当模拟电视机逐渐被数字电视机代替时，开发出可以将信号转换为数字信号的机顶盒，将其配置模拟电视机上就可以接收数字电视，信号部分实现数字电视功能，以致传统电视机可以使用，免遭立即被淘汰的命运。

如果前瞻性的判断不确定，下一个应该考虑的问题就是兼容性。无论技术路线朝哪个方向发展，都可以左右逢源。比如一些电脑软件开发商，拿不准微软和苹果到底哪一边会成为主流平台，于是开发出两边都可以兼容的软件，装到 Windows 上可以用，装到 Macintosh 上面也可以用。兼容性不但要考虑左右逢源，同时也要考虑上下逢源，技术的换代产品是否能够兼容那些被淘汰的产品，例如一个基于 Windows 7 上的软件产品，如果装到 Windows XP 上是否也能够使用？

技术模式还涉及技术的组合。很多好项目并非一定要拥有原创发明或尖端技术而拥有最佳的技术组合即可。各种不同技术之间的排列组合更增加了这种技术模型决策的难度。在网络中传输图像是一个长期令人头疼的问题，如果要保证图像质量，就会牺牲传输速度；如果要保证速度，就会牺牲图像像素；如果两者兼顾，就会大大增加成本。这要求人们只能在同时兼顾质量、时间和成本的情况下，找到一个最佳点作为技术结合的支点。

三、经营模式的策划设计

项目经营模式的宗旨是赚钱,这是衡量它优劣的主要指标。无论多么简单的经营模式,能盈利就是好模式。把经营模式的设计策划总结出来三个步骤:第一步是捕捉商机,发现项目的盈利点;第二步是设计流程,整合项目的四个流;第三步是屏蔽风险,论证项目的可行性(见图 5-2)。

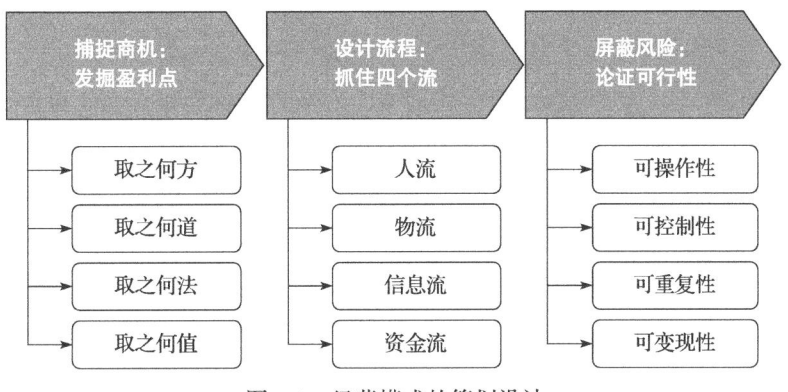

图 5-2 经营模式的策划设计

(一)捕捉商机:发掘项目的盈利点

项目要想盈利,首先要发掘盈利点,即价值发现。发掘盈利点,涉及四个问题:取之何方、取之何道、取之何法,取之何值。

取之何方,是要搞清你的项目产品的购买者。在现实中,客户与用户,购买者与消费者很多时候是分离的,不是同一个主体。比如吃脑白金的消费者是老年人,但是购买人是他们的子女;看电视的观众是老百姓,付费的是广告发布商。一个项目有很多潜在的购买者,必须想清楚赚谁口袋里的钱。比如你做一个网络房屋中介公司,你可以收房主的广告费,也可以收租户的手续费,还可以从双方的成交额中提取佣金。

取之何道,就是通过什么途径赚钱。有形资产靠聚变增值,无形资产靠裂变增值,因此,有形资产越分越少,越聚越多;无形资产越分越多,越聚越少。你选择了不同途径,将会有截然不同的盈利模式。如果你挣有形资产的钱,那么你就得追求资源的高度垄断;可是如果你赚无形资产的钱,那么分享资源的人越多越好。比如你有一项新材料的技术专利,如果你走有形资产增值之路,你就需要对你的技术高度保护,然后不断扩大生产这种新材料企业的规模,追求市场的垄断;可是你选择走无形资产增值之路,你就应该拿着专利技术去和别人合资联营,在各地建工厂生产你的新材料,土地厂房、设备、市场都由别人投资,你只出技术,按技术股比例分红。如果你打算赚产品运营的钱,最简单的办法是把技术专利使用权出售给其他厂家,按他们生产的产品数量来收取专利使用费;如果你打算赚资本运营的钱,那么你可以把所有企业的技术股捆绑在一起组建股份公司上市。一些跨国粮油企业在中国以低价倾销大豆和玉米占领市场份额，控制价格，然后凭借资金实力在粮油期货市场上用金融对冲手段盈利，这一手是典型的"声东击西"，用产品经营的牺牲掩护资本运营的收获，然后用资本运营的盈利支撑产品运营的亏损。

取之何法，就是你用什么方法实现盈利。在一个充分竞争的市场环境中创造利润的手段通常是利旧创新、降低成本、提高效率、拾遗补阙、增加附加值等。你向客户提供产品（或服务）的额外附加值，就可以理直气壮地提高价格；你的成本若低于市场平均成本，节约下来的成本就可以直接转成利润。这些都是直接创造利润的手段，一般不难理解无须多说。

需要发掘的是一些可以间接创造利润的手段，他们往往都隐藏在表面利润的背后不易被人发现。例如你可以降低经营风险来实现盈利，经营风险会造成额外的成本，如果你能减少这些额外的非正常成本（比如质量事故、工期延误、客户欠账、财务漏洞等）就能降低项目运营的综合成本，间接地实现盈利。

取之何值，也就是说项目的产出与投入之比是否值得。经营模式的主要宗旨是让项目的盈利稳定，而并不一定追求暴利，有些项目天生就属于做不大的行业，比如专业配套产品，这类行业只能做精，而很难做大，但是这并不意味它们不需要经营模式，一个好的模式至少可以保证它们盈利（尽管很少）的可持续性。可是如果你硬要把一个原本做不大的行业做大，试图打造连锁体系，为此在经营流程中增加了很多额外的环节，最后有可能得不偿失。

（二）设计流程，整合项目的四个流

找到了商机发现了盈利点，只完成了经营模式策划的一半，这只不过意味着你看到了资金回报，不等于能够盈利。要想实现真正盈利，还需要对经营模式的流程进行设计和论证，评估其中每一个环节的可行性。

项目都由四个流组成：人流、物流、信息流和资金流。运营流程技术就要把这四个流程进行有效的组合，最后让资金流完成循环。经营模式的设计方法主要是绘图，在图中把四个流和必要的节点画出来，以便与投资者沟通和论证。

一个经营模式的流程可以有人流没物流，也可以有物流没人流，但是所有的项目都有信息流（包括物权关系），尤其必须有资金流。如果一个流程图看不到资金流，要么说明这个流程设计不合格，要么说明这个项目根本就没有意义。项目经营模式的核心问题是它的盈利，而项目的盈利性需要用资金流来表达。

（三）屏蔽风险，论证流程的可行性

一般来说，经营模式的流程都由项目融资方设计，由投资方论证设计和论证往往是一个博弈的过程，其博弈的核心问题是流程的可行性，可行性主要体现在四个方面：是否可操作、是否可控制、是否可复制、是否可变现。

第一，可操作性，这是衡量一个经营模式是否可行的基本门槛。一个不具备操作性的经营模式犹如纸上谈兵，没有实际意义。可操作性可以分成两方面考察：一是主观上有没有可操作性，二是客观上有没有可操作性。

主观的可操作性，指项目团队有没有能力走通流程的每一个环节。比如，在运营流程中有一个"瓷器活"，但是团队手里没有"金刚钻"，而如果这个环节走不通，整个流程就失去了可行性。客观的可操作性指客观环境是否具备走通每一个环境的条件和可能性，比如你在某一个环节上需要政府的批文，但是现实的政策环境又使你没有可能得到政府的批文，因而影响到整个流程无法走通。保证项目可操作性须遵循两条原则：一是扬长避短，二是化繁为简。

扬长避短，就是要发挥项目团队和产品的强项，绕开自己的弱点。如果项目公司是做IT出身的，要是去策划房地产项目，无疑会大大降低项目的可操作性。

化繁为简，意思是经营模式越简单不确定性越少，可操作性就越强。反过来说，若想增加项目的可行性，最好的办法就是把项目的经营流程尽量简化。凡是走不通的环节，就想办法绕过去，绕不过去的就想办法删掉，两点之间直线最近。

第二，可控制性，意味着整个流程要最大限度地消除不确定性。项目的可控性具体体现在两个方面：一是外部要素可控；二是内部流程可控。外部要素可控，就是让所有的外部因素都达到项目设定的标准；内部流程可控即要做到流程中每一个环节都要规范并有量化标准。

做到外部要素可控，最简单的方法是外部选择标准化。根据项目的目标，制定一系列理想化的标准，然后用这些标准去筛选产品、客户、供应商、员工、合作者、原材料、机会，总之筛选一切外部输入的要素。

做到内部流程可控最有效的办法是内部操作标准化。首先把项目的操作流程分解为具体的节点，然后为每一个节点设置规范程序和量化标准，让人流、物流、资金流和信息流都按照规范化的程序运转并用量化的标准进行考核监控。这就类似于工厂的生产线，每个人甚至每个动作都是标准化的，每个绩效都可以量化。

第三，可重复性，意味着经营流程的运转不能满足于一两次的成功，而是能够无限次地复制成功。当然前面阐述的可操作性和可控性是可重复性的基础，但是光有这两点还不够，要想使流程得以传承，必须把前面所述的程序、规范指标打包成模块，凝固成文字（或软件）形成我们统称的"模块"或"模式"。

模块化的第一个好处是易于传承。自IT业诞生以来，很多经典的管理流程被凝固成为管理软件，等于流程被模块化了。有了这样的程序模块，无论换了什么团队，上手就能运行，项目流程就具有了可持续性；模块化的第二个好处是易于决策。它把复杂的决策变成了模块的选择。管理软件中也包含着各种模块，有通信管理模块、进销存模块、财务模块、人力资源模块、客户管理模块等，于是一个管理流程的打造，就变成了简单的模块选择和拼接。有很多风险应对预案也被固化成了模块，一旦发生意外，我们只需要在方案一和方案二中进行抉择即可。模块化可以提高决策效率，降低失误的风险，从而使成功变得可以复制。

模块化的第三个好处是易于控制。可控并不等于易控，把可控变成易控，等于把手动开关变成了自动开关。在模块化的基础之上，流程中每一个环节的决策都可以变成闭环的自动控制机制，然后交给最基层的员工进行"傻瓜式"处理。比如，把流程中遇到的情形分为 A、B、C 三种情况，然后分别预设三种应对的模块化方案 X、Y、Z，然后告诉一线的操作员工，当发生 A 情况时就执行 X 模块，发生 B 情况就执行 Y 模块，发生 C 情况就执行 Z 模块，有了自动控制机制，就可以使决策的正确性在很大程度上摆脱对人员素质的依赖，使成功从一个高不可攀的事情，变成一个人人都可以重复实现的事情。

第四，可变现性，就是项目完成之后能否把钱收回来。结算收款是经营流程中的最后一个环节，对它单独论证，一是因为它最重要；二是因为它最困难；三是因为它经常被忽略。一个企业若得不到订单被饿死，还不算悲惨，企业最悲惨的死法是接了一大堆订单，活都给人家干完了，可是钱收不回来，连成本都贴进去了。这么致命的一个环节，需要仔细论证。客户欠款，这在商场上是一个多发性的现实问题，但在项目策划时却常常被忽略。

经营模式设计中有一个巨大的陷阱：虚拟盈利。有很多项目的经营模式若从设计思路上分析确实天衣无缝，可偏偏忽略了一个最关键的环节，就是账面利润能否变成现金利润。在很多时候，收款讨债是个苦差事，如果在经营模式的设计中忽略了这个环节，就会落得个"赔本赚吆喝""满盘皆输"的结局。

四、合作模式的设计策划

合作模式不仅仅涉及融资者与投资者之间的关系，同时也可能涉及所有项目关系人之间的关系。所谓项目关系人是指所有与项目公司具有利益关系的人，包括公司的股东、投资人、业务合作伙伴、关键技术人、团队员工、客户、供应商、经销商、政府、银行，甚至利益相关的老百姓等。合作模式可以分解成三个板块：分配模式、协同模式、互动模式，如图 5-3 所示。

图 5-3　合作模式的构成模块

(一) 分配模式

如果说经营模式要解决的主要问题是怎样赚钱，那么合作模式要解决的主要问题就是如何分配。分配模式不但涉及合作各方如何分配收益和权利，同时还涉及如何分担风险和责任。一个分配模式若要想被合作各方所接受并且可持续运转，必须符合两个基本原则：第一是分配方案公平合理；第二是操作过程公开透明。

分配方案公平合理，意味着权利和义务对等，其具体包含两个指标：一是风险与收益成正比，二是贡献与权益成正比。关于风险与收益的比例关系——谁承担了更大的风险，谁就有权利获得更大的收益，这是公平的尺子；贡献与权益的比例关系更是毋庸置疑，多劳多得，多投多获，这是合理的价码。不过在分配过程中比较容易产生分歧的是，对一些无形资源投入的评价，比如投入的是品牌、信誉、名望、关系、权力、业余的时间精力等，该如何获得相应的分配。鉴于对这些非金钱资源的评估没有统一的尺度，因此必须依靠合作各方通过协商来确定，这个问题涉及后面的互动模式。

操作过程公开透明，意味着合作各方信息对称。追求操作过程的透明度，首先要根据合作各方的角色设定相应的知情权，其次要制定信息披露的规则和程序，然后选择信息沟通的工具和方法。比如，企业在设计分配模式时，可以使用网络式 ERP 管理软件，网络是最好的信息沟通与分享的平台，可以轻易解决知情权和信息披露程序的问题。合作各方均可以从各自的终端进入 ERP 数据库，根据自己的授权查看到相关的数据，从而建立起相互的信任感。

(二) 协同模式

协同模式，涉及合作伙伴在项目中所扮演的角色和发挥的功能。协同模式往往在经济模式的基础上建立，是由于项目公司无法独立完成经营流程，需要在某些环节引进合作者。因此，建立协同模式，首先要选择恰当的合作伙伴，这是合作成败的关键；其次要建立沟通协调机制，以维护合作关系融洽。

建立协调沟通机制，首先要列出需要与合作伙伴分享的资源，例如与项目有关的生产计划、市场信息、科技成果等，以便保证各方的协同效益；其次要制定解决矛盾的对话渠道，避免矛盾升级为恶性冲突。如果后面的互动模式是项目合作模式形成前的行为准则，那么建立沟通机制就是在合作模式形成之后的维护保养，其作用是添加润滑剂，保障其运行顺畅。

(三) 互动模式

互动模式，指合作模式形成的动态过程的行为准则，这个过程既体现为磨合，也充满着博弈，基本前提是合作各方必须具备共赢思维，因为合作成功基于各方面的诚意。在共赢思维的基础上，合作博弈的各方还要准备两件东西——"左手抓着剪刀，右手抓着针线"。

"剪刀"用来捍卫自己的底线。谈判双方首先把让步的底线标明，把不能谈的条件列出，只要对方越过底线就一刀两断。例如，融资方可以明确地告诉投资方自己的底线：除了控股权不让，其他的条件都可以谈。如果投资方不接受这个底线，双方就免谈。"针线"用来缝合与对方的分歧。只要对方的诉求没有触及自己的底线，剩下的问题就用针线来解决。弥合分歧的基本原则是求同存异，找出合作各方利益的最大公约数。这就需要保持开放的心态和高度的灵活性，无论对方千变万化，都要随时准备好与对方衔接的接口。

| 创业故事 5-1 | 创业公司，别忘了花 10% 的精力来销售自己的梦想

创业公司的创始人如果想从专业投资者那里获得投资，他们就需要向投资者销售自己这样的一个梦想：我们的公司很可能会成就一番伟业。很多投资者在创造力和对待事物的乐观度方面其实并不是很高（否则他们自己就能成为企业家了），因此，你需要明确向他们销售自己的梦想，让他们能够看到并感觉到你的梦想。比如：

Airbnb 是一个旅行房屋租赁社区，这是一家联系旅游人士和家有空房出租的房主的服务型网站。想象一下，当初如果 Airbnb 还是使用非常传统的方式来推介自己的话，那么它可能会这样自我推介：

仅在美国就有 × 百万人家中拥有空置的房间或房子无人居住，全球范围内家中有空置房间或房子的人达 ×× 百万。他们都想利用这些空置的房间或房子来赚取额外的收入。同时，目前酒店行业的市场空间高达 ××× 亿。我们相信我们可以将其中 $x\%$ 的客源吸引到我们这里来，如果这样，我们每年的收入就能达到 ××× 百万美元。

上述的这种推介不能说不好，但是其中还是缺乏有关梦想和渴望的元素。还好 Airbnb 并没有使用上面的这种方法来销售自己。看看 Airbnb 在这篇名为 "Live a Richer Life" 的推介文中是如何销售自己的梦想的，里面富含魔力的梦想元素令人印象深刻：

Airbnb 能够帮助人们过上更富足的生活。人们可以利用闲置的房间/房屋赚取更多的钱，这样他们就可以有更多的时间和子女在一起，或是去旅游，或是积攒更多的退休积蓄。我们将那一间间无人居住的冷冰冰的房间打造成具有地域特色的温馨的出租房。我们凭借什么能将自己打造成一家市值数百亿美元的公司呢？Airbnb 无须自己经营实体酒店，但我们每年服务的房客数将比希尔顿在全球范围内的 5 200 家连锁酒店所服务的房客总数还要多。我们代表着旅行的未来！

这样的梦想销售语听起来着实令人振奋！其实，这不仅关乎赚钱，和公司的创始人一样，投资者也想参与到那些能真正改变世界的伟大事业中去，一项令他们引以为豪的事业。这样他们就会说："Yeah，我之所以投资他们，是因为我从他们身上看到了他们能够改变世界的潜能。"

资料来源：摘自 36 氪，文/达达。

如果抓"剪刀"之手的处事原则是以不变应万变，那么抓"针线"之手的处事原则就是

以万变应不变。前者是，无论对方怎样变，我的原则底线不变；后者则是，哪怕对方不变，也要准备多种应对方案来与其衔接。当然，所谓应变，是指合作模式成型之前博弈过程的策略，一旦合作模式成型，就不宜频繁变化了，前期的灵活性正是为了保障后期的稳定性。如果合作关系经常变化只能称为"合作策略"，而不能称为"合作模式"。

需要强调的是，现实中的商业模式并没有技术模式、经营模式、合作模式的清晰划分，三者往往是混在一起的，合作模式中穿插着经营模式，而经营模式中又渗透着技术模式。

第二节　项目包装的内涵、原则与要求

一、项目包装的定义

"人靠衣装马靠鞍"，创业项目要包装。Y Combinator 作为全球知名的创业孵化器，在致力于扶持初创企业并为之提供创业指南过程中，除了直接给创业者一定的创业资金外，他们还对每个创业项目进行认真包装，以帮助创业项目获取更多的投入资金，吸引更优秀的合伙人才。

所谓"项目包装"，是指创业者根据市场的运作规律，以一定的形式反映项目内容，更好地让社会认识到项目价值，从而在市场上树立良好的项目形象。通俗地说，项目包装其实是给投资者、加盟者讲故事，故事的精彩程度决定了能不能得到投资、加盟，以及创业项目是否成功。

项目包装是一种具有建设性、逻辑性的思维过程。做好项目包装，一定要认识到对项目的包装是成功融资融智的关键，绝非可有可无。一个成功的项目背后必然有一系列成功的包装，项目包装是对一个项目各种要件的充分准备和尽可能地完善，是明确了项目的目标、内容以及为实现目标而进行的主要活动。项目的名称、外在形式、环境、采用的材料既属于项目自身的内容，又属于项目包装的范畴，它包含对项目假设及项目风险的识别。

二、项目包装的实质

项目包装既是项目投资内容的分项，也是对项目投资内容的包装。从项目包装的定义可以看出，项目包装是"形式"，项目包装的目的是"树立良好的项目形象"。简单地说，项目包装就是把好用的东西变成好用又好看的东西。所谓"形式"是指项目的外在特征，所谓"形象"是指项目的外在特征给人留下的印象；"形式"是自设的，"形象"是利他的；"形式"是和内容相对的，"形象"是和实质相对的。

形式与内容结合，创造"势力感"，项目包装的实质是一种"造势"活动，项目包装的工作对象就是"势力"。所谓"势力"是项目在硬实力的基础上构造的软实力。软实力

是对硬实力的补充和发展。比如节尔煤田用自有资金向用煤企业投资节煤系统，雄厚的自有资金是实力，但这个实力在资本密集型的用煤企业面前并不显耀，然而用一部分自有资金发起设立节能减排基金，用基金支持用煤企业，转换了一下投资形式，形式变了，内容实质没有变，但会给用煤企业以高尚感和实力感——软实力在质量和数量上均放大了硬实力。

"包装"是对项目既有亮点的提炼，提醒其他投资人该项目的优势和投资价值所在，让其他投资人更好地认识项目，从而能以更有利的价格完成投资交易。

延伸阅读 5-1 项目包装是包装什么

项目包装分四个层次：技术包装、产品包装、企业包装、领导包装。

项目的第一层包装是"技术包装"。技术是无形的，经过包装让项目变得有形，变得鲜活。所谓"技术包装"是指对项目技术先进性与实用性的表述。技术包装的"包装物"——包装手段，除了技术名称外，还包括技术来源、技术地位、技术效果等。

技术名称要给人以较强的高复合创造的感觉。技术来源多指项目技术的来源地或原创人。法国葡萄酒技术和老挝葡萄酒技术比较，两者的声望相差巨大。院士的发明与技术员的发明相比较，两者的声望也会相差巨大。若是"袁隆平×××水稻技术"，因源自袁隆平，该项水稻技术给人的先进感便自然形成。技术地位是指项目技术在行业或科研领域的公认程度，如在中国，"863项目"是国家重点扶持项目，其技术先进性是不言而喻的。技术效果是指项目技术实施所产生的经济价值和社会价值。

项目的第二层包装是"产品包装"，即通过对核心产品表述和形式产品改观等方式来提升产品的价值感。"核心产品表述"是指对产品核心使用价值的表达；"形式产品改观"是指对产品形象和功能实现方式的改良。产品是由核心产品、形式产品和附加产品构成的，我们习惯上所说的"产品"是指形式产品。

项目第三层包装是"企业包装"。"企业包装"是对企业属性的社会价值塑造。

项目包装的第四层是"领导包装"。"领导包装"是对企业领导人的形象、资格、地位进行价值塑造。

四个层次包装，大体上指出了项目包装的对象，即要包装什么。包装的工作对象是"势力"。无论是技术包装、产品包装，还是企业包装、领导包装，都要展现出项目的势力感。所以，"包装物"就必须比包装对象更大、更高、更强，否则就包装不出势力感来。

资料来源：节选自李永群的博客。

三、项目包装的原则：谦虚式夸张

项目包装是需要想象的，凡是包装既要根据现实，又要高于现实，还要回归现实。所以，项目包装应遵循"谦虚式夸张"的原则进行设计。所谓"谦虚"就是低姿态，承认自己的不足，但"低姿态"不等于低水准，"不足"不等于无能，这就需要"夸张"，即放大优势，以优势营造的自豪感来优化姿态，弥补不足。类似海尔以砸冰箱的夸张动作来谦虚地表达质量意识，用精神力量去包装并不自我满意的现实，这就是"谦虚式夸张"。包装不等于掩盖，而是反映事实的姿态。所以，"谦虚式夸张"就是以高调反映低姿态。

项目包装也是以自信换取社会信任的过程——"自信换他信"。谈到"包装"，自然会想到"炒作"。实际上，"包装"与"炒作"在动作上并没多大的差别，凡是给人留下"炒作"印象的项目包装，究其根本原因是执行态度不坚决，缺乏自信。试设想，海尔砸冰箱并不坚决，似砸非砸，会给人留下什么印象？经验者说：包装不彻底，还不如不包装，露出来的必然是丑陋的。所以，对包装不自信的企业，不能进行项目包装，或者说，项目包装要发挥自信的优势，对项目包装的真实性和诚实性充满信心。

| 创业故事 5-2 | 刘强东、贾跃亭创业时竟这样包装自己

刘强东：超大办公室中建假山，古典书籍做摆设

刘强东的办公室很大很气派，做京东多媒体时，他的办公室约 200 平方米，其中还有假山。对此，京东解释称：刘强东喜欢边踱步边思考问题，所以要给他留有充足的空间。后来他的办公室又添了屏风、挂画、摆件等，书架上摆有唐诗、宋词和《曾国藩全集》，但这些书籍新的样子显然没被翻过。

可以想见，刘强东在超大办公室里会客超级有面子，不仅展现个人的文化品位，还给供应商留下实力雄厚的印象。此外，刘强东曾用两个月驾车穿越沙漠，期间他始终不把方向盘交给别人，在他眼里，交出方向盘就是认输。由此可见，通过超大办公室、假山、挂画、书籍和沙漠越野这些道具，刘强东把自己包装成坚韧不屈的硬汉，拥有雄厚的财力、文雅的嗜好，是当之无愧的商界精英，于公司于己，这些"包装"大有裨益。

贾跃亭：来京打拼，大半创业资金买豪车

乐视董事长贾跃亭 2003 年踏入北京，在紫竹桥美林公寓租住一处民居，兼当办公室和住所。贾跃亭在北京的第一个大手笔，是在 150 万元人民币的创业资金中，拿出百万购置了一辆宝马 7 系轿车，还聘请了一位专职司机。几个月后，他拿下第一个项目——北京网通的室内覆盖资质。

此外，业内人士透露，贾跃亭不善于交际，但是抓关键人脉的能力极强。不难想象，找项目、谈合作、拜访贵人，贾跃亭都离不开那辆宝马车，坐在车上走哪儿都倍有面儿，不仅是个人实力的证明，也是商界精英的标签。加之他有聪明的头脑和商业意识，左右逢源，事业蒸蒸日上。有了宝马，贾跃亭的品位得到认可，业务联络之道从此打开。目前，乐视的业务涉及农业、影视、电商、红酒、视频、电视产品、车联网等，近期乐视又进军房地产业。他的乐视帝国 12 年来肆意扩张，与其创业初期的"包装"不无关系。

资料来源：节选自微信公众号"zhuangpinwei"。

四、项目包装的基本要求

从很多创业企业的发展历程来看,其在创建过程中都十分重视项目的包装,把项目包装看成是营销过程的一个有机组成部分。成功的项目包装,一般要满足科学性、可行性、规范性、吸引力等要求。

(一) 科学性

项目分析技术目前以财务分析为基点,发展出了一整套经济分析的方法,并且对政治、社会和生态环境等给予相应的重视。这就是要求在进行项目包装时,要以财务会计学、管理会计学、技术经济学等自然科学和社会科学为依据,对项目的经济效益进行科学论证。同时,由于项目包装建立在市场预测的基础上,其分析结果不可能达到绝对准确,但是,一个好的包装项目,其论证结果应该努力达到一定的精确度。为此,进行项目包装时,必须坚持实事求是的原则,数据资料要真实可靠,据理论证,公正客观,那种故意缩小项目风险,夸大经济效益的"钓鱼式"项目包装的做法,为项目合资或合作留下了纠纷的隐患,同时对创业企业的发展也极为有害。

(二) 可行性

创业项目包装应认真做好市场需求预测,充分考察项目产品的国际国内市场供求情况,对未来企业产品的销售前景进行可行性分析。做好项目的技术可行性分析,以经济效益为核心,采用动态和静态两种分析方法,提出项目可行或不可行的结论以及多种供选择的方案。对政治、法律环境等各种因素的变化对经济评价指标的影响及项目的风险要合理预测与推算,对各项动态经济指标和对项目的盈亏平衡分析、敏感性分析等要具有充分的科学依据。要对设备选择、建设规模、发展方向等方案进行多方案比较。在项目可行性研究中,要尽量减少主观性描述,多用客观经济分析;保证数据的正确性、合理性、可靠性,结论应清晰、简洁。

(三) 规范性

创业项目包装的内容、语言、格式要力求规范化,并且要注意不同项目的特殊要求,并要注重与国际惯例接轨。一是规范化的语言。语言文字是项目包装中影响信息沟通的主要因素,因语言处理不当常会碰到麻烦。比如汽油在英式英语中是"petrol"而在美式英语中则为"gasoline",这就要求在翻译或交流过程中,注意规范用语,准确反映并表达项目的真实状况。二是规范化的格式。世界一些重要的国际金融组织如世界银行等,都把项目包装作为申请贷款的必要条件,国际上对不同种类的项目基本上形成了固定格式,为此,项目包装应严格遵照有关格式要求。三是规范化的分析,凡能定量化的经济要素都应进行定量分析和计算,将有关工艺技术方案、工程方案、环境方案等经济价值用定量表现出来。

（四）吸引力

项目有无吸引力，直接决定着融资融智的效果。项目包装要具有较高的立意，总体策划要充满新意，准确把握时代脉搏，与国际市场的需求和最新发展尽量保持同步。项目包装对投资者、加盟者关心的重点问题要深入论述，包装项目在内容上层次分明，重点突出，深入分析相关市场，衬托出项目的特色和优势。为此，在多因素的对比分析中，要揭示项目的独特性，展示项目的可行性；把宏观和微观结合起来，结合项目的内容、技术、经济等方面作深度分析和界定；按照项目的整体结构和思路进行全方位的策划，把创新贯穿项目包装的始终。

创业故事 5-3　网红玩美拍一年吸粉 54 万欲创业做原创视频

"你必须承认，吵架不管谁对谁错，最终都是你道歉……" 1 月 4 日，杨国臣打开美拍 App，录了段两分钟的"男生必须承认的事"，不到两小时，视频播放量就已破万。如今，他玩美拍一年多了，发布过 100 余部视频作品，拥有超过 54 万粉丝，总计收获了 138 万次点赞。在他看来，互联网彻底底让自己的生活变得不太一样了。

2014 年 7 月 23 日，杨国臣第一次下载了美拍，取名"杨公子要上进"，翻看着别人在镜头前的插科打诨，他觉得"我也能玩"。

当天下午 5 点，他在宿舍里录了一段"与美国佬 PK 英语"的视频。让他没想到的是，次日，就被官方发现，推荐至热门页，收到了超过 100 条评论，1 000 个赞，瞬间涨了 500 位粉丝，这让杨国臣"高兴坏了"，他一一给粉丝回复、点赞，表示感谢。

刚接触美拍那会儿，他还是一名即将升入大四的学生，利用实习的空当，常会录上一段。一开始，视频视角单一，画质也一般。慢慢地，他拿手机软件进行剪辑，尝试加字幕，切换不同镜头。再后来，他下载 Premiere 等专业的视频处理软件，化学专业出身的他并不熟悉复杂的剪辑手法，只能在网上边看教程边学习，加特效、打光、写脚本，变得越来越专业。

"创作过程挺痛苦的，要无时无刻地寻找灵感。"杨国臣说，往往一段十几秒的视频背后都经历过数小时的打磨。他从书籍、电影、微博段子中找素材，拍摄前写剧本，召集同行们在微信上"你一言我一语地讨论"。

每晚临睡前，杨国臣都要在脑子里反复排练第二天要录制视频的每个表情、动作如何掌握才能最大程度逗乐粉丝，然后在剧本上进行标注，"画个括号，注明这里眼神什么样，那里用什么语调。"他说，"其实有时候吸引大家的恰恰是一个小小的表情和动作，让粉丝觉得，你这个人是有意思的。"

在大学里，他当过两回主持人，一上台，还没说几句话，腿就不由自主地抖，现在他把天性彻底解放。

2015 年 11 月，北京飘着大雪，他来到天安门广场转悠，脑中突然灵光一现，决定现场来一段"当南方人看到雪时北方人的反应"。他躺在雪里满地打滚，蹦蹦跳跳，大喊大叫，被众人围观时，丝毫不会感到羞涩。

当天晚上 11:30，视频一经发布，瞬间挤入热门广场，几个大号相继转发，甚至微博上几位拥有千万粉丝级别的博主都转发了这条视频，让杨国臣跨界火了。至今该视频已被点赞 5 万多次，成为他"最满意的代表作之一"。

一年来，他换过七八种风格：讲段子、脱口秀、十二星座、服装搭配、情景故事演绎……表面看似多元化，其实是因为"找不到适合自己的定位和方向"，杨国臣为此陷入痛苦。他甚至消失了一个月，强制自己不登录，不拍任何视频。

在他那段"痛苦的摇摆期"内，杨国臣清楚自己是在亦步亦趋，丢了个人特色。那时，他的人气持续下滑，掉粉掉得厉害。直到一天他尝试录制了"女生必须承认的事""假如男生用女性思维思考"系列作品，吸引了大量粉丝的关注，才定下未来的发展方向——吐槽青年男女的那点事。在他看来，这既摸准了网友们的喜好，同时又是自己最擅长的风格。

互联网让他走红。当他听到小伙伴们说"我有个朋友是网红"时，内心会升腾起满满的骄傲。有时，杨国臣一天能收到 100 多条私信，只要有空他就回复，与粉丝们保持互动。

因为最初的一段视频，没有经过任何专业训练的杨国臣，一跃站在了"聚光灯下"。甚至有商家相中了他的表演能力，邀请他在视频中植入广告。一个月前，杨国臣在地铁里录了一支商业广告，借着圣诞节的由头，以一段温馨浪漫的故事开场，把一家奢侈品平台巧妙植入其中，从而获得了一笔"能养活自己的收入"。

曾经，杨国臣的想法一度是在传统行业踏踏实实找个工作，然后熬到升职加薪。因为一段时间以来的折腾，他的想法变了。他甚至萌生了创业打算，组建工作室，做原创视频栏目。"所以我现在必须努力吸引粉丝，将来有人提起我的名字，大家一听就知道，原来他就是美拍上的'杨公子'呀。"

资料来源：《中国青年报》，文 / 李想。

五、项目包装的常用方法

项目包装的创新方法主要围绕"自信换他信"展开。除了企业创新方法和项目策划创新方法外，项目包装的常用创新方法包括：公益例证法、反向例证法、榜样例证法等。

所谓"公益例证法"就是把项目行为作为公益事业的事例来转述。比如雾霾灾害是大气长期污染所造成的顽疾，严重的空气污染早已超过了环境范畴，成为我国的"不可承受之重"。面对雾霾，已是全球最大的薄膜太阳能企业——汉能控股集团颇具底气地提出了"汉能大了，雾霾就少了"的品牌主张，向全世界表明薄膜发电技术的兴起，将为世界发展注入新的活力，引发新的产业变革和社会变革，助力净化中国蓝天。

所谓"反向例证法"就是把项目的必要性通过社会反面事例烘托出来。人们对负面消息的关注度要比对正面消息的关注度大得多，比如"用地沟油做菜，多么恶心！为什么允许饭店出售地沟油？为什么政府不强制回收？因为政府没有资金能力。某生物能源公司愿意自费回收处理地沟油，只要政府强制饭店为回收工作提供方便，地沟油就消失了……"原来，舆论的背后是生物能源公司进行的项目包装。

所谓"榜样例证法"就是用项目受益者的事例反映项目的价值。比如,"浙江大学肿瘤研究所教授胡汛和研究团队一起发现了'饿死'癌细胞的新疗法,并于2016年发表在国际生物和医学领域权威杂志 eLIFE 上,得到了国际著名肿瘤学者的肯定。项目研究团队用这种办法治疗了40例'难治型肝癌'病人,结果是40例均有效。"利用有效案例的数据,有力地说明了该项目的价值。

六、项目包装的禁忌

项目包装不是项目伪装,而是对项目内容、功能、价值最恰当地反映。做项目包装,关键在于"恰当反映"。"反映"是通过形式体现的,只讲求内容,不讲求形式,内容就会贬值。而只讲求形式,不讲求内容,那是形式主义,是不能取信于市场的。"恰当"是形式反映内容的度,包装不足与包装过度,都会影响项目的价值,力争避免出现这种情况。

(一) 项目包装简单化

有些人总感到项目包装"可有可无",认为项目包装只是要投资者知道有这个项目的存在即可,从而把项目包装简单化,项目包装立意起点较低,总体策划缺乏新意,没有准确把握时代脉搏,与国际市场的需求和最新发展相差甚远。殊不知一个项目的包装,其最终目的,就是要让投资者在很短的时间内,做出选择。所以,简单化的项目包装不能清楚明了地让投资者知晓项目的主要内容和发展前景,不能给投资者提供详细的投资导向。

(二) 项目包装单边化

有些项目我们虽然花了很大精力进行项目包装,但从实际的效果看,所推出的一些前景很好,本应具有很强吸引力的项目,却少有人问津,倒是一些不很被看好的项目,或者是一些边缘项目,却意外地获得了成功。之所以造成这种情况,是因为在项目前期的预测和包装上做得还不够全面,只看自己,不看市场。尤其是对项目融资的趋势把握得不准,"单边"活动多,一厢情愿,根本就调动不起投资方的积极性,吸引不了投资者的眼球。

(三) 项目包装表面化

有些人对项目包装的目标和意义认识不够到位,项目描述停留表面,主观性描述多于客观经济分析;评价的数据缺乏正确性、合理性、可靠性;结论不够清晰、简洁;市场调查不深入,对竞争者、竞争能力、同类企业生产水平和经营特点缺乏准确的分析;对项目在技术、市场、经济上的问题,实施过程中对产品质量保证,消化技术的能力等可能出现的困难以及注意和预防的问题估计不足,或有意隐蔽可能出现的风险。让有经验的投资者对项目的可行性和操作性产生疑问,最终致使本来发展前景良好的招商项目被投资者否决。

(四)项目包装理想化(过度包装)

有些项目包装在项目可行性研究中,对一些基础数据和经济评价的主要批标,如投资额、成本费用、生产量销售收入、利税、收益率、经济净现值、投资净效益率等数据、计算方法、结果不准确。甚至有些企业为达到引资的目的,故意低算成本费用,高估利润,如有的企业将利润率定为50%以上,不符合实际,大大降低了项目的可信度。

有些项目在市场规模上过度包装,主要表现在:①夸大市场规模。市场规模应该从小往大说,不应该从大往小说,比如很多项目在阐述市场空间时,往往是先说一个大行业的市场空间,像经常看到的"中国零售市场有多大,那么以此推算O2O市场会有多大规模"等说法,而不是来明确界定一个自己细分领域的真正市场规模。②夸大用户规模。用户规模应该从用户画像开始,而不应该从潜在用户数量开始。③高估行业地位。行业位置应该从入口思维开始分析,而不应看细分市场和被整合市场。尽管某创业项目已是行业第一了,但它很有可能会被别的可能完全不相关的入口抹掉。④以峰值数据代替常规数据。

有些项目包装对政治、法律环境等各种因素的变化对经济评价指标的影响及项目的风险缺乏合理的预测与推算,使得计算各项动态经济指标和对项目的盈亏平衡分析、敏感性分析等缺乏科学依据。同时缺乏多方案比较,如对设备选择、建设规模、发展方向等方案缺乏比较分析。即使这些项目包装在融资融智上成功了,但这些项目的论证依据不够科学,导致项目的可行性程度也就大大地打了折扣,最终致使项目失败。

第三节 项目包装的形式:商业计划书

项目包装可采取多种形式表现,当前还没有一个特别固定的标准模式。在各种不同类型的项目包装的表示形式中,一般都将注意力放在对项目包装的外观形式的表现上,即文字、语言、图片、格式、画面布置、色彩协调等诸方面设计上,而没有注重内容表达和外观表示的统一性。由于没有强调项目包装内容和外在表示的统一性,因此,项目包装就不能完整地、全面地、正确地表示出来,这对融资融智的实现十分不利。项目包装的表示形式主要有项目推荐书、可行性研究报告、项目策划书和商业计划书等,其中商业计划书被广泛地应用于经济活动中,当前也越来越多地出现在创业项目融资融智工作实践中。

一、商业计划书的层次结构

商业计划书,首先要使用规范的概念,其次要使用专业的方法。规范的语言就是行话,每个行业都有自己的行话,外贸有外贸的行话,律师有律师的行话,投资者也有自己的行话,所以你需要用投资者熟悉的语言与他们对话。商业计划书的形式既不可过于烦琐冗长,也不可过于精练简洁,而应层次分明有节有据,如图5-4所示,商业计划书可分三个层次。

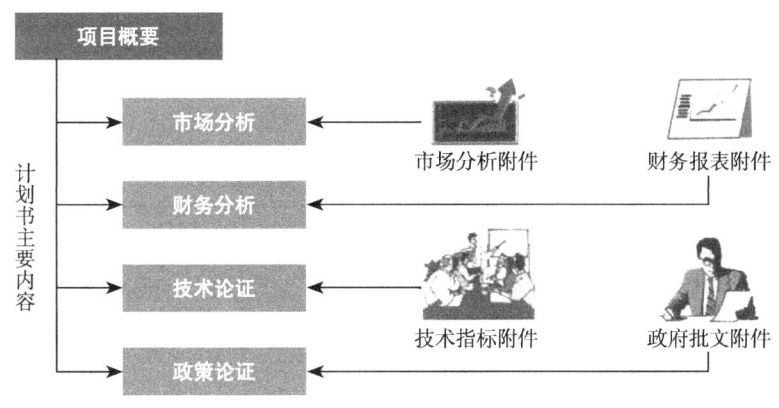

图 5-4　商业计划书的层次结构

第一个层次是项目概要。概要当以简洁为主,但是概要关系重大如同钓鱼之饵。如果这个饵能够引起投资者的兴趣,后面的千言万语他们都会一个一个字地认真读;可是如果这个饵不能引起投资者的关注,后面的所有内容全是白写。

第二层次是商业计划书主体部分。原则上要框架清晰,框架清晰在于让投资者读完之后对整个项目的框架有一个整体的把握。一般常犯的错误,是把商业计划书的这部分写得过于烦琐,在论证过程中随处夹杂着大量的数据让投资者看了后边忘了前边,最后脑子一片模糊,看不到一个完整轮廓。这部分只要阐述清楚四个问题即可:观点、结论、过程、方法。那么数据和论据怎么办?难道数据和论据就不重要了吗?当然重要,把它们集中打包,放在下一个层次的附件中处理。

第三层次是附件。把所有的数据和论据制成表格,编上检索号码,集中放在最后的附件部分备查。附件的主要功能是为商业计划书中所有的观点、推理、判断结论提供论据。商业计划书的附件不怕繁杂,越详尽越好,要求每一个论据后面有足够的数据支撑。这些数据一般情况下没人看,只有等投资者对项目真的感兴趣的时候才会发生作用。

二、商业计划书的基本框架

项目包装最终落实到项目的商业计划书。一般地,商业计划书的基本框架主要由六部分构成,如表 5-1 所示。

(一) 项目概要

项目概要需要用简洁的文字囊括整个项目商业计划书中所有最重要的信息。让人读过开篇之后,就会对项目的整体轮廓有一个清晰的认识。①项目简介和故事梗概。简要介绍项目的内容,让投资者在最短的时间内了解项目的性质、宗旨、背景和其中的商机。②合作方式和权利义务。打算与投资者合作的形式及方案,比如是合资经营还是合作经营,是信用融资还是股权融资,是普通股还是优先股,由谁控股等,简要叙述双方的权利和义务。③投资回报和效益结果。简要列出总投资额多少,收入和利润多少,平均利润多少,多少年可以还本等关键指标等。

表 5-1 商业计划书的基本框架

1. 项目概要	4. 市场分析
1.1 项目简介、故事梗概	4.1 市场规模、目标份额
1.2 合作方式、权利义务	4.2 行业地位、竞争对手
1.3 投资回报、效益结果	4.3 市场定位、营销策略
2. 项目公司	5. 投入产出
2.1 公司现状、发展历史	5.1 投资预算、资金来源
2.2 股权结构、管理团队	5.2 成本估算、收入预测
2.3 经营业绩、发展规划	5.3 效益指标、数据说明
3. 商业模式	6. 风险分析
3.1 技术模式、解决方案	6.1 风险预测、风险原因
3.2 经营模式、运作流程	6.2 风险评估、量化指标
3.3 合作模式、分配方案	6.3 防范措施、应对预案
附件:营业执照、政府批文、相关协议、从业资质等	附表:预算、投入产出、现金流量、盈亏平衡、敏感分析等

(二) 项目公司

融资不仅是卖项目,同时也是卖项目公司本身,要让投资者了解今后的合作者,所以要插标自卖,对自己做个介绍,也就是项目公司的简历。①公司现状和发展历史。介绍项目公司的来龙去脉和现存状态,比如何时成立、源于何处、产权变迁、注册资金、办公地址、目前的资产和经营规模等。②股权结构和管理团队。首先介绍股东背景,及每个股东所占的股权比例;其次介绍管理团队骨干的背景,例如董事长、总经理、副总经理、财务总监、技术总监、市场总监等人学历、经历、成就和特长,投资者是把一半以上的赌注压在人身上,因此这一部分不可或缺。但此处可以简要概述,详细介绍简历和学位证书、专利证书,文章著作等可作为附件。③经营业绩和发展规划。对项目公司近 3 年的经营业绩和增长趋势进行分析,并确立今后的发展目标,对每年的发展规划定出指标。"经营业绩就是报告文学,发展规划就是科幻小说。"

(三) 商业模式

本部分在整个计划书中不但技术含量高,同时也最难表达,对于深入浅出的要求最高。很多项目的商业模式策划是一流的,但是由于在商业计划书中表达不清,投资者看不明白,结果还是功亏一篑。项目商业模式包括三个部分:①技术模式和解决方案。介绍技术原理及实现的功能,对技术开发、选择、组合的理由予以说明,通过适用性、稳定性、经济性等三方面分析,论证项目所选技术的相对优势和核心竞争力,找出性价比的关键指标。②经营模式和运作流程。阐述项目的盈利点和商机所在,通过对人流、物流、资金流、信息流的分析，勾画出项目的运营流程，并对流程中每一个环节的可行性进行论证。③合作模式和分配方案。投资者参与项目的方式，在阐明底线的前提下，提出合作各方风险责任分担及权利利益分配的方案，论述上述方案的共赢格局。合作模式有可能是动态的，例如今后再融资或者公司上市，因此，还有对上述分配方案的动态演变进行规划。

延伸阅读 5-2　　创业者包装内容：创始人标签

创业者包装就是利用创业者的一些"闪光点"，通过策划包装使创业项目更加具有吸引力，获得更多的关注度，从而吸引众多客户和项目投资者。创业者包装可以从四个方向来挖掘创始人标签。

1. 挖掘创始人的背景以及过往经历

聚美的陈欧、优酷的古永锵、美丽说的徐易容、兰亭集势的郭去疾等"斯坦福系"的创业者在创业早期就备受媒体关注。似乎媒体记者跟大家都一样，热衷于去好奇有着名校、名企高管、成功创业经历背景的创始人，因为他们的生活往往会更加的有趣，他们的观点和言论更能给人一种睿智，也更能给人带来启发，提供独特的视角与独家的信息。

2. 挖掘创始人的个性特征

挖掘出创始人个性化的一面，这样会更能让人记住它。这样的例子很多，比如韩寒留给外界的印象是极具文艺气质，后来ONE也就一直被用户认知为"文艺型"的产品了。项目运营人员想去挖掘创始人的个性化一面，可以请了解他、熟悉他的朋友来一起帮忙梳理，把和他所做的事业有关联的个人经历和性格因素挖出来，用他曾经做过的事和说过的话来支撑个性特征。

3. 挖掘创始人在创业过程中的曲折

创业过程有时像电影一样，剧情并非一帆风顺，有低谷也有高潮，大众可能会对你们在创业过程中遇到的困难更感兴趣，比如融资失败、用户增长缓慢、人员流失、服务器死机、合作伙伴毁约等。挖掘创始人在创业时曾经的艰难时刻以及如何渡过难关，会让他更能体现出具有成功创业者的坚持和攻艰能力。

4. 挖掘创始人的创业初衷

可以把它理解为创始人做这款产品的初心，它就是对外传播创始人的故事本身，会让创始人的形象显得有血有肉又具有趣味性。有的人创业初衷极具技术极客情怀，格灵深瞳创始人赵勇在《谷歌创业帮》一书中提到自己的初衷是"不想等它成熟了才回国创业，我要让它成熟"（它指的是一套基于计算机视觉和模式识别技术）；而有的创业初衷则很真实，就像陌陌的创始人唐岩说的"创业一定要为了钱，刚开始一定是奔着钱去的"。为改变世界也好，改善生活也罢，有创业初衷的创始人，让人觉得他的创业更有成功的可能。

资料来源：产品菜鸟汇，文/陈维贤。

（四）市场分析

市场是项目存在的理由，也是其可行性论证的重要环节，全方位的市场分析包括容量估算、动态预测、横向对比、拓展战略等几个方面。①市场规模及目标份额。首先估计项目的市场总体容量，然后根据历史数据，推算出市场规模的发展趋势，预测其增长（递减）率，最后根据公司的自身实力，确定自己的市场目标份额，以此作为公司发展规划的依据。②行业地位及竞争对手。对项目产品（或服务）在本行业中的地位进行评估，对同行竞争对手的市场份额进行分析，与竞争对手相比，总结出本项目的相对竞争优势和核心竞争力。③市场定位及营销策略。进行市场需求分析，确立本项目的目标客户，针对目标客户的需求特点和行为模式，制定合理的价格体系，策划可行的营销策略，以期达到市场目标份额的计划和步骤。

（五）投入产出

本部分涉及项目的财务测算，首先估算资金的需求，然后规划资金的供给，最后通过收入预测和成本核算进行损益分析，求出项目的投入产出之比，作为项目的经济效益的核心指标。①投资预算和资金来源。列出固定资产投资的总额和运营资金（流动资金）投资总额，将两者相加得出项目总投资预算，根据总投资预算规划资金来源结构，例如自有资金的比例、自筹资金的比例、股东增资的比例、银行信贷的比例等，只列出资金需求与供给的"粗目"，其"细目"将在附件表格中体现。②成本估算和收入预测。对原料、劳动力、市场营销等运营成本进行核算，同时根据产量、价格和需求增长率预测项目未来收入。在上述投入产出数据的基础上做出未来几年的预期损益分析。本部分可能涉及成本和收入的大类项目，其项目将在附件表格中体现。③效益指标和数据说明。根据上述数据进行现金流分析，得出项目最主要的效益指标，如内部收益率、财务净现值、投资回收期等，同时对得出这些效益指标的假设前提和假设变量进行说明，例如价格的设定、成本及市场增幅的设定、单位耗材的设定等，解释其假设的理由。

（六）风险分析

风险分析是投资者必须做的功课。既然如此，就应该事先做好。本部分可以表现出项目公司的成熟和自信，所有的风险都在预料之中，不但要有量化的分析，同时还要备有应对预案。①风险识别和风险原因。罗列项目在各个方面所可能遇到的风险，外部的系统风险和内部的非系统风险，诸如政治风险、技术风险、市场风险、经营风险等，分析风险产生的原因。②风险评估及量化指标。通过量化的技术手段，如盈亏平衡分析、要素敏感性分析、流程跟踪分析、概率交集分析等，求出风险的量化指标。在量化的基础上，对风险的后果进行评估，确定轻重缓急。③防范措施和应对预案。针对上述识别的风险，一一制定出防范措施，基于对风险发生后果的动态分析，准备好危机处理预案，以万变应不变，举轻若重。

总之，项目千差万别，现实中商业计划书的撰写并没有固定的模式，上述框架不过是为了启发思路。当创业者完全领悟了其中的真谛之后，可以跳出理论框架自由发挥。

三、商业计划书的撰写要求

商业计划书吸引住了投资者的眼球，只说明成功了一半，要想让投资者下决心投资，智力资本拥有者下决心投身项目建设，还需要三个条件：思路清晰、数据充分、概念动情。

（一）思路清晰

思路清晰是指对项目的论证必须逻辑严谨，找不出相互矛盾和不切实际之处。投资者一般不会轻易就范，他们总是会带着怀疑的眼光从你的项目论证中挑毛病，他们通常采取的方法都是"以子之矛攻子之盾"，所有的问题都会针对逻辑薄弱环节提出。因此你自己就得事先把圈画圆，让投资者无懈可击，挑不出毛病。

投资者评估一个项目有两个指标：一个是绝对指标，即看你项目的各项指标是否能够满足他们的基本底线；另一个是相对指标，即把你的项目和他们手中的其他项目横向对比，看你的条件是否比别人更加优越。只要投资者从你的商业计划书中找不出破绽，等于通过了绝对指标的评估，这就意味着你赢得了谋事的前一半，剩下的后一半取决于横向对比的结果。

（二）数据充分

任何论据都必须有数据证明，无论你把自己的项目说得多么天花乱坠，让投资者下决心的最终还是取决于数据论证的结果。市场的论证需要数据，技术的论证需要数据，财务论证更需要数据。投资者需要从这些数据中看到项目的可行性，资金的安全性和投资盈利的前景。一个故事即使再动听、再严谨，如果最终不能证明它赚钱，也绝不会有人问津。俗话说：外行谈战略，内行谈粮草，"外行看热闹，内行看门道"，谁都不会瞎投资。

谁相信你的直觉？投资者会斩钉截铁地要求你：请拿出数据来。即使你提供的数据不准确，投资者会根据自己的估算进行调整，然后在数据调整的动态过程中找到感觉并做出判断。

（三）概念动情

概念描述当然要有文采。文采在商业计划书中可以无足轻重，也可以点石成金。在被热血唤起的投资冲动面前，理智常常会显得苍白无力。有时候项目的最后命运常常取决于一个决策者的一念之差，而这一念之差偏向哪里，往往被他的情绪所左右。

比如某农业经济信息网申请西部扶贫项目资金的项目计划书，其开场白是这样写的：

"互联网是一场革命。这场革命早已席卷了全国的城镇，现在它正在向传统生活方式和生产方式的大本营农村发起冲击。如果说中国半个世纪前的社会政治革命是从农村包围城市开始的，那么今天的这场信息技术革命将以城市包围农村而告终。

"这场革命颠覆了状态的思维方式和既定的优劣排序，使世界的空间变得越来越小，使发展的节奏越来越快，使思想的交流变得越来越容易，使资源的配置变得越来越合理。互联网跨越时空的特点，为所有的国家、地区、企业和个人，无论先进的还是落后的、贫穷的还是富裕的、强大的还是弱小的、智慧的还是愚昧的，画出了一条崭新的起跑线，为乌龟追上兔子提供了机会，使小鱼吃掉大鱼成为可能。"

很明显，这段开场白实际意义不大，但因充满激情和活力，容易打动资金审批部门。

名家箴言

如果把项目包装的成果比作一个建筑物，那么数据就是它的地基，思路就是它的框架，而概念就是它的装修。这三个要素缺一不可相辅相成。

——房西苑（汇思通管理咨询有限公司董事长）

四、商业计划书的沟通捷径

商业计划书就是项目包装的成果。而这个成果实际上是用来与投资者沟通的工具，沟通的效果有可能出现四种情况，其中深入浅出乃沟通捷径。

深入深出。项目公司把项目研究得很透彻，但是商业计划书满篇专业术语晦涩难懂，除了他们自己谁也看不明白。"茶壶煮饺子，塞得进去但是倒不出来"，这种情况普遍存在于那些由技术人员创业的高新科技项目。

浅入浅出。项目公司自己都没有把项目研究明白，因此商业计划书写得简单肤浅，尽是人云亦云的套路，让人感觉不到有半点专业水平，同时也提不起任何兴趣。这种情况多半是由于项目公司涉足了一个不熟悉的行业或者策划了一个力所不及的项目所致。

浅入深出。项目公司本身对项目的策划不甚了了，但是商业计划书写得云山雾罩，不把大家绕住了绝不罢休。这种情况有两种可能，要么是融资方水平太低，连自己都不明白自己写的是什么意思；要么就是项目本身没有价值，但是融资方故意虚张声势把半桶水晃荡出一桶水的假象来。

深入浅出。项目本身策划得很高明，同时商业计划书写得简单通俗让人很容易看明白，同时也很容易引起兴趣。项目包装能够达到这种境界最是困难，达到这个境界就踏上了融资的捷径。

对于很多项目而言，深入基本不是问题，问题往往在于浅出。一个项目如同一个产品，项目公司如同产品的开发者和生产者，对于自己产品的深入理解，无人可以与之相匹。可是能够深入的人未必能够浅出，正如一个产品的开发者往往不是这个产品好的销售者。

让一个软件的开发者去写软件的使用说明书，多半不会有好的结果，因为开发者和客户往往从截然相反的方向看待产品的功效，开发者的思维方式是由里到面，而使用者的思维方式是由面入里，开发者首先考虑的是这个产品怎么发挥功能，而客户首先关心的问题是它能解决什么问题，达到什么效果。向客户展示这个产品最后产生的效果，比让他们明白如何发挥功能，如何使用操作还重要。客户购买的产品往往不是最好的产品，而是最能引起他们兴趣的产品。由此推论，在销售一个产品的时候浅出比深入重要得多。

课后思考

1. 项目策划应从哪些方面展开？
2. 如何理解"经营模式处于项目策划的核心地位"？
3. 创业项目包装包括哪些内容？
4. 简述创业项目包装原则与要求。
5. 什么是谦虚式夸张？如何来把握这一尺度？
6. "网红创业"，应该包装自己还是包装产品？
7. 商业计划书在创业营销的作用。

案例分析

成立 1 年多，陈安妮的快看漫画凭什么这么红

45 万次转发、37 万点赞，10 万次讨论，姚晨、赵丽颖等明星大 V 纷纷加入转发行列，超过 2.5 亿的阅读量一下子让"90 后"女生陈安妮火了起来，也让她打造的快看漫画 App 以迅雷不及掩耳之势进入了公众视野，自此一发超出想象。

获过亿 B 轮融资总用户破 3 000 万

随后，快看漫画 App 连续三天登上 App Store 免费排行榜第一，登上 App Store 热搜榜；不到 1 个月，用户总数突破 100 万，迅速获得 300 万美元的 A 轮投资。不到一年，用户总数突破 1 500 万，再获得包括 A 轮投资方在内的顶级机构超过 1 亿元人民币的 B 轮投资。截至 2016 年 3 月，快看漫画的总用户数突破 3 000 万，MAU 突破 1 100 万，DAU 更是突破了 350 万。

相比许多创业项目，快看漫画一年多的发展速度令人咋舌。在 2016 年 1 月易观智库发布的中国 App TOP 500 榜单中可以看到，快看漫画位列总榜 274 名，位列漫画类 App 第 1 名，2016 年 2 月艾媒咨询发布的 2016 中国活跃用户排行榜中，快看漫画居漫画类 App 第 1 名。

能够在如此短时间内超过腾讯动漫，蹿升为国内移动端漫画 App 的新"独角兽"，快看漫画无疑跑出了一条属于自己的快速跑道。

在此之前，快看漫画还获得了第 12 届中国动漫金龙奖"最具实力原创组织单位"奖、"中国互联网年度新锐雇主"等称号。创始人陈安妮被评为 2015"微博动漫年度影响力人物"以及创业邦 2016"30 岁以下创业新贵"，快看漫画 App 更是受到了"百度金熊掌""小米金米奖"以及腾讯应用宝"小红花奖"的肯定。

不迎合读者口味要走在读者前面

快看漫画如此迅速崛起并壮大，不禁让人好奇，是什么在支撑和推动？创始人陈安妮是这样说的。

"快看漫画的玩法之所以一直没被业内看懂，是因为快看的核心竞争力是拥有一支拥有独特嗅觉的内容团队和包装运作团队，团队核心人物不仅有知名网红还有来自腾讯、小米等出身的技术大牛。这些人不仅决定着快看的内容走向，更是拥有极强的打造爆款的包装运作能力，保障了极致的产品体验，思维和传统的从业者很不一样。"陈安妮表示。

仅在 2015 年寒假不到一个月的时间里，快看漫画的 DAU 便实现了 100 多万的增

幅。"每天都有人跑来打听我们是如何做的。但有一个原则我们始终坚持并贯彻，那就是快看漫画绝对不会迎合读者的口味去决定做什么内容，而是会去走在读者前面，给读者带来我们所认为的好的内容。"安妮笑着说道。

那如何让快看漫画源源不断输出更多好的内容呢？

安妮透露：①快看漫画除了会加大对拿手的原创自制 IP 的投入以外，还引进国外优质 IP 来完善平台的内容体系；②在激励体系方面进行了新一轮改革，提供行业具有竞争力的稿费薪酬，让在快看上连载漫画的作者成为一份高收入的职业；③针对排行榜上的人气作者，平台依旧会额外发放奖金补贴来激励创作；④针对平台上的作者，他们均有机会参与各大漫画赛事、个人图书、合集书出版以及全国巡回签售会等，进一步还能够参与到 IP 开发计划、作品输出国外。

其中，快看漫画的独家作品《快把我哥带走》在 2015 年 9 月一举摘得第 12 届中国动漫金龙奖"最佳剧情奖铜奖"，10 月推出的第一本主题书《关于我最喜欢的他》首印达到 12 万册，登上各大图书榜 TOP1。作者团南下巡签，签售出 33 000 册，分别打破广州购书中心、东莞莞书店、深圳中心书城的签售纪录；独家作品《我弟弟是外星人》与《复仇高中》更是登陆韩国最大收费漫画平台 Toptoon & Bomtoon，高居排行榜前列，这种种现象证明快看漫画拥有着极高的人气（见图 5-5）。

据统计，截至 2016 年 4 月，快看漫画上已经拥有超过 1 000 部正版漫画作品、超过 500 位签约作者。

当然，不迎合读者，并不意味着不重视读者，相反，这是快看漫画对用户的用心所在。因为只有好的、正能量内容，方可能长久留住读者的心。

图 5-5 "快看漫画"代表作

在用户体验方面，快看漫画从未松懈。坚持推送精心排版过的优质条漫，通过极简的操作界面和阅览逻辑，不仅最大效果地实现了精选内容的分发曝光，更让读者把看漫画变成一件极为舒服无负担的事。

在快看漫画，读者和作者间的互动同样是重视的部分。据了解，快看漫画的读者活跃度都很高，一条推送的漫画，评论数轻松过千，点赞数达几十万的更是不在少数。比如《复仇高中 2016》这部漫画，单篇最高赞数达到 44 万，评论数近 8 万条，堪比热门微博。

据了解，有时读者为了给作者打榜、催更，还会疯狂地在留言板刷存在感，每天早晨起床的第一件事便是先刷漫画是否更新，早起追漫的同时还会为了抢沙发而创造一系列有趣的抢沙发、抢热评文化。"在快看漫画已经形成了独具特色的泛二次元社区氛围，在这里，不仅仅只有二次元，还有非常多的三次元读者融入其中，和作者打成一片。"安妮对创客猫记者说道。

推动泛娱乐战略多个爆款 IP 已投入开发

对于已完成的超亿元 B 轮融资，安妮表示将集中用在以下几个方面：开发原创自制 IP，引进国内外优质内容 IP，完善平台的内容体系；继续做极致的用户体验，把与其他竞品的产品体验差距持续拉大；加大对国内漫画家和漫画工作室的扶持力度，稿费薪酬改革，提供行业较高的稿费薪酬体系；挖掘和激励更优质的新人作者和漫画作品；社区感运营团队的投入；品牌推广等（见图5-6）。

图5-6 "快看漫画"宣传页

在各方看来，一个成立仅15个月的公司，能够拥有3 000万的用户量，并成功实现两轮融资，已是相当成功。但在安妮看来，这是一个挑战与机遇并存的时刻。

安妮表示，快看漫画虽处于行业领先位置，但市场竞争仍在，且不容忽视。比如腾讯目前在内容方面的布局也相当深入，加之其背后的资源和财力的优势，因此如何更快更好地前行，拉开距离是现在也是未来长期需要思考的问题。

不过，对于未来，安妮还是相当看好的。"移动互联网主要的流量聚集在微博、微信等大平台上，内容创业是很大机会，看我们能不能把握好这个风口。"她说道。

资料来源：创客猫。

讨论题

1. 陈安妮说，"快看的核心竞争力是拥有一支拥有独特嗅觉的内容团队和包装运作团队"，如何理解这一观点？举例说明，哪些事件体现这一观点。

2. 对"不迎合读者口味"的做法进行评述。

第六章

创业项目路演与推介

学习目标

- 了解创业项目推介的意义与作用。
- 掌握项目路演的内涵、目的与条件。
- 了解创业者在路演前需要做哪些准备。
- 掌握项目路演的内容、策略与技巧。

导入案例

数字创意项目推介会在常州召开 VR 项目成创业新宠

2016年9月28日，在第十三届中国常州国际动漫艺术周上，"创享未来——数字创意项目推介会"隆重举行，来自中科院、常州恐龙园文化科技有限公司、韩国江原情报文化振兴院、北京互动视界文化传媒有限公司、深圳虚实境数字科技有限公司等多家国内外企业的10个数字创意项目一一亮相，与投资机构进行现场对接。

在本次推介会上，VR 项目最受关注。中国科学院自动化研究所的"数字演员海上丝绸之路全球巡展"项目主要依赖全息 VR 技术实现；韩国江原情报文化振兴院的 4D VR 项目已经有了 VR 滑雪、VR 滑翔伞、VR 战斗机游戏等多个成果，并计划开发恐龙体验步行 VR、未来机车 VR 等影像内容和构建体验馆；北京互动视界文化传媒有限公司商务总监袁沉思介绍了 Sightpano 全景视觉项目，现场寻觅合作伙伴；深圳虚实境数字科技有限公司 VR 家居项目和常州爱家网络科技有限公司的爱家 VR 项目受投资者青睐。

2015年发轫至今，"VR 热"不断升温，创业热潮席卷整个行业，各大互联网巨头也相继跟进该领域，大量资本涌入为 VR 行业带来越来越多的创业机遇。中娱智库发布的"数字创意指数"显示，数字创意七大细分领域（包括动漫、VR、网络文学、在线教育、创意设计、影视、游戏）中，VR 处于发展早期，综合排名靠后，但发展潜力最大，以30.1%的增速位于榜首。

据了解,"创享未来——数字创意项目推介会"是第十三届中国常州国际动漫艺术周上举行的"2016中国数字创意产业峰会"分论坛之一,旨在加快推进数字创意产业的融合发展、促进数字创意项目的深度对接,让数字创意产业持续为转变经济发展方式、促进消费增长、繁荣群众文化生活、引领社会风尚提供有力支撑和有效供给。

资料来源:《中国经济周刊》,文/刘照普。

第一节　创业项目推介与推介会

一、创业项目推介概述

所谓创业项目推介,是指创业者面向市场、面向投资者推广介绍拟实施(或已实施)创业项目,以获取创业资源的一系列行为,它是创业活动一个重要环节。

项目推介包括项目背景、项目简介、项目团队、商业模式、融资方案等内容。其中,①项目背景就是项目的来龙去脉、行业发展情况、国家政策等。②项目简介包括创业企业的项目目标及发展前景,在做什么,有什么产品,目前的概况如何等。一般来说,企业需要拿出实际的产品才能打动投资者,然而,光有能看到的、摸到和使用的产品是不够的。投资者还需要知道产品的市场吸引力、产品的用户增长情况。例如,马化腾在争取投资时,OICQ用户的增长就是打动投资者的一个因素。③项目团队,即公司创始人及主要成员,每个人的能力、学历背景、拥有资源等。对于一些创业公司创始人来说,仅靠个人声望和创业经历,就可以打动投资者,例如李开复做创新工场;但对大部分创始人来说,要想打动投资者,不仅要展示团队的努力,你还要拿出自己想法、有潜力的产品和增长来打动投资者。④商业模式是项目吸引投资、打开市场的关键,因此,商业模式是项目推介的重点。商业模式的建立需要考虑产品与市场定位、商业模式设计、财务分析和组织保障者等方面。⑤融资方案包括财务状况、融资方式(债权还是股权融资)、融资规模、资金使用计划、资金退出方式、融资期限、项目融资对象、融资承诺等内容。

现在更有一些企业为了减少成本扩大影响而采用网络推介的形式,即采用视频播放、非互动或互动宣讲、在线游戏等方式,利用互联网的多媒体技术向全世界进行推介促销。

网络推介有不受地域限制、图文并茂、可保存及无限复制传播等优点,为越来越多的企业所青睐。可以像看大片那样观看企业宣传片,获得对企业的直观印象;可以看到现场直播的推介活动,从多方面了解企业;可以足不出户,在场外互动中与企业高层对话;还有,可以把所有这些打包下载,在任何需要的时候打开。这或许就是网络推介行为逐渐流行开来的关键原因。

二、创业项目推介会

项目推介会就是推广介绍招商引资项目、创业融资项目的大会或活动,旨在帮助企业、社会组织和团体、政府等宣扬自己的特点、产品和政策，促进交流活动，是促进项目与资金对接的一种方式。目前一些项目推介会通过常态化举行，已发展成为业界项目展示、政商交流、资本对接的平台，如旨在打造养老服务产业交易、交流、推介与合作的平台的"国际养老服务产业推介会"，以及在珠三角地区发展成为具有一定影响力的创业项目及创业要素展示交流平台的"珠三角自主创业项目推介会"等（见图6-1）。

图6-1　项目推介会宣传图

项目推介会通常选择在大中城市的会展中心、星级酒店、礼堂、体育馆等场所，使企业和推介对象面对面交流，以达到介绍自身产品、服务、理念等，通过现场提问作答的方式加进双方彼此的了解，易于营造气氛促成理想的双边考察效果。有些时候主办方为了达到特殊的推介效果和与众不同的意愿，也会选择独具创意或个性突出的场所，如LOFT会所、风景名胜区等地。同时还可以配合节庆、纪念日等具有特殊意义的时间加深推介效果。但是鉴于高昂的宣传、差旅等各种费用，这种宣讲形式的成本也相对较高。

一般地，创业项目推介会通常包括创业加盟项目推介、自主创业成果与项目展示、创业项目与资金对接、创业孵化园区推介、优秀创业项目路演、创业主题论坛和创业扶持政策现场咨询服务等板块，是企业宣传品牌、招募加盟、扩大影响的最佳平台，也是创业者寻找项目和资金的好机会。

1.创业加盟项目推介

通过征集一批投资少、风险小、市场前景好，符合国家环保、卫生、健康、安全要求的自主创业项目，以及适合在当地落户发展的国际品牌特许加盟项目进行展示交流。创业项目可以涵盖科技创新、文化创意、电子商务、服装服饰、工艺礼品、医疗保健、教育培训、社区服务等容易进入的领域。

2.自主创业成果与项目展示

集中展示一批本地区、本产业领域自主创新创业项目以及最新创新创业成果，提升项目知名度。

延伸阅读 6-1　聚焦大学生创业：项目推广成难题　期待建推介平台

"好的创业者绝对应该是一个出色的学习者"，才20岁出头就已经着手多个创业项目的李远哲说。这名即将从北京师范大学传播系毕业的同学介绍，自己已顺利完成了保研，目前自己的投资公司也已起锚，并投资了几个项目。李远哲认为，现在既然有用低成本尝试创业的机会，那么有野心的年轻人值得一试。

"路由人走，积极试错"也是夏麦的创业观。为给将来的创业做好铺垫，这个北京大学工学院博士生很早就为自己设计了"计算机+管理科学"的交叉知识背景，目前她正和伙伴们做一个工艺美术的创业项目，她认为唯有兼具好想法、好团队和足够的时间，创业才能真正起步。

一年前，由北京大学计算机系学生Jesse担当技术负责人的校园社交App还只是个"想法"，目前这个项目即将上线。谈起找投资几经碰壁的心路历程，Jesse认为自己从中收获了颇多经验和建议。

Jesse说，起初投资人认为App在设计和定位上存在问题，对团队建设也不满意。后来借由几次App成功"撮合"的线下活动，他们从活动参与者中吸收了成员，从而化解了团队建设的难题。但Jesse同时坦言，"由于合伙人都是学计算机的，在产品的运营和推广方面存在局限性。"

项目推广对于不少白手起家的大学生创业者都是个不小的问题。夏麦说，自己的团队目前奇缺新媒体营销的业内合伙人，而"推广已经成为大部分互联网项目最烧钱的事项"。李远哲则期待出台一些政策，为大学生创业项目推介提供一个低成本的平台，或者将当前现有的推介平台做大影响力。

对于在资金、团队等方面存在的短板，一些大学生创业者认为，学校在这方面应当"有所作为"。Jesse认为，学校可以推出一些针对创业者的培养方案，比如尽量将基础知识压缩在大一、大二时期学完，这样大三、大四时就有时间参加创业。

而在大学的课程设置上，有声音指出，大学本身教的并非具体实践，更多是思考方式，所以不能将大学生的"创业低能"归罪于大学。对于当前理论学习和创业实践之间存在的缝隙，李远哲觉得，这种"脱节"大多时候需要靠创业者的兴趣爱好和技术特长来弥补。

此外，李远哲希望学校提供可供灵活选择的、与时俱进的创业教育，同时引入校友、投资人、孵化器、媒体等社会力量，"甘心做平台，设计好制度，让付出时间、精力和金钱的人有所回报。"

"慕课、校园孵化器、创业课程等系统正在逐渐完善，其实已经是可喜的趋势了"，夏麦认为，和硅谷相比，中国缺的是系统化生态，包括创新文化、创新保护、监管机制、退出机制等的细化。

李远哲还提到了他的担心："大学生创业条件的地区差异很大，校际差异更大，大部分创投机构都去'捞干的'，很多创业团队还处于深水区，条件比较差。"

"所以，其实大学生创业不能完全指望学校，还需要依靠市场的力量，尊重市场的规律。"李远哲说。

资料来源：改编自中国新闻网，文/陈伊昕。

3. 创业项目与资金对接

组织银行现场提供小额担保贷款政策咨询与办理服务。邀请创业金融服务机构，以及风险投资机构，现场提供项目咨询和评估、项目融资、投资咨询服务。

4. 创业孵化园区推介

邀请知名创客空间运营商以及自主创业孵化园区（基地）进行现场展示和推介。

5. 优秀创业项目路演

邀请优秀创业项目代表进行现场路演并分享创业经验，同时组织银行信贷机构、风险投资机构代表等进行现场推介，并与观众现场互动。

6. 创业主题论坛

举办以大学生创业为主题的论坛活动，邀请创业导师做主题演讲，并现场与优秀大学生创业项目代表交流互动。

7. 创业扶持政策现场咨询服务

宣传创业环境和最新创业促进政策，邀请市场监管、税务、就业服务、创业指导专家等进行创业扶持政策的现场宣传和咨询。

此外，政府主办的项目推介会除了会有创业项目展示、创业服务对接、创业贷款等内容外，还会涉及一些创业项目申报奖励、创业场地补贴、自主创业奖励、创业带动就业奖励等直接的资金支持。

第二节　项目推介的主要形式：路演

一、什么是路演

"路演"是当前社会上一个使用频率较高的词。顾名思义，路演是在马路上进行的演示活动。早期华尔街股票经纪人在兜售手中的债券时，为了说服别人，总要站在街头声嘶力竭地叫卖。路演（road show）一词就是由此而来的。到后来，虽然有了交易大厅、有了先进的电子交易手段，但路演的习惯还是保留了下来，而且，路演已经成为国际上广泛采用的股票发行推介方式。

发展到现在，路演已经不仅仅是为发行新股而进行的推介活动。时下盛行的企业"路演"不仅被企业成功地移用，其概念和内涵已改变和延伸，成为包括媒体发布会、产品发布会、产品展示、产品试用、优惠热卖、以旧换新、现场咨询、填表抽奖、礼品派送、有奖问答、唱歌比赛、文艺表演、游戏比赛等多项内容的现场活动。现在很多企业的产品或服务都开始积极采用路演的形式通过和消费者面对面的交流来宣传推广产品，相对动辄几十、上百万的广告费用来讲，路演的费用要低廉得多，但对于提高产品知名度和促进产品销售却有不可估量的作用。

路演是促进投资者与融资人之间的沟通和交流，在投融资双方充分交流的条件下促进交易达成的重要推介、宣传手段。路演推介所需资料和服务内容：专业精美的企业推介画册、招股说明书、研究报告（产品技术分析/市场分析/募集资金可行性分析报告）、发行公司文件封套、幻灯片和幻灯彩册、企业推广录像带、礼品、文件礼品袋等。随着信息技术的提升，网络路演以图、文、视频及在线沟通等手段实现对项目的全方位长时间在线展示，如同一场"不落幕"的网上项目推荐会。

二、项目路演的性质

所谓项目路演，是项目方向众多的投资方讲解自己的项目产品、发展规划、融资计划，并进行有效沟通的互动过程。项目路演具有下列性质。

（1）"项目路演"采取自愿报名，审核通过的机制。邀请全国范围内早、中期创业项目以及传统行业具备创新模式的项目参加。

（2）"项目路演"是国内外诸多风险投资机构实现融资的高速公路。实现创业项目与投资人的零距离直面对话、平等交流、专业切磋，促进创业项目与投资人的充分沟通和加深了解，最终推动融资进程。

（3）规模：项目路演由 8～10 个创业项目和 8～10 个投资机构代表组成。确保每个项目进行较为充分的展示，并与投资人进行深入的沟通。

（4）私密性质：除创业项目和投资机构代表之外，项目路演全程谢绝无关人员参观。

（5）项目路演主办方及所有参会人员均须承诺：除非得到本人许可，对项目商业秘密和项目路演的资料进行严格保密，不将项目路演的任何内容用于其他商业目的。

三、项目路演的条件

（1）项目团队人数最好能 2 人以上；
（2）项目成功运作过一段时间；
（3）项目必须有内容可供演示；
（4）项目必须有完整的商业计划及其历史财务资料；
（5）项目必须拥有独特商业模式和商业价值；
（6）项目必须有明确的融资需求，融资标的范围。

四、项目路演的目的

路演有两种目的：产品销售和项目融资。融资路演的要点就是在于挖掘提炼共同的理念以便与投资机构调整出相同的思维频率，而目标只有一个：让双方看到属于大家的、共同的未来。

项目路演的好处在于：①可以同时让多个投资者很认真地倾听创业者的讲解和说明，同时还可以有一个思考和交流的过程。通常情况下，投资者每天看到的计划书和接触的项目很多，甚至有的投资者一天阅读上百份项目计划书，所以筛选项目往往只能凭借一些市场份额、盈利水平等硬性指标，很难了解项目的精彩之处，很多优质的创业项目都是因此而与投资擦肩而过。②能够让投资者在安静的环境里，在创业者声情并茂地展示下，真正读懂企业的项目，从而做出更为准确的判断。特别对于一些技术性强的项目，更能减少出现投资者看不懂和不理解项目的弊端。企业可以通过自己的精辟讲解和投资家之间的交流，快速对接自己的项目，减少创业项目融资中的弯路。

项目路演最终目的是获得融资，但项目融资的目的，不仅仅是为了获得资金。①投资方的价值不止在于提供资金，投资方还可以为企业带来行业经验、人脉、渠道资源、合作伙伴，这些价值远比资金的作用大。②并且，获得融资的企业有更多机会获得再下一轮的融资，提升企业的成长速度。③再者，分配给团队的股权价值被体现出来，更利于巩固团队，扩大团队。

五、项目路演的模式

从形式上，目前项目路演分成线上项目路演和线下项目路演等两种类型。线上项目路演主要是通过 QQ 群、微信群，或者在线视频等互联网方式对项目进行讲解；线下项目路演主要通过活动专场对投资人进行面对面的演讲以及交流。其中线下类型，主要表现为以下 4 种模式（孙松廷，2016）。

（1）精准度、私密度最高的"一对一模式"。从投递商业计划书，到被投资机构代表邀请咖啡约谈，至投资人受邀参观企业深度沟通，到投资机构邀约创始人至投资办公室拷问，以一对一、私密性、节奏强为代表，尤其是优质项目，更是快马加鞭、三步合一步快速促成项目的成交。

（2）精准度、私密度较高的"私董会模式"，三五联投的基金或偏好一致的垂直细分行业的机构，将精挑细选的项目组织起来，类似于私董会一般，结合不同的基金投向侧重点，由合伙人、投资总监级投资者发问，问题往往非常尖锐，从业务进展、市场开拓方式、成本结构、资本结构到配偶是否支持创业，不一而同。当然，效果也是非常明显的，一般有机会上会的案子，质量都非常高，被投的概率非常大。这种圈子，非圈内浸染多年的投资人和创业者不得而入，而这种形式也往往以桥牌俱乐部、高尔夫俱乐部、户外俱乐部、投资俱乐部的形式呈现，私密而高端。

（3）由政府部门、知名机构或平台线下组织的项目路演会或专场路演。随着各地招商热情一路高涨和孵化器的密集涌现，当地政府或科技部门、当地机构也会定期组织一系列的项目路演，有的孵化器也冠之为毕业季、展示日……这种情形下的项目演示，相较而言，有机构背景或机构托管运营的孵化器承办的，因为大家都在同一个圈子里，所以相当于提前过了一遍筛子。而在路演准备、路演形式方面大多也会做一些辅导，所以，创业者在演示项目过程中比较专业，创投双方对频非常容易、减少了很多沟通成本。

比如，杭州"凤创汇"专注于动漫项目，它是由之江文化创意园、中国美术学院国家大学科技（创意）园携手浙江省创意设计协会发起成立，旨在发挥园区在文创企业与投融资机构的桥梁纽带作用，采取"辅导—培训—路演"的服务形式，帮助文创项目梳理商业模式，打造集创业培训、项目孵化、融资对接、文创基金等于一体的文创行业综合性创投服务平台，从而让更多的资本关注动漫产业，投入动漫产业，也让动漫项目经过资本的检验，实现自我完善，走向优秀，走向卓越，为中国的动漫产业繁荣贡献一份力量。

（4）带有大赛和推广性质的创业大赛或创业TV秀模式。因为组织的目的不同，所以参会的企业往往目标有三：①求名次，有奖金或奖励；②求名声，免费的品牌传播；③求资金，遇到对路的资金方。这种往往会历经海选和优选环节，所以登台的项目普遍质量较高，比如国内集情景路演、项目对接、全链孵化于一体的大型全媒体创投节目《跃龙门　创客赢》就是层层过筛子、项目辅导和优化，到登台亮相时创业项目的质量已经很高，创投双方都有极大的收获，所以马太效应显现，越来越多的优质项目和顶级的投资机构聚拢过来。在这种平台上，对创业者而言，名利双收。还有贵州省科技厅联合贵州省生产力促进中心，采用"创业大赛+项目推介"模式，2015年首次在贵州的四家众创空间为参赛团队做项目推介，以路演的形式向投资人和专家展示自己的项目，可以让参赛团队获得相应的改良建议，拓宽创业者朋友圈，实现项目的有效推广，甚至可以拥有更多的融资渠道。

随着视频技术和移动互联网的应用，项目路演呈现的方式越来越多元化，越来越多地运用多媒体技术向投资人呈现项目的具体信息，不管是从效率还是从效果来说，相比传统的纯文字演讲式的演讲，线上路演是一个巨大的进步。之前的QQ群、YY群、电话会议、远程视频路演，现在的微信群路演，就体验和互动而言，还是目前的微信群路演更佳。

（1）微信群路演。在微信群里，商业计划书都会提前发布和观看，在互动的时候语音根本不给创业者以组织、修饰的时间，而通过这种直接的思维对撞类似于头脑风暴般，判断出是否跟进这个项目，毕竟商业计划糟糕的项目，群内是万籁俱寂的，只有触动投资人的项目投资人才会纷纷拔刀，当然过程激烈了点，这个时候的创业者要学会判断对你感兴趣的投资人，以期转移到线下，继续沟通。

（2）AMA模式。线上路演还有一对一的AMA（Ask Me Anything）模式，AMA是一种新型问答社区模式。从Ask Me Anything的名字就可以看出，这款应用基本的功能就是可以跟任何人提问，比如领路、聚份子，有些还打通了线上线下环节的时间拍卖、中国投资人中心等，都可以有机会借用这些知识和问答平台来约见投资人，畅聊项目和答疑解惑。

当然，线上线下两种类型的路演形式都随着跨界、技术、共享等领域发展而不断地进化更迭，呈现不同的模式，但这些变化最终还是服务于创投双方的高效对接，实现彼此的期望：投融资对接成功。在这些路演平台上，需要创业者做好充足的准备，迎接投资人热切和挑剔的目光。

创业故事 6-1　　医生的创新创业大赛

由广东天普生化医药股份有限公司和贝壳社主办的"天贝杯"医生创新大赛在福州启动，共征集到202个"创新金点子"，涵盖了医疗器械、互联网医疗、诊断医疗、医疗教育等多个方面，直击临床"痛点"。

大赛为医生提供"天使投资"的机会

在202个"创新金点子"中最多的是外科项目，共57个，以及有不少来自麻醉科的项目等。数据表明大赛创新项目很多是操作性的技术改进，对于改进治疗具有十分重大的意义。大赛有关负责人表示，大赛准确把握医生创新所面临的缺乏启动资金和时间、缺少推广团队和商业经验的四大挑战，通过汇集医生创新方案或既有专利，连接企业创新导师、贝壳社医健产业孵化平台、国内外资本投资机构、天普药业推广体系的力量，帮助医生克服创新产业化中的困难，实现创新梦想。

为了助力医生创新，大赛设计了完善的参赛流程：首先收集临床医生的创新"金点子"或者临床"痛点"，由医疗导师团对征集到的项目进行初筛，确定入围项目。之后将入围项目进行创新配对，组建项目小组，进行创新孵化。孵化成功后将举办项目路演，由医疗专家、资本投资机构组成的导师团，评审出优胜项目。最后大赛主办方会寻找天使投资，在产品投入市场后更有天普药业的营销渠道支持。

将提供更加精准、精益和精诚的医疗服务

"天贝杯"医生创新大赛医疗导师团"大咖"云集，这些医疗导师们不仅医学造诣深厚，而且极具创新精神。在大赛发布之际，导师们也畅谈医生创新，并且分享了大赛中的创新项目，到底这些创新项目能让我们的患者得到哪些受益？

拥有十多项发明专利，西安交通大学外科"梦工厂"创始人，西安交通大学医学部副主任吕毅教授现场分享了其创新的项目"真肝模拟人"腹腔镜训练系统。这是一种崭新的外科医生腹腔镜培训系统，对医学生临床实践课优化、住院医师规范化培训、专科医师培训产生巨大而深远的影响，而最终受益者是患者。

在癌症治疗方面，上海交通大学医学院附属新华医院副院长刘颖斌教授分享了一个创新项目：胆囊癌靶向药物的研发。

"很多急危重症方面微细的改良和创新看上去是前进了'一小步'，但对改良提高患者的生存质量会是'一大步'。""天贝杯"医生创新大赛项目组代表梁敏怡说。

资料来源：《南方都市报》，文／曾文琼。

六、项目路演的准备

为保证路演成功，创业者非常有必要想好自己真正的路演需求，做好路演前的准备工作，以做到有备无患。那么，创业者在路演前都需要准备些什么呢？

1. 思考投资人关心的问题

投资人对企业付出资金和资源，当然最希望获得回报，审视一下，自己未来能为投资人带来什么？

我们的优势到底在哪里？能让投资人拨开层层的项目发现我们吗？

我们要怎么开始做？每一步达到什么目标可以为下一步准备？

思考完这些问题，相当于企业自己对自己内部路演了一次，记录下来的内容就可以摘取作为制作计划书的内容。不要忽略了这个审视的过程，大约占整个准备过程的三分之一。

2. 准备一份比较详细的商业计划书

结合"创业项目策划与包装"的成果，制作一份比较详细的商业计划书，商业计划书包含整个项目的情况：①详细描述产品或提供的服务，产品名称、功能、解决的问题、服务的内容以及满足的需求；②目标客户画像、定价策略、营销策略、销售模式是针对企业市场还是针对消费者市场还是其他、市场规模及调研（可以用咨询公司的市场分析数据佐证）；③可以解决同样需求的产品/服务有哪些、价格怎样、专利情况、关联产品有哪些；④可以的话提供目前的财务数据、研发投入费用、人力成本及管理费估算；⑤团队详细的背景、履历、团队是否互补、稳定性、未来人力发展规划等。其中团队（过往经历、合作分工、股权结构、期权池）、商业模式、业务进展、成本结构、融资规划、资金使用计划结合接下来的业务进展、未来3年经营预测、上市计划或退出计划等就要相对细化，坚决摒弃简版、大字、需要人充分联想展开的方式。

3. 制作一份路演幻灯片

路演幻灯片其实是商业计划书的浓缩版，商业计划书的精华提炼，主要为了让投资人在不长的时间内迅速了解项目，形成初步印象，因此最好使用幻灯片、PPT的形式，图文并茂，精练文字，切忌满屏都是文字的幻灯片。路演更多的是演讲，PPT用来辅助你的演讲思路。路演者的演讲和材料要注意三个方面：①把听众的理解能力作为第一设计目标；②不要超过三个关键概念；③尽可能简洁等。如果这时能有一段客户应用场景的视频来展示整个商业模式就更棒了，能给苦涩、紧张、压抑的现场带来一些舒缓。

路演幻灯片可以按照以下部分来写。①产品与服务：开门见山，说明项目做什么的，解决什么问题，市场为什么需要，痛点是什么。②市场状况：产品的市场反应、用户发展情况、市场需求分析，用数据说话。③竞争分析：竞争对手有哪些、SWOT分析、壁垒及门槛、技术更新替代情况等。④商业模式：如何赚这笔钱？从哪里来？历史的营收情况如何？并附上未来的预测，1~3年均可。⑤融资需求：融资多少、用在哪里，用表格列出来。⑥团队介绍：核心团队成员逐个简单介绍，介绍一下公司成立时间等。当然，这些内容可根据观看路演的投资机构适当调整。

4. 提前了解投资机构

提前了解投资机构，做到知己知彼，能够提供项目路演成功率。①摸清投资机构的"个性"：投资机构跟人一样，都有自己的性格，他们更喜欢把资金投向与自己"投脾气"的创业团队。②领域：很多投资机构都有资金比较关注的领域，比如 IDG 投资集中在电子商务、企业服务上面，两个领域之外的项目投资较少。③投资金额：投资轮次集中在 A 轮和 B 轮，所以看看自己的项目是否到了融资 A 轮 B 轮的阶段，对方一般能给多少资金。④投资风格：比如，从一些对于 IDG 的新闻报道以及历史的数据可以了解到，IDG 早期更关注优秀的团队，现在逐渐开始关注产业，所以要在 IDG 面前体现项目在产业当中的上下游优势、产业整合能力，俗称投资赛道。投选手则是看团队，是否能成为行业第一，这个时候凸显的就是团队优势、技术优势、商业模式。⑤投资机构及程序请了然于胸。审视完自己，了解下投资机构的投资程序，投资机构评审一个项目好坏的方法并没有统一的标准，而且一般也不会公开，但是投资的程序大家还是大同小异的。

第三节　项目路演的策略与技巧

一、项目路演的基本内容

1. 讲故事

以一个动人的故事开始路演，这会从一开始就勾起听众的兴趣。而且如果路演者可以把自己的故事和听众们联系起来的话就更加完美了。当然，所讲的故事应该是有关于创业项目产品所要解决的问题的。

2. 解决方案

分享创业项目的产品独一无二的地方，和为什么它能解决前面所提到的问题。这一部分最好简约而不简单，要做到投资人听过以后，可以轻松地向另一个人介绍你到底在做什么。尽量少使用行业里的生僻词汇。

3. 团队成就

投资人投资第一看重的是团队，第二才是项目创意。在演讲的前段，路演者应该要让投资人对创业者和创业团队有刮目相看的感觉。重点介绍到目前为止团队成员取得的成就——列出几个关键的里程碑专利申请、与合作方签署合同、入账收入、顾客数量、员工数量、"大牛"战友成立时间。

4. 目标市场

不要说世界上所有上网的人都是项目产品的顾客，就算有一天这成为现实。要对你自己所创造的产品更加精确化，把你的目标市场范围 TAM、SAM 和 SOM 理解清楚。这不仅能让你的听众影响深刻，也能帮助你自己对市场战略更加了解。其中 TAM 指的是 total addressable market "潜在市场范围"，即希望产品要覆盖的消费者人群；SAM（serviceable available market，可服务市场范围），即产品可以覆盖人群；SOM（serviceable obtainable market，可获得市场范围），即产品实际可以服务到的市场范围，这要考虑到竞争、地区、分发、销售渠道等其他市场因素。

5.获客方式

这是路演和商业计划中经常被遗忘掉的部分。创业企业要怎么获取顾客？得到一个用户要花多少钱？怎么样的推广才算是成功？同时要阐述当前的客户和潜在的用户数据。如果你有大量客户，阐明客户总量和平均每个客户创造的价值，这是重点。没有人比客户更能证明市场对你项目的需求，这里最好用图示，同时得区分开免费用户与收费用户。如果你没有客户，那么请通过这张幻灯片来描述你的目标人群或谁将是最理想的客户。

6.竞争对手

这也是路演中非常重要的一环。许多创业者在这部分都没有充分的准备和翔实的数据，来说明他们和竞争对手的不同。一个最好的来展示你对于竞争对手优势的格式就是表格：把不同的方面放在顶行，把你和竞争对手放在最左列，然后一个方面一个方面来比较，一个一个来说明你的优势。

7.盈利模式

投资人总是对这个部分最感兴趣。你怎么盈利呢？详细地介绍你的产品和定价、销售成本、佣金、分销商返点比例等，然后用事实来证明这个市场正在焦急等待着你的产品的进入。解释你的一次性收入与经常性收入、预估收入等，说明收入和成本的主要构成，重点放在盈利能力上。

8.融资需求

清晰地说明你的融资需求，出让多少股权，未来的财务计划如何。①描述前期资金来源；②当前资产评估；③当前资金需求、资金使用周期、融资目标额度、投资回报方案等；④未来资金需求、资本推出战略等；⑤期望的合作方式与所能提供的回报等。

9.投资人的退出机制

如果你融资额在 100 万元以上，那么大部分投资人都想知道你的退出机制是怎么样的。你是希望被收购，还是上市，或者别的退出方式？

二、项目路演的时间控制

经过前期充分的准备和演讲的反复练习之后，可以安排参加路演活动了，这才是一个完整的路演过程,然而这不仅仅是路演的过程,任何一个步骤可能需要反复很多遍,还是企业的审视、调整的过程,创业者若马虎对待路演,等于是对企业不负责任,对投资人不负责任。

路演时间的把控相当重要,超时了可能还没说明白,或者直接换到下个项目,机会从来不会消失,只是你把握不住就会到别人的手里。针对不同的路演,演讲者需要分别准备3分钟、10分钟、3小时等三种时间限制的路演,分别针对大规模路演、中型规模路演和单聊等三种情况。其中如果创业者和投资人要进行单聊,创业者要在各方面开展深入思考并准备充分的资料,比如雷军做小米前,曾经跟晨兴投资的刘芹持续打了12个小时电话,从晚上9点钟打到早上9:30,一直聊做小米的想法。

演讲需要反复练习才能达到效果,所以,在准备完路演幻灯片、PPT和商业计划书之后则可以安排演讲练习,或者叫预路演,对演讲过程提各种建议不断改进。大规模路演在时间上的安排可以参照(仅供参考):

(1)讲故事(20~30秒)
(2)解决方案(20~30秒)
(3)团队成就(15~20秒)
(4)目标市场(10~15秒)
(5)获客方式(20~30秒)
(6)竞争对手(15~20秒)
(7)盈利模式(30~50秒)
(8)融资需求(10~15秒)
(9)退出机制(10~15秒)

中型规模路演时间安排在上述建议的基础上,每部分的时间可根据项目及投资人情况调整,控制在7~10分钟甚至更短。路演过程中要预留充足的时间和投资人交流。

| 延伸阅读6-2 | 电梯简报 |

"电梯简报"(又称电梯游说)指的是在一段很短的时间内,用清楚、简短的方式向别人介绍你的产品、服务、理念,或是好的构想。顾名思义,电梯简报指的是要在搭乘一趟电梯的时间内完成,也就是说你说服对方的时间只有3分钟甚至更少。电梯简报的目的是引起对方的兴趣,让他们想要在不久之后再度与你会面,从你那边了解到更多的细节。"一起搭电梯"是一种比喻的说法,意思是指在毫无预期的情况下,恰巧碰到你想要推销某个点子、企划案或新方案的人士。

在某些时候、某些情况下,一个简短有力的信息可以对结果产生巨大的影响。事实上,无论你想要在3分钟不到的时间内,简短介绍你的创业点子、你正在经营的事业,还是单纯进行个人自我介绍,"电梯简报术"都是极为重要的商业技巧。

资料来源:摘自《电梯简报术》。

这些其实是在分析怎么利用好路演这个短暂的"黄金时间"。当然，创业者并不是非得在这 3～10 分钟内见分晓，还有一些碎片时间可别错过投资者们，比如，一起乘电梯或茶歇的时候，也许 2～3 分钟就够了，关键是怎么用。甚至应该准备 1 分钟的极速模式，因为每个人其实都算是你的投资人，不管你的团队成员、你的用户还是你身边的朋友，作为创始人，时刻准备好向身边的任何人富有激情地介绍你所做的事情，你能得到的远比你付出的要多得多。

三、项目路演的实施技巧

（1）选择合适的路演平台。无论是为了推广产品做品牌推广，还是参加创业大赛，或者是参加科技评审，还是针对投资人路演，不要不做区分和筛选地盲目参加，要结合项目发展的不同阶段来有针对性地选择。以往有个商业创意，三两合伙人，有产品示范样品，就可以开始大肆参会，约聊投资人，那时会有激进的天使投资人或早期机构跟进；但现在没有成型的产品或打样的市场，匮乏基本的业务数据，没有清晰的盈利模式，这样的项目已经完全被机构拒之门外。同时，如果在一些平台上见到了对项目感兴趣的投资机构或投资人，切记不要再在其他的类似平台上多出现和碰面，不同于投资机构的赶会模式（投资机构的项目源渠道之一），创始人如果频繁参加项目路演，会打上"热衷跑会不专注主业"的标签。投资人圈子很小，有了一个投资人朋友圈的负面评价，创业者就在圈内就很难打开局面了。

（2）通过网络为路演做好热身。随着社交工具的兴起，创业者们接触到天使投资人并没有那么难。如果在参加路演之前，你给来听路演的投资人中一两个人先做个项目介绍，并得到他们的点评和认可的话，那么你在路演活动现场，这些预先有过联系的人为你的项目褒扬几句，融资成功概率就会大大提升。同样，如果你在先期沟通中，投资人对你的项目并不看好，你不要以为只要付点钱，参加路演就会融到资，很可能是你的项目存在着根本性问题，要先解决掉。

（3）找到重点关注的投资人深入交流。参加路演的天使投资人可能不止一个，不要期望每个在场投资人都会对你的项目感兴趣，而是捕捉到真正对你的项目感兴趣的人，进行深入的交流，会场上往往提问的、批评的、建议的人是在关心你。

（4）做足功课，内部演练。请懂行的 FA（finance advisor，财务顾问）、投资人或孵化器指导一下，框架和重点要突出；在公司内部多多演练一下，毕竟在踏入资本市场后，路演就成了创业者的基本功。对于项目路演多与举办方加深沟通，了解参会投资人的背景和投向，识别真假投资人，选择可靠的投资机构（投资逻辑清晰专业；有投资或孵化案例；有退出案例；业内名声可靠），提防仅有资金、其他方面均不专业的投资人。

（5）创始人亲自上场。项目主讲人最好是企业创始人或联合创始人，如果参加创业大赛则可安排形象代言人，但现在大赛的评审创投机构比例增大，还是建议创始人参加，毕竟投资就是投人，投的是以创始人为核心的运营团队；忌讳让公司的一个"小角色"或是兼职员工做融资演示。

名家箴言

创业者"三气":气质、气度、气场。拥有这"三气"的创业者会更适合作为路演的演讲者。

——谢利明(众创空间投资集团董事长,明治资本创始合伙人)

(6)调动路演现场气氛。①主讲人。一份有图有表、重点突出的商业计划是基本条件,一个声情并茂、互动有力的主讲人(最好是创始人)更是必要条件,如果把枯燥的数字生意经讲得诙谐幽默那路演效果会更好。如果行业容量、竞争态势、业务数据、成本结构等内容是描绘性语言就会显得苍白无力,而如果是图表数据则头脑中也会快速换算出这个项目在顺风顺水情况下将来会达到什么样的量级,这样投资人才会有兴趣进一步地跟进。而一个能把枯燥的生意经讲得诙谐幽默的创始人,往往也容易在推广产品的过程中引起消费者的共鸣,毕竟把公司股权卖给投资人的难度要比把公司产品卖给消费者高很多。②演说风格。路演现场很有可能出现的情况是,创业团队是当天第五个进行项目推介的,这个时候大家的精神已经松懈下来,对你的项目兴趣并不是很浓厚。这个时候,你需要确保自己的演讲不仅仅是有效传递出信息,更重要的是能调动起现场气氛。以快速的语调,兴奋地指明目前客户的"痛点",或者准备一些能引起人们共鸣的说法。比如,作为一家做物流中转业务的初创公司主讲人,这个时候你应该先表达一下在中国做进口生意有多么难,唤起共鸣之后,祭出自己的撒手锏,给大家展示一个这样的世界,你可以实时追踪你的货物,并且物流以最高效的方式完成……

(7)异议处理。嫌货才是买货人,不要把问题当成挑战,投资人发问或质疑说明投资人对这一部分不是很了解,正是符合好项目的标准之一(在这块创业者是导师,投资人能学到很多)。尤其是在大赛评审过程中,许多参赛者把投资人的评审意见当成质疑和否定,下场之后就走掉了,更是不可取。应该利用信息不对称和误解,拉近与投资人的距离,促进双方的深度了解和合作。

(8)持续跟进投资人。在项目路演前精心准备做好预案,在路演过程中有图有表有数据、声情并茂,这都是吸引投资人的关键,但互动不是目的,成交才是目的;跟进,有策略地持续地跟进是促成融资的"王道"。蹩脚的跟进往往会被投资人拒之门外,堵门的策略换来的也只是思考之后再拒绝。曾经有一个项目在创新创业大赛上取得了全国第一名,在一路的选拔和晋级过程中,创始人不断地借用这个平台,持续地与各个评委互动,加各个评委联系方式,尤其是微信(使彼此的线上世界交融),积极回答各个评委的刁钻提问,每隔一段时间(以月或关键业绩节点)发送项目的最新进展包括投资人提的异议回复,大赛一路过关斩将,如愿登顶,获得了科技部几百万的奖金和省市区配套的奖励,更惊喜的是赛后十多家机构的密集来访。在这个过程中,如何借用路演平台,如何利用评审异议(对项目最有价值的部分),如何持续跟进,如何促成交易,都要有系统的规划和融资策略支撑。

| 延伸阅读 6-3 |　　　如何让你的"路演"内容更具说服力

今天通过自己的亲身经历来谈谈"路演"的窍门，以便让自己的路演演讲更出众和更加具有说服力！

第一次路演的故事

记得那是 2013 年的秋天，我兴致勃勃地带着自己准备已久的项目 PPT 去参加北京车库咖啡的路演活动，那也是我人生中第一次的路演活动，所以内心既充满着喜悦也感觉无比的忐忑。

不过这次路演机会总之是很珍贵的，为了这次路演我和团队伙伴准备了足足一周时间，期间有过争论，有过分歧，但是最终还是统一了观点。经过一周的奋战，总算做好了自认为完美无缺的 PPT。

这次 PPT 的主要内容有：

- 项目的简介；
- 项目的细述；
- 市场分析；
- 竞品分析；
- 项目的优势。

一共就做了这五方面的内容分析，自认为准备得充分，内容也是比较新颖和充实的，我们团队对此次路演充满信心！

记得，那天我穿得特别正式，希望通过自己的衣着给在座的评委和来宾一个好的印象。

刚开始我简单地致辞，因为路演时间的限制，没有过多地拘泥于这些措辞，也就直接切入主题，经过台上不到 10 分钟的 PPT 演讲，还是赢得了掌声（每一位演讲者都可以得到鼓励的掌声），然后在座的几位评委纷纷给予了自己的点评。其中有说内容准备不充分的，有说演讲有点不放松的，也有鼓励的，但是最让我刻骨铭心的是一位评委的点评（这位评委是一位互联网有名气的投资人，名字不便道出，现在我们也是特别好的朋友，更大程度上他是我的老师），他只说了一句话："无论我们做的是什么项目，目的只有一个，那就是利益，如何通过我们的产品获得用户的认可，立足于市场，以及尽快地得到市场回报，这才是最关键的。"由此而来，我们在项目 PPT 中必须花很多心思去研究市场效益方面，只有能够赚钱的项目才是好项目，而且投资人关心的也是这点，其他的东西都是天花乱坠的花哨东西，没有直接的视觉冲击感！

听完这位评委的点评，我也扪心自问，我的产品投入市场，到底要投资多少，每一个阶段的市场拓展程度是多少，什么时候可以盈利，这些答案在我内心很模糊，通过这次的路演的启迪，下去之后我们便在这方面做了更多的调研和分析，这才使得产品得到了第一位投资人的认可，也拿到了第一份启动资金！

第二次路演的故事

距离第一次路演已经有一年之久，上次的路演让我大受启发，所以在第二次的路演中，我更是花尽心思去写 PPT，这次路演对我来说已不像第一次路演那样会紧张会忐忑，第二次路演我显得格外的平静，也正是这份坦然让我遇到了现在的投资人！

这次路演不像第一次那样严肃，我穿得也是很随意，我记得这次演讲的开头致辞是这样的："每一个伟大的作品背后，都有一个故事，这个故事也是让这个作品公之于世的唯一理由！"

当我说完这句话的时候，下面一片掌声，因为在座的很多人都是和我一样有过相同的经历或者都是和我一样正在经历着这份艰辛历程，所以，大家都在为自己鼓掌！

这次 PPT 的内容我将主要文字落在市场分析、竞争优势以及财务预算方面，而且在内容中加入了很多数据内容，而且也加入了很多市场分析走势图，因为我要用事实说话而不是用自己个性化的东西去给别人洗脑，我也相信我不是马云，没有这样的人格魅力，所以我只能通过数据去说服每一个人，记得最后我说了这样一句话："即使我的这款产品不被世人认可，但是我也不会人云亦云地去做别人在做的东西，一味不理智地卷入竞争'红海'，然后去瓜分抢夺固定的市场份额，最好的结局也只是两败俱伤抑或是大伤元气，所以我要做一款去挖掘市场资源的产品，即便是现在不被世人看好，我也会坚持做到！"

写到这，我就不说第三次第四次的路演了，感觉这辈子都在路演！

资料来源：摘自《人人都是产品经理》，文/tigerjob。

四、项目路演中的常见问题

（1）段落太长。每段介绍的内容要么信息量太大，要么周边信息太多，反而失去了引人注目的特性。一分钟内把每个要点说清楚很有必要，对于自己认为有价值的知识陈述出来，其他的真的可以不用介绍太多。一定要做好最坏的打算，路演中一旦出现事故或者变化，可供陈述的时间可能远比想象中的短，尽可能确保每个论点能有力地打动对方，即便时间不够也愿意让人在之后有更大的兴趣去了解。

（2）忽视投资人利益。绝大多数人都不会忘记论述"解决什么需求""市场大小""团队描述"等项目，但往往会忘记类似"竞争如何持续"和"投资人如何退出"这样的问题。很多投资人要的很简单，即如何快速赚到钱，如何长期赚到钱。所以，再三强调投资人为何能够发财并不过分。预先就要想好"你的公司什么时候开始赚钱？"以及"你能不能持续赚钱到公司卖掉或者持续烧钱到上市？"等问题。

（3）提及名字太多。所谓敝帚自珍，团队成员、公司名、产品名等对于创业者而言深入骨髓，但对于投资者而言完全陌生。不能完全怪投资人记性不好，创业团队实在多如牛毛。有的项目路演结束了都有听众没搞清×××到底是公司名、创始人名还是产品名，更有可能一个名字都记不起来。路演最大的挑战之一其实就是让大家记住。通常来说，反复提及产品名最好，如果有多个产品，就定义成面向家庭的版本、精简版之类。最终让人记住一个很有特点的产品名。假如还没有产品，那就聚焦公司名好了。

（4）产品没有定义或者定义太泛。这是两个极端，没有创业或路演经验的人往往到最后都没有办法用一个词来定义自己公司是做什么的；而另外一些人呢，会用上一些很大很流行的词汇，为了让人家觉得公司比较有潜力。没有定义有点糟糕，尤其是模式较新业务较多的情况，但后者更糟糕。"我们是一家大数据公司"这种说法和没说一样，无法给人留下任何清晰的第一印象，因为这种词汇定义本身并没有解决任何市场价值的问题。路演者需要清楚告诉大家针对什么产业、解决什么问题、核心价值在哪里。另外一个缺点是会让投资人联想到太多强大的竞争对手。"我们是一家给中年女性做线上美妆内容和美妆服务的公司"很显然会比"我们是一家 O2O 公司"好太多。听到 O2O，如果没有明确的产品与服务，立刻会想到无穷多潜在竞争者。如果你初步的目标市场被质疑太小，可以扩大经营范围和视野，但依然要明确定义在一个产业和问题之上。

（5）只谈技术。技术人员、科学家创办的公司常常有非常强的技术能力，却不知道可以解决哪种商业问题，甚至不清楚是否有商业价值。但所有成功产品都是从提供清楚明确的核心价值开始并有着非常明确的目标用户。如果担心初期目标市场太小，可以列出发展计划，关于公司未来如何扩展核心业务，前提是听众已经认可你的产品价值和使用情境。虽然投资者很在意市场规模，但如果你并不真正了解你的产品该用在哪里，会让投资者严重担忧公司未来的商业前景。

另一方面，出于自傲的原因，不少技术高手面对投资人这种"技术小白"，内心免不了有一种"黑科技，不解释"的心态。专利技术或者特殊商业模式当然要保护好，但为了取信于人至少需要简单描述运作的基本机制以及为何比现有技术更好。Google 拥有大量专利，但大家依然非常清楚他们做的是什么以及大致上用了什么原理。如果你宣称取得了巨大突破，可以颠覆巨头，最起码解释一下你独特的技术，再举出团队成员的学历、研究、工作背景等资料来印证一下。

（6）总结不出诀窍。举个例子，很多做电商的创业者都有自己的微信公众号甚至自己的 App，解释自己的运作时，往往归结到过去的从业经验，如媒体、市场、运营，或者一语带过"用心做"……实际上这里面有很多要点可以总结，例如每日更新、让自己成为受众反复体验、在线下邀请用户关注、线上发放优惠、病毒传播、持续交流等。每一项都可以展开细说，让听众认可自己对于业务的深入程度和分析能力。

（7）意见不认真听。在很多创业者心目中投资者是眼高手低的人，当投资人提出质疑时创业者往往是解释的心态。很多连珠炮式的问题创业者可能早就听过无数次，已经产生了条件反射般的抗拒。的确，好的创业者应该有坚持的毅力和独立思考能力，但无条件坚持自己的商业模式，甚至抗拒任何投资人的建议，不光导致融资失败，更重要的是让自己错过改进自己的机会。花时间考虑投资人的问题与建议、试着了解对方的投资思维，好处多于坏处。顽固不化，是以上所有错误中最致命的一个。

五、项目路演的注意事项

项目路演的时间是宝贵的，千万别让台下的投资者继续维持云里雾里的状态，因为他们的耐性也是有限的。怎么才能让创业项目路演者与投资者的沟通更顺畅？化繁为简、直奔主题，将几个要点说明白就是最好的方法。项目在创业者眼中是唯一的，但在投资者面前却不是，因为他的电子邮箱完全不亚于知名公司的招聘人员，已经快被项目商业计划书塞爆了，而他也有自己专注的行业，如果你发现"门不当户不对"也没有必要沮丧，继续做好你的项目，继续寻找合适的投资者吧。

| 创业故事 6-2 |　　"项目创投"路演助力青年导演电影梦

"你为什么要做这么一个故事？是什么打动了你？"在北京国际电影节电影市场板块"项目创投"路演现场，坐在评委席的终评评委王小帅几乎会向每个参加路演的年轻导演或制作人提出这样一个问题，希望找到他们的创作原点。

经过两天的角逐，《偷天行动》《方便面爱情》《人间蒸发》《传送点》从10个入围项目中脱颖而出，将各大奖项揽入怀中。

露不露"底"，这是一个问题

第五届北京国际电影节电影市场"项目创投"共征集到报名项目455个，经过初评，最终10个入围项目角逐电影市场奖和国际合作奖，另选出11个优秀项目与入围项目一同参加商业洽谈。

这10个入围项目的主创需要站到台上，面对台下百余观众，为自己的作品吆喝投资。

这些年轻的导演和制片人显然都非常在乎这个机会，无不使出浑身解数来吆喝。王策一边讲他的惊悚悬疑剧本《醉花阴》，一边用美国、韩国、日本等地悬疑惊悚影片的市场占有率来证明自己的作品具有极大市场潜力。《南极绝恋》的制片人曹欣则通过展示南极优美的风光和南极科考站将为他们开放拍摄的优势，来吸引投资人……

在公开场合将自己的创意讲给评委和现场的观众听，有些主创似乎还不太适应，在表述时总会将一些关键的节点隐藏起来，尤其是几部悬疑题材项目的讲述更是"犹抱琵琶半遮面"。悬疑惊悚题材项目《极度惩戒》的导演郭子在评委们的追问下，慢慢说出了三个底，但最终最大的底始终不肯透露。而《偷天行动》的导演江均一上来就说："我这个剧本有一个最大的底在后面托着，你们不要问我，打死我也不会说的。"

对于选手们的坚持，王小帅显得有些无奈："我也经历过许多次这样的路演，你要想获得投资，就得让我知道你好在哪里，你的底就得全盘托出。"不过，他也非常理解这些主创的心理，"我们参加类似活动时，都是在一个相对封闭的环境，只需要面对几个评委就行了，不用担心自己的创意会被别人偷走。"他建议，电影节组织方以后可以将需要保密的剧本大纲提前发给评委看，而不是让主创现场讲述。

点评"犀利"，因为做电影很难

"这是一部像《泰坦尼克号》的爱情灾难电影，剧中人被困在南极大陆一个废弃的科考站，中间会经历败血症、雪盲症和掉进冰裂缝这样的考验，还有南极壮美的风光……"曹欣将《南极绝恋》跌宕起伏的故事说出来后，台下的评委却似乎没有被打动，终评评委邝文伟的点评非常"犀利"："你光有好看的风景还不行，要让我们看到你的爱情故事和别人的有什么区别！"

当江均说自己的项目需要3 000万元的投资和60天的拍摄时长时，另一位终评评委安德鲁·摩根也直截了当地说，这个投资太大，拍摄周期太长。评价《醉花阴》时，安德鲁·摩根也不留情面地直言："你说的都是梦想，我看不到你这个作品的创作动机在哪里。"邝文伟则送给一位导演两个字"贪心"："你什么都想要，最后反而因为故事太复杂而显得混乱。"

有时评委们又是循循善诱的导师，像挤牙膏一样挤出主创内心的真正想法。当科幻题材项目《传送点》的主创介绍完自己的作品时，王小帅说："你们的作品听起来很有趣很年轻，但是导演你没有说出你的感情点在哪里。"当他们说自己的成本可大可小时，邝文伟直接就说："这是不可以的，你一定要有一个清楚的基本预算！"

谈到评委们的犀利点评时，王小帅解释："做电影是很难的，需要解决很多问题，项目才能成立。他们很多人的表述都有漏洞，我们直接提出问题，是为了让他们重新思考，知道自己的问题出在哪里，回去才能更好地进行修正。"

感觉遗憾，多数更强调商业性

经过一番激烈的角逐，三位终评评委最后评出《人间蒸发》《偷天行动》等项目获得国际合作奖，这些项目于 2015 年 5 月前往戛纳参加新影人基金论坛，《人间蒸发》同时获得"特别大奖"，得到 10 万元现金奖励。

评委王小帅说，《人间蒸发》之所以能够得到大奖，是因为这个作品反映了当下中国社会的问题，比如养老、住房，关心当代人的生存和情感。

让评委感到遗憾的是，参加评选的大部分项目都是天马行空、瞄着商业市场去的。王小帅觉得一个不好的现象是，大部分作品都会在 PPT 的最后，将自己作品和某一部或是某几部成功作品进行类比，以证明自己的商业价值。"其实这恰恰说明你的作品缺少独创性，那么为什么我们要把奖颁给你？其实大家应该勇于面对自己真正的情感和周边社会的情感。"

壹心娱乐创始人、电影市场初评评委陈洁也劝年轻导演不必把当下市场上最受欢迎的类型叠加到一起寻找最大公约数。"当你放弃寻找最大公约数，而是去写你熟悉的生活时，就一定能找到和你志同道合的投资方。"在她看来，鲜明的人物、浓浓的情感，要比一副商业面孔更重要。

资料来源：摘自《北京日报》，文/牛春梅。

（一）与技术相比，投资者更对效益感兴趣

投资公司的人常说，创业投资投的第一是人，第二是人，第三还是人。可是归根结底，投资公司关心的目标，第一是能不能盈利，第二也是能不能盈利，第三还是能不能盈利。

千万别在投资者面前卖弄你的专利和核心技术，关键是要告诉他们这些要如何赚钱。在那些声称拥有领先技术、核心技术的项目中，创业者的术语一个接一个脱口而出，只会让人感觉越听越迷糊，到最后就误以为你是在玩概念。如果听众是外行，就很难迅速切身地理解投资项目提供的商品或服务，理解它们所带来的价值和效用。一位叫"投行小笨猪"的网友在博客上讲述了自己参加的一次路演经历："这是一个 Web 3.0 的项目。作为 IT 外行，我印象最深的是，关于产品有很多我看不懂的术语，虽然演讲者也穿插讲了些产品的用途，但是，可能是自己的头脑愚钝，也可能开头就被高深的技术给镇住了。"到最后他只能"告诉自己，这是个我不懂的东西，也是我不能玩的东西"。

千万不要高估了受众的行业知识水平。换个角度说，再好的技术和专利，也要商用化创造效益，而这才是投资者感兴趣的。商业的本质是什么？就是每项技术和专利，最终的价值

都是要体现到每位潜在消费者切身享受到的福利上。创业融资者常犯的一种错误是过分强调企业的技术与产品，而正确的做法是，在向投资公司介绍自己的企业时，强调企业面对的特殊市场机会，以及企业的管理团队有能力抓住这种市场机会并让企业赚钱。

行业经验比专业知识更被投资者看重。技术核心是有了，可是商业化过程中，资源怎么整合？市场怎么开拓？仅靠专业知识恐怕是不够的。而投资机构对创业者的执行能力有一定要求，特别看重行业经验、实际操作经验。"卖什么不重要，关键看怎么卖。"如果创业者之前能有在某个行业中的其他成熟公司的辉煌战绩，那么投资人心里认同度也会高一些；如果项目创始人是技术型人才，那么他的团队中要有工商管理的专才就更好。

（二）投资者不相信"项目没有竞争对手"

知名风险投资家盖伊·川崎（Guy Kawasaki）认为，"没人正在尝试我们所做的事情"这类回答无异于"最扯淡的谎言"。这样的论断完全无助于增加项目的吸引力。没有竞争对手尝试，等于项目根本没有市场。盖伊·川崎以自己的经验告诉创业者，通常如果你有一个好主意，那你会有 5 个竞争对手；如果你有一个非常好的主意，那你会有 15 个竞争对手。当你信誓旦旦表示你没有竞争对手的时候，很可能台下的投资者早已经听说别的公司在做这个事情了。因此，千万别声称你没有竞争对手，这不能显示你"目中无人"的宏大气魄，相反只会让对方觉得你对行业其实并没有吃透。

商场就是战场，即便是"蓝海"也绝不是你的项目所能独享。事实上，除了极少数的垄断性行业之外，世界上不存在没有竞争的生意。竞争者暂时没有出现，不代表以后也不会出现。所以，忽略了你的竞争对手，其实也等于忽略了你自己。对来自于竞争者的威胁做出客观、准确的评估是非常重要的一件事。千万不要在自己的路演中，对竞争环境做任何过度的粉饰，甚至轻描淡写一笔带过。

最大的竞争对手固然是你自己，但毕竟只是"最大"，其他的呢？根本不需要惧怕展示你的竞争对手，你要表达的，应该是自己能比他们做得更好。只要你能够描述和分析主要竞争对手的状况和战略意图、能够表达你怎么去影响和引导竞争对手的策略就行了。总之，即便你真的不知道谁是你的竞争对手，也应该对潜在的竞争对手做一番了解。事实上，这些工作并不是冲着路演才来做的。一个创业者起步阶段都没想明白这些问题，就很难让投资者相信你是个沉着冷静的人。

（三）千万别对"天才创意"自我陶醉

通常一个人有了构想时，会将其讲给信任的人听，但他内心并不希望找寻事实真相，而仅仅只是希望有人对他给予认可，却将真相放在一边。创业者就常常扮演这样一厢情愿的角色。

创业者一般都会相当自信，毕竟项目就像是自己的孩子，别人觉得不怎么样，在自己眼中却是"最美的天使"，这很自然陷入一种自我陶醉之中。如果任这种情绪进一步地深陷下去，危险便是寻求对自己构想的肯定而非事实真相。这种情况下，一旦遇到风投毫不留情面的"打击"和"诘问"，你是该竭力反驳还是先静下来做些思考？从本质上说，你应更注重听取别人的意见而不是寻求别人的肯定。虽说大家都知道做什么事情都要学会谦虚，可世界上能听进去这句话的人是少数。创业者不能固执己见，因为投资方都是一些具有丰富企业经营管理经验的专业人士，作为创业者多听听他们的意见，对自己的创业绝对有帮助。

| 延伸阅读 6-4 |　　做好这些准备　不当路演"炮灰"

伴随着"双创"之风热吹，项目路演逐渐被创客大军热捧，成为他们连接资本、实现华丽转身的价值跳板。可是，这些潮涌般出现的疯狂路演会，对创客真的有用吗？创业者该怎样选择适合的路演平台？该如何避免"好听"而"不买账"结果，杜绝当路演会炮灰？

这是创业征途中，值得思考和验证的一门艺术。

疯狂燃烧的路演趴：谁的狂欢，谁的悲哀

最近，一家专注于后市场深耕的电商创始人王总比较纠结。作为一个连续创业者，他的 B2B2C 电商平台刚于不久前拿到了数千万风投，并在一次政府主导的创新创业大赛中拿了不错的奖项。可是，烦恼却不期而来。

原来，临近（2015年）年底的12月，他陆续接到了来自政府、风投、入驻产业园、众创空间等机构举办的项目路演会邀请，这其中有让站台捧场的，还有让做典型带动的。"可这些路演都不是我想要的，现在做好产品和市场才是重点。"

然而，他的经历只是芸芸创客的一个缩影。

现实中，不少创客均遭遇了不同程度的路演会恐慌与折磨。他们之中，又形成了迥然差异的鲜明两派：一种对各种路演完全丧失免疫力，到处赶场跑会，不亦乐乎却收效甚微；一种是已有过多次路演实战或拿到投资，对路演十分审慎，要么不去要么只针对性理性选择。

大豫创业调查发现，在河南，进入8月份后，几乎每周都有不同主体的项目路演会举办，而成功融资率却不足1%。可是这丝毫阻挡不了众创空间、风投机构、众筹、创业咖啡、政府、媒体等组织参与热情，颇有一番"你方唱罢我登场"的态势，轮番对创业者进行轰炸。

这其中，既有高大上的以知名企业家为品牌的项目路演，有以风险投资为主体的路演，还有新兴众创空间、创业咖啡、孵化器、企业家、大学生组织等发起的定期不定期各种路演，更有以众筹模式进行的线上线下双向路演活动。

行者众众，悟者寥寥。

"你听从大佬的建议来设计创业路径，你可能永远没有和大佬对话的机会，左耳进，右耳出，才能走自己的路。"刚刚参加过一场高规格路演会的创客直言道。

那么，这一场场疯狂燃烧的路演趴，究竟是谁的狂欢，又是谁的悲哀？

大豫创业综合发现，实际上有一部分创业项目是不适合参加正规风投路演的，比如一没团队二没技术三没实践的初创项目，这个时候紧靠一个创意通常是很难入资本的法眼的；更多的则是需要根据自身不同创业阶段选择精准路演机会，比如定向地寻找合伙人、核心团队骨干等小范围路演。

目前，路演大致可分为比赛路演、投资路演、学术推广路演、展示路演等几种类型。而大多创客通常是冲着钱去参加路演的。

这种认知误区就导致不少人陷入路演怪圈：不断失败，一直奔走在寻求路演的路上。这种路演的结果则呈现为：大多项目"好听"却不被买账。

毋庸置疑，项目路演十分重要，但为什么它不是大多创业者实现融资的高速公路？

不可否认，一个好的项目通过项目路演来呈现，不仅能让融资方与投资人零距离接触，让项目顺利推广出去，还能在获取投资可能的情况下使创客更好地了解和改进项目。

而项目路演之所以出现"好听"却"不买账"，是因为你的痛点、优势和前景还未打动投资人，更未攻陷他的心智。其中，痛点击射和高效解析是硬伤。

其实，路演就像讲故事。要想感动受众，必须要做好这些要素。

路演前："从听众出发"，做好充分准备

客观讲，路演是一件十分郑重和正式的事情。想要脱颖而出，首先要做好路演嘉宾背景了解、针对不同的主体有针对性定制恰当的PPT。如遇见投资人讲痛点、模式、逻辑和前景，寻找合伙人路演就要讲价值和梦想，还要提前做好提问答辩、内部演练等准备。

路演中：直击痛点，高效解析

主题宣讲环节，无论是无时间限制，还是有限时6分钟、8分钟、10分钟的项目路演，现场路演者一定要在充满高昂激情和饱满精神状态的前提下，尽可能简单、高效地讲清项目的优势和前景、直击痛点，向路演嘉宾描绘一个清晰的消费场景或讲好一个故事。

有的时候，把可行的商业逻辑、可无限复制空间的支撑、模式的独特基因等核心内容系统梳理并讲明白已经足够，真正有眼光、感兴趣的路演嘉宾会跟进提问或约见继续了解。这时，你更大的机会也就来了。

路演后：及时跟进，弥补短板

其实，项目路演真正的意义在于对"下半场"路演后机会的把握，而不是上半场。作为创业者，不仅要认真完整搜集、总结、梳理和思考点评嘉宾的提问及建议，即便融资不成，一些建设性意见也能助自己改进提升、弥补短板。

对于有合作可能的风投机构，更要趁热打铁，等待甚至制造机会约见面谈，这一步很重要。通常，不少项目都是在与投资人有两三次接触和深入了解后才获得融资的。

总之，创业注定是一场远行。记住，路演只是创业途中的重要插曲。不要期望一次路演一场会面就能扭转乾坤，实现华丽转身。很多没有经过路演、没拿投资的人照样能把事业做得风生水起，也有不少拿了成功路演获得风投的人难逃失败厄运。

对于路演，不跟风、有选择、重目的才是明智的创业者行为。

对于创业，好产品是基，优秀团队是根，态度和精神才是灵魂。

资料来源：摘自腾讯大豫网，文/李中海。

要虚心听取投资者的意见，尽量避免与投资者争论。投资者有可能问一些令你不愉快的问题，好像他在故意挑你的毛病，其实他们只不过想要弄清问题，以便提出建设性的意见。事实上，面对近乎"无情"的拷问也没有必要争个面红耳赤，沟通的过程其实也不在于这一分一秒，别指望用一分钟就能扭转风投的看法。"这仅仅只是第一次见面，就跟相亲一样，即使双方一见钟情，也不可能就立马结婚吧？看了项目后第二天钱立刻打到创业者账上这种事，比中双色球500万还难。我就从来没遇到过这种好事，事后接触中的调查、考察还多着呢。"在一次路演现场一个知名风投合伙人曾如是表示。换个角度说，如果你发现台下的投资者对你的项目没有表现出任何"兴趣"，也没有必要再浪费时间去说服他们。你应该做的是继续做好自己的项目，继续寻找情投意合的投资方。

此外，项目路演还需要注意一些细节：①不要面面俱到。善于提炼重点是企业领导的一个能力，面面俱到等于没有重点。②不要过多客套话。投资人和团队一样时间和精力有限，上来就直奔主题，每一页PPT的内容都有存在的意义，无意义的东西不要放。③不要大篇幅讲解技术细节。投资人不是技术人员，讲原理还不如讲新技术带来的效果以及解决的问题。④认真准备。演讲前反复练习，着装偏正装或休闲西装，裤衩拖鞋不是标榜个性，而是不重视。⑤一次不行还有第二次。路演也是一次企业的推广，多几次机会反而提高知名度。⑥如果拿不出优秀的财务报表，至少拿出将来可以赚钱的希望。要有看得到的希望而不是拍脑门。⑦融资的核心策略是"够用"而不是"多"。花钱是个艺术，不要紧盯风投的钱，要善于运用融资工具。⑧在演示过程中，团队领导人不要现场和员工讨论，团队成员不能当着VC的面产生意见分歧。⑨遇到业务和财务数据不清的时候，切忌粉饰成绩。毕竟还要深入尽职调查的，一旦打上非诚信的标签，不管多好的项目，一定不会获得投资，原因很简单，投资机构可以锁定风险的方式和手段有很多，但企业的道德风险是天条，等等。

课后思考

1. 列举你所听说过的推介会，以某一推介会为例，列出其构成板块。
2. 简述项目路演的内涵、意义与目的。
3. 以你或同学参加过的创业大赛为例，分析项目路演前需要做哪些准备。
4. 项目路演应该陈述哪些内容？
5. 如何让项目路演内容更具说服力？
6. 项目路演中容易产生失误的细节是哪些？

案例分析

创业者与投资人路演现场面对面

路演企业：上海神州汽车节能环保有限公司

介绍人：上海神州汽车节能环保有限公司董事长陈杰

对话投资人：蓝石天使投资合伙人桂曙光等

主持人：展腾投资基金合伙人高健智

企业方项目介绍

我们的企业目标是打造节能环保汽车领先者，企业是2004年成立，近三年成长很快，近三年的经营业绩：2010年产值是4 700万元，利润是800万元；2011年产值是8 600万元，利润是1 500万元；2012年产值是10 000万元，利润是1 800万元。企业的产业定位或者叫产品定位就是节能环保，目标是减少雾霾。我们希望我们的产品技术特色差异化，并且不断进步，让竞争对手没有办法跟随。我们努力打造自己的品牌，包括软硬实力。

我们一共有三个产品。第一个产品是高效吸尘车，也是道路清扫车。传统的清扫车最大特点一边清扫一边扬尘，我们的研究目标就是做到不扬尘。我们的高效真空吸尘车的最大特点是纯吸式，没有扬尘，是不扬尘的道路清扫车，解决了和环保有关的扬尘问题。目前，这个产品销售很好。特别是目前中国国内从上到下对消除雾霾越来越重视，环保有关部门扫路不允许扬尘的要求给我们的产品带来更大机会，有更大竞争力。2013年，我们的销售目标是400辆，2014年是600~800辆。争取在2015年企业实现利润8 000万元。

第二个产品是液压混合动力公交车，也是节能新能源汽车。这个产品由于性价比好，得到了市场推崇。产品特点是让公交车节能20%，减排30%。这个产品工作原理是这样，所有的车运行过程中都有动能，这个产品把运行中的汽车动能在进站刹车时候转化成液压能，把动能转化成弹簧的弹性势能，将公交车怠速的空转能量、刹车时的动能等回收，存储在蓄能器中，用于起步，从而起步时不用发动机，无起步黑烟；起步时不用发动机，减排大于30%。产品不仅可装在新车上，也可装在旧车上；空挡起步，直接挂三挡运行，操作省力一半。这个产品以12万元销售两年可以回收成本。产品研发用了8年时间，一个好产品的研发没有五年时间是做不好的。我们相信十年磨一剑的道理。

我们的经营目标是，2013年准备做几条线，每条线20辆车，主要作为我们前期的市场宣传。从明年开始发力，明年1 000辆，后年1万辆，1万辆产值10亿元。对于公交来说市场空间无限大，只要做得好就有非常大的发展空间。

第三个产品是汽车油耗仪，从能源管理角度讲，有好的技术模式，就能知道节约多少能源，能便于管理。我们的这个油耗仪就是针对这个需求研发的，目前是国内性价比最好的产品，包括在国际上也是性价比最好产品。这个油耗仪市场很大，需求很大。不仅可以测油耗，还可以防偷油，当有人在偷油时，短信能发到管理者手机上，知道车在什么位置，油被偷多少。

我们企业目标就是打造环保节能技术领军者，我们不求做最大最强，但求技术上创新，坚持特色。我们的企业精神是坚持创新、担当责任、挑战自我。我们的团队建设，要求把公司当家，把自己当主人，把我们的节能环保产品当成社会责任。

投资人与路演企业介绍人对话

李爱民（中国风险投资公司合伙人、高级副总裁）：这三项技术蛮新颖，有意思，但是，这三个产品彼此之间的，特别是前两个产品关联度差点儿。清扫车和第二产品是不是不一样，这是一个问题。还有我想了解你们企业的管理结构和管理团队情况。

陈杰：关于产品分散的问题，我想说的是，我们的产品都是和节能环保有关。对我们企业来说是集中的，可能对投资人来讲，认为我们的产品不吻合。我们现在有三个事业部，每个事业部运行一个产品，从事业部角度管理相对单一的产品。从公司管理结构看，我们之前是上海交大的一个公司，教育部要求校企分开，学校就退出去了。作为民营企业，我们现在股东应该说有10位，多是自然人股东，都是汽车界的元老。管理团队主要是我和两个副总。

李爱民：现在主要是自然人投资吗？

陈杰：已有投资机构投资。

李爱民：他们对你们经营，比如对你们同时在做两三个产品有什么看法？

陈杰："仁者见仁，智者见智。"因为三个产品都好，分开对投资人是一个损失。很多投资人让我们分开，而有一些投资人说不要分开，因为对整个估值也许是好事。

李爱民：前两个产品之间交叉少点儿。

陈杰：第三个产品可以给前两个配套。

暴青松（天素创业投资公司投资总监）：三个业务占营业收入比重是多少？

陈杰：目前吸尘车比重最大，占85%，其他产品刚刚成熟，准备走进市场，真正市场启动以后，最大市场应该是节能公交，会占90%，另外两个产品一起会占10%。

暴青松：第三个产品做好了，可以发展很大一块业务，你们有这么多人吗？

陈杰：之前我们企业人少钱少，省钱来做。但实际上我们用很少钱做了大事。比如液压混合动力，美国有同样研究，但是水平不如我们，他们已经用了将近10亿美元做这个事情，我们也就用几千万元人民币。我们叫它"四两拨千斤"，我们用团队能力和坚持来衡量。

周家鸣（扬子资本高级投资顾问）：你的资料算比较完整的商业计划书，但很多内容没有讲出来，真要融资的话，介绍材料要重新搞。包括前面专家提到三个项目要分别做一个财务预测，单独项目收益率怎么样，让投资人想想是合起来投还是分开投，选择性更强一点。我的问题可能更具体一点，你这个产品能量转换过程实际是在刹车之前加了一个装置，对刹车反应时间有没有影响？

陈杰：以前公交车上有种技术电波流缓速器，电没有通过的话就烧掉了。我们也是一个转化，我们的转化通路是变成弹簧压缩，这么类比的话不涉及安全问题。

周家鸣：我是这样理解的，刹车时候本来直接作用在刹车磨片减速，你们的产品在第一步压弹簧，再通过刹车片停止？

陈杰：我们原来情况有两种，一种紧急制动，是用刹车片，其他的缓速或者挂空挡滑行点刹车。现在我们公司的技术不要点刹车，缓速，如果缓速的话它起作用。想紧急制动还是刹车片起作用。咱们平时操作也是靠刹车踏板力度，轻踩起作用，重踩刹车片也起作用。

周家鸣：也就是说时间没有延迟。我问的第二个问题就是商业模式，你刚才讲第二个产品第一年100辆，你是按整车计算，但是，我看你这项技术可以用于旧车改造。公交车有使用年限，不可能一两年内把所有的公交车换成你这种车。肯定有一个淘汰过程，根据固定资产的折旧率。有没有可能用一两年只卖系统不管新车？

陈杰：对，我们可以到旧车上安装。

周家鸣：这个量比卖整车数量多很多。这样的情况下盈利能力和前面计算有多大差距？

陈杰：我们很多计算拍脑袋。

周家鸣：投资人对这个营销模式要提出具体问题。不能拍脑袋。

陈杰：我们先做好一个规划，在实施过程中进行调整，我们曾想一开始把很多问题算清，但不行。

周家鸣：你需要把产品的不同销售模式都做一个财务预测。这样的话，可能投资人在评估真正可行的营销方案的时候会提出一个比较中肯或者接近现实的估算。

胡斌（以色列英菲尼迪股权基金管理集团董事总经理）：五年前接触过你们企业，刚才提到十年磨一剑，很不容易。三大主要产品是逐步通过自己的实践，通过市场碰撞慢慢做起来的，到现在可以看到曙光了。因为产品的市场需求正在膨胀，关键是现在怎么去做好这个市场。刚才讲做财务预测，我相信有，因为今天时间有限，没有办法展示。作为投资人，我不知道团队力量有没有改观，是不是还是研究人员在管理企业，有没有找一些新人和你共同开拓市场？现在公交车市场是一种国营体系，你需要真正开拓市场，而不是直接卖商品，将来要和政府机关，和公益事业打交道。我想问你在加强团队建设上有什么计划。

陈杰：我们三个产品团队是根据不同阶段进行组合。比如我们市场最好的吸尘车销售团队有40多人，液压混合动力走向市场，我们团队也在加强，这是动态过程。另外，人才问题涉及企业自身培养和空降概念，我们空降不少人，其实留不住，人才只有在看到曙光的时候才能留下来。所以，我们先把技术做好，然后把市场模式探索好，接下来还要开拓一段时间，这样的话，可以有更好的人才进来。人才和企业发展阶段有关联。我们经常在网上招聘，出去找人才，这种人才要适合我们企业，这要靠缘分。

资料来源：《国际融资》。

讨论题

1. 陈杰在介绍液压混合动力公交车时，提到"从明年开始发力，明年1000辆，后年1万辆，1万辆产值10亿元。对于公交来说市场空间无限大，只要做得好就有非常大的发展空间"。对于这一市场预测，你怎么看？该怎么样去开拓市场？

2. 如果你是投资人，你对陈杰的路演表现，哪些地方满意？哪些地方不满意？

3. 如果你是陈杰，投资人如果提出对三个产品分开投资，或只投资其中一个产品，那么你该怎么办？

第七章

项目融资协议与交割

学习目标

- 了解创业项目融资途径。
- 掌握投资条款清单的内容与作用。
- 了解投资条款清单的核心条款。
- 了解融资活动中领投人的作用。
- 掌握项目融资的基本流程。

导入案例

北京银行"创业孵化+股权投资+债权融资"谋突围

"从企业角度而言,受制于行业特点和风险偏好,商业银行向科创企业提供的各类金融产品,在增信方式、融资期限、融资成本等方面与之资金需求不能匹配,银行可提供的融资非常有限;同时,从银行自身来看,中小企业一般抵质押率不足,信贷风险相对较大,如何平衡中小企业特别是科技型中小企业的风险与收益,已成为商业银行进行金融创新的重要方向。"近日,北京银行相关负责人接受记者采访时如此表示。

如何解决科创企业融资难与银行自身发展之间的这一矛盾?探索股债结合、试点银投互动、联动多方资源、打造创客平台……近年来,北京银行基于深耕科技金融领域20年的实践积累,试水投贷联动展开了一系列大胆尝试与突破,打开了中小银行服务科创企业的新思路。

探索股债结合+银投互动

近年来,北京银行积极探索开展的股债结合——以债权带动股权的创新融资模式,成就了一批企业受益者,从事物联网数据中心建设的北京广厦网络技术股份公司就是其中之一。作为典型的科创企业,该公司已获北京银行支持多年,现有信用贷款2 500万元。企业于2012年7月在新三板挂牌,2015年4月开始做市场交易。而随着企业进一步发展壮大,急需补充资本，但银行信贷已经无法与之需求相匹配。

基于对客户整体情况的熟知，北京银行为其进行了精准地推荐与对接，由第三方投资机构设计 1 000 万元股权融资方案直接进行股权投资。

"该模式中，北京银行对于客户的发展前景分析和风险判断成为投资机构进行投资的重要依据，这是北京银行尝试投贷联动模式的重要突破。"该行相关负责人介绍。

在此基础上，北京银行进一步展开了银投互动试点，2015 年年末，该行联合中国投融资担保股份有限公司、启迪科服、北京中小企业信用再担保公司，将投贷联动工作探索进一步延伸到"投贷保"联动支持，通过各方各自发挥在债权融资、股权投资、融资担保方面的优势，在债权领域提供首期 3 亿元专项融资担保额度，并由三者共同发起设立 5 000 万元股权投资基金，为小微企业提供直接的股权融资服务。

"这其中，北京银行辅助参与基金投资的决策过程，为基金推介科技型创业企业。同时，北京银行还联合中国投资担保有限公司对基金投资的企业提供一定金额的债权融资，从而实现'发现客户 + 股权投资 + 债权融资 + 取得收益'的投贷联动模式。"该负责人表示。

推动机构联动共享资源

在当前的市场环境下，资源共享是银行开展投贷联动工作的重要基础：通过投资机构的推荐，银行可以获得较为优质的债权融资客户资源，同时，银行也积极为合作的创投机构对接资源，通过组织俱乐部活动、融资路演等，为企业与投资机构牵线搭桥。

与私募股权投资机构展开广泛合作，也成为北京银行试水投贷联动工作的重要一环。"如北京银行在与深创投、中加基金、清科集团、创业邦等机构的合作中，全程参与创业企业的俱乐部、路演和优秀项目评选等工作，并为符合北京银行信贷支持范畴的创业创新企业提供主动授信金融解决方案。"该负责人介绍。

在此基础上，为更好地给创业者"铺路搭桥"，联动企业、机构、银行、政府多方资源，2015 年 6 月 18 日，北京银行创新设立了我国银行业首家银行"孵化器"——中关村小巨人创客中心，由此实现了"创业孵化 + 股权投资 + 债权融资"为一体的服务模式。

据透露，创客中心运营半年以来已收获颇丰：截至目前，中心会员总数突破 5 600 家，其中创业期科技、文化、绿色类会员占比超过 80%，累计为 1 027 家会员提供贷款逾 90 亿元。

科技信贷奠定扎实根基

在北京银行看来，一系列投贷联动工作得以顺利开展的背后，离不开扎实的科技金融服务根基，一组数字是最好的说明：截至 2015 年 12 月末，北京银行科技金融贷款余额 710 亿元，覆盖北京、上海、西安、天津、深圳等 12 个地区，累计为上万家科技型小微企业提供信贷资金超过 2 500 亿元；中关村地区科技企业贷款市场份额始终位居首位；在创业板、中小板上市及"新三板"挂牌的北京企业中，北京银行提供金融服务的占比分别达到了 90%、75%、55%。

"多年服务于 TMT、节能环保、软件信息服务、高端制造、生物技术等科技领域的成功经验，为北京银行洞悉科技行业发展，把握市场前沿，积累了深厚客户资源。"上述负责人表示。

值得一提的是，强大的创新产品服务库为北京银行试水投贷联动业务打下了基础。2013年，北京银行与车库咖啡签署战略合作协议，针对处于早期技术研发、尚未实现销售的创新创业群体，该行更注重从股权投资思维角度出发，为其量身定制贷款方案，"创业贷""创业卡"等创新产品，使创业企业获得天使投资以及VC/PE投资的比例及额度大幅提升，发挥了债权融资带动股权投资促进作用。截至2015年12月末，北京银行已先后为逾30户车库咖啡创业企业累计提供逾1 500万元"创业贷"贷款，其中最小的一笔为1.1万元。

与此同时，2014年6月，北京银行进一步围绕科技型企业高成长、轻资产的特点推出以股权质押为核心的"成长贷"产品，通过转换信贷业务理念，加大在股权融资领域的探索和创新。截至2015年12月末，该行以信用、知识产权、股权等轻资产担保方式累计为近700家科技小微企业提供贷款近200亿元。

资料来源：《金融时报》，文/杜冰。

第一节 创业项目融资途径

一、创业资金的获得途径

通过融资去创业或渡过难关已成为创业者的惯例。融资渠道是指取得资金的途径，即资金的供给者是谁。融资方式则是指如何取得资金，即采用什么融资工具来取得资金。创业资金的获得一般有以下几个途径。

（1）自有资金。这个主要是自身的存款，一般工作几年的人或多或少都有点存款，这一部分的钱是自己创业的基本基金。

（2）股权融资。股权融资是指创业者或中小企业让出企业一部分股权获取投资者的资金，让投资者占股份，成为股东，而不是借贷，是带有一定风险投资性质的融资，是投融资双方利益共享、风险共担的融资方式，对于不具备银行融资和资本市场融资条件的中小企业而言，这种融资方式不仅便捷，而且可操作性强，是创业者与中小企业的现实融资渠道。

（3）债权融资。债权融资是指创业者或中小企业采用向银行等金融机构贷款或者向非金融机构（民间借贷）借款的形式进行融资，在一定期限满后当事人必须偿还本金并支付利息。

银行贷款。银行贷款被誉为创业融资的"蓄水池"，在创业者中很有"群众基础"。银行贷款主要有：①信用贷款，指银行仅凭对借款人信誉的信任而发放的贷款，借款人无须向银行提供抵押物；②担保贷款，指以担保人的信用为担保而发放的贷款；③贴现贷款，指借款人在急需资金时，以未到期的票据向银行申请贴现而融通资金的贷款方式。对于银行贷款创业者要做好打"持久战"的准备，因为申请贷款除了与银行打交道，还要经过工商管理部门、税务部门、中介机构等。而且手续烦琐，任何一个环节都不能出问题。

| 创业故事 7-1 | "超级表格":从获得政府创业基金起步

揣着1 000元,陈坤极从北京来到上海,那是他创业之后最穷困潦倒的时候。

陈多年来从事SaaS软件开发领域,再次创业时,他开发了一款项目管理软件——"domyPP",可在线生成项目进程管理图表(甘特图),且能导入Excel,分享完成进度等。

凭借这款产品雏形,他进入上海苏河汇(联合办公),并获得20万元政府创业基金。甘特图是表格的一种类型,在陈坤极看来,表格的强大足以覆盖企业管理的方方面面。于是,他将产品升级为"超级表格"(见图7-1)。

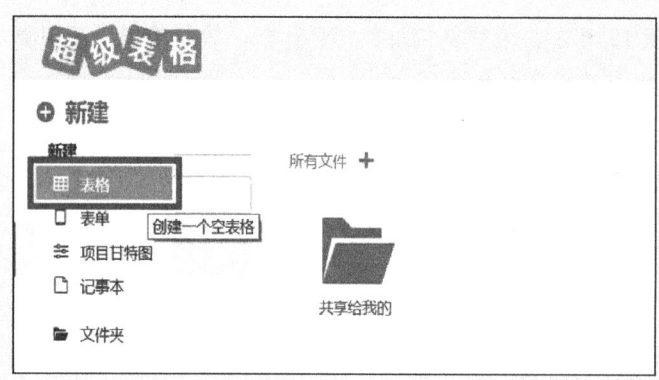

图7-1 用"超级表格"制作一张表格

"超级表格"是一款在线协作表格软件。用户可自行创建表格模板,也可使用预设模板,如客服类模板、CRM(客户管理系统)类模板等。此外,"超级表格"支持在线共享表格所有内容,也支持仅共享某一行/列。

同时,"超级表格"支持表单功能。用户可收集信息,进行问卷调查等。填写者提交表单后,能修改已提交信息。而传统的表单(如"麦客表单"),大多不支持修改。

2015年11月,"超级表格"获得北软天使300万元人民币天使投资。目前用户15万,月增长率35%。

10年软件领域

陈坤极快身无分文了。一个月前,他申请的一笔20万元政府资金已经通过审核,

但钱还未到账。他还是来到上海,入驻苏河汇(联合办公)。

此前,陈就职于百会(全球最大的SaaS软件供应商之一ZOHO在中国的独家运营商),负责产品引进、市场营销等。2008年,SaaS服务在中国刚刚兴起。"我们是最早一批做SaaS的人。"

本可安安稳稳地工作,陈坤极却走上了创业道路。小时候帮家里卖东西,大学卖过炊具,做过钟点旅社……陈说,创业是他骨子里的基因。

2012年,第一次创业的陈坤极创办了一家公司,业务为CRM开发等软件外包工作。公司看订单吃饭,一开始收入还不错。

可到后来,随着移动互联网兴起,软件外包开始走下坡路,订单量减少,业绩下

滑。2013年底，陈坤极选择放弃。发完公司最后19个员工的部分工资后，陈手上只有不到3 000元的生活费。

项目管理软件

创业回到原点。两个月的待业期，陈身无分文，靠借钱度日。穷困潦倒中，他一直在寻找新的机会。

多年从事软件领域的陈发现，国内还没有一款简单的在线项目甘特图软件（甘特图，以图形的形式显示活动、项目的进程等）。很多公司用Excel制作甘特图，在表格中填写项目名称、计划完成时间等信息，再用颜色条表示完成进度。

于是，陈推出了项目管理软件——"domyPP"。用户填写项目、职务、计划等信息后，"domyPP"自动生成项目甘特图，并可以将其导入Excel，还能在线分享任务进度。

自己写了软件样板，陈坤极寻找风投。由于产品尚未上线，融资难寻。他投了十几家机构，回应者寥寥。

上海的苏河汇是为数不多的回应者之一，表示愿意提供免费工位，还能帮助申请政府资金。于是，便有了文章开头的一幕。

入驻苏河汇，陈坤极酝酿着产品升级。在他的心里，想做的不只是企业管理软件。所谓的企业管理软件，本质是数据管理。"企业管理是什么？ERP、CRM、项目管理、财务管理……其实就是数据管理。"而数据的采集、协作、统计、处理，最后都依赖于表格——用一张Excel都能搞定。

传统的Excel的功能很强大，但大多人通常只用得到5%的功能。Excel面向单机、纸张和个人，协作性是其天生的弱点。例如，统计表格时，需要每个人更新一次再汇总。

而移动互联网时代的表格应该面向网络、屏幕和团队。陈认为表格应用价值很大，"如果Excel从微软独立出来，市值会超过200亿美元"。

陈坤极决定将"domyPP"升级，用一张表格解决企业管理的问题。

在线协作表格

2014年3月，陈坤极推出在线协作软件"超级表格"。该软件支持多人同时打开、编辑同一表格。其实，Excel也有在线版本，市场上有一些在线表格软件，但多模仿Excel。陈认为，它们存在权限管理的短板。分享表格时要么不能共享，要么只能共享整张表格。而超级表格可以只共享表格的一部分，权限可具体到每列/行。

此外，"超级表格"还支持表单功能。用户先创建表格，将其以表单形式分享，用来收集信息、进行问卷调查等。填写者通过手机、微信等提交信息后，还可以查询或修改已提交表单。而传统的表单（如"麦客表单"），大多不支持信息修改。

5月，"超级表格"网页版上线。因为没有钱做推广，陈坤极便自己写文章、博客、发朋友圈。学过市场营销的陈，对经营朋友圈颇有"心得"。频率要合适，一周最多发三条；不能全是软文，要专业而且有趣——"比如发一条朋友圈，十分钟内点赞评论数没超过10个，说明它不太受欢迎，我就会删掉。"

用户每天以个位数增长，开始一天2个、3个……后来慢慢增加到10个、15个……就这样，半年时间里，"超级表格"积累了第一批1 000多个网站注册用户。

15 万用户

3 个月后，陈坤极转战北京，入驻中关村创业大街的 Binggo 孵化器，成了创业大街较早一批的创业团队。团队又陆续推出"超级表格"微信版和移动端 App。

用户开始起量。2015 年 3 月，"超级表格"App 推出，平台月增用户 3 万多，其中 3 千多来自移动端。后来，移动端新增用户的比例逐渐增大。

7 月，在一次路演中，陈坤极结识了北软天使的创始合伙人王童，后者曾投资过途牛网。路演中，王童对"超级表格"一见钟情，两人约好时间再聊。最终，"超级表格"获得北软天使 300 万元的天使投资。

2016 年 3 月，"超级表格"推出企业版，增加付费功能，如组织管理、定制 LOGO、恢复历史版本、为客户搭建私有云等。目前，"超级表格"用户超过 15 万，其中大部分为免费用户，用户月增长率为 35%。

谈到互联网创业，陈坤极说不会去做社交、电商和搜索，因为已经有 BAT 等巨头。而在企业应用领域，他很有信心。

"美国有 Oracle、IBM、Salesforce 等巨头，而国内企业应用领域的用友、金蝶、东软三强，合起来也不到美国一家巨头的十分之一。"

近年涌现了一些新兴的企业级应用。例如，从在线 OA（office automation，自动化办公）切入的今目标、从任务协作切入的 Teambition 等。陈的目标是，将来做到企业 SaaS 应用领域的前 5 名。

资料来源：铅笔道，文/汪澍琦。

（4）民间资本。民间资本的投资操作程序较为简单，融资速度快，门槛也较低。很多民间投资者在投资的时候双方应把所有问题摆在桌面上谈，并清清楚楚地用书面形式表达出来。此外，对民间资本进行调研，是融资前的"必修课"。民间借贷更多的是依靠信用和第三方担保的形式，例如 2016 年 11 月 3 日凤凰新媒体（凤凰网）发布公告称，董事会批准了借款 1 200 万元给一点资讯，年利率为 9%。据资料显示，2015 年 4 月，凤凰新媒体对 Particle（一点资讯的母公司）进行了总额约 3 000 万美元的投资，获得该公司的 21% 股份，2016 年 1 月、4 月、8 月，凤凰网总计借款 3 480 万美元给一点资讯，约为 2.35 亿元人民币。加上这次借款，总计约 2.37 亿元。凤凰网同时还持有一点资讯 45.1% 股权。

（5）政策性贷款。政策性贷款是指政府部门为了支持某一群体创业出台的小额贷款政策（比如下岗失业人员小额贷款政策），同时也包括支持中小企业的发展建立的许多基金，比如中小企业发展基金、创新基金等。这些政策性贷款的特点是利息低，微利行业政策贴息，甚至免利息，偿还的期限长，甚至不用偿还。但是要获得这些基金必须符合一定的政策条件。

（6）金融租赁。金融租赁是指出租人根据承租人选定的租赁设备和供应厂商，以对承租人提供资金融通为目的而购买该设备，承租人通过与出租人签订融资租赁合同，以支付租金为代价，而获得该设备的长期使用权。对承租人而言，采用融资租赁方式，通过融物的方式实现了融资的目的。

（7）其他，包括短期的典当，还有可转换债券等。可转换债券是可转换成股权的短期债券，通常在下一轮投资的时候转换为股权。在可转换债券投资中，投资人将提供有到期日的贷款、利息和特殊的转换权，即公司用未来某个时间的股权偿还投资人的贷款。例如，如果种子投资是可转换债券，根据约定，它可在创业项目筹集 A 轮投资的时候转换为股权。

二、股权融资：财务投资与战略投资

一旦提到财务问题，股权融资具有普遍性，而创业者也选择使用股权融资而不选择债务融资。

为什么会这样？由于以权益资金的方式取得资金就好像你是白白拿来资金一样，不需要偿还也没有利息，还可以和投资者商量你的股票价格、分红及投资者在公司的位置。如果公司经营的失败，就是投资者的损失（除非投资方在法庭上有证据说明创业者没有公开关键性的资料，从而影响了他们的决策）。

以投资目的划分，投资类型可以分为财务投资和战略投资两种。

第一种是财务投资。财务投资的目的是谋求经济上的回报，因此财务投资人更青睐市场空间广阔、高成长性的项目。一般来说，财务投资人比较注重短期利益，不会强调对公司的绝对控制权，未来主要的项目退出方式是并购或者上市。

选择财务投资的优势是：①专业性。对专业的投资人来说，"融、投、管、退"是必修课，他们对于市场的分析判断和良好的管理能力往往能推动创业项目快速发展。②大基金的品牌背书。比如选择红杉资本、经纬中国、IDG 等老牌基金作为投资方，对于初创公司来说，带来的品牌价值比获得更高一些的估值可能更为重要。

劣势在于：因为要求短期回报，财务投资者往往会给被投公司施加压力，希望可以尽快推动上市，完成退出，这对公司发展来说可能会"揠苗助长"。

名家箴言

不要轻易将主动权交给投资人，在创业的过程中没有人会乐善好施。一定要在尚不缺钱的时候借到下一步需要的钱。

——李彦宏（百度公司创始人）

第二种是战略投资。战略投资的目的是和产业上下游建立联系，因此会更多考虑产业协同的因素。一般来说，战略投资者会长期持有项目，甚至直接收购项目，同时要求对公司有很强的话语权，最终将通过业务协同在一级市场上获得更高的溢价来获得收益。

选择战略投资的优势在于：①资源支持。战略投资方一般自身拥有强大的资金、技术、管理、市场、人才资源，能够帮助创业公司迅速打开局面。②对有产业协同的公司更"宽容"。有些项目的市场想象空间很有限，本身业务发展也很一般，但只要战略投资方能看到产业协同的可能性，他们还是愿意投资这一类公司的，但同等情况下，VC 就不会给钱。

劣势在于：①站队风险。加入一家行业老大的"阵营"就必然会影响公司和其他行业领头者的合作。②失去独立性。战略投资方在确定标的之后，很大程度是希望把项目打包进上市公司里，给资本市场"讲故事"，因此会要求控制权，创业公司也就丧失了独立性和灵活性。③缺乏投资管理经验。对产业资本的战略投资来说，其管理成本高昂，极少能够搭建起一支高效优质的管理团队。

为了更好地阐释不同资金的风格特点，下面以医疗市场为例，看六种类型的资本如何运作。

类型一：公司主导发起的产业基金或者直投

这类属于典型的战略投资行为。以天士力集团旗下的康桥资本为例，天士力在其中占到 50% 的有限合伙人（limited partner，LP）。基金主要投资的方向，如器械、药品、诊断服务等和天士力公司的主营业务都有千丝万缕的关系。

从市场表现来看，这一类的产业基金的表现有些差强人意，原因在于一方面这类基金较为"封闭"，因为有产业作为背书，"走出去"的动力不够强；另一方面，优质的创业公司不愿意受到上市公司的"束缚"，因此常常与市场上的好项目"擦肩而过"。

类型二：多家产业资本共同主导的产业基金

以普华资本为例，其 80% 左右的资金来源是产业资本，而且并非一家公司主导，且给到主要有限合伙人一定的话语权。这样的好处是融合了多家上市公司的资源，同时规避了"站队"的问题，而且资本的退出方式也较为灵活，公司可以选择上市或者被并购。难点在于，管理者需要布局产业链并平衡多家上市公司的利益分配。

类型三：产业资本背书，但以财务投资为方向

联想集团旗下的君联资本（原名联想投资）虽然脱胎于联想集团，但实际投资方向已经不再是"战略投资"，而是更多的谋求财务回报。

类型四：以财务投资为主导，兼顾上市公司诉求

以分享投资为例，基金本身是典型的财务投资主导方向，但由于公司的有限合伙人有部分的产业资本进入，因此在针对部分案例的时候，投资人也会考虑有限合伙人的合作可能。需要注意的是，在分享投资这类公司里，普通合伙人（general partner，GP）的话语权仍然会大于有限合伙人。

类型五：纯粹的财务投资基金

典型的就是红杉资本沈南鹏的"赛道理论"。也就是说，红杉资本投资医疗公司主要考虑的是"热点"，而非产业布局。

| 延伸阅读 7-1 |　　　　　　　　创业者如何选择战略投资者

虽然目前的投资机构和天使投资人数量众多，眼下拿到钱并不是难事，但创业者最应该慎重考虑的反而是到底该拿谁的钱。

1. 创业者和投资方的理念价值观高度契合

创业者和投资者就像是夫妻结婚，组成一个新的家庭一样，两个人之间在价格观和理念上一定要具有一致性，不然到公司真正开始做事情的时候会出现很多分歧，特别是在一些重大的决策上面，价值观的指引发挥了很大的作用。当然最好的就是该公司在创业者的领域有成功投资的一些经验，可以给创业者提供一些必要的经验、数据和其他相关联的一些支持。

2. 尽量避免单纯财务投资资金

现在的创业环境下，资金并不是能够获得创业成功的唯一要素，而且单纯财务投资的关系也并不牢固。因为这类投资机构只会考虑单纯财务收益，而不会考虑企业长远的发展，一旦创业公司出现业绩不佳、连续亏损就很有可能被卖。而战略投资者因为与创业团队的利益休戚相关，更会从多方面支持创业者的发展壮大。目前来看，BAT已经成为互联网行业里的最大投资者，而他们的投资的目的基本上都是出于战略布局需要，此外一些在垂直行业站稳脚跟的公司也会基于自己的战略布局进行投资，比如58赶集在O2O领域的投资，目前58赶集投资的O2O企业有e代驾、瓜子二手车、土巴兔、安居客、美到家等；而教育行业内的学大教育在未成立基金之前，也已经投资了北京蔚蓝国际教育科技有限公司、极课教育、童翼国际儿童艺术教育、致优教育等众多教育公司。

3. 看投资人或机构是否能提供独一无二的行业资源

实际上，对于很多创业者来说，可能拿钱并不是紧要的，投资人对于创业者在资源方面的支持可能更加重要。这在腾讯战略投资搜狗、京东、大众点评网等众多案例当中体现得尤为明显，腾讯除了给予一定的资金支持之外，更多的是将自己的社交流量资源进行了导入，从而加速了这几家被投资的互联网公司的飞跃发展。

4. 能否从投资机构或投资人那里获得其他更多支持

创业公司在艰苦创业的过程中可能还要经历各种各样的困难，比如管理经验不足，战略方向不明，比如优秀人才缺乏等，这其中每一个环节的资源缺失都可能导致创业项目夭折。实际上，目前越来越多的创业者开始在意投资人或投资机构在战略方向指导、管理经验输出、人才招聘等方面的支持力度等。

总体而言，创业者前期对于投资人的选择非常重要，特别是在融资过程中，为了项目的进一步发展必须放弃绝对控股权进行融资时，更需要非常谨慎，最好能避免找单纯的财务投资者进行融资，而是尽量找到在资金、行业资源、人才支持甚至技术层面能够全方位给予支持的战略投资者。

资料来源：钛媒体，文/李东楼。

类型六：关联产业的大公司

一种是以 BAT 为代表的互联网巨头，另一类是外部转型医疗的上市公司。这两种公司"出手大方"，远非一般的风险投资（venture capital，VC）能够相比，因此带动了互联网医疗公司在过去两年时间估值的一路走高，也带出了目前互联网医疗主要的几家"独角兽"。

三、可转换债券

可转换债券（convertible bond）作为创业投资的方式，在兴起之前，创业企业的早期天使投资人通常购买公司的普通股，而大规模的 VC 基金则往往在公司更靠后的阶段投资，取得公司的优先股。如果公司在发展过程中出现资金紧张的情形，则可能通过"过桥贷款"，也就是可转债的方式从现有投资人中间获得新一轮资金注入前的过桥资金。

可转债归根到底是一种债务，但作为创业公司的融资手段又兼具股权投资的特点，根据约定可转债在债务到期后或者创业公司完成下一轮融资时转换成为优先股。

（一）可转债的逻辑

可转债用于创业公司早期融资的主要逻辑在于：公司早期缺乏数据，估值比较难确定，如果走常规的股权投资程序交易成本较高，在投资金额比较小的情况下，如几十万到上百万美元，磋商估值或者聘请律师走股权投资程序就不够经济，早期投资人和创始人可能更倾向于将估值的皮球踢到公司面向机构投资人（VC）做 A 轮融资的阶段，早期投资人的可转债投资按照 A 轮融资价格享受一个 20% 左右的折扣转为 A 轮投资。

随着创业投资的泡沫，原本用来保护投资人的可转债，已经逐渐演化为对创业者更友好并越来越受创业者青睐的早期融资方式。作为早期企业的融资方式，可转债除了能够暂时回避创业公司早期估值的难题，还避免了过早赋予机构投资人（VC）以下常见的权利要求。

（1）投资人保护条款：VC 投资创业公司的惯例是要求投资人保护条款，就是大家通常所说的重大事项一票否决权，公司融资、出售或重大变更等事项需要投资人的同意才能实施；但是，在可转债中通常不会赋予投资人这样的权利。

（2）投资人优先权：VC 投资创业公司拿到公司的股权通常是优先股，优先股通常享受反稀释、股息、共售、领售及优先清算权等优先权利；但是，在可转债的融资中投资人通常不会享有这些优先股的权利，只有可转债转为优先股之后才能享有这些权利。

（3）投资人董事席位：VC 投资创业公司通常会要求董事会席位，不仅让投资人能够通过董事会行使一票否决权保护投资人利益，还能够通过参与公司的重大决策了解和参与创业公司的运营；在可转债的融资中，投资人通常不会要求董事会席位。

也正是因为上述特点，可转债已经被众多早期投资人所诟病，但是竞争激烈的创业投资市场让投资人已经无法抗拒，只能"屈从"接受市场的发展趋势，不得不加入创业企业早期融资使用可转债方式的市场潮流。

在 YC 等创业服务机构的帮助下，激进的创业者甚至开始要求使用 YC 推出的更有利于创始人的 SAFE 融资模式，全称为 simple agreement for future equity（未来股权简单协议）。SAFE 融资与可转债一样，可以在公司下一轮股权融资时按照折扣价格转换为公司股权，但不再约定债务到期时间和利率，本质上从债权演化为一种购股的权证。这种方式当前主要在 YC 孵化的企业中比较多见，在市场上仍然遭到很多投资人的反对。

（二）可转债的主要优势

跟股权融资相比，可转债的主要优势通常包括以下几个方面。

（1）低成本：通常情况下，可转债需要承担的时间和费用成本更经济，签署和履行一份可转债协议需要的时间成本和律师费用，肯定比早期股权融资要低，毕竟股权融资牵涉的程序更多，比如：尽职调查、股东协议等可转债融资不需要的公司治理文件以及股份发行程序，尤其是在早期融资金额不大的时候，可转债的低成本优势就特别明显。当然也不尽然，种子期和天使期如果使用标准法律文件也不会需要太多律师时间，如果有法务，甚至都不一定需要外部律师参与。

（2）速度快：最经典的总结当属于 YC 创始人保罗·格雷厄姆指出的，"创业公司在天使轮中更多使用可转债的原因是能让交易更快完成。可转债可让创业公司更容易地向不同的投资者提供不同的价格，有利于打破所有投资者都骑墙观望等待其他投资人先出手的僵局。"

在前面给出支票或打款的投资人则能拿到更优惠的投资价格，这听起来符合逻辑，但也产生转换为优先股之后清算优先权不一致的问题，因为可转债投资人的投资会在下一轮（A 轮）投资中同时转换为同样权利的（A 轮）优先股，但价格的不同导致股份数量不同，统一享有 A 轮优先股的优先清算权会导致早期投资人比在后投资人更高的优先清算倍数，这往往是创始人和在后投资人都不能接受的。

常见的解决办法是要么将 A 轮股东按照投资人各自价格分成子类 A-1，A-2，A-3 等，要么将可转债的一部分转成 A 轮优先股，剩余部分转为普通股，从而避免统一转为 A 轮优先股产生的优先清算倍数不公平的情况。显然这两种方法都很复杂，可转债节省的时间和律师费都只是被推迟到了 A 轮融资而已。

当然，可转债交易随着实践变得越来越复杂，低成本和速度快的优势已经越来越不明显。

（三）可转债的标配条款

尽管可转债作为一种融资方式已经取得了自己的市场地位，但可转债本身仍然面临众多知名投资人的批评，尤其是作为债权投资在税负（无法享受长期股权投资的税收优惠待遇）、缺乏投资人适当监督以及投资人退出权利保障不力等方面面临突出问题，如果不做适当的合同约束，很容易产生早期投资风险和受益不一致的结局。所以，随着可转债融资的发展，可转债融资条款中已经形成了一些比较常见的"标配条款"。

转股价格折扣和利息：创业公司早期投资风险非常大，但可转债没法像股权融资那样将风险折算到更低的估值中，只能以折价入股的变通方式来补偿早期投资更高的风险；市场上常见的折扣为下一轮股权融资价格的 20%，但是如果公司下一轮融资发生的时间太晚（譬如两年后）可能 80% 的价格也不一定公平。至于利息，实践中 6% 左右的年利率比较常见，但这往往并不是投资人投资可转债的目的所在。

估值上限：同样的道理，投资人可能不愿意接受自己承担早期投资的风险，而将最终入股的定价权完全交给下一轮投资人，估值过高虽然创始人很乐意，但如果可转债投资人拿到的股权比例下降到个位数，投资人可能不愿意接受这样的结果。这样，可转债融资的双方就需要根据市场状况预判公司下一轮股权融资的估值，结合转股价格折扣来补偿早期投资人的风险。当然，估值上限已经越来越成为下一轮股权融资的重要参考价格指标，这让可转债估值上限的谈判也变得越来越接近于股权融资中估值的误判。

转股之前的重大事件：随着可转债投资的发展，投资人意识到如果公司在下一轮股权融资完成之前发生控制权变更（譬如被出售或清算），投资人是不是应该拿到本金利息之外的更多补偿？如果溢价出售应该拿到多少？通常投资人会倾向于要求在出售前转为股权的权利，如果出售价格低于估值上限，常见要求收回投资额二倍左右的金额。当然，投资人做可转债投资的"理想"不会是过于早期的并购，这只是一种不理想状况下的保护机制。

最惠国待遇：随着可转债的广泛应用，初创公司的可转债融资已经不再像起初仅限一轮，可能在正式股权融资（A 轮）之前做多轮的可转债融资，就像 YC 创始人保罗·格雷厄姆指出的那样，创业公司可能向不同的投资者提供不同的可转债价格，最早进入的投资人承担更大的风险，与后续可转债投资人相比要求最惠国待遇也合情合理。

此外，可转债融资文件中还可能约定同一轮可转债资金托管以及（主要）投资人知情权等条款。

第二节　投资条款清单

一、什么是投资条款清单

项目路演结束后，在融资项目的早期，投资人的要求基本都体现在一纸投资条款清单（term sheet，TS）上。

投资条款清单是投资行为所涉及的条款的松散集合。它通常只有两个约束性规定：机密性和排他性。

机密性限制企业人与非投资人分享的信息量。一旦你签署一张投资条款清单，你就不能和任何没签署的局外人讨论投资问题。

投资条款在签署后方可生效（排他性也是如此），哪怕是在签署之前创建人也要慎重对待条款信息，这点很重要。如果你为了寻求更多资金将条款给其他投资人看，那与你签署条款的一方会很不高兴。

排他性可以阻止企业人在一段时间内和其他投资者商谈。它与机密性一样，都为了确保企业人无法将签署的投资条款当作协商工具，去吸引更多投资人或更好的投资。

如果特定时间内没完成投资，企业人就可以和其他投资者商谈。

二、投资条款清单的作用

创业者理解 TS 的作用，不妨先从投资人角度看看，常见的投资流程：阅读 BP →访谈项目→投资决策→签订 TS → DD →签订 SPA/SHA →交割（打款）。

- BP（business plan），商业计划书，创业者提供的解释商业模式和企业的材料，核心目的是吸引投资人注意力，非必需流程。
- TS（term sheet），投资条款清单或称投资意向书，投资人和创业者签订的投资意向协议，是投资人对项目感兴趣的明确信号，其中大部分商业条款是不具有法律效力的投资协议。
- DD（due diligence），尽职调查，投资人对项目全方位的调查，投资人要调查重要信息是否可靠和真实，评估潜在风险。
- SPA（share purchase agreement），股份认购协议，投资人和创业者之间关于重新配置公司股份（权）的、具有法律效力的投资协议。
- SHA（share holders agreement），股东协议，投资人和创业者之间约定股东权利和公司治理的、具有法律效力的投资协议。

作为投资人对创业项目产生兴趣到最后投资的中间环节，TS 起到承上启下的作用，即在释放并确认双方合作意愿信号后，初步搭建 TS 的框架，双方对核心条款建立共同认知。也由于 TS 作为非正式投资协议，没有法律效力，签订的条款某些时候也处于无效的状态。在后续签订 SPA 和 SHA 时，很可能对其中条款进行修改。但整体上，无法否认 TS 的框架作用，创业者们仍应当对 TS 保持足够的关注，一方面在实践中的正式投资协议谈判阶段，对于 TS 中已经约定的内容一般很难更改；另一方面，如果在正式投资协议谈判阶段创业者们提出过多修改意见，很有可能使投资人失去兴趣，放弃投资，加之受到 TS 中排他期的约束，此时创业者们就要承担"浪费"的这段时间的机会成本。

三、投资条款清单的内容

TS 内容较多，从不同的角度出发会得到不同的归类。先简单分析投资人和创业者的关系，一方拿出了真金白银，一方赌上了自己的职业、时间、家庭等，双方都可谓付出颇多，最终基于"合作共赢"的理念走在了一起。项目落地前，两方无非是在权利、义务和风险三个方面不断评估、协商、磨合，最终拿出一套白纸黑字的满意方案。投资人投资项目时最看重的就是"回报"，他们一方面希望自己能够参与公司的运营，不至于使得自己的投资失去保障；另一方面，他们也希望能够在退出时保障自己的收益，TS 的主要条款也主要围绕上述两方面。

TS 作为投资框架，从内容上看，可以分为包括了投资结构、投资额、购股比例（数量）、交割条件在内的 SPA（股份认购协议）内容和包括了董事任命权、知情权、反稀释权、共售权、优先清算等在内的 SHA（股东协议）的内容。从时间线上看，可以分为投资人给多少钱、占多少股这类的投资条款，有了钱以后公司该怎么管、投资人要派几名董事、对公司重大决策的控制权等公司治理条款以及时间或条件满足时投资人的退出机制。

四、投资条款清单的核心条款

创业者可以利用 Term Sheet 来衡量自己获得的投资条件在风险投资市场中处于什么样的水平，从而在面对投资人时更加自信，"知己知彼，百战不殆"。

1. 排他期

简单地说，公司在约定的时间内，不再和第三方的投资人接触，属于对创业者单方向的约束条款。从实践的项目来看，项目的排他期多数都在 60 天以内，也有延长到 90 天内，很少项目的排他期在 30 天以内。

2. 过桥贷款

过桥贷款指的是在投融资双方签订 TS 之后，在较短的时间内，给予公司一笔贷款，用于企业短期持续经营或者迅速推广；在融资完成后，这笔贷款往往会转成投资款。说是贷款，但是过桥贷款往往无息或者低息（年利率小于等于 10%）。

尽管签订了 TS，但由于投资结构、尽职调查等原因，创业公司会经历一到数月没有新资金注入的"空窗期"。在这段时间内，如果公司业务急剧扩张，却由于资金问题贻误战机，对投融资方是双输局面。在空窗期内，投资人如能提供一笔过桥贷款，也能起到锁定项目的作用。合适的过桥贷款可以起到双赢的作用。对于 TMT（technology，media，telecom；科技、媒体和通信）行业的创业公司，尤其是没有健康现金流的项目，应尽量争取过桥贷款。

3. 员工期权

员工期权，标准说法为员工持股计划（ESOP），一般会约定预留一定比例的公司股权作为期权池，在公司发展过程中不断颁发给有突出表现的员工或用来吸引高质量新员工入伙。此处讨论的员工期权，不包括在创业初期赠与给或分配给创业合伙人或者重要员工的股份。

员工期权越大，在公司成功后员工的利益越大，公司也越有潜力在发展过程中吸引更多人才和资源。随着公司融资轮次增加，期权池的比例也会被稀释。

随着创业环境的复杂，员工期权又演化出以下两种新情况。

（1）大公司分拆某部门单独创业并给予创业团队的员工期权（称之为"大公司内部创业期权"）。这种情况下，往往大公司拿出核心资源，并以期权激励团队。经典案例是百度做爱奇艺，58同城做58到家，中粮做我买网等。

（2）融资过程中公司将员工期权授予投资基金合伙人，作为其担任董事的酬劳（称之为"董事期权"）。创业者希望合伙人作为董事，能够提供更多更增值的一些服务，促进企业的发展。董事期权可以增加基金股份以及降低估值，同时由于LP和GP利益分成机制，能使基金获得更大的受益，因此该期权对于基金的激励很大。随着创业者和投资人的博弈天平逐渐向创业者倾斜，以及LP/GP合同的修改，这部分董事期权在近两三年基本消失。

4. 增资权

增资权指的是投资人在本轮投资的基础上，从创业公司获得一个增资的权利，一般会约定投资人可以在一定期限内或者下轮融资完成前行权，并且较之下一轮投资人的价格，增资价格会有20%～30%的优惠。

增资权是一个单向对投资人有利的权利，在投资人不增加本轮投资额和下注风险的情况下，可以根据公司发展的情况选择是否继续加注获得公司更多股份，同时较之新一轮的投资人还有一定的折扣。这是一个只赚不赔的买卖。正是因为其单向对投资人有利，所以往往出现在融资较难的时代；也正是因为其增加了交易结构的复杂性，不利于抢夺项目，所以在全民抢项目的时代不太流行。

值得注意的是，增资权由于其无风险、纯利他的性质，创业者在使用时应控制好投资人可以行权的期限、行权价格等，否则会造成不必要的稀释，也会对下一轮融资造成影响。

5. 赎回权

赎回权（redemption）在TS或SHA中的标准表述一般为："如果公司未能在投资完成后n年内实现合格IPO并上市或出现其他赎回情形时，投资人有权要求公司赎回其全部或部分股份。赎回价格为投资金额加上每年$x\%$的内部回报率。"

也就是说，如果创业者不能在规定年限内让公司完成上市而且市值达到一定门槛，投资人有权要求创业者连本带息还钱。这样的条款很容易让创业者有一种"投资人到底是做风险投资还是放高利贷"的感觉。然而，投资人也不是故意要为难公司，基金从LP募集到的资金也是有年限和成本的，当投资项目在上述年限没有成功上市退出时，赎回权给基金一个稳妥的退出渠道。

可见，赎回权常年是投资条款中的常客。在标准条款中，赎回条件、赎回年限、赎回价格和合格的IPO是重要的谈判点。

实践显示，近几年绝大多数项目赎回年份在5年左右。赎回价格一般用IRR（内部回报率或年化回报率，可以理解为利息）来表示。谈判空间在8%～20%。也有些基金为了简化计算，使用到期后x倍返回现金。

合格的IPO，一般通过上市公司的市值来定义。同样可以看出这个条件正在逐渐变得宽松而有利于创业者。但随着创业环境向创业者倾斜，赎回条款的适用环境变得尴尬：企业在发展得不好不坏且有足够现金的时候，才能达成投资人的目的。否则公司发展得好却没有上市，如果投资人选择行使赎回权，则对基金是重大损失；公司发展不好没有上市，在创业者对赎回投资人股份承担个人连带责任时，创业者会陷入非常被动的境地。基于上述因素，已经有基金开始废除赎回权，让投资更简单更快捷，例如真格基金推出的一页纸 TS 中，就已经放弃了赎回权。

6. 对赌

谈到创业者和投资人对赌，闻者很容易给予热切关注。著名案例，俏江南因业绩对赌失败致使创始人和管理层丢失公司控股权。但看待对赌条款，必须通过对赌目的分析，才能了解这一条款的含义。

通常，设立对赌条款的前提是，在公司面临估值不确定的情况下（创业者吹了一个投资人不易识破的大气球），投资人对创业者提出一个预设条件，当满足条件时，两者相安无事，或创业者得到一定奖励；当不满足条件时，创业者向投资人退还约定的投资款或者转让股份。看似这个条款对创业者霸道异常，但实际上，在设立对赌条款时，投资人往往远远不如创业者了解公司实际情况，在信息不对等的情况下，投资人只能选择相信创业者的说法。因此投资人冒着较大的风险进行投资。对赌力图降低未知风险可能带来的损失。也有少数情况，创业者对赌成功，投资人会返还给团队小部分股份作为激励。

其实，投资人在对赌中获胜也并非代表其真正的胜利。因为对赌条件是否能达成会受到众多因素的影响。对赌条件未满足很可能并不全是创业者的责任，如果因为一次未达到对赌条件而把整个创业团队逐出公司，由投资人全面接盘，对于公司的发展也不必然是有利的。

7. 优先清算权

在 TS 中，优先清算权可简述为：如果发生触发清算的事件 1，2，$\cdots$，N，则进入清算程序；首先投资人优先于其他股东获得其投资款的 X 倍，再加上公司内部回报率（internal rate of return，IRR）的回报，或直接描述为 Y 倍的投资款作为回报；上述回报结算之后，公司剩余资产按照股权比例派发给全体股东。

该条款中，我们要注意两点，一是清算条款的触发，二是赔偿条款的补偿方式。在投资协议中规定的公司清算事件，通常是比我国《公司法》中规定的清算事件要更广泛，即法定清算事由更少一些。因此只要投资协议中的规定事件发生时，投资人就可触发优先清算权，保护自己的利益，以减少损失。

简单地说，常见的赔偿条款就是，先把投资人出的钱（按照约定的系数）还回去，剩下的所有股东再按股权比例分。

优先清算权是基本条款，几乎所有项目都会要求，只有近年类似真格基金逐渐取消了该条款，但也仅出现在 A 轮之前的天使投资中。大部分投资人都使用 IRR 为标准来保证自己的回报，要求的 IRR 平均值为 10.6%。而只有 16.6% 的项目使用 x 倍的投资款作为清算的赔偿条件，其值为 1.50 左右。

8. 优先分红权

在 TS 中，优先分红权往往表述为：在公司同意派发股息、红利时，××轮优先股将优先于普通股股东获得投资额不可累计的 x% 的年优先股息，并按转换后的股份比例参与剩余股息的分配。意思是说：公司这几年经营得不错，准备分钱了，但是先别急，把投资人这几年的回报先还回去；剩下的钱再大家再按股权比例分红。

结合着优先清算权看，有没有一种"有难先跑，有福先享"的感觉？但在实践中，投资人设置该条款的主要考虑是投资人希望将有限的资金留在公司发展业务，而不是被创业者早早分掉。

9. 强制随售权

著名的 Drag-along 条款，顾名思义，该条款是一个霸气十足的条款。该条款主要内容是，在一定条件下，如果投资人同意出售公司，其他股东（包括创始股东）应该同意该决定。

实际上面对强势的条款，创业者可以通过增加限制条件作为缓冲方案，达到以下条件才能触发该条款。

- 设置行权的门槛。要求卖掉公司的估值不能低于一定的门槛，例如不低于此次投资对公司估值的 X 倍。
- 设置时间或者事件的门槛。比如在 N 年后才能行权，或者在 N 年后公司上市不成功才能行权等。
- 设置买家的黑名单。要求不能卖给竞争对手及相关利益主体，防止恶意收购。
- 为创始人设置优先购买权。投资人要求出售股权，创始人可以在同等条件下优先购买股权。但是由于创业者自身经济条件限制，该条件出现的概率较低。

同时，创业者应注意在面对投资人时展现出足够的信心，有能力、有意愿把公司价值做上去，在谈判时，才能把限制条件的限值提升到足够防范的地步。在设立限制条件时，也可采用多种条件混合搭配的方案。以下是各种方案的分布。

10. 董事会席位

该条款较容易理解，通常表述为：公司董事会由 X 名董事组成，其中 Y 名董事由创始股东委派或同时兼任，$X-Y$ 名董事由投资人委派。同时，投资人委派 N 名观察员。

在这项条款里，观察员的角色不会是焦点，只是投资人希望了解更多企业日常的经营信息。但董事会的人数不宜过多，通常为奇数，常见范围为 3～9 名。要注意的是，公司不应设立过多的席位，否则会导致在日常管理中沟通的成本非常高。在董事会中，创业团队应占有多数席位。

创业故事 7-2　　一个 10 亿估值沦落到一无所获的创业故事

当心从 10 亿元估值沦落到一无所获！创业者签订融资协议时该注意什么？

这是一个杜撰的故事，讲述了一位虚构的创始人经营一家虚构公司的故事。虽然故事是我编造的，但是内容却来源于我 16 年的风投经验以及此前的 14 年创业经历。我会简化部分融资协议的内容和涉及的数据，希望阅读这篇文章的创业者可以在现实世界中避免犯同样的错误。

多年来，我参与过很多融资协议的制定。在我看来，对于创业者来说，除了个别极其成功的公司，融资协议都要比公司估值和资产构成表重要得多。但是很多创业者却经常在股东的怂恿下，对未来可能出现的糟糕状况过于乐观。

我会试着说明为什么融资协议中有些条款对创业者是不利的。我所设定的情境是虚构的，但素材取自我所见过的真实案例。不要让这样的事情发生在你身上。

先来假设一位创业者，我们把他叫作理查德，他创办了一家在某个领域有突破性的公司，我们称之为 Pied Piper。

理查德的想法吸引了一位新兴的天使投资人彼得。彼得同意投资 100 万美元，估值 500 万美元，彼得占股 20%。

拿着 100 万美元投资，理查德组建起一个小团队。他们在 Palo Alto 租了一间办公室，热火朝天地干了起来。在做出产品原型后，理查德把公司搬到 Sand Hill（风投公司聚集的地方）。Pied Piper 正处在一个热门领域，市场非常火爆。理查德开始拿着产品展示样品去见投资人，很多投资人伸出了橄榄枝。

理查德对于股权稀释非常敏感（毕竟，他是看过《社交网络》这部电影的），他想要尽可能高的估值。最终，给出估值最高的是一家新兴的风投，名叫 BreakTroughVest（BTV），他们对于融资前公司的估值是 4 000 万美元，希望投资 1 000 万美元占股 20%。不过考虑到公司现阶段给出这个估值是偏高的，他们要求享有优先清算权，以确保公司出问题时能收回本金。

理查德对于这个估值感到很兴奋，新的投资只稀释了 20% 的股份。天使投资人彼得也很高兴，因为他只用 100 万美元的投资就占有一家很有前途的公司 20% 股份，现在，根据新的融资协议，他的资本已经相当于 1 000 万美元，是投资额的 10 倍！这笔投资帮助彼得在天使投资圈树立起声望，也让他成为天使投资平台 AngelList 上热门的投资人。

融资协议签就，庆功晚宴开完，几周后，资金到位。

拿着 1 000 万美元，理查德在 SoMa 租了办公室，签了 7 年的租约，招聘了许多新员工。接下来几个月，他们开发出了最小化可行产品（MVP），并投放市场进行测试。随着融资消息的公开，科技媒体 Re/code 对公司进行了深度报道，早期用户开始试用产品。Pied Piper 在这个赢家通吃的市场成为新领军者。但他们还没有开始变现，也没有对用户的使用数据做过多统计。

Pied Piper 吸引了一家科技巨头的注意，我们把这家公司叫作 Hooli。Hooli 的消费者调研团队想要 Pied Piper 的数据。对于 Pied Piper 来说，如果有 Hooli 的资金支持，他们就可以面向消费者大量投放广告，增加用户基数，并借由规模化的网络效应一举打倒竞争对手。Hooli开始接触理查德，希望投资2亿美元，占股20%，公司估值10亿美元，同时双方开展战略合作：Hooli获得Pied Piper数据的接入权限，Pied Piper则必须通过Hooli的广告平台大规模投放广告。

理查德满心欢喜，10亿美元的估值使得公司成为独角兽俱乐部的一员。员工们开始盘算自己的期权将来值多少钱，他们就将成为百万富翁了。现在，员工们工作更加努力了，工作时间也不断延长。BTV对Pied Piper的投资获得了20倍的回报，他们准备进行新的融资，这次成功非常关键。天使投资人彼得名利双收，成了一个神话。他的100万美元投资已经增值到了2亿美元。他变身为YC的VIP投资人以及热门电视节目Shark Tank的座上宾，一些投资人也找他希望参与他的下一笔投资。

当然了，Hooli这2亿美元的投资同样要求优先清算权，在公司出状况时可以保护自身的利益，同时也能更好地说服他们的董事会接受10亿美元的估值。

理查德、彼得和BTV都同意这笔交易，拿到2亿美元投资用于广告投放将是这个行业最大规模的推广活动，这么看来，10亿美元也不算太多。

然而，事情却没有继续这么发展下去。

广告投放开始了，但是转化率却很低，Pied Piper给Hooli看了广告数据，并要求终止在Hooli上投放2亿美元广告的承诺。Hooli却完全不肯让步。在之前的谈判中，双方并没有对广告的表现做出约定，Hooli希望通过在自己平台上的广告投放使投资Pied Piper的钱再回到自己的口袋中。广

部的人还指望这笔钱多发年终奖呢。

Pied Piper被迫继续整个广告投放计划，烧光了2亿美元。好消息是：用户量增长了10倍。而坏消息是：从用户数量来看，这个商业模式的"市场价值"只有2亿美元。更糟糕的是，理查德严重低估了维护这些用户的成本，Pied Piper采取的是"免费＋付费增值服务"的模式，但是大多数用户实际上只愿意利用其中免费的部分，维护这部分用户的费用直线飙升。

关于低转化率的消息不胫而走。广告投放停止后用户增长就停滞不前，新的投资人对公司嗤之以鼻，因为在现有的股权结构下，一旦公司出现问题，需要优先偿付此前几位投资人的共计2.11亿美元资本。新投资人担心员工会成为这种架构下的牺牲品，失去工作的积极性。公司请求原有投资人追加投资，但是投资人不想放弃他们原来享有的优先权：Pied Piper现在的实际价值比纸面上的估值要低很多，这也就意味着投资人享有的优先清算权在公司出问题时能更好地保住本金。此外，BTV还在进行新的外部融资，他们可不想贬低自己投资Pied Piper获得20倍回报的佳绩。

董事会对于公司现状非常不满：用户支持成本被严重错估，广告开销过于庞大而转化率又极低，几名核心员工不满股权结构和投资人的优先清算权选择离职。理查德没能很好地胜任CEO的工作：公司面临巨大的困难亟须资金周转，但他却筹不到钱。于是，掌握着60%股份的投资人决定另请高明，找来了一位临时CEO掌控大局（我们把他叫作乔治吧）。乔治也清楚投资人优先清算权的条款，他表示接受这份工作需要满足他两个条件：一是为他和留任员工拆分出

5%的股权；二是为公司筹集资金，给他留出时间扭转公司局面，或是卖掉公司。

Pied Piper 目前没有盈利，现有的投资人也没钱了。BTV 说："咱们借债来维持运营吧。过一段时间情况可能会有所好转。"他们打的算盘是至少在自己完成融资前不用降低 Pied Piper 的估值。

他们去找了一位在 PierLast 投资银行的老朋友借钱，一共 1 500 万美元，但要求双倍偿还并且需要高优先偿还。这是一份相当严苛的协议，但是公司资产负债表看起来那么糟糕，也很难从别处借到钱。Pied Piper 现在每个月为办公室租金、云服务、客服和支付新产品开发员工工资就要花掉 200 万美元，如果现在没有资金注入，公司只能关门大吉，如果没有新产品，公司也卖不掉。现在已经成不了大气候了，只能尽可能提高公司估值。

随着时间的推移，产品的用户增长速度依然十分缓慢。市场压力迫使他们降价，又进一步压缩了利润空间，几位核心开发者的离职更是给公司雪上加霜。很快，公司再一次面临资金耗尽、弹尽粮绝的窘境。投资人开始担心了，因为他们有可能血本无归，而且如果破产拖欠员工工资将会对他们的声誉造成极大的破坏，这可不是件好事。

幸运的是，有一家名为 WhiteKnight 的上市公司此时提出愿意收购 Pied Piper。双方产品可以形成互补，而且 WhiteKnight 手头现金充裕，愿意出资 2.5 亿美元。这个价格虽然和之前 10 亿美元的估值相去甚远，但是考虑到公司的境况依然是相当可观的一个数字。

Pied Piper 的债权人 PierLast 对于公司糟糕的财务状况非常担忧，他们要求董事会保证还款或者接受这笔收购，他们只想拿回他们的 3 000 万美元。Hooli 也想促成这笔交易，因为如果公司被收购，他们就可以在偿还完 PierLast 两倍的债务后，优先拿回他们投资的 2 亿美元。对于占股 20% 的 Hooli 来说，如果让公司继续发展，至少要估值 10 亿美元他们才能拿到同等的金额，但从现实情况来看，这家公司已经不太可能再加入独角兽俱乐部了。对于 BTV 来说，他们原有的资本已经耗尽了，最近又刚刚完成 3 亿美元的融资，所以他们也同意卖掉公司，拿回自己的 1 000 万美元。天使投资人彼得虽然对于现在的结果非常失望，但是他已经在 AngelList 投资了一系列公司了，最近还从一笔 25 万美元的天使投资中净赚了 300 万美元，所以他也算淡定，毕竟不可能所有项目都成功。甚至创始人理查德都赞成卖掉公司：他仍是董事会的一员，但是由于公司缺乏盈利能力，也缺少新的资金注入，拒绝这笔收购就意味着破产，意味着拖欠工资，对他个人的声誉也会有极大的损害。临时 CEO 乔治以及核心团队成员则要求获得他们所有的 1 250 万美元的股权。此外，公司还需要支付律师的费用和银行的服务费用……

上面这些需要优先支付的钱已经超过了 2.5 亿美元。

最终，创始人理查德什么也没落着。

资料来源：闫恺编译自 Heidi Roizen 的博客。

五、签订融资协议时的注意事项

1. 融资协议非常重要

每个创业者都必须充分理解"优先清算权""参与分配权""棘轮条款"以及"优先股"

等概念。对于风投来说,他们投资的项目有一半以上都是以失败告终的,上面这些条款规定都是风投从失败中总结出来的。他们清楚地知道,融资协议比估值要重要得多,因此他们通过这些规定来确保公司走下坡路时依然能够最大限度地保护自身财产。

当然,融资协议本身没有什么好坏之分,它只是谈判的结果,是高风险投资的标配。但对于创业者来说,如果在公司出问题时你才发现条款中的规定对你不利,那只能说是你自己的责任。

2. 资本构成表并不能反映真实情况

对于股权结构中存在不同类别股份的非上市公司而言,资本构成表无法完全反映真实情况,也不代表着最终的资产分配结果。

在上面的例子中,三方投资人分别持有 20% 的股份,而理查德和员工持有 40% 的股份,然而最终公司出售时,由于严苛的条款和各种优先权,每个人拿到钱的多少却是完全不同的。

在完成每轮融资之前,你应该列一张表格,把每个持股人在退出时的优先次序排列出来,分成低、中、高三档。你会发现,如果可分配的资产额度较高时,皆大欢喜;比较低时,大家都不高兴。但是多数公司在资本退出时所分的钱处于中间这档,这时候,根据你的融资金额和融资时所签的协议,你可能会分文没有,甚至赔得倾家荡产。如果你连这些都还不明白就把所创办公司的一部分卖掉那就太蠢了。

所以,现在很多创业者只关注估值是一件疯狂的事情。估值也就是卷面上打的分数,不能完全代表你的真实水平。但很多创业者愿意在融资条款做出让步以换取更高的估值。在你这么做之前,一定要算清楚不同条款和估值情况最终会带来怎样的结果,这样才能完全理解自己在做着怎样一笔交易。

3. 风险资本不是免费的钱,而是一种负债

还有些人错误地认为融资"仅仅是"一种股权的稀释,毕竟,即使你赔光所有的钱,投资人也不能像银行一样来没收你家房子。然而,大多数风险投资交易涉及的都是带有优先清算权的优先股,这也就意味着,当各方分钱的时候,风投肯定会在你之前拿钱。融资越多,他们先拿走的也就越多。当公司经营遇到困难时,原有估值越高,投资人越倾向于套现走人,这就可能导致你过早地卖掉公司。但是,哪个公司不会经历困难的时期啊?

4. 叠加的优先权可能造成更大的麻烦

这个问题很难一下子说清楚。投资人经常会在融资协议中附加一些要求高优先分配的条款,这些条款的存在是有原因的:有些创业者想要尽可能高的估值又想尽可能少地稀释股权,因此投资人就需要权衡风险和回报,并用优先权来做下行保护。他们也并不是心坏。

每轮融资的估值和融资协议都会有所不同,各种优先权条款叠加得越多,最终的回报金额差异就越大。而且投资人一般也都是公司董事会成员,他们出于自己的利益需要会对公司

的经营提出不同的要求。从前面所举的例子中我们看到，Pied Piper 以 2.5 亿美元的价格被收购之后，Hooli 拿回了自己投资的 2 亿美元。由于他们最初给公司的估值非常高，只占有 20% 的股份，所以，如果他们想要收益翻番的话，就需要公司以 20 亿美元的估值上市才行，但是就公司这个情况来看，那是不可能发生的事情，所以他们更愿意把公司卖掉，把钱拿回来才稳妥。

5. 投资人有投资组合，但你没有

你赌上自己 10 年的青春和所有的身家，创办了自己的企业。但你的投资人可能同时投了二三十家公司。所以，即使是最简单的融资协议，其结果对你的重要程度也比对投资人要大得多。正如前面所说的，当优先权不断累加的时候，每个股东所面临的结果会非常不同。但是对于投资人来说，他有资本和合伙人，他们可能会输掉一场战斗，但却能赢得整场战争。风投有时会做出一些看似疯狂的举动，因为他们要考虑自身的整体利益。比如在上文的例子中，BTV 需要依赖这一笔数十倍回报的投资来证明自己的实力，因此当公司的钱快烧完时，他们选择了通过借高利债务来维持。在公司走下坡路的时候，你觉得 BTV 会更关心自己的融资计划还是 Pied Piper 的负债（借债对于 BTV 的股权没有任何影响）？对于天使投资人彼得来说，他已经通过这笔交易名利双收，套现自己的 100 万离开和留一个半死不活的公司哪个对他的名声更好？

当然，大多数有名望的投资者不会这么做。很多经历过互联网泡沫的投资人在面临公司下滑时反而比较主动，因为这种情况常常更能反映投资组合的真实价值。但是，董事会中的投资人往往是身兼数职的，他们非常重视投资机构赋予他们的责任，需要考虑投资方的整体利益。作为一名创业者，你至少应该考虑一下其他人投资的动机，包括融资和出售公司时，这一点有时候真的非常重要。

延伸阅读 7-2 | 　　　　创业融资，该掌握哪些谈判技巧

投资条款谈判主要围绕以下方面展开：①调整创始人和投资人退出时财产分配；②保证投资人变现；③对创始人的限制；④基于公司的管理权等。

常用条款一：清算优先权——分"鱼"还是分"船"？

清算优先权解决的是在退出时平衡投资和股权回报的不对等。企业发生清算事件的情况下，从可分配财产总额里，先给投资人分配投资和约定收益率的款项，剩余部分所有股东按股权比例分配，这样是否合理？

举个例子：投资人出钱买船，创始人去打鱼，约定二八分，三个月后创始人退出，三个月的鱼二八分，那么船是否也二八分？因为买船的钱不是二八出，都是投资人的钱。再引申一下：打了十年鱼了，船也旧了，而获得的鱼量价值无限大，那么就基本上可以忽略船的价值。

清算优先权的条款产生的原因是出资义务的不对等。还有另一种方式：清算的时候

投资人可以有两种选择权，第一种按约定收益率只拿走本金和收益，第二种，放弃优先分配，按照股权比例整个分配。所有投资行为，可以分为两大类：股权类、债权类。股权类高收益高风险，债权相反。有一点是公认的，不可以有一方取得这两类的好处，另一方得到两类的坏处。如果项目做失败了，投资人不可以找创始人要；有的在投资里面设置陷阱，规定项目失败了要由创始人打工还钱。

谈判技巧1：当面对成熟的投资机构，并且不愿意请律师的时候，只要是用阿拉伯数字描述的部分，都可以谈判（比如清算优先权的优惠比率），初创按照固定收益率比较好。当公司发生清算事件的时候，才有义务给投资人还本金和利息。公司法规定公司注销环节必须按照股权比例分配。有两种情况：资产卖了，买方把钱打到公司来，可以通过分红的方式；另一种方式是公司把股权卖了，这种情况通常叫作二次分配。

谈判技巧2：可以约定若利润超出一定的限制，那么投资本金不再归还。

谈判技巧3：如果创始人在项目里有出资的话，把出资部分算清楚，该部分有优先权。

常用条款二：成熟条款——创始人获得股权的"时间表"，未到时间的股权犹如未成熟的果实，享受不到股权的"滋味"。

股权未到时间时，在几年时间内，创始人都要稳定全职地工作。不仅仅是创始人，对于员工的期权、联合创始人都需要约束。创始人获得创始股的责任就是带着项目走过创业期，在未完成的情况下，若创始人不能继续下去，得有人接替担任此责任，创始人不能抱着股权不放。

成熟结构：对于创始人，按年来算比较多；对于联合创始人，按照两年比较合适。通常合作问题发生在一年半左右时期，届时有问题需要及时解决。按照《公司法》，创始人拿到了股权就对它拥有所有权，需要对其赋予某条件下的强制回购权。代持需要一定的信任度，虽然有一定法律保障，但还是有一定的违约风险，诉讼程序还有一定执行难度。代持方破产的情况：代持义务会转给该公司股东，初创期以个人为主体进行代持的较多，以企业为主体的较少。

常用条款三：股权锁定——限制创始人转让股权的锁链，防止创始人抛售股权"开溜"。

股权锁定是限制创始人转让股权的条款，会导致一些问题，如项目很好，但创始人挣不到钱。

谈判技巧：在锁定创始人股权的前提下，留一部分不被锁定，有一定的自由空间，作为增加财富的方法。如果有个人投资在内，可以约定该部分不受限制。投资人想在某一轮时，把一部分股权卖给其他投资人，从创始人角度来说，不建议这样做。因为股权投资，更多的是要把风险承担在一起。

常用条款四：优先增资权——投资人享有的优先认购新增资本的权利。

案例：一个创业项目，投资人是某大集团，投资人连续行使优先增资权，两年后投资人拥有60%股权后罢免了创始人的董事职务，将该项目并入了其集团。

那什么样的优先投资权是合理的呢？例如：作为投资人，参与下一轮融资的时候，有权力按照自身持股比例优先增资的权力。即为：投资人通过继续持股的方式，保持自身股权比例不变，以免股权被稀释。我国《公司法》可以通过公司章程，约定表决权。同样的股东权力，写在公司章程里，章程可以去工商局备案，也可以不备案；如果发生争议且协商不成，公司章程以备案的为主。因此也是提醒各位创始人，如果公司章程发生变化，应及时备案。

常用条款五：竞业禁止——防止离职员工帮助竞争对手或调转"枪头"成为公司敌人。

主要指工作期间、离职之后，规定时间之内不能从事该行业等范围的工作。

案例：①离职两年内不能从事互联网产品及研发工作；②离职两年内，不能从事在线教育类产品及研发工作；③离职两年内，不能从事外语在线教育类产品及研发工作；④离职两年内，不能从事法语在线教育类产品及研发工作。

上述案例，第④个比较合理，因此，从创始人角度来说，限制一个合理的范围比较好。竞业禁止有一个时间问题，比较常用的是两年。对于公司客户及商业模式来说都有一定期限，超过期限太久也就没有约束意义了。

常用条款六：禁止劝诱——防止离职的员工"挖墙脚"。类似于竞业禁止，需要注意的是什么情况是劝诱，类似于离职员工挖墙脚。

常用条款七：强制随售权——投资人"拽上"创始人一起退出公司的权力。如果有某一个收购方，想要收购公司全部股份，并且投资人愿意将自己股权被收购，其他股东的股份也强制同意被收购。很多投资人比较在意这一条。

当创始人遇到这种条款，可以采取的技巧：

（1）启动程序，规定在何种情况下可以卖掉股份。可以设置不同的条件，使其尽量复杂难以实现。

（2）设置时间，可以约定，比如几年之内未能上市，投资人才能行使权力。

（3）设定价格，比如约定当收购价格比估值高多少的情况下，才可以行使权力。

常用条款八：回购条款——投资人收回投资的"利器"。投资之后一段时间，公司上市，投资人有权要求按照约定标准，投资本金除以年份的收益率或者根据评估价值，要求公司回购股份。比如要求创始人对回购承担连带责任，投资人要求公司回购，公司可能回购不起，那么要求创始人出钱回购。

这是一个陷阱条款，作为一个创始人，对公司有信心是一回事，对公司做担保是另一回事；有信心是应该的，但是不应该做担保。项目融资当中，涉及需要连带责任的情况较多，创始人需要注意。技巧：在回购条款中，要关注回报比例，8%～20%都是在范围之内，一般最低是8%，当然，从创始人角度，比例越低越好。

资料来源：魔方创业空间，文/张明若。

第三节　领投人寻找与融资流程

一、了解投资人与创业项目的匹配性

当创业者在用企业很大一部分的所有权来换取一笔投资的时候，怎么知道自己选对了投

资人呢？尽管筹集资金基本看起来像一个需要赢取投资人的过程，但实际上这是一个双向的选择。投资人有钱进行投资，并不代表他或者这个公司适合你的企业并且可以带来相应的附加价值。他们在选择为你的企业投资时，你也在选择投资者，而且很有可能也是在选择需要一起共事很多年的合作伙伴。除了一些基本的背景考察，还有 5 个问题，是创业者应该，或者说必须向你的潜在投资者提出的。

（一）这位投资者能带来什么样的附加价值

说实话，尽管听起来很滑稽，但是确实有过对投资的项目一无所知的投资人。创业者们需要认真斟酌，除了资金，你们究竟还需要从投资者处得到些什么。你需要的是一个可以完全理解怎样从零开始建立起一个企业的人，是一个深谙融资之道并且有足够的经验指导你的人，抑或是一个对某一领域，比如销售、营销或是产品开发经验丰富的人？选择投资人一定程度上与结婚异曲同工，因为这个人将会融入你的生活，并和你长久地在一条船上并肩作战。其实投资人有不错的也会有一般的，所以创业者一定要选择好适合你或者适合你公司的投资人。

（二）这位投资人理解你的创业项目吗

寻找投资人并不仅仅是寻求资金，考量投资者是否理解你的商业模式，是否在你这个行业有从业经验，往往也非常重要。创业者应该了解一下投资人公司的发展情况和其专注的领域，这些信息往往反映了该投资人在你从事的行业是否具有更广泛的知识涉猎。比如你开始的是一个数字营销的创业项目，那你就需要留意这是不是该投资人第一次对此类创业的项目进行投资。如果没有之前的经验，这位投资者很可能并没有与你行业相关的人脉，或者没有足够的能力给你正确的建议或者决策。

（三）投资者对你创业项目所在的领域有多感兴趣

就像需要投资人理解你的创业项目至关重要一样，创业者同时也应该留意潜在的投资者对你创业项目的类型和领域有多感兴趣。深入了解他投资的企业中是否有类似的项目，看清楚你的项目在他的投资中是一个重点领域还是最新的试验，或者他是否准备投资更多的同类型企业还是已经开始疲惫准备抽身。创业者总是需要找到对相关创业领域更有兴趣更愿意投入的投资人。

名家箴言

投资令我吃惊的公司。

——蒂姆·德雷帕（Tim Draper，德丰杰全球创始人兼董事长）

（四）这位投资人正处于他事业的什么阶段

大多数风险投资者，如果他在风险投资领域和个人事业上都有 15 ~ 25 年的经验，那一定能给你的企业带来不小的正面影响。一个在风投领域只有几年经历的合伙人，缺乏经验一定是一个问题，特别是如果他之前还没有什么成功的投资案的话，那他的人际关系网、对创业项目的理解以及将一个创业公司从启动带到成功的经验也不会那么充足，对你公司的影响也远没有那么理想，他的建议和提案也不会那么到位。试着去了解他投资的动机，如果他也在试着建立自己的事业或品牌，那么他的步调不一定能与你完全一致，这将导致一些不合时宜的或一些无法预计的情况。比如，他或许会主张引入另一位履历看起来不错的投资人或董事会成员，但这个人很有可能并不很适合你的企业；又或许他会提出一些初创阶段非常不错的主张，但可能并不能支持企业以后可持续的发展。另一个不利的情况是，如果该投资人正在开始慢慢隐退，那将削弱他在你企业中的影响，而这种影响在进行下一轮融资或者在你有新的提案进行表决时都是非常关键的。一个处于事业尾声的投资者也许同样无法在你为企业成功打拼时，助你一臂之力。在你准备放弃公司一部分所有权的时候，这并不只关乎资金，同时也是面向建议和帮助所开的窗口。明确这位投资人在他自己事业中所处的阶段，更要明确这笔投资是从公司利益出发而非个人需求。

（五）这个投资者为你的公司预备投入多少资金

为你的下一轮融资做好打算，问清楚现阶段这个投资公司的发展情况，为你的公司总共预备了多少资金，以及他们是否已经全额地或者暂时地预留了下一轮的投资。有些公司不会预留资金，都是到下一轮融资的时候再做决定，取决于他们现有的资金和其他的投资机会，而其他一些公司则会有硬储备或软分配未来的基金。了解清楚投资人是否已经做出了未来对你公司继续投资的决定，为你下一轮集资做好准备。

二、找到投资人中的"旗手"

创业者为了融资奔走于各家投资人之间时，常常会着急上火：不少投资人明明有很强烈的投资兴趣，可就是迟迟不给确定性的答复！到底是因为融资环境趋冷、对项目信心不足，还是在骑墙观望，等待其他投资人明确表态后再出手呢？

其实，对于已经走到融资道路上的创业者来说，具体是哪种原因已经不再重要。重要的是，创业者应该如何破解这种融资困境？给出答案是：将主要精力聚焦在兴趣最强烈的一位或几位有分量的投资人身上，只要敲定其中一位投资人，拿到投资意向，融资的不确定性局面就能有望破解，并迅速进入快车道，拿到更多 TS 往往是水到渠成的事情。

（一）愿意领投者，才是创业者融资的"旗手"

创始人融资时，找到愿意领投的投资人往往是成功融资最重要的一步。领投就是第一个给项目投钱。领投人不一定出所有的投资款，但找到领投人是让融资进入快车道的第一步。

投资人判断项目时会寻找各种信号，除了项目和团队本身，投资人可能会自觉不自觉地关心其他投资人对项目的态度。如果有分量的投资人同行已经同意投资，那么这种信号往往具有很强的说服力。比如在投资人内部会议上支持投资的人会说，"除了这个项目的自身潜力之外，这轮融资已经基本敲定由硅谷知名资本领投，上一轮投资人可能跟投追加投资。"这传递了什么样的信号？一是既然对这个领域比较专注的硅谷知名资本已经领投了，那么这个项目肯定有很大的想象空间，不能错过这样的好项目；二是上一轮投资人跟投追加投资，这说明他们对公司很有信心，对项目进展状况应该很满意。

所以，这就难怪融资的创业者通常会感叹，"融资过程中第一个TS往往最难拿，有了第一个，更多的TS就轻松多了，甚至有投资人不招自来。"

反过来，如果说公司在没有敲定任何投资意向时，有些投资人可能会犯难，"项目看起来挺不错，但是还没有得到投资同行的认可，其他投资人估计像我一样对项目还有疑虑。"这时候，这些投资人就可能骑墙观望。

创业者也应该仔细观察投资人发出的信号，如果投资人告诉你："愿意跟投，但需要项目找到领投的投资人。"创业者需要明白，这样的骑墙投资人对融资成功没有决定性作用，除非确有合理客观原因（例如，地理位置差异过大或者投融资规模不够匹配），并且跟投方愿意与公司积极合作去寻找领投人。通常，领投人也会"鄙视"与这样的观望型投资人同行，即使需要跟投基金，领投人也宁愿优先考虑自己小圈子里的认可的人，不论是基于信任，还是朋友之间互惠互利进行投资机会的共享。

| 创业故事 7-3 | 苏宁领投，易果生鲜完成 C＋轮融资

2016年11月，生鲜电商平台易果生鲜已经完成C＋轮融资，苏宁以2亿美元领投，部分投行机构跟投。本轮融资完成后，易果C轮与C＋轮的融资总额已经超过5亿美元，为业内的最大笔融资。

2015年，苏宁正式进军生鲜电商领域，推出线上生鲜品牌"苏鲜生"，产品涉及水果、蔬菜、海鲜、蛋禽等。

2016年3月，易果生鲜完成C轮融资，B轮投资方阿里、KKR集团领投，但融资额并未透露。另外，为加强自己的产业链布局，易果还先后投资了食材B2B供应商优配良品和新加坡水果贸易公司SunMoon。

目前，易果生鲜共有SKU4 000个，客单价为150～200元，综合毛利率超过30%。物流端安鲜达拥有6地7仓，日处理订单超10万，覆盖全国330个城市和地区。

2013年，阿里巴巴投资易果，易果开始运作天猫超市，在获取充足流量的同时，供应链和物流效率方面都得到大大提高。此次获得苏宁投资，将帮助易果实现更大的规模效应。

资料来源：猎云网，文/孙媛。

所以，融资成功的关键在于找到领投人，融资的核心精力应该放在寻找领投人这件事上。创业者不应该在已经确定不会领投的投资人身上花费太多时间，创业者只有在找到

领投人之后，融资才能进入实质进展阶段。拿到领投人的 TS 后（创始人需要注意排他和跟投的约定，例如：可以考虑在领投人给了 TS 后 2~3 个月内有权按照同样的价格获取更多融资），公司就能变被动为主动，即使领投人自己不介绍跟投人，创始人也可以把领投人谈好的条件摆到更多投资人面前，更轻松地把项目"兜售"给更多投资人，扩大融资规模。

敢于押注未获验证的市场、产品或团队需要财力、智慧和勇气，这样的领投人的确不容易碰到。所以，在获得验证之前拿到融资往往会需要很长时间，融资的核心精力应该放在领投人这件事情上，尽快确定意向投资人中的"旗手"角色。

（二）领投人到底是个什么样的角色

那么，领投人在融资过程中究竟扮演了什么样的具体角色呢？简而言之，领投人在融资过程中扮演领导角色，是某一轮融资所有投资人的默认代表，负责该轮融资绝大部分的实质工作，包括：尽职调查、最终投资文件的谈判定稿，是创始人在融资过程中打交道的主要投资方。该轮融资完成之后，领投人往往会作为该轮融资的主要投资方向公司委派一名董事，在投资后积极地参与公司的管理。

对于融资方来说，领投人的"旗手"角色还体现在为公司带来更多的投资人，尤其是更多的跟投方一起参与投资。在实践中，不少专业投资人在出具 TS 时就承诺为公司搞定跟投，跟投万一没能到位，领投人自己愿意兜底。领投人对创业者自己找到的那些只愿意跟投的、"骑墙"跟风的投资人往往并不感兴趣，因为这些投资人不像领投人一样对项目具有足够信心，且对项目缺乏足够的独立判断能力，所以可能也不太希望让自己不熟悉的投资人肤浅地介入项目，却按照同样的价格入股，坐享优质项目红利。

在实践中，领投人如果不愿或确实无法"独吞"某一轮融资，也会更乐意游说自己熟悉的投资人共同投资项目，而后者也可能会将自己发现的优秀项目回馈给前者共同投资，这就是为什么会见到专业投资人也有自己的小圈子，几家基金会经常"巧合"地同时出现在很多项目的投资人队伍中。

一个典型的领投人通常扮演的角色有这些：①第一个给 TS，明确告诉创业者自己的投资意向；②与创业者敲定融资价格和核心条件；③引入跟投方共同参与投资，帮助创业者对接和管理跟投方；④聘请律师开展尽职调查、最终投资文件的谈判和投资交割；⑤派驻代表进入创业企业董事会；⑥投后继续参与公司的管理，为创业者后续融资等战略事宜提供支持。从典型的领投人所扮演的角色中，创业者应该能够看出来，是否有领投人至关重要，同时，领投人的分量或者质量也很重要。

并非任何投资人都适合做公司的领投人。中国的创业者现在可以感觉到，种子或天使阶段的融资相对比较容易，资金渠道也比较广阔。例如：业界通常说的 3F，也就是家人（family）、朋友（friends）和傻瓜（fools），通常是很好的早期融资来源，当然也包括同学、同事等个人天使。但是，这些人的投资往往更多的是基于对创始人个人的认可和支持，但他们不一定有能力对项目本身做出专业的评价。所以，这类投资人即使有财力领投，也很难实现领投的效果，因为，他们不能有效地说服更多投资人加入到公司的投资方"军团"。

如果留意媒体上创业公司宣布的融资新闻，可能会发现，还有很多融资案例中有共同领投的情况。各家领投人投资的金额相当，可能基于两家基金的相互信任和良好合作历史形成了友好关系，也可能是因为各家基金都希望摘得"领投"称号。这不仅有助于基金的名气，还能给基金的投资人（LP）一个交代，毕竟很少有专业基金愿意承认自己发现和判断项目的能力有限。因为跟投模式的基金不仅容易被鄙视，也很难说服投资人把更多的钱交给自己管理。在共同领投的情况下，创业者需要考虑的是，到底是给共同领投的各位投资人一个董事席位，还是分别给一个董事席位，这需要看具体情况，但无论如何，创始人应尽量控制董事会的多数席位。

（三）创业者如何找到自己融资的"旗手"

创业者如何才能找到融资的"旗手"，在其他投资人"骑墙"犹豫时使其义无反顾地决定领投呢？

1. 如果投资人只愿意跟投，且确有客观原因，那么让跟投方介绍领投人

不排除专业投资人确实有跟投意愿，客观原因通常表现为：①项目与投资人团队地理距离太大（譬如跨大地域尤其是跨境的项目）。投资人希望有当地的投资人领投，以便于提高投后管理的效率并降低沟通成本；②投融资规模不够匹配，每只基金通常投10个项目左右，如果项目融资额偏大，达到基金单项投资规模的几倍，基金就可能无法领投。

在这种情况下，创业者就应该让跟投人引荐和介绍领投人。这同时是一种试探，跟投人支持配合的力度就能表明跟投人是不是真的希望跟投，还是说他只是在委婉地说"不"，或者还不确定项目是否值得投资，但又想给你一个借口以便保留跟风投资的机会。不论哪种情况，只要跟投人没有积极地帮助你寻找领投人，创业者就需要转移焦点，不要在这样的投资人身上浪费太多时间。如果投资人没有客观的跟投理由，那就根本不需要再浪费口舌提出介绍领投方的要求了。

如果跟投方真的引荐到了合适的领投方，领投方基于市场惯例应该不会抛开跟投方，否则以后再没有人敢给这样强势的投资人同行介绍项目了。

2. 将锁定的领投人聘请为公司顾问

此举的目的在于拉近与锁定投资人之间的距离。因为合适的领投人往往在相关领域具有丰富投资经验和行业影响力，创业者可以通过各种渠道努力寻求这类投资人的建议，最好能将其正式聘请为公司顾问，提供少量的股权甚至现金补偿。尽管著名投资人的时间和精力往往都很紧张，但是真正优秀的投资人愿意将自己的价值奉献给值得帮助的创业者，甚至市场上不乏"乐于助人"的良心投资人。在这些投资人深入了解到公司的市场、产品和团队后，则更有可能掏腰包投资。

3. 游说犹豫的投资人领投

除了公司的市场、产品和团队的魅力之外，融资方也可以有策略地给投资人施加压力，向真正希望跟投的投资人传达这样的信息——如果不领投，很可能没有机会跟投这个项目。道理很简单：如果公司找到了合适的领投人，领投人往往会希望独自做本轮投资；即便需要跟投，领投人自己也会引入合作的跟投方。所以，如果对方不领投，即使公司方欢迎跟投，也有可能领投人根本不让对方参与跟投。

这时，从此类投资人的反应就可以看出他们到底是有跟投的客观理由，还是在委婉地说"不"，或他只是一个伺机而入的骑墙投资人。

如果公司有在前的投资人，也可以与其沟通，让在前投资人"扮白脸"，游说犹豫的投资人领投这一轮融资；或者"扮黑脸"，告诉创始人"这轮融资只跟领投人谈，不要花费太多时间接触跟投"。创始人的目的是策略性地给犹豫的投资人施压，尝试让其下定决心领投，但是也不能把话说得太绝对或者过于直白，断了自己的后路。

4. 给予领投人更加优惠的投资条件

这种方式选择尤其适合早期融资，以及没有创业和融资成功经历的草根创业者。更优惠的投资条件往往体现为价格。从投资风险的角度来看，越是早期的项目，投资的风险越大，所以价格也应该更低。如果投资人投入资本和努力，帮助公司获取更多的融资，其实部分担任了公司融资顾问（FA）的职能，融资方通过股权奖励或者优惠融资价格的方式补偿这样的投资人，也符合情理。

5. 项目成绩单是吸引领投人的最佳方式

不言而喻，优秀的创意、产品和团队总能获得想要的融资，最能说服投资人的自然是展示项目的成绩单。了解投资圈子的人都知道，所有投资人都在为寻找优秀项目而四处奔波，投资人找到好项目的压力不亚于创业者找到领投方的压力。即使存在信息不能及时匹配的情形，真正杰出的项目最终总能被投资人挖掘出来。有时候，创业者也许会发现，固执地给投资人发邮件或者打电话并没什么用，反倒是应该停下来思考一下如何提升项目，拿到一份漂亮的成绩单。在这之后，高明的投资人总会找到你，愿意主动做你的领投人。

创业者需要找的领投人，应该是在相关领域具有经验和影响力的投资人，这样才能具有"旗手"效果，让公司更快地走出融资困境。当然，如果项目的进展在本质上的确严重依赖于融资，创业者可以回头再参考前四项选择。

名家箴言

你想要完成融资，那些"看客型"的投资人对你来说毫无价值……如果你正在做融资，不管是任何阶段的融资，请将你的全部精力放在寻找领投人上面。

——弗雷德·威尔森（Fred Wilson，硅谷著名投资人）

三、项目融资的基本流程

从法律角度看,我们把融资流程分为 5 个部分:①前期接触,签署意向文件;②做尽职调查,包括双方律师各自做尽职调查,形成决策依据;③综合考虑和确定交易框架,公司未来准备上新三板,主板,做并购还是国外上市等这些影响公司架构;④双方律师协商谈判,签署合同;⑤办理交割,按照合同拿钱给股权,办工商登记。

(一) 前期接触,签署意向文件

前期接触签意向时,大家要先了解投资人类型。站在创业者角度,投资人分为战略投资人和财务投资人。战略投资和财务投资,这两类投资人在战略上有差别,投资的法律文件也不同,比如 BAT 投资,除了签投资协议,还可能签战略合作协议,比如他给你什么资源,你给他什么资源之类。这两类投资人怎么挑选,没有一个特别明确的判断标准。前提是你要有机会拿到两类投资人的 TS,那么你需要考虑很多因素:投资人的期待,自己本身的想法等。有些项目在 A 轮等早期时候,就有战略投资人来投,比如上下游上市公司,上市公司通常不指望你实现多高的回报,而是看好你的概念,希望把你装在上市公司的业务中,增强自己的融资能力。这会影响企业的独立性。而财务投资人不存在这个问题,它希望你尽快上市。如果有机会请慎重选择,不是谁的钱都拿。如果好不容易碰到一个投资人,没得选择,那就赶紧拿钱。大家融资时候也需要判断方向,希望以后独立上市还是被并购,这决定了你在寻找投资人时候的方向。

确定投资人之后,创业者和投资方应协商 TS 的内容,以确定投资意向,约定投资目标的范围、价格(即估值,多少钱占多少股份)、借款还是投资还是可转换债券、信息披露及保密、投资方尽职调查、融资方陈述保证、交割前提和条件、投资相关的其他主要商业条款、竞业禁止范围和期限、独家谈判期限等。要注意的是,意向文件一般不具有法律约束力,任何一方可以随时终止合作;但存在道德约束力,除非重大意外或变故,一般意向文件会得到尊重。简单来说,TS 就是一个意向文件,把相关商业条款的重点摘录下来,双方签字,作为后续确定性有法律依据文件的依据。一些投资机构,比如真格基金等推出了 1 页纸 TS,把内容进一步压缩,但是并不是压缩得少,投资人和公司的权利与义务就少,要看正式交易文件中怎么落实。

在选择资本方的过程中,创始人常常会进入各种误区,主要表现为三种。

误区一:拿了产业的钱就等于"卖身"

其实并非如此,如果产业投资人愿意不限制公司发展,且产业资本占比在 30% 以下,产业投资者也可以充当财务投资者的角色。此时对创业者来说,优先考虑产业资本是最佳选择。例如,和佳股份投资汇医在线之后,在第二轮投资中主动放弃了优先认购权,给创业公司较为宽松的发展环境。

误区二:资本寒冬拿到钱是第一位,不用考虑其他

资本寒冬的确让创业者们感受到了压力,但在融资的时候必须把握住底线,切不可一时

头脑发热就签了协议。2016 年 1 月，阳光妇儿拿了上市公司道明光学的 5 000 万元战略投资。但其中包含一个严苛的对赌协议，要求阳光妇儿"2016 年营业收入不低于 5 000 万元且净利润不亏损、2017 年税后净利润不低于 2 500 万元、2018 年税后净利润不低于 5 000 万元，若未达成相应条款，道明光学可以让阳光妇儿方面赎回股权"。这一条款对于当时的阳光妇儿来说，显然是给予了极大压力。

误区三：背靠产业资本就一定能获得资源注入

第一，在充分竞争的市场环境中，大家的成本是可以换算的，也就意味着，所谓资源置换和你拿了其他资本的钱再去买的效果不会差太多；第二，以复星资本为例，虽然投资了很多医疗公司，但优质的资源只会给到"头部"公司，对一般的被投公司根本不会太多关注。所以，创业者不要对产业资本有过多期望。

创始人就是"走钢丝的人"，创业就是在平衡各方权益之中把握住最佳的发展机会。最后建议创业者在选择投资方之前，回归初心，再次审视自己到底为什么创业。

（二）尽职调查

签署 TS 后进入尽职调查环节。在天使甚至 Pre-A 阶段，有些投资人对尽职调查要求不太严格。我们现在说的尽职调查主要指公司进入 A 轮以后。尽职调查的内容很多，从法律看，关注股权、知识产权、合同、牌照等，其他还有财务尽职调查、业务尽职调查等。

通常大家都以为只有投资人的尽职调查，其实还有创业者律师尽职调查。投资人做尽职调查重点是查明创业者公司的法律状态和财务状态，并出具法律和财务方面的尽职调查报告和专业意见。创业者的律师尽职调查，一方面协助投资人律师，另一方面对起草协议，保护公司利益也很重要。

（三）综合考虑，确定框架

创业者应考虑自身的具体情况、资本市场的喜好、具体业务类型、拟上市地交易所的要求等因素从而选择一种最合适的架构。

创始人要打融资闪电战，在预先设置的时间段内，全身心专注地做融资，在此时间之外，就不要再投入过多精力处理融资事宜，尽量避免持久战式地融资。

一旦确定了投资人名单，就应在特定时间内有计划地进行安排。比如，在一两周内建立初步联系，然后根据联系结果集中安排面谈。这不仅能提高效率及见面效果，还可根据会面和比较不同的投资人，从而更清楚地判断哪家投资人更适合自己。

（四）协商谈判，签署合同

在确立投资决策和基本的商业条款后，创业者和投资方会开始进行正式的谈判协商，最终确定全部条款并签署一系列投资合同，双方会就一些具体问题根据谈判的进展签署备忘录或会议纪要。

创业者律师会根据法律尽职调查情况出具披露清单和法律意见书。

投资方及投资方律师会根据法律和财务尽职调查中所发现的具体问题出具尽职调查报告并在投资合同中设置交割前提条件以及交割后续义务。

正式的投资合同签署后，创业者及其公司需要逐个完成投资合同中约定的交割前提条件，包括可能涉及的一些审批、证照变更等。

（五）办理交割，完成投资

全部完成后，准备进行交割付款。

交割完成后，依照投资合同，创业者及其公司可能还有一些后续的义务需要履行，如按照投资合同解决公司问题、完成业绩指标、办理所需的权属变更手续、证照变更登记等。

课后思考

1. 分析财务投资与战略投资对创业项目的投资偏好。
2. 简述投资条款清单的核心条款。
3. 创业融资，该掌握哪些谈判技巧？
4. 领投人在创业融资活动中到底是个什么样的角色？
5. 投资人对创业项目开展的尽职调查，包括哪些内容？

案例分析

美菜网是否值得投资

材料一　估值 20 亿美元的美菜网是徐小平的一个资本笑话

最近消失了一段时间。因为后台有朋友留言说能不能扒一下美菜网这类伪 O2O 农业创业公司。我想了想，农业是老百姓的生计大事，怎么能让那些浮躁的创业者和投资者糟蹋呢？

所以我跑到北京和上海的农贸市场上蹲点了一阵子。

最后确认了这个事实：美菜网没有前途，只是又一个滴滴式的 O2O 资本泡沫。

这两年北京上海等许多城市基本上把农贸市场都拆了，于是冒出来一批创业公司，基本模式就是想用 App 商城来替代实体农贸市场，重新搭建冷链和仓储系统，建立一个类似于京东的交易平台。

这个概念听起来很好，但现实很残忍，不要忘了此类模式的鼻祖京东自己还没盈利呢。

我不是说所有的此类创业都不对，但是美菜网绝对是其中最大的一个泡沫。

一个估值 20 亿美元的公司行业渗透率却只有 5%

美菜网的思路是连接传统农贸市场的小商贩和餐馆。目前已经融资 30 亿元，估值 20 亿美元，俨然农业领域的滴滴。

这样一家公司对市场的渗透能力有多高呢？我们来看一组数字。

中小餐馆食材需求差异性巨大，而农产品没有标准，相邻两家餐馆的食材需求因厨师的不同也会千差万别。例如同一家餐馆 5 种不同种类的茄子对应的是 5 个不同的菜谱。每家餐馆日常需求食材品类3 000种左右。

中国农产品的SKU（最小库存量单位）约10万种，美菜的SKU仅5 000种左右，只占到5%。在一线城市任何一家小餐馆要养活自己，食材需求的客单价也不会低于2 000元/天，而美菜的客单价仅平均200元/天，只有10%。

如此少的品类根本匹配不了中小餐饮机构的复杂需求，更不用想高档餐馆了。

但你知道为了实现这么可怜的市场渗透率，美菜的成本有多高么？

美菜仅北京员工就有1 000多人，日销售额仅100万元左右，月负利润1 000万左右。在未完成最小闭环的情况下此模式已复制100多个城市。

规模化的成本太高啦！

压根没有形成商业闭环

美菜网还没有形成商业模式的闭环，便跟所有的O2O一样急匆匆地去搞规模化，想要用简单粗暴的扩张来掩盖商业逻辑的缺陷。

而真正可怕之处在于：美菜网根本没有能力形成完整的商业闭环，因为它不但没有降低成本，反而增加了成本。

说白了美菜就是重建了一个不专业的城市农贸批发市场，雇用了一群不专业的农民工包装、分拣了生鲜然后自己配送。中国的农产品是由遍布全国的约4 200个城市农贸批发市场组成的传统网络进行流通，每个城市农批市场是自然选择不可或缺的基础设施。

因为农产品没有标准，靠各个环节从业人员的口碑和信任在流通，农业从业人员每天工作16小时，每个环节的产业链已经运营到极致。

要知道农产品每经过一次人工分拣包装损耗率不低于10%，美菜的重新分包分拣令损耗更加无解。美菜雇用的农民工对农产品外行，在配送中的损耗也不低于20%。

直白地讲，美菜的链条重建是无谓的浪费。

他们只是在用表面的规模化来忽悠投资人入场，而基础的商业逻辑始终站不住脚。

不懂农民的美菜网必败

中国的农民未必有大智慧，但是一定有小聪明。

农贸市场的小商贩，每天按照分毛来计算收入和成本。他们与小餐馆早就形成了高度的信任机制和低成本的配送体系。这种多年以来基于传统契约精神所自然形成的供应网络，其运行效率高于任何外行人的商业逻辑。

今天你给农民补贴，他们很开心用你的App，可是晚上一想不对劲，马上就会卸载掉。

他们的用户粘性要比滴滴的客户小得多。

美菜网的投资人蓝湖资本在解释投资逻辑的时候，说了半天最后只有规模化一条算是接点地气。

实际上，这些投资人对于O2O真正追求的并不是解决所谓农业问题，而是通过规模化扩张形成庞大的估值效应。

但问题是规模化可以扩大资本估值，却并不一定能够降低成本。工业生产的规模化定律常常被不经大脑地滥用。生产一款产品和复制一个商业模式完全是两回事。虽然中国很大，但每个城市的市场是隔离的，城市之内各个供货区域也是相对隔离的。

除了App之外，你的一切生产要素都需要重建，规模化定律无法发挥作用。

你在北京成功了，并不代表你在上海、广州、深圳也能成功，其中没有必然的因果关系。

而大多数O2O的创业者也是死在这个

常识里。

农业互联网+不是不能成功，而是不可能靠现在这些履历光鲜、急于求成的外行人取得成功。

只有那些在农业一线摸爬滚打，与农民和小商贩们天天打交道的人才有一丝可能成功。

这是可遇不可求的，但我相信已经有这样的团队在稳扎稳打地成长。

创业，先不要想着颠覆，先学会用常识思考问题再说。

资料来源：品途网，文/Dr. 海松。

材料二 蓝湖资本胡博予：我们投资美菜网的逻辑

最近有许多文章探讨"餐厅食材B2B电商是不是一个合理的商业模式"，有一些还来自创业者的亲身经历，写得很真实生动，不过这些文章基本上都是"反方"，结论大致都是"迟早全都要烧死"。确实，从一年多以前开始，全国各地有数不清的团队在尝试这个模式，但是几乎都死光了（除了领头羊之外）。对于这个问题，蓝湖资本其实也没有盖棺定论，不过我们恰好就是硕果仅存的领头羊"美菜网"的A轮投资人，所以我且平衡一下，以"正方"的角色来聊聊我们投资"美菜网"的逻辑，给大家提供一些不同视角。

我曾经总结过蓝湖资本判断可持续创新的"三把剃刀"，这里我先用这三把剃刀来分析一下美菜网的情况。

第一把剃刀，变革因素：为什么是现在，是什么发生了变化？我在一篇博客《B2B供应链：蓝湖资本眼中的"互联网+"》里聊过这一点，核心其实就是智能手机的下沉（中小餐厅老板、金杯车司机等）。

第二把剃刀，效率提升点：这个创新对产业链的整体效率是否有提升？

有几篇"反方"的观点是"这个模式没有减少环节，只是简单替代"。讲这个观点的人，基本上举不出确凿的事实和数据。实际上，在一年多以前，美菜的销售规模还不到现在的百分之一的时候，就已经有个别需求量大的生鲜品类的供应商可以从产地运来整车的商品，跳过销地批发市场（新发地），直接送到美菜的仓库里了。

这里面的成本节省是非常明显的。我们知道，生鲜商品的大部分成分其实是"水"，而水只要遇到空气就会蒸发，所以生鲜商品一离开土地，马上就开始了"损耗"。而且更多的损耗来自好几个层级批发商的摆卖、搬运、磕碰。美菜的自营模式，可以最大限度地缩短这个过程、减少损耗。比起节省的损耗，美菜网为批发商节省的新发地的入场费什么的，其实都不值一提了。

自营模式，虽然跳过了若干级批发市场，不过也新增了一个环节"分拣仓库"，这一点也被一些反方的朋友诟病，说，你看，这么大的仓库，这么多人，不就相当于农贸市场吗。这个理论乍一听还挺有道理的，但是经不起推敲。相比自由市场，自营电商的仓库的运营效率大幅提高，不论是从"人效"（人均交易额）、平效（每平方米土地的交易额），还是从商品的损耗（周转速度、摆卖搬动次数）来考量。考核不同零售业态的效率，"人效"是最核心的指标，自选超市的人效比自由市场高（所以在过去几十年间，沃尔玛等超市在全球快速扩张，替代了无数自由市场），而自营电商的人效又比自选超市高。我曾经简单计算过，京东的人效，按照GMV（gross merchandise volume，商品交易总量）计算差不多是物美的6倍，按销售额算也有3倍。

其实除了降低损耗、提高人效，这个模式还有许多效率提升点，包括终端配送带来的便利、利用数据预测供求信息、一站式采购的便利，等等。

第三把剃刀，规模效应：这个模式的规模做大了，是更高效还是更低效？这一点的反方观点是，假如规模越大越低效，那么那些多如牛毛的小配菜公司和批发市场的组合，就是最高效的终极形态。

说实话，关于这一点，我们也还在观察。确实有些客户有个性化的需求。规模大了以后，管理成本也确实会提高。而且小配菜公司、小批发商在主人翁精神、避税能力等方面，比大型自营电商更有优势（且称之为"小规模优势"）。但是反过来说，大型自营电商，也在某些方面有规模优势，例如终端配送的规模优势（客户越多越密配送成本越低），又例如规模化采购的价格优势。

在中国，大型自营电商的"规模优势"是否能够战胜"小配菜公司加批发商"的组合的"小规模优势"呢？现在还难以下结论。不过幸运的是，美国有几家公司帮我们"探了一下路"。其中一家叫 Sysco，2015 年的销售额接近 500 亿美金，最核心的业务线和美菜很相似，就是为中小餐馆提供生鲜供应链服务，占其 35% 的销售额和 60% 的税前利润。

我在这篇博客里分析过美国的市场：

"在互联网还不发达的年代，美国的消费者就已经抛弃农贸集市选择了连锁超市；餐饮行业的采购，也已经抛弃了批发市场，主要依靠 50 家大型的"宽产品线"Food Service 公司、16 000 家小型的"窄产品线"Food Service 公司（平均每家服务 40 家餐馆）和一些仓储式超市。"宽产品线"部分的市场集中度相当高，前三家占了 70%；老大 Sysco 比老二 US Food 大两倍，比老三 PFGC 大三倍。而且规模效应很明显，Sysco 宽产品线部分的 EBITDA（7.2%）比第三名 PFGC（2.8%）高了两倍多，单 SKU 创收、单客户价值、单仓库产能，都明显高于 PFGC。"

Sysco 是一个 200 多亿美元市值的公司。中国的人口比美国多四倍，上游（农业生产）、下游（餐饮行业）都比美国更加分散，大城市的交通也更差。理论上，这样的市场，可能集中度更高。那么，中国是否有机会出现一个比 Sysco 大几倍的移动电商公司？美菜网是不是有可能成为这个公司呢？

现在下结论还为时过早，执行层面还有很多风险，商业模式其实也还没有完全验证。但是不论如何，蓝湖资本愿意一直支持他们，因为我们觉得他们在做一件伟大的事情，如果做成了，能为社会创造巨大价值，就如他们给自己设定的目标：

"让天下餐厅没有难做的生意，为 8 亿农民谋幸福，让 13 亿中国人吃上放心菜。"（见图 7-2、图 7-3）

图 7-2　美菜网创始人兼 CEO 刘传军

图 7-3 农贸市场

资料来源：猎云网，文/赵心源。

讨论题

1. 材料一认为"不懂农民的美菜网必败"，材料二认为"（美菜网）在做一件伟大的事情"。两方得出各自结论的逻辑什么？你更倾向于哪个观点？

2. 材料一认为"美菜网还没有形成商业模式的闭环"。你认同吗？如果要你来帮美菜网规划完整的商业闭环，你会怎么做？

3. 对材料二"中国的人口比美国多四倍，上游（农业生产）、下游（餐饮行业）都比美国更加分散，大城市的交通也更差。理论上，这样的市场，可能集中度更高。"观点进行评述。

第八章

对接企业内部创业

学习目标

- 了解企业内部创业制度。
- 掌握项目对接的形式。
- 掌握开展有效对接的保障措施。

导入案例

"阿里系"创业潮：霸占电商，打通传统产业任督二脉

"我们要感谢阿里巴巴，当前很多创业团队都是从阿里巴巴出来的，这说明阿里巴巴对于杭州这座城市以及这里的年轻人的辐射作用非常强大，也希望未来的创业者能够继续这份激情和勇气。"浙江网新创建科技有限公司总裁张旭光在2014浙商创新创业大赛移动互联网专场上如是说。

阿里巴巴正在改变中国商业生态。除了本身已经成为巨大的商业帝国外，从阿里巴巴走出的一批又一批创业奔梦者带着深刻的电商互联网基因，以自身的创业行为或拓展崭新的商业领域，或改造着相对传统的行业。这些创业者中不乏像吴志祥、陈琪、朱宁、程维、张斗这样的代表人物，打造了同程网、蘑菇街、口袋通、滴滴打车、音悦台、树熊网络、米折网、车蚂蚁、LavaRadio、爱拼车等诸多知名的创业网站、创业项目，涉及电商、移动互联网、互联网金融、O2O、在线旅游、视频网站、商用Wi-Fi等众多互联网的领域。

这些创业者有的通过被收购等方式回到阿里巴巴（口碑网李治国、虾米网王皓等），也有的成为阿里巴巴的合作伙伴（树熊网络赖杰等），当然也有的选择成为阿里巴巴的竞争对手（蘑菇街陈琪、口袋通朱宁、滴滴打车程维等）。不同的商业逻辑，显现出创业者把握命运的不同选择。

"阿里系们"的创业潮

越来越多的阿里系创业者活跃在商业社会之中，根据 IT 桔子提供的数据，阿里巴巴已经成为国内培养创业者最多的互联网企业。阿里巴巴培养了 117 名创业者，超过微软的 116 名和腾讯的 106 名。事实上，统计数据只是冰山一角，真实数据远不止这个数字。

阿里创业大军正成为浙江乃至中国一道独特的风景！浙江经济转型升级能否成功，关键在于基于创新的创业能否蓬勃发展，而阿里创业帮正是其中的暗涌浪潮。

在本次采访中，其中一位采访对象、花名为"坏人"的杨溯对阿里系创业热潮有一套归类："从阿里离开后的人们不外乎四类：第一类是高举高打做电商的，以朱宁、李治国等人为代表；第二类是参与到传统产业当中，成为这些企业中电商运营的负责人；第三类人也是单独创业，但与第一类人群有所不同，他们多数会选择原有的淘宝生态圈中的一环如代运营等小行业去创业，稳扎稳打，不过因为项目的关系，多数默默无闻；而第四类人群是游击队，分散在各大电商企业中任职，如今重要的电商企业如唯品会、美团等中，都能见到阿里人的踪影。"

从这个意义上来说，阿里巴巴被许多人视为中国互联网领域的"黄埔军校"：它为这十多年来中国的互联网发展提供着源源不断的动力。

"阿里系"带来了什么

在阿里巴巴之前，中国没有任何一家公司，能够在众多业务领域布局，促生出一个百花齐放的电子商务生态系统：网上支付、B2B、B2C、互联网金融、云计算和大数据。以上每一个近十年来生出无数创业激浪的词语，阿里巴巴都是其最初的启蒙者、忠实的倡导者和踏实的实践者。

支付宝所搭建的信用体系已经成为如今商业时代共通的法则之一，而马云当初畅想的电子商务生态圈已经圈住了无数线上线下玩家。在这一前提下，身上深刻地烙着阿里元素的创业者们离开阿里巴巴的裂变行为，为更多土壤带去了冲击与渲染。

口袋通创始人朱宁表示，阿里系创业者的一个特征是：他们多数是来自阿里的业务骨干。"最上层的管理层鲜有离开的，因为在阿里的生态圈中，他们已经能够实现其理想；而底层的业务员由于职务缘故，看不到行业的全貌，多数被具体事务所网罗。而中坚的业务骨干们，一方面具备了借阿里之势一窥电商行业全貌的地利；另一方面，他们同样能够接地气，发现问题所在，与此同时，如果在内部环境中无法解决问题，他们更容易趋向创业，以解决所看到的问题。"这或许是决定阿里系创业者创业领域的重要原因之一，这也同样令阿里系创业者更具建设性。

阿里系创业者的独特气质正在为越来越多的人感知。"阿里巴巴是当今互联网大佬企业中文化最强势的企业，相比较于它，百度与腾讯都没有这样强烈的个性。因此我们常常会发现，从阿里巴巴出来的人身上共性特征非常多。这是好事，有时也是坏事。"另外一位采访对象说。

资料来源：摘自《浙商》，文 / 姚恩育、沈晓琳、傅永恒。

第一节　企业内部创业制度

一、"大企业病"的产生及其表现

(一)"大企业病"的产生

从公司发展周期来看，成熟企业无法像成长期那样保持两位数、三位数的高成长率，但企业规模庞大，市场地位已经得到承认，公司运转稳定。同时，事业发展多元化，大多数也已经开展全球业务，但在辉煌成就的时候往往也存在走向衰落的趋势，这时候企业所出现的问题就是我们通常所说的"大企业病"。

(二)"大企业病"表现

1. 创新意识缺乏

大型公司在自己的领域内占据绝对优势之后，在市场、流程、技术、人才、文化等维度上都趋于成熟，现有的产品越来越稳定、越来越强。这时的企业需要通过革命性的创新，来刺激产生新的市场爆发点，发现新的市场、机会、领域和利益点。

然而，很少有企业能够清醒地认识到这点，在经历过巨大成功之后的企业领导人，一是很容易陷入原来的成功思路之中，按照原来的方法和方向继续盲目做下去，忽视市场和环境的变化；二是容易沉浸在占领巨大市场份额的成果之中，止步于现状，就此放松警惕，企业机构官僚化，全然失去挑战精神；三是领导人将注意力集中到企业内部权力层的斗争之中，将精力耗在人事斗争和拉帮结派上，而忽视了企业的发展。

不仅仅企业领导人可能迷失在成熟企业眼前的成果之中，对于普通员工而言，如果企业要进行全方位的变革和创新，就意味着他们也要脱离原有安稳的生存环境，重新去进行学习，重新掌握新的知识和技能，并且淘汰一批落后员工也是常事。这对于企业员工而言，利益将在短期内受到损害，在企业创新时会产生不小的阻力。

2. 决策流程冗杂

大企业经过长时间的发展，决策机构日趋复杂，所招聘的人员也越来越多。动辄上百个部门，部门人员多则达到上百人的情况十分普遍。在这么多人拥挤的大公司中，若需要通过一项决议，需要将决策分成很多层次，一层一层通过必然需要花费比初创公司更多的时间。

创新性的想法一开始很难被绝大多数人接受，而公司这样复杂的流程设计，项目具体实施需要经过很多人的同意，变革的苗头很容易就此被扼杀；或者经过很长时间的批准之后，项目才得以实施，但市场环境瞬息万变，此时或许这个产品或项目已经不再能够被市场所接受，或者市场上已经存在了相类似的产品，山头已经被其他人占领。

3. 应变能力弱化

在企业规模小的时候，企业领导人需要亲自去拜访顾客、店铺，吃住在工厂或者研究所，站在企业的"第一线"进行工作。虽然过程会辛苦，但经营者能够亲身感受到市场和竞争所发生的变化，自己也能够第一时间针对自身企业存在的问题进行调整。

在企业成长成熟之后，领导人只需要坐在办公室里接收着下属反馈过来的信息，而这些二手信息相对于亲身经历和感受，会让经营者做出的决策多少产生偏差，而经营者也需要花费更多的时间在办公室里看文件，而不是去观察市场上实际发生的变化。无法获得最新变化的信息，领导人无法看清企业未来的发展趋势，也就意味着企业将无法应对市场环境发生的变化。

4. 新员工成长受阻

在成熟企业中，第一批筚路蓝缕的创业者必然占据着重要职位，发挥着首要的作用，不愿轻易退居二线。年轻员工接触到企业高层决策的机会少之又少，而严格的晋升机制让年轻员工得以成为重要员工的时候，已经被企业模式化，真正的创新精神那时也不复存在。

再者，当企业成熟之后，其准入门槛之高，让拥有充分实践经验和创新精神的年轻人望而却步。很大程度上，企业自认为成熟的人事制度会让他们失去很多给企业带来变革性机会的年轻人。

5. 部门运转僵化

财务方面，一个企业的财务资源往往会流向最先能给企业带来收益的地方，而那些项目往往都是最保险和已经发展成熟的。对于需要投入、有风险、短期内收不回成本的新项目，对于短期要求高回报率的大公司，不会容易获准立项，对于已经缺失冒险精神的"企业家"而言，更是一笔不太可能成交的交易。

产品设计方面，大企业的设计部门同样会以保证第一时间能够被消费者接受的设计和产品为第一选择，而全新的产品设计不仅需要花费更多的时间来考量，更需要得到决策层的支持以获得一定的开发资源，这对于一些不强调创新文化的大公司而言，做得更多的是在原有基础上修修补补的渐进式改造。

制造方面，成熟产品拥有一套成熟的生产流水线，这时作业效率自然也是最高的。一个全新产品的诞生也就意味着原有的生产线、生产设备和生产数据面临着全部被更换的风险。制造部门出于在成本上的计较，很难采用一个未被市场检验过的全新方案。

销售方面，销售人员应该是最了解市场，也是企业最能够随机应变的那些人，但是，与重新投入大量的时间和精力去调查、了解、培养一个目前未曾涉及的市场和人群相比，已经成熟的稳定市场由于有老顾客带来大量的回报，明显更具有吸引力。只有那些愿意不计代价、富有冒险精神、真正敢于突围的销售人员才能够打破这个僵局。然而愿意来到大企业工作的人，看重他安稳的优点的人不在少数，这样图安稳的人很难真正去牺牲眼前利益进行创新。

| 延伸阅读 8-1 | 社会创业者和内部创业者

一个在系统之内,一个在系统之外。但两者都在努力改变现状。

成功的社会创业者往往生活在社会聚光灯下,被视为创业英雄,备受瞩目。而内部创业者大多还不为人们所关注,他们是在企业或组织内部发现创新的机会,推动企业或组织实现内生优化的员工。有些人认为自己是"在组织内部奉行创业者精神的人"。

社会创业者和内部创业者之间的区别并不总是非常清晰,两者都运用商业技巧和策略以实现社会的创新。此外,这两个变革者群体有五个方面重要的特征。

1. 两者具有创业者精神

这是所有内部创业者和社会创业者共有的最明显的特征。两者都能够发现问题,并遵循自己内心坚持到底去解决问题。无论是自己创业,还是在组织内工作,社会创业者和内部创业者强烈的好奇心使他们与其他人泾渭分明。好奇心驱使他们识别和发掘,以独特的方式满足社会需求的创业机会。

2. 他们面临的风险不同

无可否认,内部创业者和社会创业者所面临的风险有很大的不同。创业是一个高风险、高回报的游戏。社会创业者要投入时间和金钱去把理想变成现实,除非他们足够幸运能够提前找到投资人,否则他们在获得稳定营收之前还会损失很多收入,而获得稳定营收通常需要几年的时间。

内部创业者是在完成每天的日常职责之外推动创新举措的员工。内部创业者是相对舒适的,他们在其组织内部超越他们角色的范围伸展他们的拳脚。他们在不鼓励甚至处罚首创精神的官僚主义和公司政策的边缘艰难行进,有时会冒着丢掉工作的风险。

3. 时机非常重要

内部创业者和社会创业者的成功取决于扎实的管理和策略。两者都勤奋地工作以实践他们的创新梦想,并时刻准备利用任何机会把自己的梦想提升到新的层次。

他们创新举措的成功在很大程度上取决于时机。对于社会创业者来说,发起和创立组织的时间要恰好与市场趋势一致,满足市场的需求。对内部创业者来说,需要证明他们的创新举措的作用和效果与公司的战略目标一致。

4. 内部创业者拥有一定的可支配资源,但未必很多

尽管内部创业者面临着每天沮丧的工作,但他们往往掌握了一定的可支配资源。相对来说,社会创业者就没有利用公司设施、伙伴关系和强大员工的知识库这些便利条件可资利用。但是,这些资源也不是唾手可得的,他们需要像足智多谋的社会创业者一样开动脑筋,善加利用。

5. 未规范的领域

社会创业者的创造往往是从无到有。他们的工作在新的不确定的环境,创造新的产品和新的市场。与之相似,内部创业者在日常工作之外,创造出了从未存在的事物,他们发现新的需求,开发新的程序、服务或产品对一定范围甚至整个社会产生积极影响。

根本上,社会创业者和内部创业者的目标是一致的:改变企业运行的方式。

资料来源:36氪,文/Jason Shang。

二、内部创业制度应运而生

为了解决企业成熟之后存在的问题，治疗"大企业病"，很多公司会对自身进行不同程度的改造，国内外先后有很多大企业采取了各种各样的变革制度。在现实生活中，往往是企业的成长落后于组织中个人的成长，而领导又没有那么开明，优秀的职业人眼瞅着自己经营的业务大量地为公司创造着利润，而这些利润却大部分和自己无关，不可能不面临着自己创业的诱惑。在这样的背景下，企业内部创业体系应运而生。

所谓企业内部创业，是由一些有创业意向的企业员工发起，在企业的支持下承担企业内部某些业务内容或工作项目，甚至是一个子公司的运作，进行创业并与企业分享成果的创业模式。这种激励方式不仅可以满足员工的创业欲望，同时也能激发企业内部活力，改善内部分配机制，是一种员工和企业双赢的管理制度。同时这样的制度也是解决人才流失问题的重要方法之一，避免了本公司员工出走创业要不成为自己最有力的竞争对手，要不被竞争对手收购的结局。

企业内部创业的本质是将创新精神植入已经建成的企业中，鼓励员工在企业内部像企业家一样做事，培养和造就企业家，以推动企业的持续创新，并由此赢得持续性的竞争优势。如今，内部创业已经成为一种风尚，背靠大树好乘凉，依托公司的资源和规模，同时实现企业创新增长和人才创业"成就感"，"双赢"的愿景刺激着企业管理者们的神经。内部创业制度一方面会为员工提供自由发挥的空间，并且为其提供资金、渠道、技术等方面的支持，以帮助其将创新想法变现；另一方面，项目如果失败也不用员工负担后果，公司将为员工解决后顾之忧。

三、企业内部创业的模式

鼓励内部创业已越来越普遍地成为大型公司培育创业精神、不断创新求生的利器，诸如谷歌、微软这样的跨国巨头已将创业孵化视角延伸至全球，设立了多家创业孵化器，营造创新创业生态圈。内部创业活动包括内部设立新产品开发小组或新事业部，外部设立衍生的合资公司或独资公司以开发或收购新项目等模式，具体分类如图 8-1 所示。

（一）阶段管理式

代表企业：柯达

柯达尽管已宣布破产，但内部创业体系却为业界所称道，其独到之处在于其对创新业务分阶段的管理。在不同阶段，对资源和外部环境有不同的需求，内部创业也存在同样规律，柯达会考虑相应的流程。大约 10% 有成功希望但与主营业务不符的创新提议，可以从 NOD（new opportunity development，新业务开发）部门获得高达 2.5 万美元的资助。这一阶段被称为创业设想的开发阶段，发起人可以将 20% 的工作时间用于完善创业设想。

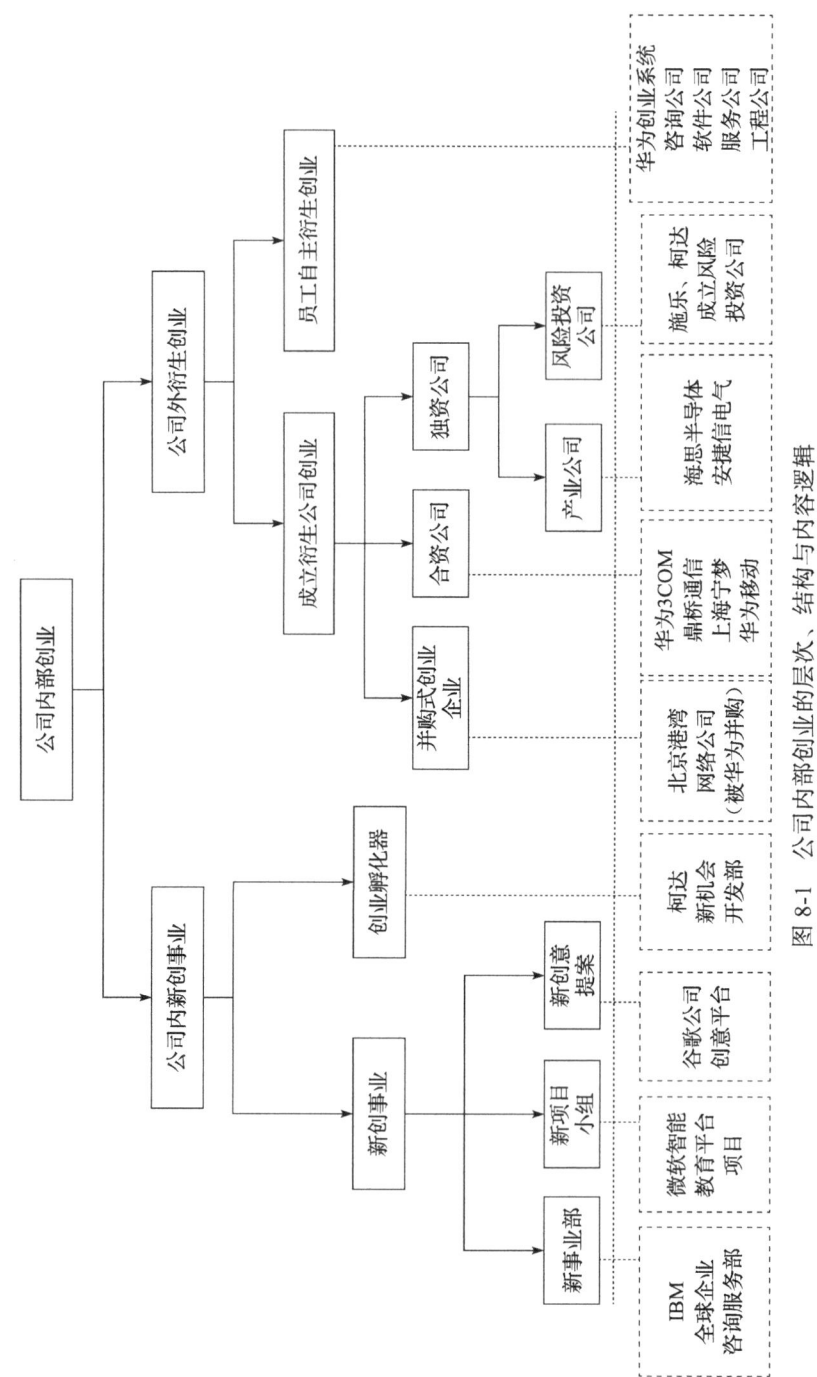

图 8-1 公司内部创业的层次、结构与内容逻辑

如果设想可行，便可进入下一阶段，即业务开发阶段。这时发起人可以离开原有岗位，并可获得高达 7.5 万美元的项目资助。他此时必须组建项目小组，撰写项目规划书，开发产品模型。这时项目小组会得到 NOD 部门的咨询服务和其他支持。

如果进展顺利，创业项目可以再进一步进入运作启动阶段。在这一阶段，项目可获得高达 25 万美元的资金支持，并在通过严格的项目评审后还可获得更多的资金。这时，项目从于柯达技术公司（KTI）。KTI 此时扮演控股公司和风险投资公司的双重角色。尽管 KTI 是柯达公司的子公司，但它所管理的诸多创业项目和柯达公司已经脱钩。KTI 在此就像一个孵化器，它对创业项目的投资回报率的最低要求是 25%。如果项目运转顺利，几年后，创业项目可以通过公开上市和转让，实现资本增值。

（二）事业部庇护

代表企业：宏碁

宏碁内部创业有多种模式，最为成功的通常具有以下特点：一开始作为部门存在，新创部门在母公司的庇护下，集中优势资源开展业务。等新创事业在部门制下度过了生存期后，就采取引入外部资金的形式组成新公司。通常，母公司会把在新公司的资本比例控制在 50% ~ 80%，因为加入了互补性伙伴，增加了新的观点、文化和丰富的外部资源，新公司的老总及经营团队除了要达到母公司交付的目标及任务外，也必须用心应付其他大股东随时的监督和检验。

（三）转为代理商或外包业务商

代表企业：用友、华为

华为的"前车"。早在 2000 年，华为就曾推行过"内部创业"。当时公司把非核心业务和公交、餐饮等服务业务外包给老员工作为创业机会。华为鼓励员工离职创立新公司，帮助打通全国的分销网络，作为支持，为创业的员工免费提供价值相当于员工所持华为内部股 ×1.7 的公司产品。当然有条件，创业公司产品不能同业竞争，并且不能挖墙脚。今天，一些地方为华为做工程安装调试工作的公司就是华为当初内部创业的人创立的。

用友的"后辙"。用友在合肥、武汉和温州曾推行了"创业计划"，公司总裁王文京希望那些地区分公司的员工离开公司，转为自行创业的代理商。用友公司为离职做代理并成立公司的员工提供资金和产品的支持。员工级的能获得 8 万元、经理级的能获得 15 万元赞助。

用友和华为当然也有其他形式的内部创业，这些"杯酒释兵权"的措施只是在特定时期的特定政策，用友是由于原有的渠道成本压力太大，需要变革。华为更多的是需要解决老员工的出路问题。在这里创业不是目的，而是企业解决其他问题的工具。

(四)停职留薪

代表企业：万科

作为创业的前提条件，万科内部员工必须先从万科辞职，万科将通过股权、债权、可转债等形式对创业项目出资。在风险管控方面，万科员工的创业项目将不能使用万科的品牌，对规模较大项目，万科还会保留审计权利以控制运营风险。这种"杯酒释兵权"的措施是在特定时期的特定政策，似乎并非创业目的，而是企业解决其他问题的工具。

延伸阅读 8-2　　万科鼓励员工在万科生态圈内创业

在《万科集团内部创业管理办法》（2015）公布后不久，万科集团总裁郁亮以"小草计划"重新定义了该新战略。市场人士通俗理解称，所谓"小草计划"指的就是万科以投资入股的方式鼓励内部员工辞职创业的举措。有分析称，万科推出"小草计划"，一方面是为让员工变少，另一方面则是以更少的成本转做财务投资方，其最终目的就是让这家千亿房企，在白银时代变得更轻，更好赚钱。

合伙人 2.0 版本

在原万科集团高级副总裁毛大庆辞职创业之时，郁亮就曾透露了万科"捆绑"离职员工的计划，郁亮把这种合作方式称为"外部合伙人"制度，而当《万科集团内部创业管理办法》发布之时，市场人士认为这是对万科外部合伙人制度的进一步深化。

所谓内部创业管理，指的是万科未来将鼓励员工在万科"城市配套服务商"的产业链上下游自由创业，万科除了为创业员工提供数额不等的资金入股项目外，还将提供合作方、专家等资源支持，并且还将在两年内保留离职员工职位。创业员工需要做到的是辞职，并且不能在创业中使用万科品牌。

实际上，2014 年 3 月起万科已开始尝试事业合伙人制度，万科内部员工不仅借助盈安合伙平台持有了公司股权，还通过跟投制度做到了利益和风险的共担、共享。

"变轻"战略

在一位接近万科的业内人士看来，万科鼓励内部员工辞职创业，是其向轻资产迈进的策略之一。"万科白银时代的说法大而空，城市配套服务商定位所涉及的范围也太广，所以对于万科而言，最实际的做法是把产业链的上下游、资金方、土地方，以及总包、设计、营销甚至离职员工等都变成合伙人，自身变轻的同时还能参与到产业链的各个环节，这也是其规模发展遇到瓶颈之后，寻求收入和利润的方法之一。"该人士坦言。

就在万科推出"小草计划"的第三天，万科外部合伙人之一的毛大庆在京举行了他首个创业项目优客工厂的成立仪式，会上万科北京区域本部首席执行官刘肖也前来助阵。毛大庆介绍，优客工厂目前已确定在万科北京台湖项目落地，此外也有消息称，万科对毛大庆的项目也有投资。另有业内人士对此表示："仅从万科的角度来说，牵手毛大庆不仅在其城市配套服务商的角色下，解决了台湖项目的去处，若有股权投资，未来也能够从中获利。"

分摊风险

值得注意的是，伴随"小草计划"的是万科大规模裁员做自我革命的市场传言。有不愿具名的业内人士表示，房地产行业产能过剩，裁员是其变轻的途径之一，而鼓励内部员工创业的背后意图也是为了分流员工，让组织架构变得更轻。不过，对于推出"小草计划"的意图，郁亮的回应则是为了将金字塔的塔尖削平，把未来的万科变成一家平行架构，员工和合作伙伴都是合伙人的众筹公司。据悉，万科未来将由几个大事务群和万科员工外部创业的业务群组成。

在上述业内人士看来，对于万科而言，推出"小草计划"并为该计划制定了条款，为万科自身提供了可攻可退的机会。"首先，万科强调对于单项创业项目的出资额不超过3 000万元，累计出资额不超过3亿元，万科自身拿出的成本不算太高；其次，万科规定创业者不得使用万科品牌，这也避免了万科此后可能会因创业项目而受到的风险；最后，万科对于创业项目而言是相对小股东，风险可控。"上述人士分析表示。

资料来源：《北京商报》，文/钱瑜、阿茹汗。

（五）创新提案模式

代表企业：丰田、本田、携程

创新提案和持续优化的典范是日本企业丰田和本田。在员工看来，任何工作都有改善的余地，通过实施合理化建议、质量控制小组、改善看板等行动，几十年如一日地持续改进。

携程近年推进的内部创业与此类似：在公司内部成立"创新推进委员会"，并于每季度进行一次内部创新建议与项目评估，对"金点子"项目给予奖励。

（六）创业基金模式

代表企业：富士通、松下

为推行内部创业，富士通成立了专门的基金，只要在富士通工作3年以上的员工，公司都鼓励他们申请创业基金。他们采取的是递交创业计划书的形式，公司每半年组织一次"大赛"，"大赛"主要考核两项：一是员工个人是否具有创业素质；二是创业领域、计划书的可行性以及是否风险较小，收益稳定。公司为此成立了专门的创业评定机构，那些被选上的员工，公司会给其投入创业基金。这笔钱被当成是以公司的资金入股，与员工的智力和技术共同新创公司，富士通在新公司所持的股份通常不会超过50%。随即，公司与创业的员工解除劳动关系，但可以提供资源、业务、技术等方面的支持。

松下也曾投资100亿日元设立了公司创业基金，用于支持员工创业，方式也是通过商业计划书。为了鼓励员工创业，松下规定，创业者初期出资比例可以在30%以下，以后再从松下公司回购股份，并且创业的员工可以签约成为松下的合同工，即使创业失败，5年内仍可回公司继续工作。

虽然同样是成立创业基金，目的和运作各不相同，富士通的创业基金更利于让企业获得好的投资回报，而松下的创业基金则倾向培育员工成为勇于向新生事物挑战的创业人才。

创业故事 8-1 "裂变式创业"成激励新路径

2014年，芬尼克兹集团创始人宗毅首创的"裂变式创业"模式引发关注。他在公司内部搞创业大赛，有野心、有能力的员工都可参赛，让获胜的员工做新公司股东、做总经理或带团队。通过"裂变式创业"，芬尼克兹在短时间内便孵化出了7家新公司，并且每家都盈利。

芬尼克兹的"裂变式创业"为传统企业转型提供了几点颇具参考价值的做法。

第一，母公司创始人控股新公司，同时在收益权上充分激励创业团队。芬尼克兹要成立一家新公司，竞选总经理的人必须掏出10%的资金，这样就实现了风险共担，也能保证其投资决策是审慎思考之后的决定。这个总经理在组建五六个人的创业团队时，参与高管也都必须掏钱来占股，总经理和高管共占25%的股份。这样大家的利益就捆绑在一起了，公司的成败也就跟每个人相关了。

为了让只占25%股份的创业团队有足够的激励，宗毅在分红模式上进行了精心设计。假如新公司有盈利，每年会强制分红：税后利润的50%按照股权结构进行分红；30%留下来作为企业的滚动发展资金，投入再生产；还有20%作为管理团队的优先分红，是管理团队的额外收益。这样的安排使创业团队享有1.6倍，即40%的收益权。

第二，创业团队成员必须掏钱参股，以身家性命赌未来。如果创业团队不掏钱，就成了干股，干股只是"共享收益，但不共担风险"。在成熟的企业里，基本商业模式没有问题，谁出的力大，收益就该多，那个时候重要的是共享收益。而在创业的时候，重要的是共担风险，所以让创业团队掏钱是非常正确的。

第三，用钱投票，可杜绝人情关系，选出最好的创业项目和团队。在项目决选阶段，公司的管理层要投钱选出创业团队。而当每个人拿自己的钱去选人的时候，一定是最认真理性的，这样才能筛选出最好的团队，并保障胜出项目的质量。转型的过程中需要借用母公司的资源，而且有可能跟母公司的既得利益发生冲突，让某公司的管理团队用钱投票，就使得他们跟新公司的利益绑定了，新公司的运营就会顺畅得多。

第四，人人平等，每位员工都可报名参加创业大赛，打破新员工职位无法超过老员工的企业伦理困境。企业转型往往遇到一个很麻烦的问题，即企业伦理难以打破——下属很难变成上司的老板，新员工很难超越老员工的级别。但是如果新员工愿意拿出自己的钱来赌这个项目，企业伦理就自然会被打破。

可以看出，宗毅的一整套设计都是围绕激励机制做的，以强大的利益绑定充分调动各方积极性。当团队的主观能动性被激发出来之后，他们一定会主动设计出适应时代的战略。

资料来源：《商业评论》，文/刘润。

（七）公司风险投资模式

代表企业：壳牌、英特尔

自从风险投资被互联网掀起了热潮后，风险投资也就渐渐成为被采用最多的创业方式之一了。英特尔、微软等企业都成立了自己的风险投资公司或机构。这种投资不仅可以针对公司外部的项目，同样也可以针对公司内的部门或创业者。不过，最常见的是整合资源，内外兼顾。

如壳牌石油的"游戏改变者"项目，这是该公司勘探与生产部发明的，为了给公司寻找新的市场机会，特别是突破性的机会，项目组四处收集创意，并为最有希望成功的想法提供资助。公司将10%的技术预算按"风险投资"的方法来使用。

（八）时间支持模式

代表企业：3M、谷歌

对内部创业来说，还有非常经典的案例——3M 的 15% 定律。员工可以不经同意，使用 15% 的工作时间干个人感兴趣的事。最重要的是，3M 能容忍失败，每个成功项目背后都有 5～10 次失败。

在谷歌，员工有 20% 的自由工作时间可参与 Top 100 中的任何项目。Top 100 是个随时变动的项目列表，列表来自"想法邮递列表"，它像是一个面向所有员工的留言板，员工有了一个创意，可以写在上面，其他的员工则可以对该项目发表自己的建议并投票，很多好的项目会因为高的投票率而自然的凸显出来。目前，谷歌有个 20% 时间进化版，即 2015 年新成立的母公司 Alphabet，创立了一个名叫"Area 120"孵化器，员工首先要组队拿出一个商业计划，用来申请加入 Area 120 项目；如果计划通过审核，这个团队将有数月的时间，全力投入自己项目的研发当中；他们可以向谷歌申请基金，还能注册自己的公司，当然谷歌是参投者。

15% 及 20% 模式最大的特点是自由和开放的空间。公司预留出余地，不去对员工的任何创新进行限制，那些绝妙的创新很自然地进化到创业的实操阶段。但 15% 及 20% 模式的真正意义在于，它创造了一种组织的理念，为公司的创业文化赋予了灵魂。

四、内部创业的制度弊端

在成熟企业内部进行创业，不管以什么模式，都基本能够得到企业在资金、人力、经验、技术等资源上的支持，并且公司也愿意为创业团队留下一条继续回到公司的后路。然而再完善的制度都会存在问题，企业内部创业机制也一样。

（一）内部创业团队方面

1. 工作态度懈怠，效率不高

从大公司内部选拔出来的创业人才，不管是在管理经验还是工作技能上，相对初出茅庐的创业团队都具有绝对优势。但由于大公司的工作环境过于安稳，工作流程长，中间环节多，工作节奏明显会较初创企业更慢，在这样的环境中工作的人员会习惯性地认为每一个决定的贯彻执行都会经历较长的时间，失去对工作的紧迫感和以最高效率完成工作的自觉。而作为创业公司，速度往往意味着很多重大的问题，快一点或者慢一点就可能意味着生存或者死亡。从大公司孵化而出的项目也许就因为慢了一拍半拍，机会就已经被他人从口中抢走了。

2. 缺乏危机意识，游戏心态

对于从大企业中走出来的创业团队来说，他们总是拥有最可靠的后盾，源源不断地给他们输送资源不说，失败了也能够安然无恙地回到公司继续上班。这样的失败对他们而言不痛不痒，虽然这可以起到鼓励员工创业的作用，但不需要员工自己本身付出任何代价的事业，是否能够让他们全心全意投入，答案需要大企业认真思考。况且创业还不是每一个百分之百投入的人最后都能够成功得了的事业，更何况还不是全部投入的团队，成功概率大打折扣。

即使内部团队能够保证全部的时间精力都投入到创业项目中去，拥有一张安全网的创业团队，是否具备破釜沉舟背水一战的勇气，又是否愿意对创业项目负责到底，同样也是值得深思的问题，而这些品质在高层决议过程中是很难体现出来的。创业不用说，本身就是一次冒险，而企业就是为了鼓励员工冒险才制定的内部创业制度，起步风险削弱了，但创业过程之中需要冒险激进以获得生存的节点并不会因此减少。在大企业保护之下而进行创业的团队能否挺住压力不打退堂鼓，坚持到最后，很难说，因为他们没有为此而坚持的理由。

3. 专注目标混淆，面向上级

对于来自公司内部的创业团队而言，他们的资金、资源都来自总公司，换而言之，生存之本在于公司高层，而非顾客。在制订一项计划、设计一个产品的时候，团队首先考虑的不是满足顾客的需要，而是公司高层的需要。久坐办公室的企业高管对于市场是不熟悉的，他们认为能够赢得市场的计划也并非实质有效。当创业团队由于需要通过高层的认可，让他们认为对项目的投入是值得的，继而得到更多的支持的时候，就容易迷失创业方向。

(二) 企业方面

1. 计较成本，广撒网的态度

传统企业之所以纷纷提出内部创业的概念，首先是因为时代的变化让他们感到凛冬将至，怕跟不上时代。但是让他们完全抛弃传统的业务收入而转型，却又没有这种壮志断腕的决心，所以希望能用最小的代价来引领企业的未来，因而对每一个创业项目的投资都细细考量。

其实，不仅仅是中国，大企业都会对创业项目进行有选择地投资，像风险投资公司一样全面撒网，重点捞鱼，他们会在成本上进行严格的控制，以防止整个资金链条断裂。所以即使是有望得到获得市场认可的项目，也不一定就能够得到大企业各方面长足的支持，毕竟也只是众多项目中的一个，企业高层也不都是伯乐，内部创业项目若没办法取得绝对优异的表现，也很难获得公司长期的投入。

2. 流程复杂，项目推进迟缓

内部创业实际上有很大一部分还是需要经过总公司的流程进行的，比如资金报销、采购批准等，资源来自老公司，要动用也就相当于在总公司内部过了一遍流程，在本公司内部再过一遍。即使创业团队内部的流程简化，老公司也一样会拖进度的后腿。资源不能够由创业团队自由支配，虽然资源损耗率会在一定幅度上减少，但初创企业最为重要的速度却因此要大打折扣。

正是由于企业内部的创业团队存在这样的问题，这时若从外部引进具有创业精神的创业团队，一方面能够缓解企业内部创业团队的问题，另一方面也能够给外部创业团队提供良好的创业资源，双方力量将加速创业项目的实现。

第二节　对接内部创业的实施

一、项目对接存在市场空间

大企业内部创业存在着一定的制度障碍。内部创业不同于一般完整意义上的创业，因为要具备完全的创业者心态是困难的；优秀的大型企业运作规范、计划完备，以及拥有可靠的战略、深入的市场分析、绩效管理等能力，而以这些已成功验证的完整方法论来管理创业部门，有时会成为创业活动的挡路石，比如人人网旗下类Pinterest旅游社交网站"风车网"上线两个月创业团队就被解散。此外，内部创业也还面临资源如何分配、业绩如何考核等难题，以及内部创业者创业享受母体企业支付的高工资高福利而无法形成孤注一掷的心态，容易因为树大好乘凉而形成依赖。企业内部创业的制度障碍恰好为外部创业者实施项目对接提供了市场空间。例如，诺基亚本可能是智能手机领域的市场领导者：它推出了一款类似于iPhone的智能手机，比iPhone面世早了两年。然而，当时诺基亚并未大力支持这个新产品线，结果给该公司带来了严重的后果。尤其是在今天，当颠覆性企业模式和技术或许是来自意想不到的地方时，无论是对于支持公司创业计划的高管，还是为实现成功，奉行创业精神的公司创业者，这一点至关重要。

二、项目对接的形式

（一）对接模式：独立还是依附

创业者从一开始对团队的未来发展取向是很重要的。如果从项目确立下来开始，目标最终就是能够被大企业青睐，收购划归旗下，那么在公司制度方面、股权架构方面等在团队开始时的设计上，就需要更多地考虑所对接的企业的利益和运作结构，同时也会面临项目核心与企业无法契合时的博弈问题。

另一种选择时，如果创业者最终希望能够独立成公司，且不属于其他企业旗下。那么创业项目就不能完全依靠投资，资金来源的重点也不能放在所对接的企业上，在项目实施的各个方面也就需要与资源提供企业争取相应的控制权。

两者的根本区别也就在于到底是对接企业还是创业团队对初创项目享有控制决策权力，包括对项目的生产运营、投资决策、财务流动等方面的管理掌控，最终也将决定创业项目的未来。究竟选择何种发展模式，在创业过程中的关键节点，创业者根据自身的需要进行取舍。

（二）项目接口：市场还是产品

1. 产品对接

产品对接是指创业团队通过产品开发以对接有内部创业需求的企业。例如，WhatsApp的联合创始人简·库姆（Jan Koum）和布莱恩·阿克顿（Brian Acton）在通过一款应用程序来证明这款全球性即时聊天程序的理念之前，事实上并未在商业计划上投入时间和精力，也避免了在获得用户广泛关注之前就通过融资大做广告这个典型错误。一旦这款应用获得大量用户，他们便开始和潜在的收购公司会面，而且他们了解这个行业内真正发挥重要作用的战略目标和业绩指标。而 Facebook 的战略目标一直以来都是让这个世界越来越紧密连接，对于马克·扎克伯格而言，真正重要的业绩指标是该公司全球用户群的不断增长，尤其是在新兴市场。当时，WhatsApp 正好满足了 Facebook 的需求，Facebook 最终以 190 亿美元收购了 WhatsApp——这个估值完全超出了所有人最大胆的预期。

WhatsApp 的情况也说明了一个更广泛的观点：正确发挥公司创业精神对于创建并维护一家公司的领导地位非常重要。Facebook 或许已经在内部搭建了一个类似的聊天应用，但没有奏效，尤其是他们在面试中拒绝了库姆和阿克顿之后。两人就是在那之后不久联手创办了 WhatsApp。Facebook 为这笔收购一掷千金，尽管这样做的价值仍然有待证明。

2. 市场对接

市场对接是指创业团队与有内部创业需求的企业共享市场渠道及客户资源。以初灵信息 2015 年收购北京视达科为例，北京视达科是国内较早在广电领域将 OTT 平台成功落地的企业之一，是国内领先的互动媒体平台提供商，主要从事互动媒体平台业务支撑系统软件（BO）、媒体服务平台软件（MSP）、应用客户端软件的设计、开发、部署和技术服务，致力于为广电、通信等运营商提供完备的 OTT、OTT+DVB、OTT+IPTV 系统解决方案及视频运营服务。

初灵信息是一家上市企业，主要专注于信息接入方案的设计及相应设备的研发、生产和销售，主要产品为大客户信息接入系统、广电宽带信息接入系统等，属于通信设备制造业。随着信息技术的发展和大数据应用逐渐兴起，传统信息通信产业面临新一轮的业务转型。2015年1月，初灵信息通过对博瑞得的收购，进入大数据采集和分析的业务领域。公司管理层在分析信息通信产业发展趋势的基础上，确立了以数据接入——大数据挖掘、处理和分析——大数据应用为核心的产业链条，从而实现以数据接入、大数据处理和大数据应用服务协同并进的战略格局。初灵信息与北京视达科均属于同一产业链。本次交易完成后，上市公司初灵信息与北京视达科将共享研发技术体系，分享市场渠道及客户资源，有利于公司打造以数据接入——大数据挖掘、处理和分析——大数据应用为核心的产业链条，实现双方优势互补，发挥协同效应，提升上市公司整体价值。

（三）项目对接的合作方式

1. 产品交易

产品交易即对接企业和大企业内部创业项目仅存在产品交易的关系，如神州泰岳承包飞信云为支撑这一业务，仅仅是在此业务有合作，而在股权等方面并无过度涉及。

2. 股权投资

股权投资指的是大企业对来对接的创业企业不仅有业务方面的合作，大企业还掌握着该创业企业的一部分股份，进行股权投资。因此，创业企业的所得无论是在对接方面还是其他方面，都有义务和大企业分红。

3. 全资收购

全资收购指的是大企业根据其内部创业需要，收购预期内部创业相匹配的创业企业作为内部创业项目的"外援"。如上市公司初灵信息完成对北京视达科的收购，进入大数据采集和分析的业务领域。近年来，随着信息技术的发展和大数据应用逐渐兴起，传统信息通信产业面临新一轮的业务转型。公司管理层在分析信息通信产业发展趋势的基础上，确立了以数据接入——大数据挖掘、处理和分析——大数据应用为核心的产业链条，从而实现以数据接入、大数据处理和大数据应用服务协同并进的战略格局。初灵信息与北京视达科均属于同一产业链。本次交易完成后，上市公司与北京视达科将共享研发技术体系，分享市场渠道及客户资源，有利于公司打造以数据接入——大数据挖掘、处理和分析——大数据应用为核心的产业链条，实现双方优势互补，发挥协同效应，提升上市公司整体价值。

三、项目对接的实施步骤

（一）确定对接目标

1. 确定是否需要对接融资

项目融资在接受资源注入的同时，也需要冒着创始团队股权稀释、话语权控制力削弱、利益被分割甚至被收购等风险。因此，在决定是否寻找外来资源的问题上，创业者需要谨慎对待。

创业者应该根据项目所在的行业环境来确定。假设创业者所拥有的项目很新，从市场的整体环境看来几乎没有同类型的竞争对手，同时将创业想法实现也暂时不需要大量的资金投入，这时创业者就没有必要引入外来的资金和资源，尽可能地利用自有资金实现对项目的运作，避免外界的干扰。但是当公司在快速发展的过程中，竞争的激烈影响到了创业团队的市场地位时，需要资金的支持以维持目前的局面，缺了这笔钱可能会影响团队将来的发展，那么这时再开始寻求外界的资源注入就会将自己置身于不利境地，因此，在是否需要对接融资方面，要尽早做出决策。

2. 根据创业项目确定对接企业

尽管大企业能够给予团队更多的优势资源，但创业者依然需要时刻谨记：创业成功是小概率事件。在以色列，当地人将创业当成生活方式，但平均每年100家创业公司之中仍然只有4家能够做成。通常情况下，46%的初创公司三年半之后，停止运作；在有幸存活下来的公司中，71%选择被其他公司收购。

目前中国互联网行业涌入大量资本，可以让许多项目万众瞩目风靡一时，亦可以让它们瞬间跌入谷底，像曾经闪耀在聚光灯下的亿唐和凡客，到最后都黯然失色。因此，即使拥有了优势资源，也并不意味着创业就能够成功，对于依托大企业创业的项目而言，最终归属于投资企业的概率要比其他的初创企业要高得多。

创业者才是整个创业过程的核心，创业者最先需要明确的是自己创业的目标，包括所属行业、产品雏形、目标受众、预期效果等，换句话说，创业项目的基本构造在接触大企业之前就应该在创业者脑海中定型。对接企业内部创业从根本上来说，都是创业者获得企业创业资源的手段。

（二）了解潜在的对接企业

确定需要进行企业对接之后，事先收集以下信息，缩小搜索范围，节省锁定时间。

1. 行业领域信息

创业企业作为小企业，想要对接大企业的内部创业，首先要了解大企业所在的行业的状况，是否和自身企业有相似或者互补之处。想要对接内部创业，成为大企业内部创业团队的合作者，必须有一体化意识，不仅仅要考虑自身和大企业对接能得到多少好处，更要站在大企业角度，想想他们和自己合作能得到什么。假如不了解相关行业，盲目寻找对接目标，其结果不可能得到大企业的承接任务，就算承接了创业项目也一定不能做好。因此，在准备阶段应先了解并浸润在相关行业一段时间，才能知己知彼，找到最佳对接对象和对接方式。

根据项目所属行业确定所需要对接企业的行业范围，最好是能够属于同一个行业，或者与行业相关的上下游行业。如果所属行业目前处于整体转型阶段则可以尝试与转型所需资源相关的行业进行对接。就目前的情况而言,创业项目多集中在电子商务、互联网金融、O2O、智能硬件、在线教育、在线医疗、人工智能、云计算、大数据等热门领域,这些领域也大多是资本聚集的行业。

2. 项目是否与对接公司战略保持一致

俗话说,知己知彼,才能百战不殆。在了解相关行业之后,创业企业还应该了解目标企业的经营状况和经营目标,并与自身相对照,该企业是否有对接的价值,其战略目标是否与自身相一致。不仅如此,还需要了解企业内部创业项目的性质和经营状况以及战略目标,是否与自身相匹配,或者自身是否有能力承接这样一个创业项目,或者这个项目的质量是否有对接的价值,是不是为变相裁员而创立的创业项目,这些都应该在对接前了解,以防对方战略与自己背道而驰,那也只能"道不同不相为谋"了。

| 创业故事 8-2 | 腾讯投资了这家创业公司,难道是因为他们从宝马挖了这些人

据《华尔街日报》报道,2016 年 4 月,背靠腾讯的中国创业公司 Future Mobility 撬走了宝马 i3 和 i8 电动车车型的核心研发团队。尽管腾讯的电动汽车计划和这家 2016 年 3 月 1 日才注册的公司都颇为神秘,但不妨看看它都请到了哪些人。

卡斯滕·布莱特菲尔德(Carsten Breitfeld)在宝马工作了 20 年。他作为产品经理,曾经负责研发宝马插电混动跑车 i8。上个月,布莱特菲尔德开始出任 Future Mobility 的 CEO,带走的还有产品管理和设计团队。

这是一个 3 人小团队。据知情人士透露,他们都为宝马 i 系列车型工作。德克·阿本德罗特(Dirk Abendroth)负责电机系统。贝努瓦·雅克布(Benoit Jacob)是设计总监。亨里克·文德斯(Henrik Wenders)主要负责产品管理。进入新公司之后,他们三位将分别进入软件和互联、设计和管理部门。

但宝马官方并没有就此确认这些人已经离职。腾讯暂时也没有做出回应。

作为新能源汽车,宝马 i 系列是全球市场中卖得最好的车型之一。2015 年,宝马卖出了 24 057 万台 i3 和 5 456 台 i8,该产品系列销量增长 66%。

布莱特菲尔德还向彭博社透露,Future Mobility 还找到了英菲尼迪中国区负责人戴雷(Daniel Kirchert)担任首席运营官。

而电动汽车创业公司爱挖汽车厂商的墙脚也不是什么新鲜事了。

尽管苹果从没有正面回应过自己的汽车项目,但它从特斯拉挖人的消息就没停过。同样是腾讯投资过的蔚来汽车也请到了前思科高管帕得马斯里·瓦里奥(Padmasree Warrior)出任北美 CEO,负责全球软件开发。

另外,这家公司背后还有富智康这样的代工厂注资。而基础研发中心会建立在深圳,汽车动力和自动驾驶研发中心则分布在欧洲和美国硅谷。

尽管大多数人对这家公司不熟,也没见过它的产品,但 Future Mobility 在中国建厂这事儿也已经开始筹划了。

资料来源:投资界网站。

有的创业者得不到支持，有的则可以，原因在于，在提出理念时，后者重点强调这个新项目与公司整体战略的一致性。如果这家公司的战略在某一特定领域不清晰或者将要发生改变，你该怎么办？那么请时刻关注其动向，聆听那些将对你的项目做出评估的高管的看法。创业者需要制定关键的绩效指标，必须知道哪些绩效指标对管理层最为重要，需要通过对公司内部信息的分析取信于公司管理人员等。有些指标体现在数字上，如营收增长目标、利润率、投资回报，或者是市场份额。还有的指标则是定性的，比如，拥有表现最好的产品，抑或是该行业内最具创新或者环保的公司。创业者必须准确了解自己新公司或新项目的哪些新指标可以帮助这家公司提高业绩。

3.公司能够提供的资金额度与资源附加值

团队在缩小所选择范围的时候，可以只是大概确定所需要投资的资金范围，以此来确定所需对接公司的经营规模，选择最适合的公司大小，而不是企业规模越大越好。值得注意的是，确切的资金数字在谈判之前是必须要确定的。

除了资金之外，创业者还需要考虑对接企业所能给创业团队带来的长远利益，比如对公司管理、人才招聘等方面的指导，是否拥有相关业务的合作者，以及对行业未来发展的战略眼光等。由于是与企业内部进行对接，因此，聚焦点不能仅仅放在公司为团队提供的资金上。

4.公司是否已经孵化类似或相竞争的项目

如果公司内部正在进行类似或竞争项目的培养，对创业团队而言有好有坏，需要团队谨慎操作。一方面，不管是类似还是竞争的项目，团队与企业有了共通之处，在之后的合作上能够加快进程，企业对项目能够更快地了解，减少双方的认知偏差，企业也能够更快地接受创业者的项目；另一方面，如果创业团队的项目与企业所进行的项目相比，完全没有闪光点，那么企业也就没有需要外部团队的必要了。

5.团队与对方是否有联系人

项目团队如果能够与企业有中间人的介绍，双方之间的了解沟通也会更加顺畅，合作也可以由于可靠的保障人而更顺利地达成。但如果没有这样的资源，那么创业团队则需要通过其他的投资众筹平台、去创客咖啡馆蹲点、微博发私信、四处搜寻联系方式等办法，与目标企业取得联系。

6.公司目前的投资孵化状况与活跃程度

项目团队还需要了解企业最近投资方面的趋势，如果企业在内部孵化项目上热衷，那么创业团队也就拥有更多的合作机会。但也并不意味着内部孵化项目少就不能合作，这与企业一贯的投资风格也有关联，如果企业在内部孵化上控制严格，项目数量少但质量精的话，创业团队反而更有尝试与之接触的必要，团队如果能够与这类企业进行合作，在团队的整体提升上也将受益良多。

7. 地域相近性

对接企业与项目团队最好处于同属一个城市的范围之内，一方面，合作的谈判不是一两次就能够结束的；另一方面，距离较近，处于同一片区域的话，企业也能够随时掌握团队的运作情况与经营现实，反过来也是一样，更有利于企业与团队之间的信息沟通，能够及时应对突发情况。

（三）谈判准备

1. 团队情况

在谈判过程中，对接企业关心的问题很多，但最终看的还是创业团队。因为资源最后是在创业团队的手里运作。具体的事务也是由创业团队去落实。创新性的点子也是由创业团队构想出来。盈利模式也是创业团队创造的，因此团队的质量决定了合作是否成功。因此，在与企业接触的时候，首先需要注意基本的礼节，体现出团队认真的态度，比如在与对方进行沟通的时候要能够给予对方可信赖的感觉。坦诚是最好的技巧，当然敏感信息可以不说或者模糊处理，成熟的对接企业都会理解，但是说出去的信息不能含有虚假成分，这是双方合作的前提。

谈到团队，就不得不提尽职调查，在约见企业合作者的时候，最好提前整理准备好一份尽职调查文件夹，将每位团队成员的管理背景、知识水平、忠诚度、优点、弱点、团队合作等信息呈现给对方。这有助于推进谈判过程，给对方以有备而来的良好印象。

大致而言，对接企业比较看重几点：一方面，CEO本人的创业经历、战略眼光、视野、判断力、执行力，另一方面则是团队是否有足够的能力支持他们在这个行业生存发展下去，同时，很重要的是团队核心人物和CEO之间的关系状况。

此外，不同的对接企业对团队要求的侧重点是不同的，逻辑能力、执行力、行业经验、创造力等各有不同。这也要求团队能够在选择对接企业上做出相对适合本团队的选择，发挥出团队最大的优势。

2. 产品盈利点与需求点

首先，从展示表层说起，所对接的企业人既然愿意见面，就表示具有一定的投资意愿，展示者需要自信一点，不用过于紧张。但在时间上，展示者必须严格控制，毕竟对方在一天之内需要接触大量的项目，能够给予的时间有限，因此要懂得在最短的时间内将产品的要点、对应的行业分析简明清晰地展现出来，比如：什么东西、在什么情况下使用、什么样的功能、解决什么问题等。

其次，关于商业模式，创业者要做的就是能够富有逻辑地解释创业项目实现盈利的路径方法，整个过程能够环环相扣。另外一点就是项目是否能够触及用户的痛点，真正满足用户的实际需求。创业者在展示之前最好能够拥有成型的产品，经过一段小规模的测试，用数据说明问题。如果没有成型产品则用展示样品的形式展示基本逻辑，如果没有数据则对业内标杆公司的数据完全解剖透彻。

记住一点，投资者看重的是项目的成长前景和未来的盈利。成熟的对接企业都明白过于在乎眼前盈利，会严重拖累早期项目未来的爆发性发展。

3. 竞争对手

在与竞争对手的比较过程中，一是创业者能够更加深入地了解自身的优势和劣势，更加准确地明晰自己在市场中的定位，二是在仔细分析对手的过程中也能够从客观的角度看待自己的创业项目，弄清楚自己的核心竞争力在哪里，明白自己的项目可以从什么地方与对手拉开差距，脱颖而出。这也是项目团队说服企业为自己投资的一个关键，同时也能表现出团队在分析思考总结规律方面的能力。切忌在展示过程中说不存在竞争对手之类的话，会表现出团队准备不足，更体现出团队对本身所在行业市场并不是那么了解。

4. 估值报价

对于估值，需要了解的是，首轮融资估值过高，并不是一件很好的事。首先，估值并不等于融资额，当对外宣称估值很高，但事后对接企业的钱迟迟没能到账，估值再高也只是一个虚数；其次，对于想要加入初创公司的人而言，更多的是看中公司的增值空间，然而首轮估值过高，将这个增值空间大大压缩，除非能够为吸引人才拨出价值较高的股份，将很难吸引到新的人才；再者，对于下一轮的融资而言压力会很大，特别是短期烧钱的业务实际上并没有实现预期的业绩，各方对接企业就会对项目的发展产生怀疑，而为了对付竞争对手下一轮需要融更多的资金，两头压力将加大团队获取资金的难度；同时，同行看到对手高估值的新闻，很可能会出于竞争和妒忌，也想增大融资量，即使实际上融不到预期那样多的资金，也会抬高整个市场投入的资金水平线，加剧市场的价格战。

因此，创业者在初期的关注点更多地应该放在业务拓展提升上，对于估值，只要能够满足目前现阶段所需花费的资金和达到下一轮的目标即可。当然，估值也不能太低，一般而言，初创企业的估值由三个部分组成：团队的构成、项目的大方向以及市场情况。其中市场情况会占比较大的比重；创始人也可以将同类公司的市场估值当成估值参考。

5. 股权结构

最初股权的结构设计对创业团队而言，不管是目前的融资还是未来的发展都是至关重要的，此外，创始人也应当适当了解股权方面的基本知识，例如什么是法定股本与已发行股份本；什么是预留期权与已授期权等。在展示之前，编制出一张详细的股权结构表是很有必要的。

6. 知识产权

创业公司由于缺乏有效的抵押物，相对较难获得融资，但目前我国鼓励创新创业，如果拥有自己的核心专利、商标或著作权等知识产权，借助知识产权进行融资，也是一种取得融资的手段，但目前我国市场化程度不高，即使是抵押融资所占比例也不高，拥有很大的发展前景。

即使如此，事先了解团队有哪些知识产权是专有的，且能够获得保护，不要错过给自己团队增加筹码的机会，知识产权同时也可能形成行业的进入壁垒，成为企业的核心竞争力。

7. 文件材料

首先，准备一份完整的商业计划书，在其中对商业模式、财务预测和假设做全面具体的描述和分析。对于财务预测，创业者对这一块向来比较薄弱，在这里，需要展示的是实现收入和盈利以及占有市场的路径，即使无法做出明确的数据推算，也应该基本掌握公司运营的概念和思路。商业计划书在语言文字表达上要力求精确流畅。当商业计划书在技术上趋于完美时，还可能出现逻辑不顺的问题，缺乏说服力，那么创业者就应该借助这个过程重新对产品以及商业模式进行修改，因此，撰写商业计划书的过程也是协助创业者梳理整个项目的最好方法。

再者，为了方便对接企业阅读并节省时间，准备一份商业计划书的摘要，大约一到两页即可，主要是对产品、商业模式等内容进行简要说明，同时也是团队总结概括能力的体现。

如果有需要的话，还要准备一份 PPT 演示稿。同样要求简单明了，直截了当地介绍包括行业背景和机会、产品、团队、财务预测、融资情况等基本内容即可。

（四）交割

在谈判最后，会以一份 Term Sheet（条款清单）作结，通常情况这份材料的确定并不是那么顺利，一类是投资经理提交董事会之前就提出来的，这一类 TS 被召回的概率比较大，在这期间还是应该多和对接企业进行沟通；另一类则是在递交董事会之后才提出来的，这类 TS 成功的概率就要大很多。在签订 TS 的过程中，创始人有必要稳定团队的军心，眼见融资许久没有到位必然会产生焦躁的氛围，在这时创始人要担负起避免团队在此时解散的责任。在签订了条款之后，依然不能降低催促的频率，只有双方一手交钱一手交股份，才能算整个过程的结束，因此不能因为资金迟迟无法到账，而耽误了团队其他重要的决策，例如计划并购、开发新产品、上市等。

条款内容无非就是围绕双方在权利、义务和风险三个方面进行不断地评估和改进，最终取得较为满意的结果。从内容上看，可以分为购股协议（包括投资结构、投资额、购股比例、交割条件等）和股东协议（包括董事任命权、知情权、反稀释权、共售权、优先清算等）；从时间上看，则包括对接企业给多少钱以占有多少股、有了钱之后团队公司该怎么管理、投资方需要派出多少董事、投资方退出时的时间和条件等。

四、后续资源运用

（一）合理开销

在融到资金和资源之后，创业者依然需要稳扎稳打，根据公司的发展状况和融资情况控制开销,把钱都花在刀刃上。产品需要改进、队伍需要扩大,即使是曝光率的宣传问题也最好能够灵活运用免费资源,避免资金无谓的浪费。不依靠资金进行运作,避免过于频繁地融资,有利于保持团队对公司的最大控制权。

| 创业故事 8-3 | 眼球跟踪技术公司 Eyefluence 加盟谷歌 |

2016年10月25日,一家专注于眼球追踪技术的创业公司 Eyefluence 发表声明:"从2013年初,Eyefluence 就着手研究增强现实和虚拟现实交互更直观的显示方式,在过去的三年半时间里,我们建立了一个令人难以置信的团队,在团队成员众志成城之下,取得了伟大的成功,发明了先进的眼球跟踪技术。"

"今天,我们很高兴地宣布,Eyefluence 团队加盟谷歌!谷歌与 Eyefluence 的结合将继续推进眼球跟踪交互技术以及扩大该技术的影响范围。我们期待与谷歌一道创造新的 VR 体验模式。"

眼球跟踪技术(见图 8-2)使 VR 头显呈现多用途的趋势,如视网膜渲染处理技术可以让用户看到更清晰的图像,从而降低 PC 的运算量。另一方面,通过眼球跟踪交互技术,使玩家看到 NPC(非玩家角色)时,角色就会做出回应。

资料来源:Eyefluence 官方微博。

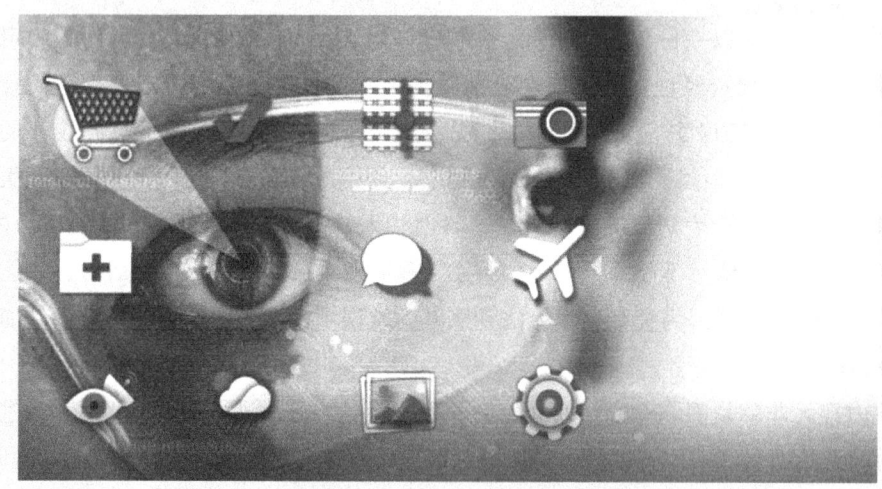

图 8-2 眼球跟踪技术

另外留出一笔足够的备用金,一般而言,最好是相当于全体成员几个月工资加起来的总额,并且越到融资后期越要坚持这一做法。有了这笔资金,就能够让公司解除后顾之忧,将足够的精力和目光放在项目的创新上,保持创业公司的创新精神。

但需要提醒创业者的是,在保守地使用资金的同时,也需要时刻看清市场形势的变化情况,因为如果同类竞争对手在快速地增长占领市场,那么秉持这样的做法很可能会被淘汰出局;即使行业形势较好,竞争对手不多,在企业发展需要更大的资金投入的时候,创业者也不能吝惜股权而放弃融资，限制企业的发展。

(二) 调整侧重点

对于一般的创业公司而言，都会经历种子轮、ABC轮的融资过程，每一个过程的侧重点都不一样。

种子资金是用来让创业者打造出一个产品，将之推向市场，找到市场定位用的，这个过程重要的是具有一个清晰的业务逻辑，但可以接受产品的不成熟。

A轮资金则是应该用来进一步打磨产品、招揽团队，在更大的范围内实验产品，使产品趋于完善，同时注意扩大市场，以应对更加激烈的争夺。

B轮融资时，将团队和产品规模化，大幅度成长营收，拿下市场。

C轮融资之后，团队需要跨越盈利的门槛，在扣除所有费用之后仍然能够维持现金的流动与项目的成长。

这些过程说起来简单，但实际上会发生各种状况，基本上没有公司能够跳过什么中间环节直接晋级的，最好不要幻想一步跨两格，当心没踩稳一蹶不振。

除了以上那些必要任务之外，公司还要时刻捕捉市场中的变量，做好转型的准备。对于市场、用户的习惯、内部管理等各种情况的变化，创业团队都需要时刻留心，综合各种情况的考量，把握需要转变的节点，及时对团队进行调整。团队的应变能力在A轮后来的阶段中尤为重要。

(三) 切忌造假

在实际的市场中，有的初创公司由于对自身实力和底气的不同看法，为了拿到资源会虚报数字，融资也好，财务也好。但对于真正有投资意向的企业而言，团队的财务公开只是迟早的事情，到那时团队将失去的是企业对其声誉的信任，更是在将来获得更多融资的机会。为了短期的目标去造假，刷用户量，是得不偿失的做法。

第三节 有效对接的保障

一、运用股权杠杆

(一) 分配股权的作用

对于为什么要分配股权这个问题，很多创业者、企业家都会认为是为了将企业做大、做强、做快、做稳，当然这是最终的目的，但股权并不是目的，而是方法，是手段。既然是方法，那么就要考虑它能够产生作用的时间和应该产生怎样的作用。

1. 聚拢人才

股权分配所强调的并不是"分"，其目的是将大多数人的资产、事业合在一起，让所有人为了分享同样的事业成果而共同奋斗。一方面股份可以用来吸引一些志同道合的合伙人，合伙人将为创业者提供资金、技术、经验、能力等各个方面的补充，而不单单限于资金，而对于拥有其他技能的合伙人，单单靠资金上的短期回报是不足以满足他们长久个人发展的需求的，这时最好的方式就是允诺他们股份，也就是企业的未来。

另一方面，股份同样能够激发员工的工作积极性，将他们的利益与公司利益绑定，合为一体，也就意味着他们会努力为了自身的利益，同时也就是公司的利益发挥出他们最大的能力。不仅如此，像一些连锁门店，若员工能够进行股权合资，也就意味着能够在门店中掌控很多事情，给予员工一定的成就感，更大程度地形成对员工的激励作用。

2. 长期激励

很多企业在做股权的时候，会将它当成短期的承包分红制度。让参股人员负责一个业务，达到了预期目标之后就能够与公司进行按比例分成。这样的结果就是大家现在一起投钱，努力将公司各个部分都发展起来，拿到钱之后对公司负责与否都与自己不再有关系；并且在发展过程中每个成员都仅限于关注自己负责的那部分，不利于公司的全面发展。

股权应该是一个能够长时间维持有效的机制。并不是像一些企业，赚了钱转眼就分，对于股东而言，拥有了公司的股份，就意味着其个人行为成了公司整体的一个行为，而其个人短期受益行为也就成为他为了长期受益而做出的行为。企业如果发展得当，股东能够在将来的收益中占有一定的比例，而企业在未来的发展不好，股东个人的投资也将受损。同时，股东的股份可以是公司的任意一部分，并不对其所属部分或部门进行划定，这就要求股东以公司整体发展为重，关注整体公司的发展，由此要求股东做到对公司长久全面的关注与投入。

（二）大企业股权分配问题

1. 投资引进时间问题

对于单独的外部创业团队而言，何时引进外部投资，也就是何时开始与大企业内部创业团队进行对接，吸纳其资本的时间。

此时团队面临的选择有两种：一种是先自己埋头苦干，摸索一段时间之后，再考虑与企业进行对接，引进资本，催化加快团队的发展进度；另一种是从一开始就决定与企业进行对接，导入企业的资本，倚靠大企业的资源进行产业的培育。

第一种方式，创业团队在一开始进行项目开发、宣传、维持的艰辛自然不必说，但这段时间的付出自然是有回报的：对项目的全权自主开发保持了团队对项目的最初设想；通过一段时间的运营让项目适应市场环境，最后定型的项目自然不存在天马行空的问题，在以后的对接谈判中增加了与大企业谈判的筹码；最重要的是，创业团队拥有了对创业项目的主控权，由于整个项目都是由团队自主设计运营的，大企业即使想要对项目进行修改以适合其自身的需要，由于项目运行惯性，项目的核心很难改变的，团队也能够在以后发展过程中获得更大的掌控权力，在股权分配上也拥有能够持有更多股份的可能性。

第二种方式，创业团队从一开始就运用企业的各种资源，如果项目本身不存在太大的问题，在企业资源的帮助下，企业了解产业的情况，拥有渠道市场运营等方面的经验，以及让项目落地实施的资金，在这样的前提下，创业团队能够更加顺利地进行创业，不用过"吃了上顿没下顿"的生活；而在这个项目开发过程中创业团队本身在各个方面也能够得到企业的培养，在各个方面都能够成长。

因此，对于不同的产业进行不同的选择。当产业所需投入大、周期长并且管理难度又很大的时候，借助外界资本的力量能够起到很大的辅助作用；当产业能够在几人的努力下基本了解，但资本对团队并没有太多了解的时候，选择自己先摸爬滚打一段时间，会有助于之后的企业对接和团队项目运作。

2. 控股问题

大企业对创业团队投入的资金占项目运营总资金的绝大部分，这是一般创业团队都面对的情况，而与企业内部创业对接的外部创业人员，接受的还有企业在各个方面资源上的投入，相对一般的天使投资获得更多的外界帮助。在这种情况下，大企业想在股权分配上占50%以上是很正常的，而创业团队在运营困难的情况下获得资金支持，自然是对大企业感恩戴德，在这种心理的驱使下，一口答应大企业的要求也是常有的情况。

而这样的结果很可能导致后来的投资人看到这样的股权架构之后都不敢接着投资，因为害怕大企业翻盘的风险。这样的情况在项目运营初期不会显现出来，但很大程度上会限制创业项目未来的发展。

这样的情况最好的解决办法就是所对接的企业能够一直给予创业团队以资金资源等方面的支持，但实际上很困难，当项目进一步发展，所需要的资金也会越来越多，不是一家公司能够负担全部的。

一种可行的方案是，创始团队与对接企业之间在最初便签订一个代持协议，当创业团队达到一定目标，也就是双方的一致目标时，对接企业将股份分步一点一点地划分给创始团队。这样创业团队肯定会为了更快更好地取得项目的控制权而加快项目的进度，对企业和团队双方而言都是有利的。

二、管控运营过程

内部企业创业团队所面临的问题，并不会因为外部创业人员的加入而减少，下面将对这些问题进行详细的分析。

(一) 企业制度拖累问题

1. 本质要求不同

大企业的流程制度是成熟企业的科学管理工具，可以直观地实现业务执行标准的设定与梯次监督，用于业务监管的人力成本通过审批等形式被分摊到企业的各个层级之中，降低了管理者的管理成本。流程制度是大企业实现标准化运作的必要工具，规模越大、分工越细、业务精确度要求越高的企业对流程严谨性的要求越高，对流程制度的依赖性也就越高。而企业在成长过程中，为了提高生产效率，节约生产成本，必须实现规模化生产，对企业准确性与标准化的追求也会越来越高。

但对创业团队而言，面对陌生的客户、陌生的业务，通过过去经营经验进行标准化的决策生产根本无从谈起，很难对市场进行预判与规划。创业团队只能通过对市场环境进行实际的观察与深入实践获取市场信息做出应对，以准确性和标准化为导向的大企业管理与创业团队的实际条件以及它们所处的市场环境不符。

创业团队相对大企业过去而言，接触的都是新业务，面对的市场竞争压力也明显要高于成熟企业，想要在激烈的市场竞争中异军突起，就需要创业者提出颠覆性的创见，并且在当时的市场环境下即可进行实验，以防市场环境发生变化，创业团队的创见已不再具有颠覆性。而创业团队体量较小，拥有先天的敏捷性，能够进行快速运转并且做出及时的调整。

成熟企业为了分摊成本而设立多个层级，创业团队为了遵守企业的规章制度，每多一道手续都会延后创业团队实践颠覆性想法的进度，市场机会或许就因此在缓慢的工作效率之中流失殆尽。长期下来，创业型人才形成行为惯性，其锐气和棱角也将被冗长的流程消磨得习惯于消极和被动地等待指挥，不再具备在激烈竞争中生存的精神动力。

对于这类企业本身存在的问题，企业方面的能动性将对问题的解决起到主要作用。目前而言，企业所学习的都是谷歌的创孵模式，如成立新公司 Alphabet 之后，Google X 得以在一个相当区隔化的环境内高效运作，一些高风险、高回报的项目能够避免外部公司资本的审计与质询。当然成立分公司这样的方式，是在华尔街审计高压之下相当极端的做法，企业所学习的是谷歌成立"制度特区"的理念，采用"一企两制"的思路改造公司的流程制度。

第一，放松公司风险控制部门在财务方面对创业项目的审计，让创业团队能够相对轻松地畅想创造出更具颠覆性的项目，避免让企业过度聚焦于短期利益而限制了项目的长期发展前景；第二，对于考核方面，企业与其让远离市场的职能部门对创业项目进行大企业标准的考核，不如让愿意接触项目，希望参与到其中的创业人员，了解了实际情况之后再制订出一套适合该项目的考核方式，如此更贴近项目团队的现实，起到实际的督促和激励的作用；第三，为创业团队开通一条直接对接决策层的"言路"，让更多需要在短时间内把握机会的想法能够快速地落实，从技术层面降低团队提高效率的成本，将创业团队从企业的流程中解放出来。

对于创业团队而言，为了解决这个问题，所能做的，一是根据企业的实际情况选择更符合创业条件的企业环境，二是在进入企业之前便与企业进行谈判，提出针对性的建议，尽量为创业团队争取出一个更加宽松的创业环境。

2. 责任分割问题

创业团队与大企业不同，麻雀虽小，五脏却一个也少不得。而在成熟公司内部，各个部门之间分工明确，当向他们提出的创意想法与该部门的工作范围不符时，他们虽然不会明确拒绝你的请求，但实际上创意已经被搁置在他们部门里了。

若将想法与上级直接交流，并且获得批准，由自己的团队操刀开始实施，问题也依然会产生。公司内部人员会提出异议，这块工作属于他们的工作范围，请进行交接，团队内部工作交由完全不了解团队的人员进行完成，即使能够按照公司流程完成，时间上的花费明显加大；在接手团队的工作之后，企业人员逐渐发现团队的运作与公司不符，从而提出将整个运作融入公司整体一套流程中，然而创业团队毕竟刚起步，流程势必无法与成熟企业一样完善，无法完全套入，意味着创业团队在运行中将形成脱节。

创业团队与成熟企业之间的运作无法得到良好的融通，其结果就是创业团队所提出的颠覆性想法最后无人问津，最终得不到实际的落实。

为了避免这样的问题，创业团队在设计创业项目的最初，就最好能够将所对接企业的主营业务特点考虑进去，也就是做与企业主营业务相关的项目。第一，如此企业内部的资源能够实现更大程度的共享，并且资源贴合程度也会更加紧密；第二，公司内部员工对创业项目的了解与接受程度也会随之加快，项目在企业中流走的过程中阻力会相应地减少很多；第三，由于项目与公司业务之间存在关联，在流程系统上也能够有一定套用，不会造成一项工作无法分配到部门的情况。有共性而不同质的东西组合在一起才能更好地产生 1+1>2 的效果。

（二）企业组织权力分配问题

1. 高度集权

作为大企业，一贯的组织结构设计，核心也就是权力结构设计，就是将战略决策权、财务决策权、分配决策权等核心权力掌握在独立的职能中心统一负责，业务开展的大小决策都由高层管理阶层进行会签或审批。

这样的集权化组织虽然能够引领庞大的企业朝着同一方向前进，但对于内部创业型人才而言是十分大的打击。一方面，上下级之间的信息沟通向来存在着一定的壁垒，信息交流上会存在一定的出入，虽然大部分情况下这样的误差都能够控制在风险之内；另一方面，创业型人才，特别是兼具逻辑思维和创新能力的创业型人才，往往会具有独立做出决策的能力和欲望，而凡事都需要向上级部门报告，等待审批，无疑会挫伤创业团队的独立决策能力，让原本肩负另创出颠覆性天地任务的小分队重新归于大企业的指挥之下，丝毫无法发挥其原本应有的力量。

而这样的现象在绝大多数大企业中都有体现——创新办公室之类部门的存在。这样的部门通常对创新项目具有决定其生死的权力，大到战略研讨，小到经费批准、人事任命等，都需要经过这个部门的"关照"。大企业认为这样的方式能够充分体现企业对创业项目的重视，然而这样无疑相当于给创业团队套上了"紧箍咒",每个创业团队都唯此部门马首是瞻,全无颠覆性创新可言。

因此在集权方面,企业方面应该控制管理的深入程度,对创业团队的考核底线保持住各个创业项目之间的投入比例能够达到平衡即可,务必不要过度深入到各个项目的讨论和研究之中,要保持中立的立场;同时,以风险投资者的眼光来看待创业项目,不要一门心思只想着要怎样将创业项目集中在掌控范围之内,避免亏损,而是需要随时做好亏损的准备,承担项目失败的风险。当然,只要项目涉及面足够广泛,并且做好审核和财务监控,提前设计好止损的方案,亏损也是能够控制在大企业能力范围之内的。

2. 完全放权

在目睹传统管理方式无法摆脱大企业困境之后,一些企业和投资人干脆就撒手不管,回到创业企业最初"想做就做""跟着感觉走"的状态。这种反向思维是人们通常会尝试的方法,实施管理如果有问题,那么无为而治就是解决之道。

然而,这样的方式在实践过程中也是无法实施的。企业为创业部门付出了成本,前提肯定是创业团队能够为企业带来有计划和承诺的收益的,完全撒手不管,任凭创业团队拿着企业的资金随意挥霍,任何一个企业都不会没有目的地做这种创业投入的。不管当初说的有多好,到紧要关头也必然是会顾及大企业利益而插手管上一管的。

新创团队那种颠覆性、创造性和混乱的状况是能够被管理的,同时也是必须被管理起来的。然而大企业的管理流程枯燥烦冗,创业团队充满变数和不确定性,要找到大企业和内部创业团队项目的平衡点,做到能够让创业团队有目标、有价值、有空间、有热情地为企业创造价值,不管对大企业还是创业团队,都是一个十分困难和艰巨,但又是必须完成的任务。

企业既然无法完全放权,也不应该完全放权,那么在公司体系之中划分出一小块区域完全归为内部创业团队发挥想象力和创造力的空间,在区域之外,公司运用其沉淀的资产和能力对其进行整合,辅助其价值的实现。这样,一方面公司不用担心团队在成熟之后脱离母公司的战略体系,另一方面创业团队也能够有发挥自主决策能力的空间。

(三)企业文化冲突问题

创业型员工需要在一个能够鼓励创意、平等与包容的企业文化中才能够得到更长久的发展。在当下大众创业的氛围之下,的确对内部创业团队也是一种激励,但更贴近创业团队的生长氛围是其所在的企业,只有企业也拥有能够让知识与创意类比、整合、迁移的自由文化环境,才能够真正催生出跨时代的创造。

什么是企业文化呢?企业文化就是员工在企业内遵循企业制度、规范或者组织定势等,在采取行动时第一时间的选择,并且所有的员工都是遵从同样类似的原则采取行动的,需要经过很长时间的积淀所形成的一致标准。就目前而言,大企业内部盛行的是遵照上级的指示,领导的话就是一切,在这样的氛围中是不太可能产生平等、高效的交流的;一项审批需要走七八个部门的流程，花费四五天的时间，这样的环境里也是不太可能产生讲究实效、敢于挑战的企业文化的。

当下企业虽然能够意识到这些问题，但其所采取的变更措施实在是不敢恭维。通过让员工接受"创新、自由"的文化宣讲，撰写听过宣讲之后的心得体会，进行员工之间的二次分享。无论分享会开得有多么成功，心得体会分析得多么深入，企业文化的转变终究也只是停留在口头，搞不好还会南辕北辙。

只有企业做好在制度和组织层面的革新，企业的文化的转型才能够水到渠成，真正地朝着"创新、自由"的方向形成、发展。

课后思考

1. 比较社会创业者和内部创业者的异同。
2. 简述企业内部创业的基本模式。
3. 分析内部创业的制度弊端。
4. 采用独立还是依附的对接模式，需要考虑哪些因素？
5. 简述创业项目对接的合作方式。
6. 对接企业内部创业需要做好哪些谈判准备？
7. 如何建立有效对接内部创业的制度保障？

案例分析

阿里巴巴竟然收购了中国互联网的半壁江山

阿里巴巴 2014 年 9 月份在美国上市，市值最高时突破 3 000 亿美元（2014 年"双 11"期间），是中国最大的互联网公司。阿里巴巴旗下有众多业务，并且一路走来不断地进行收购，最终形成了强大的阿里巴巴帝国。不得不说，阿里巴巴已经收购了中国互联网的半壁江山。

一、最火当属 O2O

1. 2011 年 7 月，5 000 万美元领投美团网，占股约 10%，目前美团网是团购领域的老大，估值超过百亿美元。

2. 投资快的打车，砸了几亿美元，最终在 2015 年 2 月 14 日发布与滴滴打车合并的消息，成为打车行业的巨头，估值超过百亿美元。

3. 高德地图，2014 年 2 月，阿里巴巴斥资 11 亿美元完成对高德地图的全资收购，为布局 O2O 打下基础。

4. 苏宁，2015 年 8 月 10 日，阿里巴巴283 亿元入股苏宁，成为其第二大股东，看中其旗下 1 600 家线下门店。

5. Lyft，2014 年 4 月初，阿里巴巴参与了 Lyft 公司 2.5 亿美元的 D 轮融资。Lyft 公司位于加利福尼亚，是 Uber 的竞争对手，他们计划使用这笔投资扩展海外市场，但目前没有透露具体会在哪个国家拓展业务。目前尚不清楚阿里巴巴投资 Lyft 是何战略，不过极有可能为他们未来的物流做准备，或是为他们旗下的快的打车进军国际市场埋下的伏笔。

二、电商周边

1. 宝尊电商，是一家为品牌企业和零售商提供包括营销服务、IT 服务、客户服务和物流服务等在内的专业的整合式电子商务服务商，阿里巴巴持有宝尊 18.2% 的股份，是其最大的股东。宝尊电商 2015 年 5 月 21 日已在美国上市。

2. 淘淘搜，创立于 2010 年，是国内目前最大的独立购物搜索、电商大数据应用公司。目前已经接受阿里2 000万美元投资。

3. 深圳一达通，2011年被阿里巴巴收购，服务用户几万家，年进出口总额超过百亿美元。

三、移动互联网领域

1. UC，优视科技。它成立于2004年，市场份额40%以上，并且在海外拥有超过1亿的用户。据业内传闻阿里巴巴收购UC花费43.5亿美元。

2. 墨迹天气，它是一个工具类的App，它的用户超过3.3亿。可以为阿里的电商导入充足的流量。

3. 友盟，专业的移动数据分析网站，国内主流开发者大多是友盟的用户，已有超34万计的移动应用从友盟服务中获益。据传阿里巴巴8 000万美元收购友盟。

4. 魅族，中国知名手机品牌，2015年2月阿里5.9亿美元投资魅族。而魅族借助阿里的资金和渠道迅速发展，成为国产手机的黑马。

5. LBE安全大师，一款手机安全软件，它以简洁好用著称，拥有众多用户。

四、社交娱乐

1. 新浪微博，国内知名的社交平台，在美国上市，目前活跃用户超过2亿，是仅次于微信和QQ的社交平台，拥有巨大的影响力和传播力。阿里巴巴以5.86亿美元收购了新浪微博18%的股份。

2. 陌陌，已在美国上市，注册用户超过1亿，依靠会员和增值服务盈利，目前正在探索O2O服务。阿里巴巴为对抗微信4 000万美元投资陌陌。

3. 遛遛，专注于移动宠物服务与宠物社交，针对宠物爱好者开发的移动应用。通过地理位置，帮助发现身边萌宠和宠物主人；更精准迅速地解决宠物主人实际的配种、领养与寄养等需求；创建有爱平台，满足宠物主人之间养宠分享和互助交流等社交愿望。

4. 摩漫相机，是全球第一款原创将真人拍成幽默漫画的手机应用。2014年9月，他们获得了由阿里巴巴领投的A轮融资，具体金额未对外披露。摩漫相机表示自己有1.6亿用户，而且60%生活在中国大陆之外。

五、文化传媒

1. 天天动听，知名的音乐App，用户数量超过2亿。被阿里巴巴圈子收购，并入阿里音乐。

2. 虾米，阿里巴巴前员工创立的音乐网站，主打原创，是音乐节的淘宝，被阿里巴巴全资收购。

3. 优酷土豆，国内最大的视频在线网站，美国上市公司。2014年，阿里巴巴以12.2亿美元收购了它16.5%的股份。

4. 华谊兄弟，中国最大的影视集团，旗下拥有众多艺人，并且投资众多电影大片，目前市值350亿元，阿里占股8.8%。

5. 恒大足球，中国著名的足球俱乐部，阿里巴巴以12亿收购其50%股份。

6. 第一财经传媒，它是国内唯一一家集广播、电视、日报、网站、杂志为一体的中国专业财经媒体品牌，阿里以12亿元人民币入股第一财经传媒有限公司，占股36.74%并成为第二大股东。

7. 虎嗅，科技媒体，2012年上线，2014年获得阿里巴巴巨额投资。

8. 文化中国传播集团，2014年3月，阿里巴巴花了8.04亿美元成为中国香港ChinaVision公司的最大股东。该公司制作了许多脍炙人口的华语电视节目和电影，其业务还涉及平面媒体、移动媒体，以及移动游戏运营。ChinaVision公司制作的电影包括《让子弹飞》《西游降魔篇》，还有《功夫》。

9. 芭乐，芭乐网是中国权威的原创影视内容发行和运营平台，它还运营一个编剧和艺术家人才平台和一款视频App。2014年8

月，阿里巴巴对芭乐投资了 1 亿元人民币的 B 轮融资，约合 1 600 万美元。

六、物流

1. 汇通，中国最大的快递集团之一，曾在 2007 年获得阿里巴巴 1 500 万美元投资。

2. 圆通，2015 年 5 月，阿里投资圆通。占股 20%。据说投资额度不到 100 亿元。

3. 菜鸟物流，出资 21.5 亿元，占有 43% 股份。

4. 海尔集团，2013 年 12 月，阿里巴巴 22 亿投资海尔集团，与旗下物流日日顺达成战略协议。

七、金融

1. 天弘基金，目前是最大的货币基金，大名鼎鼎的余额宝就出自其名下。阿里出资 11.8 亿元认购天弘基金 51% 的股份。

2. 拍拍贷，中国最早的 P2P 公司，据传获得了阿里亿元级别的投资。

3. 恒生电子，它是中国领先的金融软件和网络服务供应商，阿里 33 亿元收购恒生电子。

4. 众安保险，是国内最早的互联网保险公司，主要股东还有腾讯和平安，两家各占 15% 的股份，阿里巴巴占股 19.9%；目前公司估值超过 500 亿元。

八、旅游

1. 佰程旅行网，佰程旅行网是一家专门为想要出国旅游的中国公民办理签证服务的公司。2014 年 3 月，该公司获得了由阿里巴巴和宽带资本领投的 2 000 万美元 B 轮融资。该公司进一步帮助阿里巴巴把触角延伸到旅游行业，值得一提的是，许多中国本土旅游公司都在淘宝和天猫开设了网店。

2. 穷游网，2013 年 7 月阿里 6 180 万元投资穷游网。

以上只是几大重要领域的知名公司，当然还有很多很多。比如中国雅虎、中国万网、丁丁网、酷盘、银泰百货、华数传媒、超级课程表等。更有一大批国外知名互联网公司：投资聊天应用 Tango，手游研发商 Kabam，新加坡邮政，11Main，美国电商公司 Zulily，印度知名电商公司 Paytm、Snapdeal 等。

资料来源："一日一识"公众号。

讨论题

1. 阿里巴巴为什么要收购如此众多的国内外企业？它为何不企业内部来发展这些业务项目？

2. 为什么这么多的企业愿意"卖"给阿里巴巴？

第九章

中国式众筹创业：筹资筹智筹资源

学习目标

- 了解众筹模式的起源及其当前发展态势。
- 了解我国众筹平台的发展。
- 掌握众筹创业的操作形式。
- 了解股权众筹创业操作流程。
- 深刻理解"中国式众筹创业：筹资筹智筹资源"的内涵。

导入案例

"开始众筹"徐建军：让众筹成为报复平庸的武器

每一天，"开始众筹"平台上都有追梦圆梦的故事上演。

杜明强，黑龙江五常人。8年前，在众人的非议及不解中，从城里的学校辞职，回到家乡那片黑土地当起了农民。很多人笑他傻。

"五常大米明明年产只有105万吨，为什么市场上却能出售超千万吨？或许你从来没有吃到过真正的五常大米。为了米和米农的尊严，我愿意做一个傻瓜。"2016年5月28日，杜明强带着自述短片《较真的一粒米》，上线"开始众筹"平台，诚邀网友试品，期盼大自然的馈赠不再被辜负。

"看到了农民的灵魂。""支持原生态，敬佩你们！"仅两周时间，275位网友加入众筹队伍，以行动为这位较真的种稻人点赞。

在"开始众筹"，还有更多精彩的故事：当过木匠写过书，拍过电影做过记者，跨界进入地产行业的张宝全，他的"红树林度假世界"项目上线一小时，众筹金额突破300万元，7小时不到突破1 000万元；褚橙操盘手蒋政文携手暖男作家张嘉佳联合打造的"卷福"龙虾，连续两次众筹完成11个城市的门店布局，总计金额1 500多万元，成为餐饮品牌连锁扩张的新案例；国内首部记录珠峰攀登过程的超高清纪录片《喜马拉雅天梯》，通过"开始众筹"完成该片在北京、上海、杭州、深圳等城市的首映，不但创造该类型纪录片在院线排片的新纪录，还得到了王石、陈坤、杨澜等名人的免费站台，目前票房总额已经超过千万……

"这好比是'中国好声音'的舞台，'开始众筹'就是要找到这样一大拨勇于开始的、有个性的人，让他们的想法有机会在现实生活中得以实施，让每一个想成为主角的人都有权拥有一束光。""开始众筹"创始人兼CEO徐建军说。

这个以"生活风格型""报复平庸的最好方式"为标签的新型众筹平台，上线仅一年多时间，便牢牢黏住1 000多万粉丝，并一跃成为投资界的宠儿。即便在大批互联网创业项目度日如年的资本寒冬里，它依旧如鱼得水，在2015年里，开始众筹共完成三轮融资，B轮融资也在本月完成，估值超过1亿美元。

风格：众筹是有温度的参与

梦想小镇天使村，"开始众筹"的家。进门的墙面上挂着大大的LOGO：Kaistart。

格子衬衫、牛仔裤、球鞋，徐建军迎面走来。离开媒体已7年的他，依旧保持着当年的随性和文艺范儿。

"资深媒体人"是徐建军的前身份标签。30岁不到当上《青年时报》副总编，随后创办市场化媒体，一度将《行报》做成杭州周刊市场零售量第一。2009年，他投身金融圈，参与创办速贷邦和东融集团，成就了杭州发展最为瞩目的一家民营金融机构。

然而，这并非他创业的终点。2013年冬天，徐建军与拇指阅读创始人左志坚坐在一起闲聊，聊着聊着谈到众筹，两人一致认为国内缺少一款理想中的众筹平台，创业之念再度萌生。2014年公司注册成立，2015年3月"开始众筹"初露峥嵘。

这并非一时兴起。徐建军曾细致考察过美国著名创意创新类众筹网站Kickstarter。这家缔造了众筹界传奇的网站，2009年4月成立至今，已为6.5万个项目成功融资12亿美元，单项世界纪录高达7 300万美元。"他们平台上发布的前500个项目，我全部都下载下来，一一研究过。"Kickstarter的成功，让徐建军看到搭建众筹平台的三个基本要素，信息发布及披露能力、金融支付能力、社区运营能力，缺一不可。而他们的团队构成，恰好具备了"媒体＋金融＋社群"的基因优势。

即使如此，风险尚存。毕竟，在此节点进入众筹市场，已错失先人一步的时机优势。自2011年中国首家众筹网站"点名时间"成立之后，众筹网、追梦网等众筹平台相继涌现，尤其在2013年之后，京东、淘宝、百度等互联网大佬嗅到商机亦积极闯入，市场角逐战愈演愈烈。更令人惴惴不安的是，涌入者与倒下者的量级正同步增长。2014年8月，"点名时间"召开"告别众筹"媒体沟通会，宣布转型为智能硬件首发平台，彻底撕去了众筹标签；同年9月，众筹实体店ifcoffee咖啡店被转让，这家曾因拥有114位老板而风靡全国的咖啡店最终没能熬过一年。

徐建军无畏于此，依旧选择在市场最迷茫和脆弱的节点进入。

"中国的众筹被玩坏了。"徐建军说，国内大部分众筹平台都没有真正理解众筹的内涵，将它做成了电商类型的"预售"和"团购",这已偏离了众筹从0至1的本质。在他看来,电商平台是需求的驱动,而众筹则是底层情感的驱动,它一定程度上模糊了电商系统的价格体系。"我喜欢你的东西,并不是因为你把成本50元钱的东西以49元卖给我,而是因为你在里面注入了一种个性化的生活风格,是有温度的参与,而非冰冷的单向销售。"

调整:爆款背后的消费升级

朋友曾对徐建军说,你们平台不如直接叫"开始吧",不要叫"开始众筹"了,现在这个行业那么多骗子,忽悠的,挂羊头卖狗肉的,"众筹"这个词已经烂大街了。徐建军告诉对方,如果连我们都不敢叫"众筹"了,"众筹"这个词就真的没救了。

去年春天,誓做"中国最好的生活风格型众筹平台"的"开始众筹"正式上线。

"当众筹在中国被互联网打造成了一种商业模式之后,其功利的目的性与其初心渐行渐远;当人们渐渐厌烦了铜臭气之后,众筹必将向文艺圈回归。"平台上线最初,徐建军将"开始众筹"定位于个性文创类众筹平台。这一特质决定了在项目筛选上对文创项目更情有独钟,于是,"为你拍摄一部超现实单身礼纪录片""短裤视频第三季邀素人撑场""在海拔4 000米的无人区拍雪豹""寻找诗的知音"等一系列文艺范儿众筹项目逐一登场。

然而,个性文创类的平台定位,并未让"开始众筹"如沐春风。一个颇为尴尬的现实浮出水面——平台精挑细选的项目由于受众群太小,叫好难叫座,市场空间不及预期。

如何定位,方能拉回众筹的初心,又能走得更远?2015年9月在"开始众筹"上露脸的一个新项目,让徐建军豁然开朗。

这是个民宿项目,发起人是一位从美国回来的设计师,业内小有名气,曾参与过会德丰大厦、哈德逊庭等地标建筑的设计。不久前,这位设计师在阳澄湖意外邂逅一座旧工厂,造梦热情瞬间被点燃,一个名为"村上湖舍"的民宿改造计划由此出炉。

"村上湖舍"项目在"开始众筹"平台一亮相,人气爆棚,400多位网友参与众筹,众筹资金突破280万元。令人瞠目的不仅是众筹的效率及金额,"这篇众筹文章一天的阅读量达到10万+,社会各界的资源都向这位设计师伸出橄榄枝,包括几十位行业KOL,还有一家著名4A公司的设计总监托人找到我,表示想加入这个项目。"徐建军回忆说。

原本大家喜欢星级酒店,现在却热捧民宿,为什么?徐建军在内心反复追问,此时的他对用户和市场的固有理解正被层层颠覆。"大多数国人已经解决了生存需求,围绕衣食住行等维度的升级性需求正被释放出来,这个市场前景巨大。"最终,徐建军读懂了其中的奥秘——这是民生消费升级的力量。他立即对"开始众筹"进行平台定位调整,告别"个性文创型",向"生活风格型"冲刺。

这一步棋没有走错,在平台定位调整后的几个月里,"开始众筹"的月众筹金额均突破5 000万元,"开一家不高冷的葡萄酒体验馆""和孩子们一起住进大自然""听袁惟仁弹吉他""寻找素颜水果"等一系列爆款项目随之高密度呈现。

徐建军说,消费升级将是中国经济将来的基本面,也是"开始众筹"的基本面,他们不打算去做特别高端的项目,也不会去做基础生存需求的项目,消费升级是一个万亿元的市场,足够他们去好好挖掘。

死磕:把价值观一丝不苟地执行

"开始众筹"平台上,时不时会冒出一些匪夷所思的疯狂。

比如,荷赛新闻奖获得者陈庆港想拍10 000个屁股,短短数日,竟然真的有10 000个人主动送上自己的屁股;一个中国男人,想乘自己的独木舟划行中国大陆14 000千米长的海岸线,为了帮他实现这个疯狂的梦想,116位素不相识的网友合力筹集了7万元……不必质疑,这是一个用户黏度极强的众筹平台。

截至目前,"开始众筹"共上线200多个项目,众筹金额达2.5亿元,成功率在95%以上,支付用户达10万多人。

徐建军说,平台的高用户黏性的获得,得益于两个维度的建设。一是高感性用户的培育。他们从自有微信公号"开始吧"入手,借10万+阅读量的志趣类文章吸粉,再将其导流给"开始众筹"平台。参与众筹的种子用户基本上都是从微信粉丝群中产生的,这些流量的获得成本极低且非常精准。二是会说具有代入感的故事。"开始众筹"的团队成员大多是资深媒体人,他们善于制造内容,深谙传播之道,往往站在项目发起人的视角进行陈述,以文字、图片、视频等手段丰富表达,让网友产生强烈的代入感。这种沉浸式的表达方法,是新闻写作的一种,即主观新闻,普利策新闻奖稿件很多都是这种写法。

"我们的平台维度建得比较高,除了内容为王的沉浸式表现手法,还有非常严苛的项目准入机制。"徐建军说。前不久,美国一家知名的租房网站向"开始众筹"抛出橄榄枝,希望花钱借其平台打个隐性广告,结果被徐建军拒之门外。"这类商业机构,我们肯定不会接收。"

关于项目准入,"开始众筹"保持着一贯的挑剔。"不是项目报名申请了就能上线,我们平台的项目筛选率为10∶1,也就是说,10个报名项目会有9个被淘汰掉。没办法消化掉的项目,我们会劝他们去别的平台。"徐建军说,平台采取"内外部共同评判"的方式,从"是否能为项目支持者产生个性化的产品""能否为用户带来强烈的参与感""项目发起人是否能为众筹项目尽最大努力"三方面进行评估。平台为此特别组建了一支20人的境调团队,核实发起人真实身份、企业资质、项目主题资质等,摸清底细后再谈项目。

很多人把"最有情怀"的赞誉赠予了开始众筹,而徐建军说,"其实我们不过是认真地呈现好每一个项目,认真地维护每一个用户的利益,认真地把我们的价值观一丝不苟地执行,无其他捷径,唯死磕一切细节。"

【企业名片】开始众筹是国内首家生活风格型众筹平台,项目覆盖电影、音乐、游戏、旅行、食物、家居等全生活领域。2015年3月正式上线,通过个性化的产品回报和强烈的参与感,力求让众筹回归本质,成为越来越多人"报复平庸的方式"。

平台共上线200多个项目,众筹金额达2.5亿元,成功率超95%,支付用户达十多万人,接连刷新国内多项众筹纪录,王石、李开复、陈坤、韩寒、杨澜、李亚鹏、佟丽娅、袁弘等名人亦在该平台支持过自己喜欢的项目。目前,平台完成三轮融资,估值超过1亿美元。

资料来源:《杭州日报》,文/毛晔、吴宛青。

第一节　众筹模式的起源与发展

一、众筹模式的起源——众包

互联网上的"**众包**"（crowd-sourcing）是众筹模式的前身，其定义为"众包利润导向的企业将某些与产品制造或销售相关的特定的重要任务外包给大众。这个外包是通过在互联网上公开发布需求，激励个人自愿以免费或以远远低于实际贡献的价格来提供服务来完成的"。众包与一般意义上的**外包**（outsourcing）区别在于，它将任务发包给公众而不是一个特定群体。

通过众包，企业能以几乎免费的价格使用消费者的劳动来创造价值。一些学者认为，互联网社区（或称社交网络）是众包模式的前提。互联互通、平等开放、口碑为王、合作共赢、扁平化、自组织的文化使得互联网社区中，人人都可能是中心，个个都可能是信息的提供者与使用者。社区中的能人为获得他人认同，扩大其影响力，往往愿免费或以极低的价格提供内容。意向发包的企业通过不同特色的互联网社区，能够找到所需要的特定专业的人群和目标内容。众包的优势在于：没有初始费用，可以简单便捷锁定目标，满意才需付费等。

在美国和中国都曾经有过"众包"的概念，但并没有发展成为稳定的、可持续的商业模式。原因在于难于管理，特别是较大型的，对质量要求高的项目。大公司如亚马逊采用了将众包任务发包给其用户群，建立众包平台管理，作为其公司业务的一个补充。另有一些简单的可一人完成的创意任务，如小企业设计LOGO、维基百科这类对质量要求不高的分散性应用，还在延续着"众包"的理念。

众筹融资也可看成是一种需要大众提供财务支持的"众包"。企业通过众筹，通过使大众参与到产品设计和改进过程中，不仅得到急需的资金，大大提高了效率，还可获得对产品市场潜力的估计和参与众筹中的消费者对产品的潜在需求及偏好的信息，这都有利于企业及时改进产品，更早地提升了用户认可，扩大了市场影响力。这些都是众筹能够成为一些特定行业（创意产业、智能硬件产业）常见的筹资模式的原因。

近年来，众筹融资（以下简称众筹）模式在互联网上出现。世界上最早建立的众筹网站是 ArtistShare，于2001年开始运营，被称为"众筹金融的先锋"，这家最早的众筹平台主要面向音乐界的艺术家及其粉丝。2005年之后，众筹平台如雨后春笋般出现。

二、众筹模式发展中的重大事件

众筹，从字面上来看，就是能够集合大家资源完成一件事或者一个项目。众筹最早起源于西方艺术家。在古老的西方，有很多想要完成艺术创作但又缺乏创作资金的艺术家，他们通过这样方式进行融资。在完成自己艺术创作的同时还能在市场上获得不错的收入。其代价是艺术家需要将自己的创作所获得的收入与当初支持他们完成创作的人进行分享。

1713 年：英国诗人亚历山大·蒲柏将古希腊诗歌翻译成英文并以征订的方式出版书籍，承诺向每位订阅者提供一本六卷四开本的英文版《伊利亚特》，此举获得了 575 个人的支持，筹集到超过 4 000 多几尼㊀并在书籍上鸣谢出资者。

1885 年：约瑟夫·普利策通过报纸发起美国自由女神众筹，为女神像制作基座以将女神像放置在纽约港口，承诺只要捐助 1 美元，将会得到一个 6 英寸的自由女神像；捐助 5 美元将会得到一个 12 英寸的雕像。这个项目在 6 个月内，从 12.5 万人那里筹到了超过 10 万美元的资金，为自由女神像顺利竣工做出了巨大贡献。

2001 年：第一个众筹平台 ArtistShare 上线，被称为"众筹金融先锋"。创始人创建网站的最初想法是支持粉丝们资助唱片生产，获得仅在互联网上销售的专辑。艺术家通过该网站采用"粉丝众筹"的方式资助自己的项目，粉丝们将钱直接投给艺术家后可以直接观看唱片的录制过程。

2008 年：IndiGoGo 上线，定位综合楼大众众筹平台。

2009 年：Kicstarter 上线，定位创意方案的众筹网站平台。

2012 年：美国总统奥巴马签署《创业企业融资方案》，众筹在美国走向合法化。

三、我国的众筹平台的发展

2011 年，我国最早的回报型众筹平台"点名时间"网站创建，其借鉴美国 Kickstarter 的运营模式，定位于综合性众筹平台，为包括设计、出版、摄影、音乐、科技、影视、游戏、动漫等多类型项目筹资。2014 年 8 月，点名时间网站宣布转型为智能硬件的首发展示平台，即由原来综合性众筹平台转向专做智能硬件类项目的"垂直型"众筹，由支持创意阶段的众筹转为支持量产前产品的"预售"，放弃了"零或全部"的筹资规则，而采用"保留全部"模式，不再以资金筹集为最核心的任务，而更注重项目的推介，被认为是众筹的转型。

2015 年 3 月 31 日，京东股权众筹平台"东家"上线。同一天，平安集团斥资 1 亿元成立了股权众筹平台——深圳前海普惠众筹。2015 年 4 月，苏宁众筹成立。2015 年 10 月，阿里投资蚂蚁金服宣布战略投资"36 氪"，并将"36 氪"的股权众筹平台接入支付宝。

目前在我国股权众筹领域占据第一梯队的非电商系平台莫属，京东和阿里仍是头把交椅的有力竞争者。自 2014 年以来，京东和淘宝在产品众筹的总成交金额超过 5 亿元，斩获近 90% 的市场份额。京东股权众筹采用"领投＋跟投"模式，即在众筹过程中由一位经验丰富的专业投资人作为领投人，其余人选择跟投。截至 2015 年 10 月，在京东"东家"完成融资的项目有 60 个，融资额达到 5 亿元。由阿里投资的"36 氪"股权众筹平台于 2015 年 6 月上线以来，5 个月内募集的资金超过 1.8 亿元，平台合格投资人达 2 万名。

㊀ 几尼：旧时英国的黄金货币。

| 延伸阅读 9-1 | 全球第一家众筹网站 Kickstarter："为创意项目募集资金"

许多科技界的创业公司都想成为"独角兽"，在自己的创富过程中实现 10 多亿美元的公司估值。然而 Kickstarter 联合创始人兼 CEO 杨希·斯特里科勒（Yancey Strickler）和佩里·陈（Perry Chen）对这种创富神话却并不感冒。

Kickstarter 是全球著名的众筹网站平台，人们可通过该平台募集资金从而完成从烹调器具到电影拍摄等各种五花八门的项目。作为 Kickstarter 的联合创始人，杨希·斯特里科勒和佩里·陈完全可以让公司上市或者出售给他人，为自己和股东们带来数以百万美元的收入。但 2015 年 10 月初两位创始人宣布将 Kickstarter 重组为公益性公司，这种工商上的变化能够确保金钱或者对股东的回报承诺不会腐蚀公司"为创意项目募集资金"的远大使命。

斯特里科勒表示，"我们不会出售或者上市。这会促使公司做出我们认为不代表公司最大利益所在的选择。"

在美国几个州当中，公益性公司是一个相对新颖的法律概念。特拉华州是 Kickstarter 重组所在地，该州也是在 2013 年立法承认公益性公司。

作为公益性公司，该独立公共法人实体必须要以服务公共为宗旨并且要将该宗旨写入公司章程（Kickstarter 的宗旨就是要为世界带来创新项目）。董事会成员在做出决策时也必须考虑到公共利益并且公司也要汇报对社会的影响。

特拉华州州长杰克·马克尔（Jack Markell）在 2013 年立法承认公益性公司的讲话中表示，"公益性公司的出现将会激活私营企业创造公共福利的力量。对于公益性公司而言，利润也绝非业务的唯一目的。"

实际上重组成为公益性公司的决定早在 2014 年 Kickstarter 转变为 B Corporation（由一家非盈利 B Lab 机构认证的志愿性组织）就能看出端倪。若要成为 B Corp，公司必须要在股东年度汇报上来满足严格的环境和社会责任标准，当然这对公司而言并没有什么法律影响。除了 Kickstarter 之外，2015 年 4 月上市的电子商务公司 Etsy 以及美国当红眼镜电商品牌 Warby Parker 也同样选择成为 B Corp。

上述以 Kickstarter 为代表的轻盈利化的行为与众多其他科技创业公司形成强烈对比。近些年来，大笔资金自由流入科技企业，像诸如全球即时用车软件 Uber、房屋短租网站 Airbnb 以及在线存储服务提供商 Dropbox 都从风投手里募集到数十亿美元的资金，当然目标也很简单，那就是以超大盈利回报风投资本家。

当然转变为公益性公司并不会阻碍 Kickstarter 选择被收购或者走上市之路，Kickstarter 实际上还是一个盈利实体。法务专家表示，作为一个 B Corp 以及公益性公司，Kickstarter 将自身置于一个非常高标准的透明度之中。

了解公益性公司运作的纽约律师凯尔·韦斯塔韦（Kyle Westaway）表示，"公益性公司需每隔一年向其股东做社会及环境影响报告。但作为一家 B Corp，Kickstarter 对自己的要求更高，选择每年做一次社会及环境影响报告，这是真心实意提升透明度的表现。"

佩里·陈、杨希·斯特里科勒以及查尔斯·阿德勒（目前从事顾问工作）于2009年4月在美国纽约成立Kickstarter，该网站致力于帮助资金需求方展示项目并向公众筹措资金，作为平台服务方Kickstarter会从每一个成功众筹的项目中抽取手续费。Kickstarter帮助促成了很多高利润的众筹项目，例如2014年的电影《美眉校探》（*Veronica Mars*），Pebble智能手表，但同样也不乏各种争论和抱怨，这其中包括一些著名音乐家和电影制片方利用Kickstarter向公众筹资，但并没有向众筹支持者保持完全透明度。

对于其他公司而言，Kickstarter在其公益性公司章程中所拟定的条款或许是令人"深恶痛绝"的。Kickstarter的实际行动也的确相当慈善，比如捐赠5%的税后利润用来支持艺术活动并消除不平等。此外，Kickstarter公司内部也达成了"不利用规则漏洞或者其他隐蔽但却合法的避税策略来降低税务成本"的意见。

目前关注艺术创作的Kickstarter主席佩里·陈表示，"Kickstarter之所以要转变为公益性公司，是因为公司的价值观与公司的法律基础之间出现了重大分歧。"

Kickstarter依然要去回应投资者们的疑虑。目前Kickstarter公司未能筹集到太多资金，总共不到1 500万美元，背后的支持者不乏一些知名的科技投资者，尽管如此Kickstarter的创始人依旧占据大部分股权。据了解目前投资Kickstarter的知名科技人士有前谷歌高管、Twitter和风险投资公司Union Square Ventures的大股东克里斯·萨卡（Chris Sacca）以及杰克·多西（Jack Dorsey，Twitter和Square的联合创始人）。

一些投资者表示早有预判，其实Kickstrarter的联合创始人佩里·陈和杨希·斯特里科勒早前也曾明确指出并不期望在Kickstrarter上寻求大量回报。股东萨卡认为，除了被收购或者上市之外，股东还有其他的方法来寻求投资回报。佩里·陈和杨希·斯特里科勒表示，Kickstrarter公司已经盈利多年，最近三年每年的利润都在500万~1 000万美元之间，这些盈利也被用来再投资Kickstrarter业务。

萨卡表示，"这是一个高增长，高盈利的企业。所以，作为股东之一，我认为可以获得相应回报。时机一到，我相信Kickstarter会为忠诚的股东带来现金回报。"

鉴于上市或被收购的说法通常是吸引工程师加入创业公司的好办法，所以Kickstrarter否决上市或被收购的计划或许会对公司招聘带来一些负面影响。但是Kickstrarter联合创始人则有自己的看法，他们表示公司的立场会吸引志同道合的人员加入其中，这些人往往是更加关注总体使命而不是股票价值。

佩里·陈表示，"这会让我们招到有类似理想主义的员工。"

Kickstarter还采取非常规的方法让员工行使长达十年的期权，哪怕员工离职。Kickstarter表示有计划在未来几年内向股东和雇员们分红。

佩里·陈表示，"这并非是巨额彩票，这是每年都会发生的利润分享，我们所有人从自己的创造中获得收益。"

Kickstarter联合创始人表示他们的终极理想是成为一家能为下一代企业作为榜样的公益性公司。

资料来源：《创见》，梁超著。

相比西方，我国众筹总体起步较晚，但发展迅速。一方面，我国众筹平台数量激增。根据《2016年中国互联网众筹行业发展趋势报告》，2011年实际运行的众筹平台仅3家，2013年为36家，2014年上升至178家，到了2015年年底，众筹平台数量达到354家。期间，互联网公司如阿里、百度、京东、36氪等，传统金融机构如平安集团、浦发银行等也纷纷开始发展众筹业务。另一方面，众筹平台的交易金额不断攀升。2014年上半年，中国众筹领域共发生融资事件1 423起，募集资金1.88亿元。其中，股权类众筹事件共430起，募集资金1.56亿元，占募资资金总额的83%，市场潜力巨大。

众筹模式打开了中国创新型中小企业利用互联网获取发展资金的渠道，而且在快速发展的国内外"互联网＋金融"的融资背景下，越来越多的创业者选择利用互联网金融实现筹资目标，众筹为创业者和投资人建立了桥梁，从一定程度上改善了创业环境，不断增长的众筹平台数量和交易额，都反映了众筹的市场空间巨大。

我国对众筹是否合法，目前没有明确的监管规定，主要的限制集中在非法集资相关条款上。在债券众筹方面，银监会作为监管机构，要求"平台本身不得提供担保，不得归集资金搞资金池，不得非法吸收公众存款，更不能实施集资诈骗。建立平台资金第三方托管机制。平台不直接经手归集客户资金，也无权擅自动用在第三方托管的资金"，让债权众筹回归到中介本质（见图9-1）。

图9-1　众筹平台

截至目前，我国还没有正式出台对股权众筹的监管方案，此前主要依靠《最高人民法院关于审理非法集资刑事案件具体应用法律若干问题的解释》第六条："未经国家有关主管部门批准，向社会不特定对象发行、以转让股权等方式变相发行股票或者公司、企业债券，或者向特定对象发行、变相发行股票或者公司、企业债券累计超过200人的，应当认定为刑法第一百七十九条规定的'擅自发行股票、公司、企业债券'。构成犯罪的，以擅自发行股票、公司、企业债券罪定罪处罚。"但对"非特定人群"的定义不大清晰。同时，众筹方案可以通过代持或设立持股主体来规避200人的要求。为解决监管问题，证监会在2014年12月公布了《私募股权众筹融资管理办法（试行）（征求意见稿）》：其中要求"融资者应当为中小微企业或其发起人"；"股权众筹平台应当在证券业协会备案登记"；"不得向不特定对象发行证券。融资完成后，融资者或融资者发起设立的融资企业的股东人数累计不得超过200人"；对投资者要求是"单个融资项目的最低金额不低于100万元人民币"，投资者"金融资产不低于300万元人民币或最近三年个人年均收入不低于50万元人民币"。也就是说，在投资者规模、性质和准入门槛上做了明确的界定。

与此同时，我国相关众筹法律法规也处于发展中。2016年1月29日，证监会新闻发言人表示，股权众筹的监管细则正在研究制定中。股权众筹监管细则的出台，将会有以下几点亮点：①对股权众筹的定义将明确。在证监会看来，众筹是在线上的小额募集资金投向项目，不能满足"线上""小额"两个条件的机构都会被拒之门外。同时，对额度也有"两头小"的限制，即融资人的单笔融资金额要小，投资人一年内或单笔的投资金额也要小。投资人如需进行大额投资，必须通过平台的合格认证。②对众筹网站的信息披露将会严格把控。披露融资项目时，一般会披露融资项目简介、主体、融资计划、商业模式，但详细的信息只能披露给众筹平台的注册用户。投资者想要成为众筹平台的注册用户，必须提交真实的身份信息等资料，众筹平台必须核实投资者的真实身份。③对平台的评级和评价制度将会细化。现在，有些众筹平台上已经出现了所谓的专业人士对项目进行评价，一些跟投的人会根据评价做出投资的决策判断。但如果他们与融资人串通把价格抬高，就会提高投资人的投资风险，因此不能随意进行评价。④对众筹平台的资金托管将会有更明确规定。新规出台后，众筹平台的项目资金必须由第三方来进行监管和托管，这有利于对平台资金流向进行监管，有效防止非法集资现象的发生。

四、众筹的规则

筹资项目必须在发起人预设的时间内达到或超过目标金额才算成功。项目顺利运行后，支持者将得到发起人在筹资时承诺的回报；如果项目筹资失败，已获资金退回。众筹不同于捐款，属一种投资行为，支持者的支持是希望得到相应回报的，而众筹平台一般会收取一定比例的募资成功项目的资金作为佣金。还有平台以收取股权作为回报，如天使汇的盈利模式是基本服务和增值服务全部免费，只对融资成功的项目一次性收取1%的股权。

五、众筹的类型

现代众筹指通过互联网方式发布筹款项目并筹集资金，主要有捐赠众筹、股权众筹和债券众筹。众筹是一种较为开放的筹资形式，项目发起者可以就所有类型的项目依靠民众去筹资。目前，众筹已经成为互联网融资的新形式。

创业故事 9-1　农业众筹，让"买卖"更透明

远近闻名的无锡阳山水蜜桃种植基地，挂在树上的果子还没完全成熟，就已被全国的吃货们通过众筹方式提前抢购一空！作为热度飙升的互联网金融的一个分支，众筹对很多人来说已不再陌生，但在农业领域运作众筹，尚属新鲜。

农业众筹，正成为"互联网+"时代的农村电商新模式。

农民："卖不掉"的担忧少了

2015年6月9日在泗阳县周岗嘴村，记者看到，50个青虾养殖大棚正在搭建中。这个青虾养殖基地是苏宁2015年定点帮扶的一个项目，养殖大户刘庆江说，以前村里300多个水产养殖户主要是养鱼养螃蟹，2015年转型养青虾，"青虾每斤能卖150元，每年产3季，每亩地每年应有5万元收入。这么高档的水产品能不能卖得动，一开始大家也担心，但苏宁说会帮我们在网上销售，众筹啥的，给我们吃了颗定心丸。"

农产品众筹，给当地农民增收带来希望。苏宁云商集团副董事长孙为民说，"泗阳有农业部颁发的'国家级青虾种质资源保护区'认证，目前国内没有形成具有代表性的青虾产区品牌。苏宁将把青虾包装成苏宁超市泗阳馆的领军产品，搭建青虾网络销售平台。"

"周岗嘴村即将建成的现代渔业产业园一期1760亩青虾养殖基地，不仅可增加60名低收入劳动者就业，而且为农民提供更广阔的销售渠道，减小销售风险，有益于优质农产品基地形成规模化、品牌化效应。"泗阳县委农工办主任张佳胜说。

苏宁的农业众筹频道，还帮助远在四川雅安汉源的果农们化解卖难。每年5月是樱桃成熟季，2015年在汉源，半熟的樱桃还挂在树上，就已被抢购了。最低50元2斤一级樱桃，最高299元可认筹一棵产量超过10斤的樱桃树……汉源樱桃"登"上众筹频道当天，认筹就超过11万元，相当于帮助果农卖出至少500棵树的樱桃。

消费者：筹的就是"正宗"

南京市民陈婷这两个月享尽口福，先是"承包"了一棵雅安的樱桃树，接着又众筹了3公斤盱眙龙虾，"阳山水蜜桃太火爆，一不留神没抢到。"

在陈婷看来，热衷于众筹农产品，除了价格公道，更重要的是"正宗"。"种植商建立食品安全溯源系统，保证消费者吃到的是正宗无锡阳山水蜜桃。为保证每个水蜜桃具备最佳口感，桃子将在长到5两以上、经历盛夏7月阳光照射、积淀充足的水分和甜分后，才从产地直接快递给消费者。"苏宁金融集团金融创新产品中心副总经理陈慧芳说，"因为免去中间很多的经销环节，同品质的水蜜桃我们的价格是市场价格的一半。"4月以来，苏宁已成功运营20多个农产品项目，各地的生鲜果蔬美食正通过众筹这种全新模式，进入千家万户。

对消费者来说，食品安全溯源系统极有吸引力。消费者陈珏说，一直想给孩子买土鸡蛋吃，却不知道市场上的正不正宗，"农产品众筹模式，如果真能实现消费者对农业生产经营的深度参与，一旦出现质量问题，消费者都可追溯，实现农场到家庭的新生活方式，这无疑是众筹给消费者带来的福利。"

此外，在传统农业和农产品流通模式下，农业产品主要是通过"经纪人—产地批

发商—销地批发商—零售商"等环节进行销售，烦琐的环节使得农产品的流通成本逐级增加。农产品众筹可实现按需制作，能解决食品安全、信息不对称、产销不对称等问题，还能解决流通环节过多的问题，从而降低成本。

电商：模式虽好尚待培育

众筹模式风生水起，引得电商巨头纷纷踏足。2014年京东众筹上线项目301个。截至2015年4月10日，淘宝众筹共有1 000个项目上线。然而，电商巨头们的众筹项目多涉及娱乐、科技等，"玩"农产品众筹的并不多。除了苏宁易购，专注农产品众筹的则是"大家种"、"尝鲜众筹"等农业垂直领域专业众筹平台。

"农业众筹，筹钱模式不是问题，但由于农产品具有生产周期较长、单价较低、保值期短、物流成本高等特性，众筹还是有难度。"东南大学经济管理学院副院长周勤说。"众筹网"的34个农业项目中，只有15个募集成功；"大家种"已结束的众筹项目中，成功率也只有50%，而且单个项目募集的总金额都很低，最低只有666元，最高的也只有68 000元。

显然，农产品众筹与生鲜电商存在本质区别。生鲜电商是单纯将现成的产品拿到网上卖，而农业众筹包含更多的内容和可选产品，可能是"承包"一块地、一片鱼塘……为用户提供的是个性化的定制服务，对电商的要求更高。"我们去年在陕西渭南做过这样的尝试，当地农民种苹果没办法运出去，当时做两件事：在西安和长沙做众筹，一天就卖完滞销苹果；我们只收了农户一半的物流成本，解决当地农民和政府的难题。"孙为民说。

业内人士指出，农业众筹的新思路可以是农产品众筹+农业旅游，结合产地旅游资源，结合农家乐、生态游等形式搭建全农产业链，多元化开发当地经济。

资料来源：《新华日报》，文/宋晓华、汪晓霞。

债权众筹（lending-based crowd-funding）：投资者对项目或公司进行投资，获得其一定比例的债权，未来获取利息收益并收回本金（我给你钱你之后还我本金和利息）。

股权众筹（equity-based crowd-funding）：投资者对项目或公司进行投资，获得其一定比例的股权（我给你钱你给我公司股份）。

回报众筹（reward-based crowd-funding）：亦称产品众筹或奖励类众筹，投资者对项目或公司进行投资，获得产品或服务（我给你钱你给我产品或服务）。

捐赠众筹（donate-based crowd-funding）：投资者对项目或公司进行无偿捐赠（我给你钱你什么都不用给我）。

第二节 众筹创业的操作

在国内，股权众筹模式的典型平台有天使街、原始会、投融界等；债权众筹模式，根据借款人、即发起人的性质可分为自然人借贷和企业借贷，尚未出现真正意义上的债权众筹平台；回报众筹模式是我国众筹行业最主要的发展模式，典型平台有京东众筹、众筹网、淘宝众筹等；捐赠众筹模式主要以公益项目的形式分布在综合性权益类众筹平台中。因此，目前在我国的主要众筹模式为回报众筹和股权众筹（见图9-2）。

图 9-2　众筹创业

一、回报众筹

（一）回报众筹的表现形式

回报众筹，首先为一个产品预付一定的费用，当这个产品开发出来或者正式上市后获得这个产品，属于产品购买的预付费模式，在一定基础上众筹的人可以参与到产品的定制与开发里，提供一定的建议，在某种程度上这属于产品的 C2B 预售定制模式。目前主流的众筹平台的项目一般都是以这种产品式众筹为主，例如众筹网、追梦网、点名时间等。每一个众筹平台都有自己的优势或者擅长的地方，一个有梦想的人把自己的思路通过众筹平台展示出来，而一些众筹平台上的会员支持这些人的梦想，提前付费，并且参与到这些项目的定制中来。也就是说让消费者提前参与到了产品的设计开发中来，这也就是将消费与生产链接在了一起。在现有的生态圈模式下，消费者与生产者是基本没有任何联系的，一件商品要经过原材料生产、设计、制造、运输、代理销售、零售平台销售等一系列环节最终到达消费者手中，而众筹的出现让消费者在生产前已经与生产环节产生了联系，形成了消费的闭环。

回报众筹并不存在于众筹网站里，而是存在于电商平台中，最典型的案例就是属于农产品的 C2B 预售式购买，当水果还没有成熟或者还在果园里时，就让会员先付费购买，当水果成熟时，将水果按照地址快递给预售的会员。这对双方都有极大的好处或者价值，一方面农户可以一开始就锁定销量，可以针对这部分销量进行高质量的采摘和服务，另外对于购买者来说可以在第一时间吃到品质有保证的物美价廉的农场直销的水果，亲自体验了原生态水果出炉的全过程，这是另外一种全新的体验。

(二)回报众筹的简易流程

回报众筹一般指的是预售类的众筹项目,投资人和众筹发起人是买卖关系。众筹的参与主体主要由发起人、众筹平台、投资人三部分构成。整个众筹流程可以分为四步(见图9-3)。

第一步是项目发起人在众筹平台上发布创意项目,投资人在平台上选择感兴趣的创意项目,达到项目匹配的目的。

第二步是发起人在众筹平台上设定筹资目标和筹资日期,投资人开始进行投资,达到筹集资金的目标。

第三步是决定该众筹项目能否成功的关键,如果在众筹日期截止筹集到的资金未达到目标,那么该次众筹失败,项目撤回该融资项目,而已经投资的投资人则撤回已经投入的资金,而如果在众筹日期截止成功筹集目标金额,则该众筹项目成功,项目发起人获得融资,投资人确认投资。

第四步,项目发起人获得众筹资金后,使用资金运营实施该项目,而投资人可以监管项目资金的使用情况,提供建议,并优先获得该项目产品。

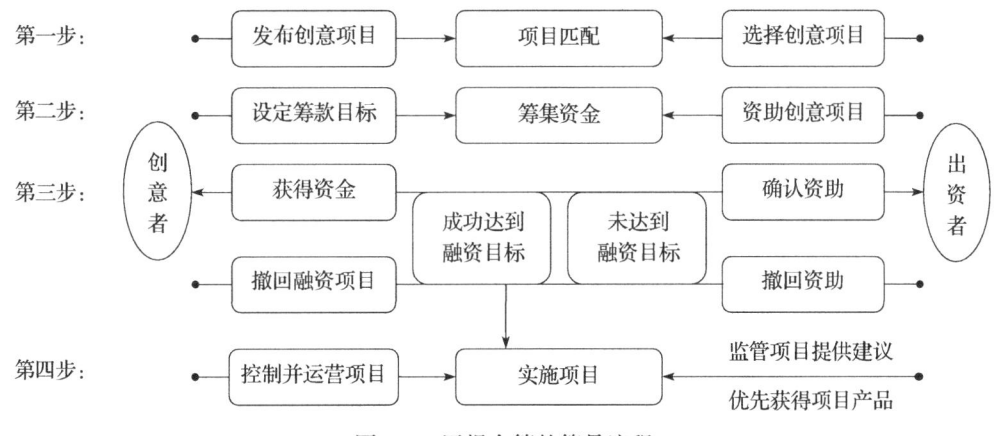

图9-3 回报众筹的简易流程

在投资过程中,选择一个投资渠道首先要考虑的是平台的风险控制做得怎么样,其次才是回报。在平台的选择上,不妨先从以下几个方面对平台做个评估:首先要通过成立时间、注册规模、营业网点布局、模式等方面进行初步分析选择。同时,要看平台创始人的履历,并查询ICP注册备案,看是否有第三方支付平台的公司审核。另外,要对平台项目的信息进行充分的了解。

(三)回报众筹与团购

团购包括在回报众筹的范畴,但团购并不是回报众筹的全部,且回报众筹也并不是众筹平台网站的全部。

传统概念的团购和大众提及的回报众筹的主要区别在于募集资金的产品或服务发展的阶段（见图9-4）。

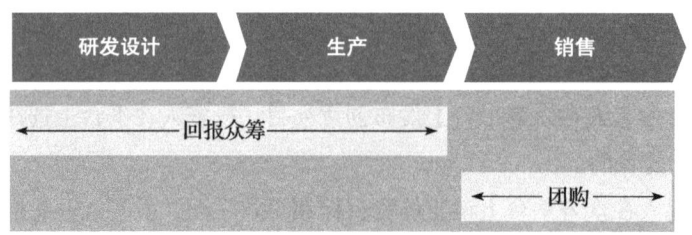

图9-4　团购与回报众筹的比较

| 延伸阅读9-2 | 回报众筹售后差，出了质量问题到底谁负责 |

在国内某著名众筹网站上，随意一搜，不少项目都存在跳票、质量不达标、无法联系客服等问题，其中质量问题显然是投资者最关心的。一款2014年2月发布的，名为MIVIPOWER的无线充电产品，就因质量问题被不少用户投诉。在其产品的介绍页，有86个相关话题，大多数为负面。

"设计太差了，位置要求非常高，偏一点就会不断地断开""我的没有任何反应，鼠标垫都不亮灯的，接收器也没有任何反应"。而发货后，其售后服务也不能让人满意，有投资者称，"客服流程混乱且无应答，一会让QQ联系一会微信联系"，最后放了个微信账号让用户填写退货信息后，"整个团队好像人间蒸发"。话题中，甚至有投资者建议大家集体向该众筹平台投诉，"产品质量问题，团队联系不上。微信自助服务提交完了根本没人理。"

让人哭笑不得的是，另一名投资者贴出了平台给出的回应，"您好，首先很抱歉给您带来了不便，如果您已经收到了这两个项目的产品，那么也就说明他们的众筹部分跟点名时间的合作已经结束了，退货或退款将由项目团队负责，我们可以提醒他们做好售后工作，但具体退换货只能请您联络项目团队了。感谢您的支持，再次抱歉。"对此，投资者普遍认为，众筹平台应该起到"监督管理"的作用，对有跳票和存在质量问题的项目，网站也负有一定的责任。他们认为，成功项目的定义不应以筹资成功为标准，该平台有义务做一些后续的跟进工作。

其实，诸如此类智能硬件产品的投诉，并不是个例。某款手环，在穿戴对象打了一下午麻将后，显示步行了几万步；某读取U盘数据的产品，无法读取所有的U盘等。

有专家表示，众筹产品价格一般都不会超过100元，因此在产品遇到质量问题后，并不是所有人都会向客服要求退货；如果退货过程不顺，也并非所有用户都会坚持到底。其实，众筹团队因技术、资金、经验不足等原因而导致产品质量达不到要求的情况在所难免；团队人数少，没有客服经验，沟通过程中与支持者产生矛盾也是常见现象。但有问题不解决，互相推卸责任，则是对投资者的不负责。

资料来源：改自"浙江在线·浙商网"，文/管吴澄。

回报众筹指的是仍处于研发设计或生产阶段的产品或服务的预售，团购则更多指的是已经进入销售阶段的产品或服务的销售。回报众筹面临着产品或服务不能如期交货的风险。

回报众筹与团购的目的不尽相同：回报众筹主要为了募集运营资金、测试需求，而团购主要是为了提高销售业绩。

但两者在实际操作时并没有特别清晰的界限，通常团购网站也会搞类似众筹的预售，众筹网站也会发起团购项目。举个例子，回报众筹平台之一的众筹网在早前便推出过团购茅台的项目。

二、股权众筹

股权众筹的历史并不比产品众筹短，但是股权众筹的发展速度远远慢于商品众筹。股权众筹发展缓慢的一个原因是对股权众筹的金融监管远远严于产品众筹。

（一）股权众筹创业操作流程

众筹操作流程如图 9-5 所示，整个操作流程可划分为：项目获取及筛选、项目推介及投资、项目投后管理以及项目退出等阶段。

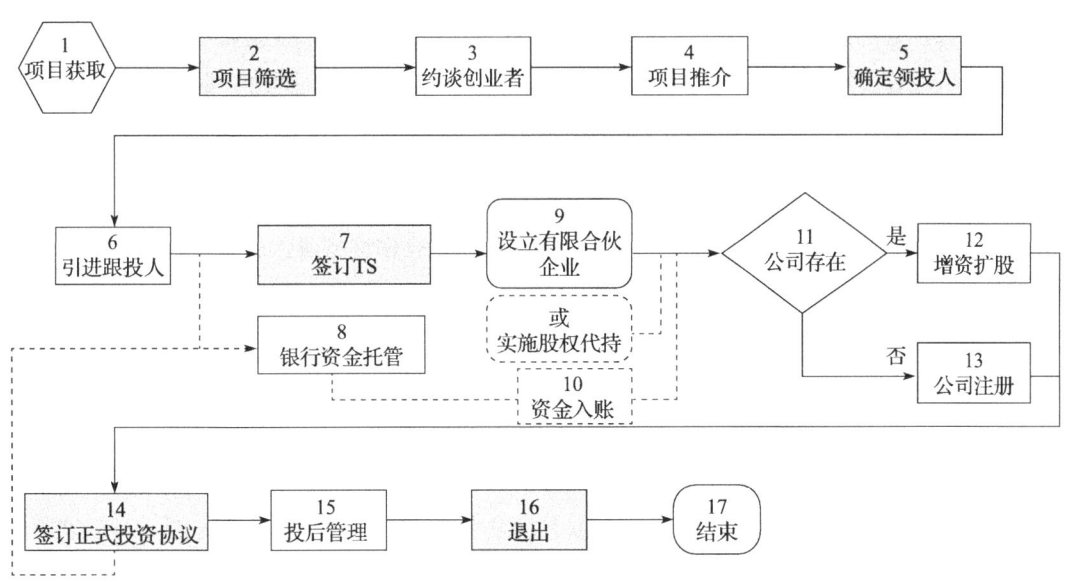

图 9-5　众筹平台的操作流程

1. 项目获取及筛选

如何低成本、高效率的筛选出优质项目是股权众筹的第一步。以路演吧为例，创业者需要项目的基本信息、团队信息、商业计划书上传至平台，由平台经验丰富且高效的投资团队对每一个项目做初步质量审核，并帮助信息不完整的项目完善必要信息，提升商业计划书质量。项目通过审核后，创业者就可以在平台上与投资人进行联络。

2. 创业者约谈

天使投资的投资标的主要为初创型企业，企业的产品和服务研发正处于起步阶段，几乎没有市场收入。因此，传统的尽职调查方式不适合天使投资，而决定投资与否的关键因素就是投资人与创业者之间的沟通。在调研的过程中，多数投资人均表示，创始团队是评估项目的首要标准，毕竟事情是人做出来的，即使项目在目前阶段略有瑕疵，只要创始团队学习能力强、有格局、有诚信，投资人也愿意对其进行投资。

3. 确定领投人

优秀的领投人是天使合投能否成功的关键所在。领投人通常为职业投资人，在某个领域有丰富的经验，具有独立的判断力、丰富的行业资源和影响力以及很强的风险承受能力，能够专业的协助项目完善 BP、确定估值、投资条款和融资额，协助项目路演，完成本轮跟投融资。在整个众筹的过程中，由领投人领投项目，负责制定投资条款，并对项目进行投后管理、出席董事会以及后续退出。通常情况下，领投人可以获得 5% ~ 20% 的利益分成（carried interests）作为权益，具体比例根据项目和领投人共同决定。

4. 引进跟投人

跟投人在众筹的过程中同样扮演着重要的角色，通常情况下，跟投人不参与公司的重大决策，也不进行投资管理。跟投人通过跟投项目，获取投资回报。同时，跟投人有全部的义务和责任对项目进行审核，领投人对跟投人的投资决定不负任何责任。

5. 签订 TS

TS（term sheet）是投资人与创业企业就未来的投资合作交易所达成的原则性约定，除约定投资人对被投资企业的估值和计划投资金额外，还包括被投资企业应负的主要义务和投资者要求得到的主要权利，以及投资交易达成的前提条件等内容。TS 是在双方正式签订投资协议前，就重大事项签订的意向性协议，除了保密条款、不与第三人接触条款外，该协议本身并不对协议签署方产生全面约束力。

天使投资的 TS 主要约定价格和控制两个方面：价格包括企业估值、出让股份比例等，实际上就是花多少钱，买多少股；控制条款包括董事会席位、公司治理等方面。对于早期创业者来说，如何快速获取第一笔投资尤其重要。因此，尽可能的简化投资条款，在很多时候反而对创业者和投资人都相对有利。近年来，天使投资 TS 有逐步简化的趋势，IDG、真格基金等推出一页纸 TS，仅包含投资额、股权比例、董事会席位等关键条款，看上去一目了然，非常简单易懂。

6. 签订正式投资协议

正式投资协议是天使投资过程中的核心交易文件，包含了 TS 中的主要条款。正式投资协议主要规定了投资人支付投资款的义务及其付款后获得的股东权利，并以此为基础规定了与投资人相对应的公司和创始人的权利义务。协议内的条款可以由投融资双方根据需要选择增减。

7. 设立有限合伙企业

在合投的过程中，领投人与跟投人入股创业企业通常有两种方式：一是设立有限合伙企业以基金的形式入股，其中领投人作为 GP，跟投人作为 LP；另一种则是通过签订代持协议的形式入股，领投人负责代持并担任创业企业董事。

采用这种方式入股创业企业主要基于以下两方面原因：一是法律层面，《中华人民共和国证券法》（以下简称《证券法》）和《中华人民共和国公司法》（以下简称《公司法》）对公开发行证券有明确的界定，《公司法》要求非上市公司股东人数不能超 200 人，有限责任公司股东人数不得超过 50 人。《证券法》则规定，向"不特定对象发行证券"以及"向特定对象发行证券累计超过 200 人"的行为属于公开发行证券，必须通过证监会核准，由证券公司承销。为规避法律红线，天使合投实行的投资模式是借用有限合伙制的"壳"，即投资人先组建有限合伙企业，领投人作为 GP，跟投人作为 LP，再通过有限合伙企业整体入股创业公司。二是税负层面，采用有限合伙形式可有效避免双重税负，有限合伙企业不作为所得税纳税主体，合伙制企业采取"先分后税"方式，由合伙人分别缴纳个人所得税（合伙人为自然人）或企业所得税（合伙人为法人），合伙企业如不分配利润，合伙企业和合伙人均无须交纳所得税。

8. 注册公司

投资完成后，创业企业若已经注册公司，则直接增资；若没有注册公司，则新注册公司并办理工商变更。公司进行设立登记时，应提供公司章程。公司章程包括：公司名称和住所、经营范围、注册资本、股东的姓名、出资方式、出资额、股东的权利和义务、股东转让出资的条件、公司的机构及其产生办法、职权、议事规则、公司的法定代表人、财务、会计、利润分配及劳动用工制度、公司的解散事由与清算办法等条款。创业企业完成融资后，需要对公司章程相应条款进行修改，除注册资本、股东外，还包括投资方要求更改的部分条款。

9. 投后管理

除资金以外，天使投资人利用自身的经验与资源为创业者提供投后管理服务可以帮助创业企业更快成长。同时，类似于云筹这样的股权众筹平台，也会在企业完成众筹后，为创业者和投资人设立投后管理的对接渠道，使双方能够无障碍沟通。投后管理服务包括：发展战略及产品定位辅导、财务及法务辅导、帮助企业招聘人才、帮助企业拓展业务、帮助企业再融资等方面。

10. 退出

退出是天使投资资金流通的关键所在，只有完成了有效的退出才能将初创企业成长所带来的账面增值转换为天使投资人的实际收益。天使投资主要的退出方式包括：VC 接盘、并购退出、管理层回购、IPO、破产清算等。股权众筹在 B 轮之前很少退出，在 B 轮之后有合适的机会可以考虑退出，但好的项目一般会跟到最后。按照惯例，天使投资在退出时通常会有一定的折扣，折扣部分以现金或等值股份给予创始团队或以老股形式卖给下轮投资人。因此，天使投资在 A 轮、B 轮退出收益不高。

（二）股权众筹运作流程可能存在的风险

1. 项目审核阶段

对于发起人项目信息的真实性与专业性，众筹平台在审核过程并没有专业评估机构的证实，项目发起人和众筹平台间具有的利益关系很可能使其审核不具有显著的公正性。众筹平台在其服务协议中常设定了审核的免责条款，即不对项目信息的真实性、可靠性负责。平台项目审核这一环节实质上并没有降低投资人的风险，投资人由于事前审查，很可能需要花费大量的成本以降低合同欺诈的风险。

2. 项目宣传与展示阶段

项目发起人为获得投资者的支持，需在平台上充分展示项目创意及可行性。但这些项目大都未申请专利权，故不受知识产权相关法律保护。同时在众筹平台上几个月的项目展示期也增加了项目方案被山寨的风险。

3. 项目评估阶段

项目的直接发起者掌握有关项目充分的信息以及项目可能的风险，为了能顺利进行筹资，其可能会提供不实信息或隐瞒部分风险，向投资者展示"完美"信息，误导投资者的评估与决策。项目发起者与投资者信息不对称导致投资者对项目的评估不准确。

4. 项目执行阶段

众筹平台归集投资人资金形成资金池后，可能在投资人不知情的情况下转移资金池中的资金或挪作他用，导致投资者资金损失；另外，项目在执行过程中也可能因为技术方面原因（新技术瑕疵多或新技术代替原有技术）或经营项目的直接发起者掌握有关项目充分的信息以及项目可能的风险，为了能顺利进行筹资，其可能会提供不实信息或隐瞒部分风险，向投资者展示"完美"信息，误导投资者的评估与决策。项目发起者与投资者信息不对称导致投资者对项目的评估不准确。

（三）众筹投资流程需完善的地方

1. 项目展示环节

项目展示环节对于融资企业和众筹平台来说非常重要，直接决定了投资人是否产生认购意向。现行许多众筹平台对项目展示环节重视度不够，但 Crowdcube 则不同，它专门特别设置了问答环节，比如项目发起人在项目展示时会专门指定特定时间段同潜在投资人进行在线问答，有利于双方直接沟通。另外，Crowdcube 与 Facebook、Twitter、LinkedIn 合作，投资人和公司可以通过这些社交网络进行交流，创业者也可以充分利用自己的社交圈。这些都值得国内诸多平台进行学习。

延伸阅读 9-3 股权众筹中的股东身份怎么体现，何时分红

众筹咖啡馆、众筹客栈，都是股权众筹的典型。众筹权作为股东出资注入公司，投资人成为众筹股东，持有公司股份。因此，其实麻烦在这个节骨眼上就产生了，股权众筹不可避免地涉及公司股权架构，公司治理模式，项目进行的过程也更为复杂。股东身份怎么体现？什么样的情况下能分红？股东能否参与公司运营？这些都是问号。

众筹就表示股东数量多，少则几百个，多则上千。不过《公司法》规定，有限责任公司的股东不超过50人，非上市的股份有限公司股东不超过200人。法律对公司股东人数的限制，导致大部分众筹股东不能直接出现在企业工商登记的股东名册中。通常来说，一般的处理方法，是委托持股和持股平台持股两种。前者的模式，众筹股东并不亲自持有股份，而是由某一个实名股东持有，并且在工商登记里只体现出该实名股东的身份。尽管法律认可委托持股的合法性，但是还需要证明众筹股东有委托过实名股东。这种委托关系，是众筹股东和实名股东之间的内部约定。通常来说，这种约定没有书面文件，如果闹到翻脸的地步，众筹股东有口难辩。

后者，则是若干股东在众筹公司里只体现为一个股东，即持股平台。不过，按照《合伙企业法》，众筹股东作为有限合伙人，众筹发起人作为普通合伙人，通常有限合伙人不参与管理，由普通合伙人负责管理。换句话说，众筹发起人，依然是管理和控制持股平台的第一人，他能以普通合伙人的身份控制投资和股份等。

因此，无论是委托持股还是持股平台，想直接体现股东的身份，并不是一件简单的事。

也正是有了这个逻辑。众筹股东虽然是公司股东，但是几乎很难行使公司股东的权利，基本上都不太能亲自参加股东会、参与股东会表决和投票。好不容易组织起了股东会后，也因为股东人数众多，而众口难调，严重削弱了公司的决策效率。杭州第一家众筹模式的咖啡馆"聚咖啡"，就面临着这样的问题。由于发展理念存在严重分歧，聚咖啡一直处于亏损状态，如今最早的发起人已经退出团队，咖啡馆只有一个领头人带领团队。

此外，股东无法决定是否分红，也是一个大问题。《公司法》并未规定公司有税后可分配利润就必须分红，众筹公司完全可以以"税后利润要用于公司长期发展的再投资"为借口，推掉众筹股东分红的要求。如果没有在公司章程中制定相关约条，众筹股东只有眼红的份。

资料来源：浙江在线·浙商网，文/管吴澄。

2. 融后管理环节

当下国内诸多众筹平台，都采用类似"大家投"的运作模式，在线下成立有限合伙企业，由领投人担任普通合伙人并负责融后管理工作。不是说这种模式不好，只是说后期领投人投

资企业过多，要对每家企业进行融后管理，可能精力上难以顾及。适时考虑众筹平台代管以及专业第三方股权托管很是必要的，一方面众筹平台可以建立专门的融后管理团队，赚取部分收益，另一方面如果有专业第三方股权托管公司代行相关职责，也能更好地保障诸多众筹投资人的利益。

3. 领投人制度

因为国内股权众筹目前的主流模式是"领投+跟投"制度，所以领投人资质评估就显得尤为重要。当下各大股权众筹平台都纷纷出台了自己的领投人资格审核要求，大多是从履职经历、投资经历上进行区分，更多的是对个人的一些要求。未来在领投人制度建设方面，一是要尽可能引进机构投资人身份，促使平台与天使、VC产生更紧密的联系，二是要强化领投人的专业水平和道德品质，尽可能防止领投人欺诈的风险。

4. 投资者风险提示

任何投资都是有风险的，股权众筹同样也不例外，但股权众筹平台对投资者的风险提示做的明显不到位，这主要是基于国内法律、法规缺失。从未来发展趋势看，这一块一定会加强。股权众筹平台应当在投资之前对众筹投资人做出风险提示，其主要风险包括：损失投资额、流动性风险、低概率分红和股权稀释等。

5. 中途退出机制

股权众筹本质上是股权投资，而股权的流动性对投资者而言又至关重要。在后期可以通过并购或者IPO退出，但在投资中途如何退出是个问题，特别是在投资1~3年间，投资者因为各种原因拟退出项目投资的。因为是通过有限合伙企业间接持有融资项目的股权，所以投资者中途退出变成了有限合伙份额的转让，这里需要确定的是中途转让的企业估值问题和具体的受让方如何确定的问题，一个良好的机制至少应该形成进退皆有序的循环体系，这样也更有利于投资人放心大胆积极的认购。

（四）"领投+跟投"的常用方式

尽管"领投+跟投"是国内股权众筹平台采用的主流模式，但在具体的实践中，较为常用的是以下三种方式。

1. 设立有限合伙企业

由领投人担任普通合伙人，其他跟投人担任有限合伙人，共同发起设立有限合伙企业，由有限合伙企业对被投企业或项目进行持股。这一模式仍然在国内占据多数，产生原因主要是为了规避相关法律、法规的限制。

2. 签订代持协议

由每一位跟投人分别与领投人签订代持协议，领投人代表所有投资人对被投企业或项目直接持股，这样一来规避了有限合伙企业要进行工商登记的麻烦，但领投人在参与被投企业或项目的重大决定时，往往需要征得或听取被代持方即跟投人的意见。另外，实践中也有融资企业的大股东或实际控制人直接与投资人签订代持股权协议的情形，这类情形大股东或实际控制人往往都会变相约定提供固定回报。

3.签订合作协议

这一类模式实践中并不是很多，主要用于实体店项目，通常是项目发起人与不同投资人分别签订合作协议，约定投资人的股权比例和相关权利义务，并不进行相应的工商登记，公司内部承认投资人的股权份额并据此进行相应的盈利分红。因为投资者参与众筹这类实体店项目，往往看重的是其稳定的现金流和盈利能力。

第三节 中国式众筹

中国式众筹与西方众筹不一样，中国式众筹常常是先筹人，再筹资筹智的熟人圈众筹，而非面向陌生人；更注重线下面向熟人的互动，而不是直接发起线上平台众筹。"中国式众筹"属于"中国文化背景下的众筹新玩法"，互联网时代的资源组合、智慧互享、线上互动等特征，都在众筹中得到了集中的彰显。中国式众筹的样本是由杨勇发起的1898咖啡馆（见图9-6）。2013年，1898众筹咖啡馆正式开业，短时间内就引起了巨大反响，吸引了一大批对众筹实操感兴趣的各个行业的企业家、管理者和创业者等精英群体，并在近两年的时间里持续引领和推动了中国众筹浪潮。

图9-6　1898咖啡馆

一、明确定位：简明、清晰、有特色的项目主题

1898咖啡馆成立之初就有着明确的主题定位——"北大校友创业之家"。

作为国内首家以"校友创业"为主题的众筹咖啡馆，1898咖啡馆成立的初衷，是为北大校友创业联合会提供活动场地和运营经费。在此基础上，通过整合优秀创业校友资源，为企业家、创业者和投资人提供高效的交流合作平台，进而形成良性的创业生态系统。

第一，清晰的主题定位能够为筛选股东提供依据，有利于找到有共同价值观的众筹"合伙人"。与西式众筹不同，"1898众筹模式"以先筹人再筹资的熟人圈众筹为核心特征，股东不仅要出钱，而且要出人、出力、出智慧、出资源。要达到这样的效果，就必须根据项目定位精挑细选股东，凝聚一批能够为项目发展提供资源和帮助的人。

第二，主题清晰、痛点聚焦，项目才能做出特色和亮点，才可能成为细分领域No.1，股东才有荣誉感并愿意出去炫耀。做到某方面的第一并不是一件难以想象的事，关键是要深挖特色、坚持创新。1898咖啡馆作为全国第一家校友创业主题众筹咖啡馆，开"中国式众筹"之先河，展现了中国式众筹完整的方法论和实操体系，并源源不断的将这一模式对外输出，成为中国式众筹的策源地。

第三，清晰聚焦的主题也能避免大家沉醉于盲目乐观、无限发散的"想象空间"。众筹方式让一群人凝聚在一起，很容易自我膨胀，认为大家一起能做很多大事，于是偏离了项目的初衷和主题，导致众筹的失败。项目的基本定位就像是树根，根扎得越牢，枝叶自然就会越茂盛越健康，这棵树作为整体也越有生命力。如果过多的设定基本定位之外的"想象空间"，会误导大家参与项目的初衷和预期。

众筹项目主题定位明确之后，并不能自动生成资源网络和价值生态，这时需要基于定位盘点资源，优化股东结构，设置准入机制，严格挑选众筹"合伙人"。

二、基本规则：等额返卡、股份均等、三年不倒闭

1898咖啡馆的缔造者——董事长杨勇，在筹备1898咖啡馆时，并没有准备详细的众筹方案，只是确立了几条基本规则：按照出资额返还等额的消费卡；咖啡馆股东股份完全平等；承诺三年内咖啡馆不倒闭。

"等额返卡"：第一批出资人每人出资3万元，返还3万元的储值消费卡，第二批出资5万元返还5万元消费卡。只这一条就让大家觉得参与这个咖啡馆不吃亏。在咖啡馆各方面尚不明朗的筹建早期，这一方式消除了许多人出资参与的心理顾虑。

"股份均等"：除了等额返还消费卡，还承认每位出资人具有完全平等的股东身份，这一点就让出资人感觉超值了。股份均等意味着组织中没有"老大"（大股东），这也抓住了中国人"宁为鸡头不为凤尾""不患寡而患不均""天塌下来高个的顶着"等文化心理特征，保证了大家都是咖啡馆平等的主人，这种民主氛围充分调动了大家的主人翁精神和贡献力量的积极性。

"三年不倒闭"："等额返卡、股份均等"让出资人感觉参与咖啡馆是一件很值的事。然而，单体店咖啡馆是很难赚钱的，要让大家的卡能消费完，就要保证咖啡馆短期内不能倒闭。因

此，杨勇以反向思维去操作，为出资人打造了一条"底线"：即使出现最糟糕的经营财务状况，仍然会保证咖啡馆"三年不倒闭"。三年以后，大家卡上的钱也花完了，即使那时咖啡馆关门，大家也都没有心理压力和负担。而要实现"三年不倒闭"，筹资额就不能少，经过测算要能保证亏三年还死不了。

这几条简单规则的核心价值在于：使咖啡馆股东集投资者、消费者、推广者三种身份于一身，大家平等参与并积极地为组织贡献智慧、资源和力量，实现良好的预期管理和风险管控。由于发起人手中持有大额消费卡，除了自己消费，出于主人翁的精神和强烈的自豪感，他们会主动宣传咖啡馆，实现了自动口碑传播。这种三位一体的身份特征能够将供给方和需求方统一起来，咖啡馆既筹集了运营资金，又锁定了一批最初消费群体；既带动了内部活跃，也提升了人气和营业收入，从而大大降低了初创时期的经营风险。

"等额出资的'联合创始人'，均等地被授予三大'特权'：平等的'股东'地位、可消费的'入股'资金、资源就近的创业氛围……实际上突破了——入股资金不能自主消费、股东有大有小会缺失平等地位、创意隔绝无法坦率交流这三大既往的企业机制瓶颈，简单说，'入股'者既是'股东'、又是'会员'，店客一家，就弥合了过往常常浮现的股东与客户之间不睦的博弈局面。此例'众筹'，开启了'众筹模式'的2.0时代。"

三、股东结构：盘点资源、优化结构、建立生态

1898咖啡馆众筹模式的核心特征之一，就是打造基于项目定位的价值网和生态圈。而要实现这一点，就要根据主题定位进行资源盘点，梳理自身的优劣势以及未来发展所需要的资源，并按照资源需求对出资人精挑细选，优化股东结构。

1898咖啡馆的基本定位是"北大校友创业之家"，为了打造一个高效的创业生态，1898咖啡馆从联合创始人的年龄、院系专业、所处行业、企业发展阶段等维度上进行了结构优化。200个名额看似很多，按照几个维度划分下来就变得稀缺了。

从专业和行业上看，联合创始人几乎覆盖了北大1977级以来的所有院系、专业；全面涉及金融、移动互联、新能源、新媒体、教育、法律、高科技等诸多行业和领域，新兴行业与传统行业相互搭配。联合创始人不乏知名校友，如拉卡拉创始人孙陶然、北大纵横创始人王璞、蓝色光标董事长赵文权、佳美口腔董事长刘佳等。

从年龄上看，七成左右发起人为"70后"。"70后"校友多处于事业上升期，虽已有所成就，但继续发展上升的动机非常强烈，愿意积极寻求合作空间，从而带动了整个圈子的活力。同时吸收一些"50后""60后"大佬级的成功企业家来扛大旗、提升影响力，以及少数特别优秀的"80后""90后"创业校友。

从创业阶段和资源上看，股东大多都是各个行业的代表性人物。咖啡馆把他们整合在一起，实际上就储备了创业各个阶段所需要的各种资源，这样平台就能够最大限度地为创业校友服务。

从参与者特征看，股东们都有推动自身事业发展的强烈动机；需要拓展人脉圈子；乐意分享或参与校友活动，希望与校友互动合作。相反，那些事业处于非常稳定状态，缺乏进取心和合作需求、只出钱但不参与互动分享的人，并不是股东的理想人选。

基于明确的主题定位去筛选股东，参与者便具有天然的关联性和互动性，从而形成价值网络与商业生态。在中国法律体系不完善并缺乏契约精神的商业环境下，圈子内部的信任关系极为宝贵，通常会产生比实际合约更大的信用价值，大大提高了内部合作的便利性，降低了沟通成本和交易风险。

同样，在讲究人情、面子的中国文化土壤中，熟人圈内部的失信成本也是极高的，大家特别在乎自己在圈内的口碑。圈子中对当事人的负面评价的扩散，不但给个人带来巨大心理压力，而且影响其在行业内的生存和发展。这种潜在机制会对参与者产生很强的心理约束，使得圈内合作变得更可靠、更容易。

名家箴言

众筹的最高境界，是人才的众筹。

——杨勇（1898 咖啡馆创始人）

四、准入方式：内部推荐、分批发展、执委表决

在股东准入上，1898 咖啡馆采用内部推荐、分批发展、执委表决的双向选择机制，保证了股东圈子的品质。咖啡馆按照自身定位来优化股东结构，坚持宁缺毋滥的原则严格筛选，并非愿意交钱就可以成为股东。

第一，通过内部人推荐的方式发展股东，即让前面的人决定后面的人，获得现有股东的推荐背书才有资格申请加入。

依据圈子定位确定一位合适的牵头人，要能够多花时间和精力推进众筹项目。然后，在牵头人的推动下确定 10 位左右核心发起人，每位发起人再推荐三五名感兴趣且符合条件的朋友参与（为避免帮派化，一般每位发起人推荐的人数不宜超过 10 人）。确定 50 位发起人之后，筹资额基本能够覆盖前期场地租金、装修、人员等各项成本，项目便可考虑正式启动入资，同时可继续推荐出资人加入。

这种众筹模式并不是由牵头人一个人去找一两百个人，而是通过层层推荐来实现的。采用这种方式的原因在于：①层层推荐使每个发起人都成为圈子中的一个网络节点，每一个参与者都有熟人背书，从而形成较为紧密、容易互动合作的价值网络。②要推荐熟人加入需要向熟人说清楚这一模式，这本身就是自我思考和自我教育的过程，通过沟通使朋友更加理解、认同进而诚意参与。③发起人推荐的过程及其所推荐的人的层次，也在一定程度上证明了发起人的实力、影响力和号召力，客观上起到一定筛选作用，保证了圈子的品质，有利于众筹组织未来的健康发展。

第二，发起人推荐的申请人必须通过执委会表决，半数通过或一票否决。这种模式讲究"先入为主"，前面的股东之所以愿意推荐，是因为申请人会对这个圈子带来价值。同时，还要经由执委会表决，执委会代表全体股东考察申请人对圈子的价值。这种互动机制保证了进入圈子的都是优质资源，有互动价值和合作空间。

第三，采用分批溢价的方式招募股东。咖啡馆以开业为节点分前后两批招募，开业之前是第一批，出资额3万元，开业之后是第二批，出资额5万元。分批招募之所以有金额溢价，是因为考虑到前期组建有风险、有难度，参与的人投入多、贡献多。一旦咖啡馆成功开业，其口碑、影响力和圈子价值日益凸显，后期参与的价值和热情都会越来越高。

明确了股东准入规则，使股东之间能够形成资源互补的生态网络之后，还必须设立有效的组织架构和激励机制，来保证股东的活跃度和组织活力。

五、组织架构：平台型组织去中心化双层架构

作为平台，1898咖啡馆需要服务双重"客户"：200位股东和咖啡馆的消费者。为此，在组织管理上设置了简单而独特的双重架构。

与传统公司制相类似的是，1898咖啡馆设置执委会、轮值主席、监事会和职业经理人团队。

执委会相当于董事会，由有威望的股东兼职组成，是整个咖啡馆组织的最高权力机构。咖啡馆的日常经营管理和重大事务都由执委会决定。执委由股东推选产生，需要付出必要的时间和精力参与相关工作，愿意为大家服务，并定期轮换。轮值主席相当于董事长，由执委会选举产生；监事会也由股东兼职组成，负责整个咖啡馆事务的监督管理。

职业经理人团队由专职人员构成，专注于咖啡馆的日常经营管理，向轮值主席和执委会负责。咖啡馆经营并不是股东关注的核心，主要由执委会的代表——轮值主席来对接职业经理人团队。

与传统公司之不同的是，1898咖啡馆单独设立了秘书处。秘书处必须有专职人员负责，同时可有兼职人员参与，其核心职能就是为股东服务，帮助股东对接资源，促进股东之间合作，协助股东开展活动，推动股东事业发展。事实上，在这样一个资源平台，股东们出资的钱很容易挣回去。

作为一种新型社会组织，这一组织结构模式与传统咖啡馆和其他众筹模式的最大不同在于，在经营管理平台之上，还有一个专门的股东服务平台。股东关注的核心是构建一个有明确定位的资源圈子，然后基于自身业务寻求合作和发展空间，而非通过筹资经营咖啡馆来赚钱。筹集的资金用于咖啡馆还是茶馆或其他形式等，都只是达到这一目的的手段和条件，而非目的本身。这一模式增强了互动效果和圈子价值，认识到圈子价值的人自然有极大热情参与进来。

创业故事 9-2　凯翼互联网造车新思维：设计众包、卖车众筹

能否想象这样一个场景，一辆车不是由整车厂的汽车工程师们设计出，而是来自身边上千甚至上万个汽车发烧友、甚至时尚设计师之手，这款汽车产品不仅汇集了来自各方面的优秀方案和需求，还包括普通消费者等汽车设计门外汉们的意见。甚至具体到车上每一种配置的增减，消费者都能参与其中，直到最后这款"私人订制"的新车被送入车间生产。

神奇的旅程还不止于此。你不仅可以选择自己爱车的样式，还可以在这款车进行生产之前就"投资"，前期的投资在产品出来后将转化为购车款，享受特殊的优惠政策，甚至可能决定汽车的售价。这样是不是更加不可思议？概括来说，这就是"众包造车"和"众筹卖车"，将造车和汽车销售完全打通，实现消费者全程参与。

大家一起造车，听上去是一件非常疯狂的事情。敢于"吃螃蟹"做这件事情的，并非国际大牌公司，而是中国品牌凯翼汽车。2015年6月底，凯翼众包的开发平台正式启动。"高手在民间，需求也在民间。"凯翼汽车总经理郑兆瑞向《经济观察报》记者表示。

说起凯翼汽车，可能很多人会觉得陌生。这家成立于2013年年底，在2014年8月才发布品牌的汽车公司是目前国内最年轻的汽车公司。

2013年年底，凯翼汽车由安徽省江北开发有限责任公司、奇瑞商用车（安徽）有限公司和芜湖市建设投资有限公司三方共同投资，注册资本为20亿元，奇瑞商用车控股凯翼50%股份。在发展路径上，凯翼汽车采取"轻资产"的模式，不建立厂房，而采取代工模式生产产品，将所有的资源集中于前端的研发和设计。其核心理念是打造面向年轻人的下一代智能互联汽车。"核心是从人读懂车，转变为车读懂人。"2015年6月8日，奇瑞研究院院长卢礼华在接受记者采访时这样讲述凯翼未来智能互联汽车的核心思路。按照去年品牌发布之时的规划，2016年凯翼的第一款真正意义上的智能互联汽车将上市。届时，凯翼将正式踏入互联网汽车时代，而其成功与否也将决定奇瑞集团另一种突围途径的命运。

全过程参与

"众包"是伴随着互联网的发展兴起的一种模式，由企业提供平台，让公众参与并主导原本由企业独自完成的产品开发过程。众包上最典型案例是维基百科——这个由世界各地的人们出于爱好将自己掌握的知识汇聚在一起，造就的新时代百科全书。同理，小米手机的发展也是基于众包的模式。

但维基百科和小米的众包集中在软件上，在汽车制造这样专业的领域，还有没有一个整车厂做过这样的尝试。"众包造车看起来十分简单，但操作起来十分麻烦、涉及很多事情，整合难度大。这也是一个长期工作，至少会耗时2~3年。"凯翼"众包"项目负责人、凯翼汽车营销中心总经理助理贾守平对记者表示，凯翼要做的是通过将产品开发、客户服务和品牌建设的全过程向用户开放，让用户参与进来，建立一个与消费者共同成长的品牌。

根据卢礼华介绍，凯翼已经搭建了一个互联网平台，同时将通过网络社区、官网、

官微和微信等多重渠道汇聚汽车发烧友、民间造车高手、汽车行业大佬、创意设计师等对汽车感兴趣的人，一道来共同参与开发。记者了解到，第一款产品平台将是一款内部代号为CF5的A级Cross车型。

按照计划，今年（2015年）下半年为作品征集阶段，参与者在这个阶段提交作品，网上大众进行评审并票选出优秀方案。"明年（2016年）4月的北京车展上，我们争取做出这款车的油泥模型。"郑兆瑞告诉记者，众包模式涉及新车的外观设计、空间设计、内饰设计、UI设计、智能互联系统设计等方面。

"大多数自主品牌造车经历两个阶段，初期是凭感性认知，领导拍板决定，后来是咨询公司通过市场调研得出，但这两个都距离用户很远，难以保证结论的准确。"郑兆瑞告诉记者，而凯翼的众包就是要省去中间环节，去中介化，直接面对消费者。"他们要什么样的车，都会通过参与这个活动直接体现，从而让我们的产品更接近消费者。"除了造车，后期的"众筹卖车"也会在后期给出具体方案，使整个环节都让用户参与，从而将汽车业推进到用户全面参与的时代。

差异化突围

但是，凯翼的竞争者并不少。去年（2014年）以来，互联网企业造车在国内形成一股潮流，上汽集团和阿里巴巴达成合作，乐视和北汽形成联盟，腾讯也和和谐汽车、富士康联手造车。在这种情况下，一开始就颇受质疑、各种资源并不占优势的凯翼汽车，又将如何突围？

郑兆瑞认为，和乐视等互联网企业最大的不同在于，凯翼是具有互网联思维和极客精神的汽车企业，车企的身份让他们对汽车与造车的理解与把握更深入准确。"第一我们有精益化的管理方式，轻资产运行企业负担更小，灵活度大；第二我们有制造优势，整车集成能力更强。"郑兆瑞说。此外，智能互联汽车是一个非常复杂的系统，涉及的技术点很多，目前来看没有哪一家公司能提供完整的解决方案，正因如此，凯翼在上海成立了智能研究院，与合作的互联网企业联合办公，实现产品的无缝对接。

凯翼目前的产品有C3和C3R两款，都是传统造车模式下的产品。按照计划，明年（2016年）凯翼将推出一款A级SUV，一款MPV，在2017年将推出一款A级SUV。后面这三款产品将具备凯翼智能互联的技术DNA。到2018年，凯翼的众包产品也将推出。除此之外，在产品的规划上，凯翼也规划了新能源汽车，包括EV和PHEV将同步进行。

不过，凯翼在初期并没有选择与国内一些互联网巨头合作造车。"一方面是保证公司的独立发展，二是掌握端口资源，形成未来新的盈利模式。"卢礼华说。

在凯翼预测中，未来硬件销售（整车销售等）利润将大幅减少，而服务将成为利润的主要来源。由于是轻资产的模式，凯翼相对于传统企业成本更低，凯翼预计在2017年左右实现盈利。而要想盈利，凯翼需要在销量规模上达到20万辆。"未来我们将会有5款产品，我们希望这几款车每年的销量都至少能达到5万辆。"郑兆瑞说。

凯翼在互联网造车的"试验"也直接影响了奇瑞的改革。奇瑞目前为凯翼的生产代工方，同时为凯翼提供核心部件。

资料来源：《经济观察报》，文／王国信。

许多人认为，1898咖啡馆打造了一个社交平台，股东们并不关心咖啡馆经营的好坏，所以咖啡馆很难经营好。这其实是一种误解。虽然咖啡馆经营并不是股东关注的核心，但并不意味着经营不重要。事实上，代表股东的执委会及轮值主席，对职业经理人团队的要求是非常高的，这和任何普通咖啡馆对职业运营团队的绩效要求是一样的。

1898咖啡馆模式的核心使命是形成一个高效互动的有价值的圈子，双层的组织架构设计，既保证了对股东核心诉求的满足，又能对职业经理人团队的经营业绩提出严格要求，从而形成健康可持续的运行机制。

这样一种组织架构，加上股份完全平均的去中心化设计，实现了股东们的平等参与、民主共享、合作互利，形成了一种网络化的自组织形态，体现了互联网精神的本质。在简单的基本规则之下，组织是自由生长和演化的。去中心化实际上是形成了动态的分布式的中心，即针对不同行业、不同领域、不同项目，每个股东都可以根据自己的特点、专长和意愿，去发起组织各项活动，去开展各种合作，因此大家的积极性强，圈子内部活跃度高。

六、持续激活：高效的持续互动和自由孵化

中国人都有很多圈子，为什么会对某个圈子情有独钟？如何保持圈子持久活力，不断激活资源，避免迅速沉寂？这成为圈子建立之后需要面对的一个重要问题。

第一，要制定大家愿意响应的游戏规则，从而实现持续互动。1898咖啡馆的股东值班制就是典型代表。1898咖啡馆要求每位股东每年要在咖啡馆值一天班，上午当服务员端茶倒水，下午约同学、朋友或客户聚会聊天谈业务，晚上要牵头办一场主题活动。让这些老板去端盘子做服务生，他们反而觉得有意思，这一天他可以把老朋友聚到一起，增进情感交流。这不仅提高了大家的参与感和归属感，客观上也起到扩大宣传、提升消费的效果。同时，中国人爱面子，股东们之间也有攀比心理，谁值班当天的营业额高、参加活动的人多，都会觉得很自豪，这自然会激发大家为咖啡馆做贡献。实际上，活动是咖啡馆的命脉，在1898咖啡馆场地开展的较为正式的活动每年都会有二三百场。

类似的，1898咖啡馆还成立创新孵化等专业委员会，调动大家资源为平台做贡献。股东投入时间越多，对项目和圈子就越有感情，组织的黏性就越强，对股东的价值也就越大。

第二，形成一个自组织的交易所和孵化器。1898咖啡馆的独特魅力在于，从诞生伊始，就形成了一种与众不同的组织形态，成为一个自成长、自治理的自组织，一个高效率的孵化器和交易所。2014年年底，1898咖啡馆获批为"中关村创新孵化器"，不久后又获得"中关村优秀创业服务机构奖"。

在1898咖啡馆内部，股东之间达成合作或形成小圈子是非常普遍的。每一个股东作为一个节点，在这个一两百人的网络中可以自由组合，成为"自由人联合体"。同时，咖啡馆的发展方向和股东服务功能，都由股东们自己按规则协商决定，有着很大的想象空间。例

如，股东内部自发成立了1898投融资俱乐部，开展了大量的投融资讲座和路演，带动了许多业务和合作机会。青青树动漫出品的《魁拔Ⅲ》众筹融资，仅在1898投融资俱乐部组织的路演中，短时间就筹了几千万元。

咖啡馆股东之间本身就有着很好的信任基础，通过各类活动，对接了校友之间的融资、投资需求，促成了校友之间的深度交流合作，实现了多方共赢。在中国的文化背景下，这些玩法巧妙地满足了参与者的心理需求，激发了他们的参与热情，从而保证了模式的成功效果。

很多校友说，自从有了1898咖啡馆，几个月时间跟同学、朋友见面的次数比过去20年还多。见面之后能谈什么？谈思想、谈合作、谈生意，这就是线下实体所带来的巨大好处。另外，当圈子里有很多牛人经常来咖啡馆的时候，很多人想跟他们见面交流，所以也会经常过来。很明显的感受是，校友们越来越活跃，交流、分享、合作越来越多。

七、风险管控：内在风控机制与预期管理

1898咖啡馆众筹模式是在现有法律框架下操作的，核心把握了以下几点。

第一，只面向熟人圈招募股东，不接受陌生人的钱。通过熟人的推荐和背书，既降低了交易成本，也选出了靠谱的股东，同时也规避了面向陌生人公开募集资金的法律风险。

第二，人数不超过200人。按照我国《公司法》规定：设立股份有限公司，发起人不能超过200人。目前，200人是现行法律框架下做股权众筹需要高度重视的法律底线。

第三，募资金额大，股东筛选严格，出资人具备风险识别和承受能力，不承诺回报。创业的失败率本来就很高，如果众筹的项目没有那么好，风险就更大。目前众筹正处于起步阶段，众筹投资人一定是有风险识别和承受能力的人，如果出现大范围的问题，对众筹行业将带来巨大的负面影响。

1898咖啡馆众筹模式对股东的预期有合理定位和管理。咖啡馆经营本身很难有较大获利空间，因此在股东预期管理上，并不承诺股东能够从咖啡馆经营收益上获取回报，只承诺咖啡馆三年不倒闭，三年内股东基本会把卡上的钱消费完。这样股东心里会觉得很值。有了实体咖啡馆，大大增加了股东线下互动交流的机会，因为有自己的场地，有消费卡，不来会觉得浪费。做众筹千万不能为了吸引投资，就把方案吹得天花乱坠，允诺很难实现的条件。

中国式众筹有很强的自修复、自纠错、自适应的能力。几十位乃至一两百位众筹出资人共同审查项目，大的风险基本都会消除。同时，当项目出现问题时，出资人会提供建议、帮忙解决问题。

众筹项目股东比较多，法律和财务问题要高度重视，专业人士要尽早介入评估风险和可行性。以收钱为节点，前期要通过磨合来释放风险，收钱后要快速推进。收钱和没收钱，大家的心态是不一样的，一旦收钱，发起人和项目操作团队就面临巨大心理压力。因此收钱之

前要反复磨合消除风险，使这些准出资人在主要问题上都达成共识。规范透明的财务可给大家明确的信心，避免内部的分歧和不必要的摩擦。

合同签署、资金到位之后，就进入合同约定的项目落地运营时期。要按照项目持续经营的长期机制要求，定期跟进项目进展，向股东通报和反馈信息，并定期进行会议沟通，增强股东信心。1898咖啡馆每年会给股东一个财务报告，执委会可以随时查账，如果股东想查账可以委托一位执委来查。同时，项目推进过程中遇到的困难和问题，股东也要提供资源支持，形成类似外部董事会的机制，群策群力。

退出机制需要慎重考虑并明确约定。设立退出机制，需要关注退出时间和回报安排，难点在于价值评估。投资周期是固定期限还是不固定期限，不同的时间节点退出该如何计算回报，都是需要考虑和协商的重要问题。一般来说，入资后设置一个反悔期，1898咖啡馆规定三个月内反悔可无条件退款。

八、核心特征：先筹人再出资的熟人圈众筹

1898咖啡馆众筹模式的核心特征之一是熟人圈众筹。在中国的文化、法律环境下，面向陌生人的众筹，法律和道德风险大、信任度低、互动合作差，这也是许多众筹项目失败的重要原因。为此，1898咖啡馆采用独特机制保证了圈子品质。

"众筹"一词虽从英译而来，但在中国语境下有其不同于英文原意的新内涵。在汉语中，"众"为人多之意，"筹"为聚集之意。众筹，顾名思义就是"众人筹集"。筹集的东西不限于资金，而是任何有价值的资源，可以分为三类：物质资源（资金、资产等）、人才资源（能力、智慧等）和社会资源（客户、人脉、圈子等）。

所谓中国式众筹，就是基于熟人圈的筹人、筹智、筹资的新方式。

从本质上讲，中国式众筹区别于西方式众筹的核心特征有两个：一是，西方式众筹主流是面向陌生人的线上平台众筹；中国式众筹是面向熟人圈的众筹，更加重视线下互动。二是，西方式众筹的目的是筹资；中国式众筹的核心是筹人，通过筹人提前匹配和锁定项目未来发展所需资源，这比单纯筹资更有价值。

中国有句老话能够简单直接地表达出众筹的内涵，那就是——有钱的出钱，有力的出力。这里，钱和力分别代表了物质资源和非物质资源（才能、智慧、人脉等）。但这样还不够，在这个基础上改一改，才能更贴切地体现中国式众筹的内涵——不但要出钱，而且要出力。

而这一切，本质上就是筹人。人是一切的根本。人到位，资源对接，强强联合，没有做不成的事！

西方式众筹，核心是"筹资"，主要是作为一种融资方式；而中国式众筹核心是筹人，不仅融资，而且融智、融资源，其中融资并不是最重要的，最有价值的是出资人的时间、情感、智慧、人脉等资源的投入。因此，中国式众筹考虑的核心是，如何使出资人把时间、关

系和资源都带进来。

中国式众筹是中国文化背景下的众筹新玩法，体现了众筹思维的本质和精髓，也体现了互联网时代的时代精神。

九、原型价值：可持续、可复制、可演变

1898咖啡馆，迅速掀起了一股中国式众筹的浪潮，吸引了一大批希望开展众筹实操的企业家、创业者和经理人，越来越多的众筹项目、思路、设想在社群激荡。

许多人认为，1898咖啡馆的成功是因为有北大的光环及资源优势，其成功很难复制。事实上，正如世界上没有两片相同的树叶，每一个具体案例都有其特性，都不可完全复制；但其背后的逻辑是相通的，可以借鉴和复制。1898咖啡馆背后的众筹逻辑体系是完整、自洽、有效的，并不依赖于北大资源，具有很强的可复制性。

以杨勇作为首席架构师，陆续在几个领域操作了标杆案例，证明了1898咖啡馆模式的可复制性。众筹额将达上亿元的四合院咖啡馆——金融客咖啡，成为1898咖啡馆的豪华升级版，强势证明1898咖啡馆模式可复制。众筹全国第一家儿童口腔医院——北京儿童口腔防治医院（佳美儿童口腔医院），实现了股权众筹的完美落地。花色优品，其创始人万格格被马云湖畔大学第一期录取，通过股权众筹方式替代VC，实现了企业的跨越式发展。在武汉东湖之滨，通过众筹复建"经心书院"，实现了湖北籍企业家资源整合、抱团发展。"杨勇人才IPO"，成为全球第一单人才众筹，开启了一个新时代……

经过一年多的发展，很多人学习和借鉴这一模式开始创业，甚至在海外也落地、开花、结果。作为中国式众筹的海外代表，温哥华"1029咖啡馆"就是以1898咖啡馆为模板建立的众筹咖啡馆，打造以温哥华为中心，链接中加、中美创业投资资源的平台，契合了海外华人秉承儒商文化、建立优质圈子的价值诉求。

中国式众筹的每个案例都有其自身特点，但万变不离其宗，其背后的运行逻辑是一以贯之的，只是针对不同案例的特性有不同的操作演变。

作为中国式众筹的典型代表，1898咖啡馆模式是在中国独特的文化土壤下厚积薄发的结果，这既是其诞生于中国的原因，也是其发挥巨大示范效应的原因。

未来，1898咖啡馆所代表的中国式众筹将有更加广阔的想象空间。

十、中国式众筹的逻辑：动车理论、长板理论

创业是非常难的，难在两点，第一是生存特别难，第二是做成非常难。众筹能使创业的成功率提高到近乎百分之百。我们是一些项目"火"起来之后才反思，去研究众筹，发现背后是有很多逻辑的。

第一，大钱与小钱。众筹对中小企业的融资是非常容易的，比如说传统方式中，你要

5 000 万元，就得找到一个能出 5 000 万元的投资人，即使找到也不一定能投你的项目。而众筹会使这件事变得相对简单得多，比如 5 000 万元分 100 个人出，每人出 50 万元。为什么说这很简单：首先，能出 50 万元的人很多，可选择目标很多；其次，因为出钱少跟出资者谈起来也容易；最后，投资回报率要求不会很高，投资者更看中事情本身，当创业出现困难时，投资者对创业者的经营干预小。所以，跟传统方式相比较，众筹方式就改变了这种难度。每个咖啡馆都是 1 亿元的融资，都是用的这种方式。

而且，这种模式抗风险能力非常强，比如买 F1 车队、买球队每个老板出资 500 万元，200 个老板众筹 10 个亿。如果一个老板亏 200 万元，200 个老板亏 4 个亿是可以接受的。

第二，动车理论。众筹模式为什么要强调平等感呢？因为它会使组织发展得非常快，让每个人都有领导感、平等感，这样就会调动每个人的积极性。当 200 个人一起发力时，创业就非常简单。当遇到问题时，将困难往群里一发，可能有人一个电话就能搞定。当困难能较轻松克服的时候，你就会发现创业是非常有乐趣的事情。任何一个项目，如果有 200 人一起发力，它成长的速度会非常快。像传统的火车动力都在车头，牵引力再大，它的前进速度也是有限的，但现在的动车每节车厢都有动力，所以它的前进速度就变得极快。

第三，长板理论。什么叫众筹？说直白点的就是组合一切优质资源。我现在做众筹，涉足将近 200 个行业，别的行业完全不懂，怎么办？我就找这个行业最牛的人，原因是通过众筹的方式，你能找到这个项目需要的各个细分领域最牛的人——只要最牛，就能谈定另外一个领域的更牛的人。通过这种方式，你能迅速组建非常强有力的团队，每个人只做自己擅长的事情——只做自己擅长的事情，能力会越来越强。

第四，三位一体。为什么众筹使得创业变成简单的事情呢？因为改变了团队的模式。传统的创业模式在资金等各方面开展起来都特别困难。而众筹把投资者、生产者、推广者三者的身份合为一体。

举个例子，在金融街众筹一家珠宝体验店，3 000 万元投资。大家都知道现在珠宝店不做品牌店是非常难的，而众筹做起来非常简单。3 000 万元分 100 个人，每人投资 30 万元会成为珠宝店的股东，牵头人为广州市珠宝交易中心保证了货真，而且跟银行有合作，买了珠宝马上可以在银行做抵押贷款。这就做到了货真价实。而且，股东能 2～3 折买到珠宝，比如在外面你要花 50 万元买到的珠宝在这儿你只要花 10 万元就能买到，你就会觉得那投资的 30 万元已经挣回来了。另外，你的朋友能四五折买到珠宝。这样既能解决货真的问题价格又非常便宜，你的朋友就会非常感激你，而且，100 个股东能发展两三千个中高端客户。

第五，200 人把关——独特的风险识别模式。为什么众筹的模式不需要方案呢？因为每个人都会为自己的钱负责。当你为某个项目投 50 万元的时候，你一定会非常仔细看待这个事情，我们强调众筹 200 多个股东有不同的经历和知识背景。如果他们都觉得这个项目不错，那这个项目应该就是很棒。自然，决策质量就非常高了。目前，是超过了 200 人来把关一个项目，未来有可能会达到一万人来把关一个项目，从而最终改变中国人的创业创新环境。

 课后思考

1. 简述众筹的类型。
2. 比较团购与回报众筹的异同。
3. 分析股权众筹创业操作流程。
4. 股权众筹运作流程可能存在的风险有哪些？
5. 中国式众筹的核心是什么？
6. 中国式众筹的内容和特征有哪些？

 案例分析

众筹咖啡有"毒"：接连倒闭，到底错在众筹还是咖啡馆

2016年8月1日，对于经历了近两三个月炎夏煎熬的深圳而言，似乎还看不到漫长夏日的尽头。但对于克拉咖啡的管理层而言，却有一丝寒意悄悄地入了心头。面对这个结果，大家都不愿多谈。

就在7月29日，位于深圳CBD地带、被称为国内第一家"互联网金融咖啡馆"的管理层，正在做一个艰难的决定，咬咬牙，最终还是把这个《停业通知》公告贴出来了："我们抱歉地通知您，克拉咖啡于2016年8月1日停止营业！非常感谢您一直以来对本店的支持与厚爱。"

轻描淡写的公告，像极了大诗人徐志摩看见康河两岸风景时写下的"挥挥手，再见"，其实此举意味着首家互联网金融咖啡馆正式宣告"死亡"。

众筹咖啡馆的"毒"有多深

2011年8月6日，由互联网分析师许单单担任CEO的3W咖啡馆正式成立，与当时国内千千万万咖啡馆不同的是，3W咖啡馆被称作是"国内首家众筹模式"的咖啡馆。

据资料显示，3W咖啡的股东囊括了国内多位成功企业家、投资人、创业者、媒体意见领袖等，形成集互联网、咖啡、红酒、沙龙于一体的圈子。股东有前去哪儿CEO庄辰超、腾讯联合创始人曾李青、新东方联合创始人徐小平、红杉资本创始人沈南鹏……

2015年5月7日，李克强总理专程到3W咖啡总部，一边喝咖啡，一边听着3W咖啡的创业模式，此举更是让3W咖啡声名大噪。后来许单单在一次演讲中表示，总理喝过的那款咖啡现在叫"总理咖啡"，几乎每个人到3W咖啡馆必点的。

与3W咖啡齐名的，还有一家以创业为主题的车库咖啡馆，是由11位天使投资人共同合伙创办，不过和众筹咖啡有些不同，车库咖啡的模式更像是一家孵化器。

在3W咖啡馆出现后，全国上下都出现了"众筹+咖啡"的创业浪潮，很多甚至不是创业者的普通民众，都以众筹的方式发布招股书，集资开一家咖啡馆，尤以国内一线城市为最。

同样在北京，2013年8月，66位来自各行各业的海归"红衣美女股东"共筹资132万元（每人投资2万元），在北京建外SOHO开了一家专注女性的众筹咖啡馆。

据当时报道，这些股东几乎都有国外名校背景，大多就职于投行、基金机构、互联网行业。但仅过一年，这家众筹咖啡馆宣告倒闭。

如果你听过 3W 咖啡馆，想必也知道"很多人咖啡馆"，这家位于江苏常州的众筹咖啡馆，名气并不比 3W 咖啡、车库咖啡差多少，媒体也曾经大肆宣传报道。但却在起初的喧嚣过后，快速陷入了不可逆转的窘境，连续亏损几个月，最后连工资都发不出来了。

借着"众筹+咖啡"的热浪，湖北武汉也有 50 位股东共同筹资 100 万元，成立了一家名叫"CC 美咖"的众筹咖啡馆，旨在给会员提供一个活动场所。然而没过一年，这家咖啡馆默默清算倒闭。

不过，最惨的应该算是山东泰州一家 500 人合伙成立的众筹咖啡馆，在开业半年后，合伙人就从蜜月期快速进入到漫长的撕缠谩骂期。

事实上，不止是以上几个城市，还有像郑州、长沙、杭州、东莞等地均出现过众筹咖啡馆，但结果都与事前相差太远，要么匆匆关门止损，要么勉强维持生存。为此，有不少媒体还预言今年（2016 年）下半年将有 90% 的众筹咖啡馆倒闭。

其实对比 3W 咖啡，深圳克拉咖啡馆的股东背景同样是大名鼎鼎，有红岭创投董事长周世平、融金所董事长孙明达、团贷网董事长唐军、E 速贷董事长简慧星、粤商贷董事长应曙光、京北众筹总裁罗明雄等。

但或许是众筹咖啡的"毒"太深，连最近几年名声大噪的互联网金融大佬都无法改变这个现状。众筹之家上周试图就此事采访京北众筹平台，但负责人只是皱着眉头，不愿多谈。

试着"解毒"

在众筹咖啡馆相继出现倒闭后，有不少媒体人士、财经专家都试着解释这种事。从目前来看，主要有三种说法。

（1）人不行，人人成为股东不代表个个都是管事的。在目前市场出现众筹咖啡馆倒闭案例中，其股东主要有两种，一种是类似 3W 咖啡、克拉咖啡等模式，股东由互联网、投资圈的知名人士组成；另一种是普通民众自发众筹筹资成立的咖啡馆。

但无论是哪一种，都存在这样的问题：要么股东太忙，没时间管理；要么股东不懂得如何打理，结果没人打理。

有媒体指出，虽然"众人拾柴火焰高"，但"拾柴"仅限于资金的筹集。在咖啡馆真正开张后，实际上是面临着管理问题，这远不是靠人多就可以解决的。

相反，由于股东人数过多，且在早期多采用合投的方式，导致股东之间权责难以明确区分，似乎人人都是老板，人人都可以参与实际管理。

然而，这样的模式恰恰违背了现代企业管理制度。比如发起者有筹集资金的能力，但经营不一定是他的专长。

曾经有众筹平台的负责人表示，因为缺少第三方监管，这样的众筹咖啡馆很容易形成小团体，导致其他股东的权益受到损害。

按照这个说法，其实有不少众筹咖啡馆均出现了这样的问题，最直接的表现是咖啡馆倒闭了，要不要经得所有股东的同意，清算后的资金如何分配，谁来负责，等等。

不过，众筹咖啡馆模式并非一成不变，自 2011 年开始至今，其管理模式也在不断发生变化。现在主流的模式应该是聘请专业的运营团队来打理，股东不直接参与管理，有望破解这种股东人数过多与企业管理之间的矛盾。

（2）众筹咖啡馆其实只是披着"众筹"外衣的咖啡馆，本质还是一家有固定商业模式的咖啡馆。从过往的案例来看，众筹咖啡馆的兴起，实际上是借着"众筹"模式起飞的，但众筹模式仅适合用于解决资金难题，并不能解决运营问题。由于本质仍然是一家咖啡馆。那么，其运营模式自然是要遵循固有的商业模式。

然而，从大多数众筹咖啡馆的成立初衷来看，盈利并非其首选，其初衷多半是给圈内人士提供一个休闲活动场所。对于知名人士而言，以不盈利为目标的咖啡馆，兴许能承受其背后的租金、采购、员工薪资等开支，但对于"平民化"的众筹咖啡馆，显然经不起这番折腾。

这也是很多媒体预测今年下半年将有90%众筹咖啡馆会倒闭的重要原因之一，最后留下来的众筹咖啡馆，要么是"贵族式"的咖啡馆，哪怕亏损也不可惜，要么就是真正懂得运营的咖啡馆，但这种比较少。

有专家认为，从本质来说，目前出现的大量众筹咖啡馆倒闭现象，还是基于市场法则的优胜劣汰，好的会留下来，差的将会倒闭。

其实这种说法，主要是从咖啡馆行业的竞争来比较，在面对星巴克、埃克斯等连锁咖啡店的时候，众筹咖啡馆如何杀出一条血路？以"众筹"为噱头的品牌溢价到底有多大价值？又怎么抵抗那些连锁品牌店对众筹咖啡馆的进行联合剿杀呢？

（3）互联网金融开始不行了，自身都难保，哪还有什么精力去开咖啡厅。在《证券时报》对克拉咖啡倒闭事件的报道中，有提到这样的说法：

"或许克拉咖啡的关门也折射了整个网贷行业的变化，从去年到今年平台的增速放缓，上市公司并购P2P公司数量相比前两年大幅下降，而且知名风投投资案例也基本上不再出现，取而代之的是行业融资案例全是大平台，去P2P的迹象非常明显，互联网金融行业已经从弱者变强变成强者恒强的集中化趋势，任何想靠讲故事来吸引顾客的做法已经被资本大潮退去之后，赤裸裸地揭露在大众面前。"

在克拉咖啡馆的股东背景中，不难发现大部分股东都是广深两地的互联网金融平台董事长，受整体行业数据下滑的影响，撤掉难以盈利的咖啡馆，本无可厚。

值得一提的是，其中有一个股东为HI投吧董事长李瑞，于2016年4月，因平台发假标，涉嫌非法集资被深圳市公安局正式通缉。

当然，从资本寒冬的层面来说，就基本否定了众筹咖啡馆的模式，也打压了互联网金融圈内人对这种模式的热情。

众筹咖啡馆背后的逻辑

目前，众筹咖啡馆倒闭的原因主要是股东本身不专业、咖啡单品行业竞争激烈，以及受资本寒冬波及这几种因素的影响。

说到底，无论众筹咖啡馆，还是其他什么实体店铺，都要遵循商业法则，而不是凭着"互联网金融""众筹"的旗号，就可以颠覆它固有的商业模式。

但是，其实一开始出现的众筹咖啡馆本身是没有想着盈利的，像3W咖啡、车库咖啡等，不仅没办法大规模盈利，而且成功是有条件的。其一，要有圈子文化；其二，很难依靠卖单品咖啡来生存；其三，要有"金主"。

这就好比为什么它们开的是咖啡馆，为什么不是烧饼铺、奶茶店、烧烤串，再或者是臭豆腐？因为……你能想象互联网金融大佬们一边讨论行业发展方向，一边嚼着臭豆腐吗？换句话说，"咖啡馆"集中体现了互联网、投资界等这些圈子的文化观念。

类似于古代的书馆、戏馆，它们之所以能生存下来，是因为聚拢了相同社会观念的人群。总不可能几个打拳的武夫去开个茶馆，还有很多谈茶论道的人来光顾吧？当然，不排除有个例。

然而，后来衍生的众筹咖啡馆却背离了这个逻辑，更多的是通过众筹来筹集资金，实现咖啡馆的盈利。那么，这条路显然有悖于最初众筹咖啡馆的设计。

所以，没有必要对众筹咖啡馆进行无限指责，因为它和市场上每天出现的店铺倒闭没有本质的差别。而众筹咖啡馆要想跳出这个怪圈，那必须在咖啡馆的管理模式上着力。

那么众筹咖啡馆未来命运如何，至此只能说待后来人来解决这种模式的漏洞。

资料来源：《东南商报》，文/孙美星。

讨论题

1. 众筹咖啡馆接连倒闭，到底错在众筹，还是咖啡馆？

2. 众筹咖啡馆的竞争对手是星巴克、埃克斯等连锁咖啡店吗？

3. "由于本质仍然是一家咖啡馆。那么，其运营模式自然是要遵循固有的商业模式。"你赞成这个观点吗？谈谈你对这句话理解。

附录A

合伙创业协议书

合伙人甲：姓名_____，性别____，身份证号_____
合伙人乙：姓名_____，性别____，身份证号_____
合伙人丙：姓名_____，性别____，身份证号_____
合伙人本着公平、平等、互利原则订立本合伙协议，具体内容如下：

第一条　合伙宗旨

诚信合作、相互理解；勤于沟通，甘于付出；合法经营、共同发展。

第二条　合伙项目

（一）业务（第一阶段），在业务具有一定规模、影响力和持续稳定的盈利后考虑研究下一步发展方向（第二阶段）。

（二）项目内容

1. 名称：_____
2. 产品：_____
3. 定位：_____

第三条　合伙人出资金额、方式

1. 合伙人出资本总额共计_____万元人民币。本合伙人承认用劳务、相关资源、实物、数字产品、货币出资的有效性。

2. 合伙人甲出资额_____万元，出资方式为劳务（主要为_____）、相关资源_____、可提供的实物及数字物品、现金_____元。

3. 合伙人乙出资额_____万元，出资方式为劳务（主要为_____）、相关资源_____、可提供的实物及数字物品、现金_____元。

4. 合伙人丙出资额_____万元，出资方式为劳务（主要为_____）、相关资源_____、可提供的实物及数字物品、现金_____元。

5. 合伙期间各合伙人的出资为共有财产，不得随意请求分割。合伙终止或期间有合伙人退出时，各合伙人的出资处理方式按照相关约定执行。

第四条　合伙人的权利和义务

1. 本合伙项目由合伙人共同出资、共同经营，由所有合伙人对合伙债务承担无限连带责任。

2. 合伙人在合伙正常经营范围内的一切行为，由全体合伙人承担民事责任。如某人超越权限的行为所产生的民事责任则由该合伙人个人承担。

3. 在执行合伙业务过程中，因合伙人的过错致使他人遭受人身伤害或者财产损失的，由全体合伙人承担连带责任。

4. 合伙期间，合伙项目积累的财产和权益为合伙财产，合伙人共有并为合伙经营使用。

5. 合伙财产在普通合伙清算前不得分割。

6. 各合伙人对合伙事务按照一人一票方式行使表决权，如表决权均等则按照出资比例确定。

7. 合伙事务决定权由简单多数法则决定，但以下事项须全体合伙人同意：修改合伙协议、贷款或借款、接纳新合伙人、处置合伙财产、解散合伙。

第五条　合伙人职责分工

考虑到相关合伙人均有本职工作，其行使职责主要根据个人时间自行安排，但应以保证合伙项目按既定计划顺利推进为前提。职责简单分工如下：

1. 合伙人甲：＿＿＿＿＿＿＿＿＿＿＿＿＿＿＿＿＿＿＿＿＿＿＿＿＿＿＿＿＿＿＿＿＿
＿＿＿＿＿＿＿＿＿＿＿＿＿＿＿＿＿＿＿＿＿＿＿＿＿＿＿＿＿＿＿＿＿＿＿＿＿＿＿

2. 合伙人乙：＿＿＿＿＿＿＿＿＿＿＿＿＿＿＿＿＿＿＿＿＿＿＿＿＿＿＿＿＿＿＿＿＿
＿＿＿＿＿＿＿＿＿＿＿＿＿＿＿＿＿＿＿＿＿＿＿＿＿＿＿＿＿＿＿＿＿＿＿＿＿＿＿

3. 合伙人丙：＿＿＿＿＿＿＿＿＿＿＿＿＿＿＿＿＿＿＿＿＿＿＿＿＿＿＿＿＿＿＿＿＿
＿＿＿＿＿＿＿＿＿＿＿＿＿＿＿＿＿＿＿＿＿＿＿＿＿＿＿＿＿＿＿＿＿＿＿＿＿＿＿

第六条　盈余分配与债务承担

合伙各方共同经营、共同劳动，共担风险，共负盈亏。

1. 盈余分配：以各合伙人出资额为依据，按比例分配。

2. 债务承担：合伙债务先以合伙财产偿还，合伙财产不足清偿时，以各合伙人出资额为依据，按比例承担。

3. 合伙人按其出资额承担相应比例的民事责任。

第七条　禁止行为

1. 未经全体合伙人同意，禁止任何合伙人私自以合伙名义进行业务活动；如其业务获得利益归合伙，造成的损失按实际损失进行赔偿。

2. 合伙人不得自营或者为他人经营与合伙相同性质的业务，不得从事与合伙利益有冲突的活动。

3. 除合伙协议另有约定或者经全体合伙人同意外，合伙人不得同本合伙进行交易。

4. 合伙人不得从事损害本合伙企业利益的活动。

5. 合伙人为合伙经费垫支的费用，以合伙财产偿还，执行合伙业务，不得要求支付报酬或者计入出资额。

第八条 入伙、退伙、出资的转让

（一）入伙

1. 新合伙人入伙，必须经全体合伙人同意。

2. 承认并签署本合伙协议。

3. 除入伙协议另有约定外，入伙的新合伙人与原合伙人享有同等权利，承担同等责任；入伙的新合伙人对入伙前合伙企业的债务承担连带责任。

4. 新合伙人入伙的出资后的项目所有权份额，由原合伙人平均等分提供。

（二）退伙

1. 自愿退伙。有下列情形之一时，合伙人可以退伙：经全体合伙人同意退伙、发生合伙人难以继续参加合伙企业的事由。

2. 合伙人在不给合伙企业事务执行造成不利影响的情况下，可以退伙，但应当提前60日通知其他合伙人。合伙人擅自退伙给合伙造成损失的，应当赔偿损失。

3. 退伙人的财产结算，以退伙时合伙财产状况为准，但其初始入资额中的劳务付出、相关资源不计入财产，只计算其实际资金投入、项目运营利润和退伙时期项目的恰当估值；对尚未了结的合伙业务，了结时分配损益；对合伙债务仍负连带责任。

4. 在退伙的情况下，其余合伙人有权继续以原企业名称继续经营原企业业务，也可以选择、吸收新的合伙人入伙经营。

5. 退伙而引起的损失，应由退伙人赔偿。

6. 退伙可用现金或其他协商方式支付，可以一次或分期退还。

（三）出资的转让

允许合伙人转让其在合伙中的全部或部分财产份额。在同等条件下，合伙人有优先受让权。如向合伙人以外的第三人转让，第三人应按入伙对待，否则以退伙对待转让人。合伙人以外的第三人受让财产份额的，经修改合伙协议即成为合伙企业的合伙人。

第九条 解散和清算

1. 因下列原因之一可以解散：合伙人一致同意解散、合伙只剩一名合伙人、其他各方认可的原因。

2. 合伙财产在支付清算费用后，按下列顺序清偿：合伙所欠招用的职工工资和劳动保险费用、合伙所欠税款、合伙的债务、返还合伙人的出资。

3. 清偿后的剩余部分，按出资额比例分配给合伙人；清偿后的债务，按出资额比例，由合伙人个人财产清偿。

第十条　附则

1. 本合伙协议由全体合伙人一致制订，生效后对全体合伙人具有约束力；

2. 经全体合伙人协商一致，就未尽事宜和以上条款进行的修订、补充合伙协议均与原合伙协议具有同等法律效力；

3. 本合伙协议各合伙人各执一份，经全体合伙人签字后生效。

合伙人甲：　　　　　　　　　　　合伙人乙：
身份证号：　　　　　　　　　　　身份证号：
盖章（签字）：　　　　　　　　　盖章（签字）：
时间：___年__月__日　　　　　　时间：___年__月__日

合伙人丙：
身份证号：
盖章（签字）：
时间：___年__月__日

附录B

天使投资协议书

投资项目：_____有限公司
投资方：_____
合作期限：由____年__月__日到____年__月__日
项目地址：_____

一、合作条款

双方本着互利互惠与共同发展的原则，经各方充分协商，决定由_____发起，由_____作为本项目的天使投资人，联合投资以下创业项目，特订立本投资合作协议。

（一）投资计划

创业型企业：_____有限公司，是以_____为主营业务，预计初期（头____个月）投资额约为_____万元。

（二）股权投资及股东分工

本项目目前由____位股东组成，____年前的投资预算为_____万元。

1. 由_____作为天使投资人，出资____万元占该项____%股份。出任企业战略及投融资顾问，主要负责项目的整体战略规划和对外融资。其只参与运营过程监管，不直接参与日常管理运营，无薪酬。享有____个董事投票席位。协议期内，其将授权委托____代为行使本项目的股东权利和义务，出任监事职务，负责企业的运营、财务、采购和行政等方面监管事务，不直接参与项目的日常管理运营，无薪酬。

2. 由____出资____万元占该项目____%股份。出任执行总监（CEO）兼企业法人代表，全盘负责项目的统筹运营和行政管理事务，无薪酬。享有____个董事投票席位。

3. 由____出资____万元占该项目____%股份。出任运营总监（COO），主要负责____事务，无薪酬。享有____个董事投票席位。

4. 由____出资____万元占该项目____%股份。出任技术总监（CTO），主要负责____等事务，无薪酬。享有____个董事投票席位。

（三）利润分配和风险承担

1. 利润分配

利润 − 纳税 − 提留基金（发展基金 30%+ 员工与管理层奖金 5%）= 红利（按股份比例分配）

2. 风险承担

各股东对企业债务的承担，是以其当期在本企业拥有的股份比例为限。

二、特别约定条款

（一）保护条款

以下事项须经董事会讨论通过且须获得天使投资方的赞同票方能通过。

1. 导致公司债务超过____万元的事由；超过____万元的一次性资本支出。

2. 公司购并、重组、控股权变化和出售公司部分或全部资产。

3. 公司管理层任免、工资福利的实施计划。

4. 新的员工股票期权计划。

5. 公司购入与主营业务无关的资产或进入非主营业务经营领域；进入任何投机性、套利性业务领域。

6. 公司给第三方的任何技术或知识产权的转让或许可。

7. 公司给管理者或员工的任何借款；任何与公司发起人或员工有关的关联方交易。

8. ____位创始人股东必须承诺全职担任上述职务最少____年。如属其个人原因在____年任职期间退出有关职务的，除属股东会决议的正常职务调动或不可抗力事项，否则，其应向公司无偿移交其持有股份的 50%，并支付其退出时该职务所需的工资福利，作为聘请新的职务替代者，直至支付至余下的任职期。退出职务的股东，可保留董事席位，但要取消董事投票权。

9. 如项目在三个月内结束运营而解散的，在处分公司清算后的剩余资产时，天使投资方占 70%，在六个月内结束运营而解散的，天使投资方占 50%。

（二）增资扩股条款

1. 为保证公司股权安全及长远发展，在增资扩股时需引入战略性股东。公司将来在引入股东增资扩股时，由股东各预留一个推荐新股东席位。新股东的加入必须符合公司利益最大化和战略投资性股东的定位，且必须得到天使投资人同意。

2. 除公司章程另有规定外，原则上各股东应先按其当期拥有的股份比例进行减持，以迎合新的战略性股东加入。日后，任何股东若有出让股权行为，在同等价格下必须优先出让给现有公司股东，由现股东先按股份比例自愿认购。

3. 为保护公司利益和原股东权利，根据公司法及公司章程规定：任何股东都有权就引入新股东而要求召开股东会，以投票方式进行表决，未获得超过五分之四董事席位投票同意的视为无效，具体安排由股东会议决议。

4. 共售权：本轮次投资完成后，公司原股东欲出让股权给第三方时，投资方可以同等条件将所持股权出售给第三方，第三方购买方拒绝购买投资者持有的被投资方股权的，出售方亦不得出售其股权。

意义：以上规则的最大意义是可以最大限度地保护所有股东的权益，确保股东拥有按股份比例增资和获得股权收益的权利。

（三）股东股权保障条款（防稀释条款）

1. 项目在将来增资扩股过程中，原始股东的股权将不可避免会因应新股东的加入或多轮股权融资而被稀释。为提前应对这些可能出现的情况，现股东一致同意：如日后出现以上情形，股东会确保天使投资方在本项目的最低持股为15%，____为15%，____为15%，____为15%。此为原始股东的最低股权额度保证，期间股东可以因其个人的意愿，将股份减持低于上述规定的百分比。

2. 为保证原始股东的最大利益及公司控制权的安全，各原始股东出让的股权，必须优先由其他原始股东按其同期持有的股权比例购买。如在公示期仍无原始股东购买，才可向外界出让其所持有的股份。

3. 任何一方股东，在公司年度计划中需要增资扩张时，须尽力募集股权比例规定该期股东应投入的资金。如有股东在当年财务结算年度未能足额出资的，该年度股份比例则自动递减到其实际出资额的比例。其他感兴趣的股东可优先按其持有股份的比例出资填充，获得当年的股权分红收益。

4. 上年度未完成增资额的股东，在第二个财务结算年开始，可重新注入上年尚欠部分的增资款，而其该年度的股份比例将重新修正至实际出资额，获得与当期实际股权的分红收益。

意义：以上规则的最大意义是可以最大限度地保护所有原始股东的权益。

（四）股权激励

1. 管理层分红

为体现全职股东及高管所担当职务对公司做出的贡献，股东一致同意：在每年的税后净利润中，向 CEO 额外配发 3%，向 COO、CTO 分别额外配发 1.5% 的分红作为职务奖励。有关职务奖励直至其出现职务调动、自愿离职、合作期满或公司出现自发的清算结业行为为止。

2. 期权池

公司将来如果出现股权融资行为的，为激励管理层提升企业效益和管治能力，帮助员工从职业规划过渡到事业规划，确保优秀的人才不会流失，各股东一致同意：为非股东的项目执行团队管理层，预留当期企业股权总额的 5%，作为期权池让他们优先认购。

（五）其他约定

1. _____
2. _____
3. _____
4. _____

三、股东权利与义务

（一）股东权利

1. 作为股东，各方可随时查阅和监管来自采购和运营方面的财务数据。为保证企业内部运营管理的高效和廉洁，每月企业的会计账目，货款结算和单笔超过 100 元的开支报销项目，必须提交给各方股东共同签署批准后方能入账。

2. 根据《中华人民共和国公司法》和《公司章程》的规定：各股东均具有对企业内部重大决策方面的表决权利，有参与制定和行使股东会股东决策的权利。

（二）股东义务

1. 各股东应尽心尽力，克己奉公，勤勉负责，为企业创造最大效益。
2. 保守公司商业秘密，一切以本企业利益和声誉为重。
3. 各股东一旦签订本协定书，就必须严格执行有关协定书所列条款，行使股东权利和承担股东出资及其他法定义务。

四、违约责任

1. 竞业禁止条款：为免与公司的核心利益产生冲突，在合作期内，所有股东无论在职或离职期间，均不得直接或间接从事与有关的行业，否则将视为严重违约。违约方应即时清退出股东会，并将其当期所有股权的 50% 无偿出让给公司作为违约金。

2. 任何一方股东未按本协议依期如数缴纳出资额的，每逾期 10 日为一个阶梯，违约方应向公司缴付其应出资额的 2% 作为违约金，直到出资完毕为止。

3. 由于股东任何一方违约，造成本协议不能履行或不能完全履行时，除应按出资总额 20% 支付违约金外，守约方有权终止协议并要求违约方赔偿全部经济损失。如双方同意继续履行协议，违约方应赔偿其违约行为给公司造成的损失。

4. 初创企业在运营过程中需要股东临时增加投资以应付开销，各方股东再按股份比例进行增资。各股东应克尽本分，努力在出资期限内完成出资任务，不得拖欠，否则按以上规定按违约处理。

五、注意事项

1. 本协议书为《公司章程》的有效组成部分，如与《公司章程》有关条款有冲突的，以本协议书内容为准。本协定书内容如要修改，需按《公司章程》和《中华人民共和国公司法》适用条款实施。

2. 以《中华人民共和国公司法》和《公司章程》为本协议书的补充文本，如以上条款有与《中华人民共和国公司法》抵触的情况，以《中华人民共和国公司法》有关条款为准。

3. 本协议如有未尽事宜，合作双方再行友好协商一致，以补充条款方式载明。

4. 各股东在履行协议中如发生纠纷，应由各方友好协商解决，协商不成的，双方可选择向签约地法律机构提出仲裁和诉讼。

5. 本协议正本一式三份，各股东各执一份，企业存一份，同具法律效力。本协议自签订即时生效。

各股东签字：
日期：＿＿年＿月＿日
签订地点：

附录C

_____尽职调查报告和投资条款清单[一]

调查人（领投人）姓名：_____ 身份证号码：_____

监督人（平台公司投资经理）姓名：_____ 身份证号码：_____

尽职调查数据截止日期：____年__月__日

一、项目公司基本状况（公司尚未成立请填写公司成立时计划安排）

公司名称		成立日期	
注册地址		法定代表人	
办公地址		注册资本/实缴资本	
公司最新股权结构（1.持股比例以工商注册数据为准，公司尚未成立或尚未办理工商设立登记手续的需要列明；2.实际出资以公司基本账户银行流水数据为准）			
姓名	持股比例	实际出资（万元）	职务	具体分工	公司章程要点
					1.最新版章程中□无□有规定预留员工期权池____%由_____代持；
					2.公司股东会决议执行董事或董事会成员名单：_____；
					3.公司章程中□无□有规定拥有董事会一票否决权
					4.公司股东会决议_____任公司总经理；
					5.公司股东会决议_____任公司监事会主席或监事
其他重大事项：					

[一] 资料来源："大家投" http://www.dajiatou.com。

（续）

1.公司注册登记的股东有无股权代持、信托代持现象，如有，请列明：_____
2.公司法人治理历史□无□有重大（如股权结构、董事成员等）变更，如有请具体说明如下：_____
3.公司股权或其他重大财产是否存在抵押、质押、冻结或其他权属争议情况说明：_____
4.公司是否依法缴纳相关税收和是否收到税务处罚的说明：_____
5.公司股东与其任职过的所有用人单位是否约定竞业禁止条款，对项目公司业务是否有影响，请列明：_____
6.公司股东是否拥有自主知识产权，在项目公司是否存在利用其任职过的用人单位职务作品的行为，请列明：_____
7.公司历史□无□有其他需要补充的重大事项（如：政府补贴、税务优惠、荣誉、获奖等情况）说明：_____

二、创业团队成员背景调查

1. 第一创始人

姓　名		性别		职　务		婚否	
出生年月		籍贯		持有股份			
学习经历（必须通过国家教育部学历证书验证网站查验核实）							
起年月	止年月		学　校		专　业		学　位
职业（创业）经历（调查方式：1.通过原单位人力资源部门确认；2.通过行业人脉资源确认；3.通过查看本人提供的书面合同或文件确认；4.其他方式_____）							
起年月	止年月		单位名称		职　务		调查方式编号
财务（信用）状况							
1.通过人民银行征信系统确认其□无□有不良信用记录；							
2.创业者对其本人的家庭背景、家庭（个人）财产与收入状况口述记录：							
3.创业者其他需要说明的个人情况：							

2. 其他核心团队成员

姓　　名		性别		婚否		职务	
出生年月		籍贯		持有股份			
学习经历（必须通过国家教育部学历证书验证网站查验核实）							
起年月		止年月		学　　校		专　　业	学　位
职业（创业）经历（调查方式：1.通过原单位人力资源部门确认；2.通过行业人脉资源确认；3.通过查看本人提供的书面合同或文件确认；4.其他方式＿＿＿＿＿＿）							
起年月		止年月		单位名称		职　　务	调查方式编号
财务（信用）状况							
1. 通过人民银行征信系统确认其□无□有不良信用记录；							
2. 创业者对其本人的家庭背景、家庭（个人）财产与收入状况口述记录：							
3. 创业者其他需要说明的个人情况：＿＿＿＿＿＿＿＿＿＿＿＿＿＿＿＿＿＿＿＿＿＿＿＿＿							

三、项目财务数据

自公司成立至今的公司相关财务数据如下。

1. 原有股东投资款实际到账数据

姓名	持股比例	实际出资（万元）	职务	实际出资到账调查		
				年　月　日	金额：	
				年　月　日	金额：	
				年　月　日	金额：	
				年　月　日	金额：	
				年　月　日	金额：	
				年　月　日	金额：	
				年　月　日	金额：	
				年　月　日	金额：	

2. 自公司成立至今的公司开支数据

开支项目	开支金额（元）	开支项目说明	相关合同核实	相关发票核实
员工薪酬		共计员工_____人 平均月薪_____元 高管共计_____人 高管平均月薪_____元 员工流速率_____% （离职人数/总入职人数）		
固定资产购买				
生产原材料购买费用				
日常办公费用		如差旅报销、房租、水电费、服务器租用、办公用品等		
市场活动		如市场推广、营销等费用		
其他				

3. 自公司成立至今的公司实际经营收入数据

收入项目	收入金额（元）	收入项目说明	相关合同核实	银行流水核实

4. 公司资产和债权

（公司重要固定资产、知识产权、应收账款等信息）

5. 公司债务、或有债务

（公司重要负债、对外担保、正在进行中的诉讼仲裁等信息）

四、项目运营数据

自项目开始运营的相关数据如下。

运营指标	指标数据	备注说明
指标一		
指标二		
指标三		
其他重大运营进展说明	如：合作合同、采购/供应合同等	
运营指标如用户注册数、日均IP/PV/UV、转化率等；门店数量、客流量、客单价等		

五、各方承诺与保证

1. 创业者应对其提供给领投人、平台公司投资经理的所有材料和信息的真实性、准确性、完整性负责，领投人、平台公司投资经理做出的所有调查结果均是基于创业者所提供的材料和信息，因创业者隐瞒、虚假陈述给投资者和平台公司造成损失的，应当赔偿投资者和平台公司由此导致的全部损失。

2. 领投人作为本项目的调查人，应当谨慎、细致，做到上述调查内容和结论意见均有材料依据和事实依据。

六、投资条款清单（term sheet）

本投资意向书经过领投人与公司现有登记股东做当面详细沟通，达成一致意见如下。

被投资方	_____有限公司（简称"项目公司"或者"公司"）
现有登记股东	_____
投资方	<u>深圳市　　　天使投资企业（有限合伙）</u>（待成立的合伙企业）
领投人	_____
融资安排	项目公司拟在"_____"平台上为_____项目的经营募集资金（简称"本次融资"），通过本次融资筹集人民币____万元，出让项目公司____%的股权。待成立<u>深圳市　　　天使投资企业（有限合伙）</u>作为投资方，承诺以询价确认的项目最终估值为标准向项目公司投资。
众筹投资条款	投资方同意以"_____"平台提供的《投资协议》模板为基础，认购项目公司本次增资，并与项目公司签署相关投资协议。
领投人义务	领投人作为本次融资的投资人和牵头人，除向项目公司投资人民币____万元外，为本次融资成功提供以下支持： （ⅰ）要求项目公司提供公司成立、资产、人事、知识产权、财务、关联交易及其他与本项目投资有关的资料，并对材料的真实性、进行审核，经领投人审核通过和本次融资开始后，在"_____"平台上公布相关资料，供本项目其他投资人查阅，以促成本次融资； （ⅱ）向本项目其他投资人公布本人或其他合伙人的联系方式，接受其咨询与监督，并定期向本项目其他投资人汇报项目融资进展情况； （ⅲ）众筹资金募集成功后，担任持股实体的有限合伙企业的普通合伙人/执行事务合伙人； （ⅳ）本次融资完成后，自行或委派有限合伙企业的其他合伙人担任项目公司董事； （ⅴ）为本次融资提供咨询意见。 **领投人所负责的有限合伙企业在项目公司拥有以下选择为"有"的权力：**

□无 □有优先认购权	如项目公司拟增资扩股，在同等条件下，投资方有权优先认购新增股权；如项目公司任何股东拟转让其所持股权，在同等条件下，投资方有权优先购买该等拟转让股权。
□无 □有共同出售权	如项目公司现有登记股东拟向第三方转让其所持有的公司部分或全部股权，则投资方有权就其持有的公司股权，按照同样的价格和条件，与该股东按照持有公司股权的相应比例向该第三方共同转让；如投资方拟转让其所持的项目公司股权，在不转让给项目公司竞争对手的前提下，任何其他股东均不享有优先购买权或共同出售权。
□无 □有董事委派	在投资方持有全部或部分项目公司股权的情况下，投资方有权委派一名项目公司董事。
□无 □有反稀释条款	如项目公司拟增资扩股，在同等条件下，投资方有权优先按相应比例以同等价格同时认购相应的增资，以使其在增资后持有的公司股权比例不低于其根据本协议持有的公司股权比例。 若公司以比本次交易更优惠的价格和条件进行新的增资，公司或其他股东须采取相关措施，对投资方股权的数量作相应调整，使得投资方在本次融资的股权认购价格等同于新融资的股权认购价格，确保增资后投资方所持股权的价值不低于新投资者进入前其股权的价值。
□无 □有信息获取权	投资方应当享有和项目公司其他股东相同的信息获取权。
□无 □有股息分配权及清算优先权	在公司发放股息红利及发生清算事件时，投资方股权应当与本次融资前现有登记股东股权享有同等的股息分配权及清算优先权。
□无 □有否决权	除法律规定的其他要求之外，非经投资方书面同意，项目公司不得采取下列行动： （i）□无 □有 出售、出租、转让或以其他方式处置公司的所有或大部分资产； （ii）□无 □有 向公司股东派发或支付股息或其他红利； （iii）□无 □有 向包括公司员工、管理人员、董事或股东，或股东的关联方或该等关联方的管理人员、董事或股东在内的任何第三方提供贷款或担保； （iv）□无 □有 发生超过预算计划批准额度的债务； （v）□无 □有 任命或免去公司的总经理、副总经理等高级管理人员； （vi）□无 □有 进行任何涉及公司及公司的员工、管理人员、董事或股东的关联方或该等关联方的管理人员、董事或股东的交易，但正常及惯常的经董事会批准的雇用及报酬事项除外；

	（vii）□无□有　批准公司的商业计划和预算案或对此进行重大修订，以及公司进行的任何超出业经批准的商业计划和预算案的交易；
	（viii）□无□有　变更公司的主营业务；
	（ix）□无□有　就公司重大资产或权利的全部或任何部分创设任何担保物权、留置权或其他权利负担，或处分公司的实质性资产或公司所有的任何知识产权；
	（x）□无□有　进行任何其他的公司正常业务以外的行为和交易。
雇用协议及不竞争承诺	公司现有登记股东及公司其他核心员工应与项目公司签署令投资方满意的，期限为三年及以上（不超过公司现有登记股东及公司其他核心员工离职后两年）的商业秘密保密条款、竞业禁止条款及发明条款的雇用协议，并作出书面的不竞争承诺。
排他性	现有登记股东及公司同意在《投资协议》签署后的九十日内（简称"排他期"），未经投资方事先书面批准，除在"＿＿＿＿"平台进行众筹融资外，不得接受任何其他方的投资，或接受其他任何方的询问、与任何其他方进行讨论，或向其他任何方提供任何信息。 在排他期内，现有登记股东及公司应尽其最大努力配合、协助投资方进行尽职调查和投资文件起草、谈判和签署工作。

七、其他与项目公司投资和股权估值有关的披露事项

1.＿＿＿＿＿＿＿＿＿＿＿＿＿＿＿＿＿＿＿＿＿＿＿＿＿＿＿＿＿＿＿＿＿＿
2.＿＿＿＿＿＿＿＿＿＿＿＿＿＿＿＿＿＿＿＿＿＿＿＿＿＿＿＿＿＿＿＿＿＿
3.＿＿＿＿＿＿＿＿＿＿＿＿＿＿＿＿＿＿＿＿＿＿＿＿＿＿＿＿＿＿＿＿＿＿

八、以上所有信息经领投人、项目公司、平台公司投资经理确认真实、准确、完整。

附：领投人、项目公司、平台公司投资经理签名截图：

领投人签名截图：	项目公司公章截图：	平台公司投资经理签名截图：

参考文献

[1] Minet Schindehutte, 等. 创业营销:创造未来顾客[M]. 金晓彤, 译. 北京:机械工业出版社, 2009.

[2] Bill Aulet. Disciplined Entrepreneurship: 24 Steps to a Successful Startup[M]. Wiley, 2013.

[3] 克里斯·安德森. 免费商业的未来[J]. 商界:评论, 2011(2):60-61.

[4] 林军. 沸腾十五年——中国互联网1995-2009[M]. 北京:中信出版社, 2009.

[5] 杨勇. 如何玩转中国式众筹[J]. 清华管理评论, 2015(3):14-18.

[6] 姚飞. 创业营销理论与案例[M]. 北京:经济科学出版社, 2013.

[7] 焦晓波, 杨伟保. 基于动态环境背景的营销组合分析——创业营销组合与传统营销组合之差异[J]. 南京财经大学学报, 2012(1):38-45.

[8] 焦晓波, 郭朝阳. 创业型经济背景下的创业营销:研究述评与未来研究展望[J]. 商业经济与管理, 2014(9):52-60.

[9] 薛红志. 营销职能的创业化——创业导向与市场导向的融合[J]. 外国经济与管理, 2005, 27(6):30-35.

[10] 宋学宝. IT经理世界[J]. 中国工商, 2002(11):78-80.

[11] 谯梁, 帅萍, 王易. 免费模式的免费之道[J]. 销售与市场:管理版, 2011(12):82-84.

[12] 陈寒松. 创业营销与杠杆效应[J]. 现代企业教育, 2006(4):69-71.

[13] 李剑力. 创业型营销及其机理分析[J]. 外国经济与管理, 2006, 28(09):24-30.

[14] 颜美达. 高新技术企业创业营销的探索[D]. 福州:福州大学, 2006.

[15] 夏洪胜, 张世贤. 创业与企业家精神[M]. 北京:经济管理出版社, 2014.

[16] 彼得·德鲁克. 创新与企业家精神[M]. 北京:机械工业出版社, 2015.

[17] 王敏. 企业家精神对中小企业创业创新的作用机理研究[C]. 浙商研究. 2011.

[18] 武莉莉. 企业家精神、创业导向与新创企业绩效关系研究——基于北上广深新创企业的问卷调查[D]. 上海:华东理工大学, 2015.

[19] 张维迎在CMRC中国经济观察"第40次季度报告会"十周年专场发表演讲.

[20] 徐凤增. 创业机会识别与杠杆资源利用研究[D]. 济南:山东大学, 2008.

[21] 赵道致, 张靓. 资源杠杆——基于企业网络的竞争优势获取模式[J]. 科学学与科学技术管理, 2006, 27(09):169-170.

[22] 王崇阳. 找到那个撬动资源的支点[J]. 销售与市场:渠道版, 2013(9):56-57.

[23] 王晓文, 张玉利, 李凯. 创业资源整合的战略选择和实现手段——基于租金创造机制视角[J].

经济管理，2009（1）：61-66.

[24] 孙利英，洪晟．成功创业与关键资源的整合运用——沪、浙创业管理最佳实践调查与研究［J］．上海经济，2012（9）：24-27.

[25] 房西苑．投资项目包装技巧［J］．资本市场，2013（10）：60-80.

[26] 艾媒咨询．2016年中国孵化器市场发展概况［DB/OL］．艾媒网，2016-04-06.

[27] 孙松廷．投资人亲述：创业者项目路演过程中可能的得与失、优与劣［EB/OL］．创业邦，2016-06-20.

[28] 郑明龙．创业团队的合伙协议怎么签？［EB/OL］．Z律微信公众号，2015-04-14.

[29] 何明科．数据化解析国内风险投资现状［EB/OL］．知乎专栏【数据冰山】，2016-05.

[30] 丁栋虹．创业管理：企业家的视角［M］．北京：机械工业出版社，2012.

[31] 李家华，张玉利，雷家骕．创业基础［M］．2版．北京：清华大学出版社，2015.

[32] 王侃，刘志超．创业管理课程实践性教学改革——以华南理工大学创业教育学院为例［J］．教学研究，2014，37（1）：92-94.